공자의 교육이념과 그 실천

연정 김 경 식

조 은

책을 펴내며

우리들의 눈앞에서 벌어지고 있는 교육의 현상을 보면, 교육의 잘못된 부분이 어렵지 않게 더더욱 눈에 띈다.

그 원인을 파고들면, 여러 가지를 지적할 수 있을 것이다. 우선 우리가 지적할 수 있는 것은, 그동안 우리는 서구적인 것에는 너무나 익숙해 있지만, 우리 동양 문화에 대한 이해는 등한시해 왔다는 것도 하나의 솔직한 표현일 것이다. 지난 일이지만 이점은 필자가 교육사(教育史)를 전공하고, 대학 강단에 선 이후 대학 정년에 이르기까지 뼈저리게 느껴오는 경우이기도 하다.

생각건대, 우리의 올바른 교육을 지향하기 위한 것으로 '현대'라는 오늘의 교육에, 이 천 사백 년 전 공자(孔子) 자신이 제기하고, 실천했던 교육의 이념과 그 실천을 비판자 내지 조언자로서 받아들인다면 퍽 의미 있고 가치 있는 일일 것이다.

교육학 영역에서 산발적으로나 공자의 교육사상이 학위논문으로 연구되고는 있으나, 형식적 교육체계의 시각에서 하나의 연구서로 정리한 경우는 필자의 안목이 좁은 탓인지는 모르겠으나, 아직 까지는 거의 없는 것으로 알고 있다. 또한 경향 각지의 대학 강단이나 사회교육의 형태로 운영되고 있는 공자와 제자들간에 담론한 《논어》의 강의마저도 각 편의 순서에 따라 한자, 자구 풀이, 해석, 그리고 각 문장에 대한 해설을 거의 칠 백여 년 전에 쓰여진 주자(朱子)의 《논어집주(論語集註)》를 근간으로 하고 있는 실정이다. 그러나 필자는 《논어》를 접할 때마다, 공자의 일관된 교육의 정신과 교육원리를 강하게 인식하였고, 그것이 서구적 영향을 받은 오늘의 교육이론과 그 실천에 대하여 비판적인 새로운 하나의 메시지를 던지고 있다는 것을 인식하게 되었다.

이런 점에서 본다면, 그동안 우리의 교육은 우리의 성장 배경이었던 '동양(東洋)' 이라는 풍토적 생활유형(風土的 生活類型)을 떠나 서구의 풍토적 생활유형에서 형성된 교육의 구조에 편승하여 교육을 운용했다는 사실일 것이다. 이러한 사실은 아마도 우리의 근대 이후의 의식이 아메리카 대륙은 서기 1420년 콜럼버스가 발견했다는 서양인의 의식을 비판 없이 그대로 수용하여, 이를 탈피하지 못하고 있는 그러한 의식의 상황이라 할 것이다. 그러나 이제는 콜럼버스의 아메리카대륙의 발견이 아니라, 아메리카의 인디언들은 자기들의 대륙에 서기 1420년 어느 날 낯선 콜럼버스라는 백인종이 처음 상륙하는 것을 보았다는 사실의 인식에 더욱 무게를 두어야 할 것이다.

그러한 의식이 있을 때, 우리는 문화에 있어서 수천 년 주체적으로 형성해 온 특유한 생활유형의 문화를 견지하며 보강할 수 있을 것이고, 그에 따라 문화의 주체적인 교육을 형성할 것이다. 따라서 외견적으로는 근대이후라는 역사의 무대에서 '서양(西洋)' 이라는 선진국 교육의 모방을 통하여 외견적인 교육의 현대화를 가져온 것에는 공헌했을지 모르겠으나, 실질적인 면에서는 많은 문제점을 노출 시켜 왔다. 이 점을 치유할 것으로는 같은 동양적인 풍토적 생활유형에서 문화를 형성해온 우리로서는 공자의 교육사상이 큰 역할을 하면서 현대 한국교육의 비판자로서 또는 조언자로서 자리매김하는 것도 하나의 좋은 방법이 될 것으로 생각된다.

사실 오늘날 우리의 교육상황을 보면, 삶의 의미와 가치를 체득하는 것보다는 삶의 기교(技巧)와 수단(手段)을 가르치고, 키우기에만 급급해 온 것 같다. 우리는 이러한 교육이 발달 되고 강화되면 될수록, 그리하여 우리의 가시적인 능력이 비대해지면 비대해질수록 오히려 자기 자신의 삶의 노예로 전락 되고 있다는 사실을 외면해 왔다. 그 결과 사람답게, 아름답게 살기보다는 편리하고 물질적 욕구만을 만족하고 바라게 되는 것이 오늘날 '현대인(現代人)' 이라는 모습이 아닌가 싶다. 그리하여 우리 인간들은 자연(自然)은 물론 인간(人間) 자신에 대해서조차 그 태도가 오만, 불손해 가기 짝이 없으며, 한편 자신들의 삶의 수단으로 존재하는 물질 앞에 무릎을 꿇어가고 있는 '자기 상실(自己喪失)' 의 모습이 드러나고 있다. 한 말로 말하면 '부끄러움을 모르는 인간' 이 되어가고 있다.

또한 오늘의 교육은 어린이 유치원에서부터 대학에 이르는 기간만을 강하게 인식하고 있다. 그 사실에서 교육은 잘못 되고 있다는 사실을 망각하고 있다. 교육은 언행(言行)을 삼가하여 자기가 잉태하고 있는 태아(胎兒)기부터 생명을 다할 때까지 평생동안 진행되고 있다는 사실을 망각하는 것, 이들은 결국 교육이 그간 잘못되어 왔다는 것을 시사해 주고 있다.

이것을 실증하는 하나의 예가 최근에서도 보듯, 국회인사청문회에 나온 정부 고위층 주요 직위 임명 후보자들의 모습이다. 거의가 도덕적 문제에 시달리면서도 변명에 급급하고 부끄러움을 모르는 모습이 두드러졌던 것 아닌가? 이건 그들이 넓게 보면, 그들 세대의 그 간의 교육이 잘못 되어 왔다는 하나의 산 증거일 것이다. 그렇다. 이러한 교육의 현상을 몰고 온 것이 그간 진행되어온 서구의 외형적인 영향을 받은 현대 교육일진데, 덮어놓고 옛날 낡은 사상이라 도외시 말고, 거기에 비판적인 메시지로 우리가 '고대사회' 라고 지목하는 변혁의 시기인 중국 춘추시기의 공자의 교육사상도 경청할 필요가 있으리라 생각된다. 본서의 집필 이유가 바로 거기에 있다.

본서는 8개 장으로 구성되었다. 제1장의 '기본적 인식'에서는 공자의 생애와 시대적 배경 그리고 그의 사상을 개괄적으로 이해하는 데 도움이 될 것이다.

제2장은 공자의 교육가치에 대한 것이다. 여기서는 현대교육이 보는 교육의 가치에 대하여 공자가 보는 교육에 대한 가치의 면모를 볼 것이다.

제3장은 공자의 이상과 교육사상과 그에 관한 교육이념을 다루고 있다.

제4장은 교육의 목적에 대한 것으로 공자는 왜 교육해야 했던가에 대한 것을 다룬 것이다.

제5장은 교육과정으로 공자는 무엇으로 교육했는가에 대한 교육내용을 다루었다.

제6장은 교육방법으로 공자는 어떻게 가르쳤는가에 대한 것을 다루었다.

제7장은 도덕교육론으로 공자는 어떻게 도덕교육을 했는가에 대한 것을 다루었다.

제8장은 교사론으로 교사는 어떻게 덕성을 함양하는가에 대한 것이다. 여기서는 현대 교사론에 비추어 많은 시사를 받을 것이다.

본서의 독자층은 어찌 특정 계층만 한정하겠는가? 교육에 관심이 있는 분이라면 일독해 두는 것도 퍽 도움이 되리라 생각된다. 다만 독자들이 본서를 읽을 때, 소설을 읽어 가듯 읽을 것이 아니라, 본문 중 공자의 말씀을 번역한 인용문을 읽을 때는 깊이 생각하고 천천히 읽어 가야 할 것이며, 이에 각주의 원문을 대조한다면 얼마나 좋을가 하는 필자의 부탁이다. 그러고 나면 공자의 교육원리를 생생하게 읽고 인식할 것이다.

본서를 펴냄에 있어서, 미비한 점이 많은 것으로 자인하고 있다.

독자 제현의 많은 비판이 있기를 바라며, 또한 본서가 서구적인 영향을 많이 받은 오늘의 교육에 대한 하나의 각성의 계기를 마련해 준다면 그로서 만족하겠다.

변변치 못한 본서를 펴냄에 있어서 고마운 마음을 전해야 할 분들이 있다. 본서를 작성할 때 담론해준 이호당(李湖塘) 문우와 요즈음 출판계의 어려움에도 출판을 허락해 주신 도서출판 조은 김화인 사장을 비롯한 편집과 교정작업에 수고해 주신 편집부 여러분에게 감사의 말을 전한다.

서기 2020년 12월 일

보도산(普道山)아래 연정서실에서
연정 김경식 씀

차 례

제4장 ◆ 교육목적

제5장 ◆ 교육내용

제6장 ◆ 교육방법

제7장 ◆ 도덕교육

제8장 ◆ 교사의 도덕적 품성과 함양

제1장 예비적 인식

공자(孔子: 서기전 551~서기전 479)는 석가모니(釋迦牟尼:서기전 544~서기전 460), 예수 그리스도(Christ:서기 1~29), 마호메트(Mahomet:서기 570?~632)와 더불어 일류의 4대 성인 또는 인류의 스승이라고 한다.

공자는 중국 춘추시대(春秋時代)의 사상가, 교육자로 유교(儒教)의 개조(開祖)이다. 그는 동양사회에서 고대로부터 지금에 이르기까지 정치, 사상, 윤리, 교육 등의 여러 면에서 많은 영향을 주고 있다.

필자는 교육면에서, 공자는 교육의 원리를 어떻게 제시하고 있는가? 그의 《논어》를 기본으로 하여 귀납하고자 한다. 그러기 위해선 예비적으로 공자는 어떠한 인물인가를 그의 가계와 일생을 약전(略傳)에서 인식해야 할 것이고, 그 다음으로는 공자의 시대적 배경도 이해해야 할 것이다. 그리고 그의 사상이 담긴 《논어(論語)》라는 책은 과연 어떤 책인가 등을 살펴야 할 것이다.

제1절 공자 약전

1. 공자의 가계[1)]

공자(孔子)는 성은 공(孔)이고 자(子)는 남자의 인칭으로 '선

---

1) 공자의 가계와 논어의 내용에 대해서는 儒敎事典編纂委員會편, 儒敎大事典,博英社에서 발췌하였다.

생'의 뜻을 지니고 있다. 공자의 이름은 구(丘), 자(字)[2]는 중니(仲尼)이다.

공자는 당시 노(魯)나라 추읍(鄹邑)의 대부(大夫)로 있던 60세가 넘은 숙량흘(叔梁紇)과 젊은 어머니 안징재(顔徵在) 사이에 지금의 중국 산동성 곡부현(曲阜縣) 남쪽 추현(鄒縣)인 노(魯)나라 창평향(昌平鄕) 추읍(鄒邑)에서 태어났다.

공자가 태어난 서기전 551년[3] 10월 경자일(庚子日)은 음력으로 8월 27일, 양력으로 환산하면 9월 28일이 된다. 따라서 중국(중화민국; 대만)에서나 우리나라에서는 이날을 공자의 탄생일로 정하고 석전(釋奠)[4]을 올린다. 공자가 돌아가신 것은 서기전 479년(노애공 16년) 4월 11일로 향년 73세였다. 월왕(越王) 구천(句踐)이 오왕(吳王) 부차(夫差)를 멸한 것은 공자가 돌아가신 후 6년이고 다시 4년이 지나 춘추시대(春秋時代)가 끝나고 전국시대(戰國時代)에 접어들었던 때였다. 공자의 탄생은 석가모니보다 십 여년을 앞섰으며, 소크라테스(Socrates: 서기전 469?~서기전 399)보다 82년 앞서고, 예수 그리스도 보다는 551년이나 앞섰다.

공자의 어머니인 안징재 부인은 공자를 낳기 위해서 니구산(尼丘山)에서 기도를 드렸다 한다. 공자의 이름이 구(丘)이고 자가 중니(仲尼)란 것도 이 니구산과의 관계에서 온 것이라고 한다.

2) 자는 부수적 또는 이름 이외의 별도의 이름으로 오늘날에는 쓰지도 않고 잘 모르고 있지만, 옛날에는 본 이름 보다도 자를 많이 사용하였다. 족보를 보면 본 이름과 자를 기록하고 있다.

3) 공자의 출생연대에 대해서는 사마천(司馬遷)의 「사기(史記)」 '공자세가(孔子世家)'에 의하면 서기전 551년이라는 설과 「춘추곡양전(春秋穀梁傳)」과 춘추공양전(春秋公羊傳) 에 의하면 서기전 552년이라는 설이 있다.

4) 공자를 모신 사당에서 지내는 큰 제사.

공자의 선조는 은(殷)나라의 왕손이 분봉 받은 송(宋)나라[5]의 공족(公族) 출신이며, 노(魯)나라로 들어와 성을 공(孔)씨로 고쳤다고 한다.

공자는 19세 때 송(宋)의 올관씨(兀官氏)와 결혼하여, 20세에 아들 리(鯉;자, 伯魚)를 낳았으며, 66세 때 상처했다고만 알려져 있다. 그 아들 리(鯉)에 대해서는 《논어》에도 보인다. 또한 공자는 그의 딸을 공야장(公冶長)에게 시집 보냈으며, 질녀 즉 맹피(孟皮)의 딸을 남용(南容)에게 시집 보냈다는 것도 역시 《논어》에 보이고 있다.

공자의 손자 급(伋; 자사〈子思〉)은 서기전 483년(노애공 12년)에 출생하여, 서기전 402년(노목공 6년)에 졸하였다. 자사는 공자의 학문을 계승하여 《중용(中庸)》을 지었으며, 다시 맹자(孟子)에게 유학(儒學)을 전하는 등 그 전파에 있어서 큰 역할을 하였다.

그 후부터 공자의 후손에 대해서는 《사기》 '공자세가(孔子世家)' 에 자세히 나타나 있다. 14세손 공안국(孔安國)을 비롯하여 후세에 대학자들이 많이 배출되었다.

2. 공자의 생애

공자의 생애를 몇 단계로 나눈다면, 다음과 같이 이해할 수 있다. 공자는 그의 자전적(自傳的) 대략을 《논어》에서 다음과 같이 말하고 있다.

공자께서 말씀하시기를,

5) 은나라가 망한 뒤 주공(周公)은 은나라 최후의 임금인 주왕(紂王)의 서형(庶兄) 미자계(微子啓)를 송(宋)에 봉하였다. 송나라는 이어 제6대 양공희(煬公熙)에 와서 조카인 여공(勵公)에게 죽임을 당하고, 왕위를 빼앗겼는데 양공희에게는 이때 아들 불부하(弗父何)가 있었다. 그가 공자의 조상이다.

"나는 열다섯 살에 학문에 뜻을 두었고, 서른 살에 확립하였으며, 마흔 살에 망설이지 아니하였고, 쉰 살에 천명을 알게 되었고, 예순 살에 남의 말을 순순히 듣게 되었고, 일흔 살에 마음이 내키는 대로 좇아도 법도를 넘지 않았다."[6]

이는 공자가 자기의 일생을 회고하고, 주로 자기의 학문 또는 정신적 자세나 성장의 심화된 과정을 술회한 것이기도 하지만, 또한 그의 경력과 사회와의 대응을 추상적으로 풀이한 말이라고도 말할 수 있다.

청소년기는 공자의 가계는 훌륭했으나, 그가 태어났을 당시의 집안은 가난하고 보잘 것 없었다. 이러한 것을 단적으로 말해 주고 있는 것은 "나는 어려서 빈천했기 때문에 천한 일도 많이 할 줄 알게 되었다."[7]고 공자는 자기의 어렸을 때를 회고하고 있다.

공자는 소년기에 이미 육예(六禮)를 배우고 입지(立志; 뜻을 세움)했다. 「공자세가(孔子世家)」에 "공자는 아이 때 언제나 제기(祭器)를 벌여 놓고 예(禮)를 갖추는 소꿉놀이로 장난을 하였다." 고 한 것을 보면 젊은 홀어머니 밑에서 자란 공자이지만, 비교적 바르고 엄격한 가정교육을 받은 것으로 추측할 수 있다.

공자는 스스로 "나는 나면서부터 알았던 사람이 아니며, 옛것을 좋아하여 부지런히 그걸 배운 사람이다."[8]라고 말하였으나, 실제로 공자가 어떻게 공부를 하였는지는 분명치가 않다. 다만 "(자공(子貢)이 공자의 학문적 방법에 대하여) … 공자께서는 그 어디서인들

---

6) 《論語》; '爲政' 4 : "吾十有五而志于學 三十而立 四十而 不惑 五十而知天命 六十而耳順 七十而從心所欲 不踰矩"
7) 《論語》; '子罕' 6 : "(大哉知我乎)吾少也賤 故多能鄙事."
8) 《論語》; '述而' 19: "我非生而知之者 好古 敏以求之者也."

안 배우셨겠습니까? 어디서나 다 배우셨으며, 그 누구라고 정해진 스승이 있겠습니까? 누구에게나 다 배우셨습니다."[9] 또한 《춘추좌씨전》에 의하면[10] 담자(郯子)가 노(魯)나라를 방문하였을 때, 공자는 그가 중국 고대의 관제(官制)에 대하여 잘 알고 있다는 말을 듣고 그를 찾아가 관제에 관하여 묻고 배웠다는 기록이 있다. 담자는 노나라 보다는 문화정도가 훨씬 낮은 조그마한 담나라의 제후였는데도 불구하고 공자는 예 관제에 대하여 아는 것이 많다는 말을 듣고 찾아갔던 것이다. 그리고 《사기》 '공자세가'에는 공자가 사양자(師襄子)에게 가서 금(琴)을 배웠으며, 또 《노장신한열전(老莊申韓列傳)》에는 공자가 노자(老子)를 찾아가 예(禮)에 관하여 물었다는 기록도 있다. 이와 같은 것을 귀납해 보면, 공자는 자기가 지식을 얻을 수만 있다면 문화수준이나 신분을 가리지 않고 주위 누구에게든 물었으며, 어느 특정인으로부터 체계적인 지식을 배우지 않았다는 것을 이해할 수 있다.

공자의 학문은 개인적으로는 인(仁)·의(義)·예(禮)·지(智)에 바탕을 둔 개인의 윤리를 확충해서 이상적 인간상인 '군자(君子)'에 이르는 길을 깨우쳐 주었고, 정치적으로는 요(堯)·순(舜)·우(禹)·탕(湯)·문왕(文王)·무왕(武王)의 도(道)를 이어받아 도덕을 기초로 해서 꽃 피운 문물제도를 되살려 잘 조화되고 질서 있는 세상을 재현시키는 것이었다. 그 조화와 질서는 예(禮)·악(樂)에 의해서 이룩되는 것이라 가르쳤다.

공자는 19세 때(서기전 533년) 노나라의 위리(委吏)[11] 벼슬을 하였는데, 이는 생활을 위한 수단이었을 것이라고 해설되고 있다. 그 해에 결혼하여 아들 리(鯉)를 낳았다. 21세(서기전 531년)에는 역

9) 《論語》; '子張' 22: "夫子焉不學 而亦何常師之有."

10) 소공(昭公) 17년(서기전 525년, 공자 27세)의 기록.

11) 위리는 나라의 창고의 물건을 관장하는 낮은 관직.

시 나라의 가축을 기루는 낮은 관직에 임하였고 24세에는 그의 어머니가 돌아가셨다.

장년기 공자는 30대로 접어들면서 학문과 경륜이 더욱 원숙해졌다. 따라서 그때부터는 개인적인 문제나 가정생활의 문제를 벗어나 어지러운 민심(民心)을 바로 잡고, 세상을 구원하는 일로 관심을 옮겨갔다. 따라서 그 무렵부터 그의 명성도 커져서 문하에 제자들이 모여들기 시작하였다.

30세에는 그는 입신(立身)의 근본이며 입국(立國)의 기본인 예악(禮樂)을 완성하여 사회에 나섰던 것이다. 34세 때에는 남궁경숙(南宮敬叔)과 함께 주(周)나라에 가서 노자(老子)에게 예(禮)에 관하여 물었고, 장홍(萇弘)에게는 악(樂)에 관하여 물었다. 37세 때에는 제(齊)에서 노나라로 돌아온 후부터는 공자의 명성은 자못 높아 갔다. 그러나 대도(大道)가 흐트러진 당시 공자에게 정치를 바로 잡게 할 기회를 주는 군주는 없었다. 그러나 진리와 신념을 가지고 물욕에 굴하지 않고, 가난한 생활을 하면서도 편안한 마음으로 도를 지키며 즐기는(安貧樂道) '사십이불혹(四十而不惑)'이었다. 그 후 현실적 부조리에도 불구하고 공자의 철학은 더욱 깊어졌다. 그는 마침내 천인합일(天人合一)의 경지에서 '오십이지천명(五十而知天命)'했던 것이다. 즉 그는 우주와 인생을 일관하여 내다보게 되었던 것이다. 여기에서 '지천명(知天命)'이란 바로 '경천애민(敬天愛民)'하는 것을 속세에 초연하게 터득하게 되었다는 말이다. 이리하여 공자는 현실을 초월하여 현실을 구제하는 천리(天理)를 터득하게 되었던 것이다.

공자는 51세(서기전 501년)때에는 노나라 중도재(中都宰)라는 벼슬에 올랐다. '중도재'란 중도를 다스리는 장관으로, 공자가 그 벼슬을 맡은 지 일 년 만에 중도는 다른 고을이 모두 본받을 정도로 질서가 잡히고 예의와 윤리의 기틀이 잡혔다.[12)]

그다음 해인 52세 때(서기전 500, 노나라 정공 10년)에 노나라 정공(定公)과 제나라 경공(景公)이 화평을 위해 협곡(夾谷)에서 화합을 하였는데, 그 때 예(禮)를 돌보는 관리로 정공을 수행하였다. 여기서 공자는 정공과 경공 사이에서 외교상의 공로로써 제나라는 노나라의 영지였던 세 고을을 다시 노나라에 게 돌려주고 화해를 하게 되었다. 이로서 공자는 다음 해인 53세에 곧 육경(六卿)의 하나로 국토를 관장하는 벼슬인 사공(司空)에 임명되고, 또 다시 다음 해인 54세 때에는 나라의 법을 다스리는 벼슬인 사구(司寇)에 임명되었다.

공자는 굳은 신념과 올바른 판단을 바탕으로 사공의 직책을 수행하여 명성이 국내외에 높아졌다. 그 때문에 다시 그 다음 해에는 사구에 재상(宰相)의 일까지 겸임하였다. 이리하여 공자는 그의 혁신정치가 효력을 나타내자, 이웃나라 제나라에서는 크게 경계하고, 공자를 제거할 계책까지 꾸몄다. 곧 제나라에서는 노나라의 정공과 계환자(季桓子)에게 가무(歌舞)에 능한 80여명의 미녀와 말 120필을 선물로 보냄으로써 정공 등이 즐김에 빠져 정사를 돌보지 아니하고, 법도에 어긋나는 행동을 자행하도록 하였다. 공자는 이를 말리다가 결국 벼슬자리를 떠나고 말았다.

여러 나라를 돌아다님(周遊列國) 모든 벼슬을 버린 다음 해인 55세 때 (서기전 497년, 노정공 13년) 공자는 자신의 정치이상(政治理想)을 구현할 나라의 임금을 찾아서 국외로 나섰다. 그 뒤 노나라로 돌아오던 68세(서기전 481년, 노애공;哀公 11년) 때까지 13년 동안 각지를 돌아다니며 공자는 여러 나라의 임금을 만나 도덕

12) 《사기》, 《공자가어(孔子家語)》 참조.

정치(道德政治)의 실현을 역설했으나, 이를 받아드리는 사람이나 나라는 없었다. 오히려 갖은 고생과 실의(失意) 뿐이었다. 공자의 이상(理想) 실현을 위한 노력은 결국 당세에 성공을 거두지 못한 것이다. 그래서 진(陳)나라를 방문한 뒤에는 스스로 탄식하면서 노나라로 돌아갈 뜻을 비쳤다. 결국 그의 나이 68세(서기전 484, 노애공 11년), 계강자(季康子)의 초청을 계기로 공자는 위나라를 떠나 노나라로 돌아왔다. 그의 이상을 펼 노력은 좌절되었으나, 천하를 두루 둘러본 공자는 "광대하고 정미(精微)하고 고명(高明)한 중용(中庸)"을 터득하게 되었다. 그리하여 그는 만년에는 시간과 지역을 초월한 영원한 인류의 진리를 전달하는 교육자로서 불멸의 저작을 남겨 인류를 깨우치고자 하였다.

만년(晩年) 노나라로 돌아온 공자는 국노(國老)의 대우를 받으면서 국정(國政)의 자문에 응하기도 하였다. 그러나 무엇보다도 그가 힘을 기울인 것은 전적(典籍;서적)의 편찬과 제자의 교육이었다. 당시 제자들은 염유(冉有)를 비롯하여 자공(子貢)·자로(子路)·자유(子遊)·자하(子夏)·재여(宰予) 등이 각기 정치에 참여하여 중요한 벼슬을 하고 있었다. 이로 보아 공자의 학문은 노나라뿐만 아니라 가까운 이웃 나라에 까지도 상당한 세력으로 퍼져나가고 있었음을 알 수 있다. 그러나 공자는 자신의 이상이 실현된다는 것은 요원하다는 판단을 하고 있었고, 그 이상을 후세에 전해 실현하지 않으면 안 된다고 믿었다. 따라서 공자는 먼저 후세에 전할 전적으로서 육경(六經)[13]을 편정(編定)하고, 그것을 통하여 자신

13) 육경(六經)이란 《시경(詩經)》《서경(書經)》《역경(易經)》《예기(禮記)》《악경(樂經)》《춘추(春秋)》의 여섯 가지 유가의 기본 경전을 말한다. 이들 육경은 앞서간 사람들의 정치·사회·문화·사상·생활 등에 관한 여러 가지 지식을 획득한 한편, 올바른 성정(性情)을 닦고 인격을 수양하는데 큰 무게를 두었던 유가(儒家)의 기본 경전이다.

의 이상을 후세 사람들에게 교육하려 하였다. 그러나 전적을 편정했다 하나, 그것은 스스로 "서술하되 창작하지 않음(述而不作)"을 표방하였다.

공자의 교육은 비교적 성공적이어서, 《사기》 '공자세가'에서 말하듯, '제자 3천 명'이라는 것도 이무렵 이었다. 이때 제자들 중에는 뛰어난 인재들이 많아 노나라를 중심으로 하여 그 밖의 여러 나라에서도 눈부신 활약을 했으므로 스승인 공자도 높은 명성과 대우를 받았다.

그러나 공자 개인적으로는 불행도 거듭되었다. 69세(서기전 483)되던 해 아들이 50세의 나이로 먼저 떠났고, 다음 해에는 공자가 그토록 사랑하고 기대를 걸었던 제자 안연(顏淵)이 또한 떠났다. 그때 공자는 "아! 하늘이 나를 버리는구나!"[14]라고 통곡하였으니, 공자의 안연에 대한 사랑과 기대를 읽을 수 있는 대목이다.

71세(서기전 481, 노애공 14년) 때에는 노나라 서쪽에서 기린이 잡혔다.[15] 난세에 잘 못 나와 어리석은 인간들에게 잡힌 기린을 보고, 공자는 자신의 운명을 비춰서 슬퍼하였으며, 《춘추(春秋)》의 저술도 이 '서수획린(西狩獲麟; 서쪽에서 기린을 잡다)'에서 끝을 맺고 있다. 그다음 해인 72세(서기전 480) 때에는 오랜 제자로 깊은 애정을 지니고 있던 자로(子路)가 위나라에서 벼슬을 하다가 그곳 내란에 휩쓸려 비명으로 갔다. 이러한 겹친 불행을 겪고서 73세(서기전 479, 노애공 16년)를 일기로 그해 4월 생을 마감하였다.

공자가 떠나자 노나라 애공도 공자의 그 높은 덕을 추모하는 뇌문(誄文;조문하는 글)을 지어 보냈다. 공자는 자신이 세상을 떠나기

14) 《論語》 '先進' 8 : "噫 天喪予 天喪予"
15) 《春秋左氏傳》 哀公14年條. 기린은 예부터 어진 짐승으로 훌륭한 임금에 의해 올바른 정치가 행해지면 나타나는 것으로 알려졌다.

칠일 전에 죽음을 예견하고 있었다. 곧 공자는 아침 일찍 일어나 뒷짐을 지고 지팡이를 끌고 문 앞을 거닐면서 “태산이 무너지려는도다. 들보가 부러지려는도다. 철인(哲人)이 시드려는도다”라고 읊었다. 그리고 들어가 제자들에게 자신의 죽음에 대하여 얘기를 하고, 칠일 후에 떠났다고 쓰여져 있다.[16] 노나라 성(城) 북쪽의 사상(泗上)에 장사지냈는데, 오늘날 이곳을 공림(孔林)이라고 부른다.

앞에서 말했듯이 《사기》 '공자세가'에 의하면, 공자의 제자 수가 3천 명이었다고 하는데, 그 중 육예(六禮)에 통달한 사람이 72명이었다고 기록하고 있다.

제2절 공자의 시대적 배경[17]

인간에 있어서 시대적 공간은 인간의 종합적인 환경을 설정하여 인간의 사상이나 행위에 많은 영향을 주고 있다. 우리가 공자의 시대적 배경을 인식하자는 것도 그러한 연유에서이다. 공자의 생존기간이 만일 평화적인 사회이었다면 아마 공자의 철학이나 사상도 바뀌었을 것이다.

공자가 세상을 떠난 5년 후에 춘추시대가 마감하고, 전국시대가 시작되었으니 공자는 춘추시대 말기에 살다간 사람이다. 따라서 우리는 공자의 사상과 교육의 인식에 있어서 춘추전국시대를 이해할 필요가 있다.

춘추전국시대(春秋戰國時代)[18] 춘추시대의 명칭은 공자가 찬술했다고 하는 《춘추(春秋)》에서, 그리고 전국시대의 명칭은 전국시

---

16) 《禮記》 '檀弓.'

17) 본 절은 김경식, 中國敎育展開史, 문음사, 2006,(대한민국 학술원 기초학문육성 우수도서 선정) 73~91면을 참고하였음.

18) 춘추시대의 명칭은 공자가 찬술했다고 하는 《춘추(春秋)》에서, 그리고 전국시대의 명칭은 전국시대의 사실(史實)을 기록한 《전국책(戰國策)》에서 유래하였다.

대의 사실(史實)을 기록한 《전국책(戰國策)》에서 유래하였다.

이른바 동주(東周)는 주(周)나라 왕실의 동천(東遷:동쪽으로 옮김, 호경:鎬京에서 낙양:洛陽으로)에서 진(秦)나라의 중국 최초의 통일(서기전 221)까지의 약 550년간을 그 시대적 공간으로 하고 있다. 그리고 동주는 다시 양분되어 전기를 춘추시대(서기전 770~서기전 453), 후기를 전국시대(서기전 453~서기전 221년)라 한다. 동주 즉 춘추전국시대는 정치적 분열과 도덕의 위기 시대였다. 또한 동주시대는 중국 역사상 일대 변혁의 시기로 정치제도, 사회조직, 경제체제, 교육제도 등이 모두 근본적으로 변혁되었다.

정치질서 면에서 보면, 서주(西周)가 몰락한 서기전 770년, 일부 제후의 도움으로 평왕(平王)은 낙양에서 왕조(王朝)의 명맥을 유지하는 데 일단 성공은 했으나, 이후 주왕의 정치적 통제력은 이미 상실되었으며, 각각 제후국은 사실상의 독립국가로 발전하였다. 당시 정치적 구심점의 부재는 필연적으로 그들 상호 간의 부단한 군사행동의 충돌을 유발했고 동시에 중원(中原)[19]의 여러 민족에 대한 이민족(異民族)의 위협도 가중되었다. 이러한 상황은 정치적 개편을 요구했으며 대 제후국을 중심으로 세력의 계열화가 진행되었다. 이것은 '존왕양위(尊王讓位)'와 '절대존망(絕對存亡)'을 명분으로 내세운 패재(覇者)[20]에 의한 질서였다. 이것은 바로 종법(宗法) 질서를 통한 혈연의식을 매개로 성립하였던 서주의 봉건제(封建制)가 붕괴되었다는 것을 의미한다.

춘추시대에는 중국의 영토가 정리, 통합되어 가던 과정이었다. 그리하여 제후국이 자립화를 가속하여 읍제(邑制) 국가의 단계를

19) 중국의 한족(漢族)이 일어난 황하의 유역 지방.

20) 패자(覇者)는 주왕(周王)의 권위가 실추된 기회를 이용하여 제후를 규합하여 세력을 과시한 제후를 말한다. 패자는 주왕에 대한 충성을 명분으로 삼았지만, 이들의 출현은 혈연과 신분에 의존했던 기존의 권위와 질서가 붕괴됨을 의미한다.

벗어나, 열국(列國; 여러나라)으로 변모하여 한결같이 영토주권국가로 발전하여 갔다. 그리고 계속 항쟁의 결과, 춘추 초기 170여 국이나 되었던 열국이 춘추 말에는 10여 국으로 정리되었다. 춘추시대 일어난 전쟁의 회수가 1,200여 회가 넘었다 하니, 당시 열국 간의 대립과 항쟁이 얼마나 치열했던가를 짐작할 수 있다. 영토국가에 적합한 행정제도인 현(縣)이 등장한 것도 이 시기였다. 춘추시대의 국제관계는 결국 진(晉)·초(楚) 간의 남북대립이라는 관계를 형성하였다.

전국시대의 개막은 진(晉)의 분할 즉, 한(韓)·위(魏)·조(趙) 3분으로 시작되지만 결국 7국 즉, 한(韓)·위(魏)·조(趙)·연(燕)·제(齊)·진(秦)이 항쟁하는 즉, 진과 나머지 6국 간의 동·서의 대립이라는 국제관계를 형성하였으나, 진(秦)에 의하여 항쟁은 수습되어 한족 최초의 통일국가를 형성하게 되었다.

서주의 봉건제도(封建制度)[21]에 기반을 둔 정치질서가 동주 즉, 춘추전국시대의 약육강식과 같은 정치 질서로의 변화는 토지제도에도 그 변화를 가져온 것은 당연하였다. 서주는 《시경(詩經)》에서도 표현되듯 "천하에는 왕의 토지가 아닌 것이 없고, 또한 왕의 신하가 아닌 자가 없다." 왕토(王土)와 왕신(王臣)은 정치적 의미뿐만 아니라 경제적 의미도 가지고 있었다. 토지는 왕을 정점으로

21) 일명 분봉제(分封制). 고대 국왕 혹은 황제가 제후(諸侯)에게 분봉하던 제도. 하(夏), 은(殷) 때부터 시작되었다고 한다. 주나라 무왕(武王) 때는 은(殷)을 멸망한 공로로 공신이나 일족에게 봉국(封國)을 내리고, 이들은 봉국의 제후에 임명되었다. 제후는 가신(家臣)과 노예를 이끌고 봉지로 가서 세습 특권을 누리며 세경(世卿)이 되었다. 제후는 정기적으로 왕실에 조공을 바치고 조빙(朝聘)했으며, 유사시 왕을 위해 군대와 노력을 제공했다. 그러나 모든 행정적 권한은 제후에게 주어졌으므로 독립된 국가의 형태를 띠었다. 춘추시대의 열국은 대부분 주 왕실의 분봉에 의해 생겨난 것이다. 또 이때부터 제후의 권력이 커지면서 본국의 속박에서 벗어났으며, 제후국간 패권 다툼을 벌이는 춘추전국시대의 장을 열었다.

한 귀족의 소유로서, 농민은 토지로부터 자유롭게 떠날 수도 없는 예민(隷民)이었다. 또한 춘추 이래 봉건제도의 동요는 정전제(井田制)[22]의 동요를 가져와 토지의 사유화가 전개되었다. 그리하여 과세는 정전제에서 초세무(初稅畝)[23]로의 개혁이 단행되었다. 그 결과 서주의 예민은 해방되어 당시 발달된 철제 생산도구와 생산기술을 이용하여 대지주(大地主)도 될 수 있었다. 이리하여 종래 봉건제도의 해체과정에서 예민은 자각의 소 농민층으로 성장하여 절대다수의 계층을 형성하여 국가의 핵심적 기반을 이루었다.

한편 지배계층에 있어서도 춘추시대에 들어오면서 세족(勢族) 투쟁을 주된 요인으로 하여 춘추시기 유족(遺族)세력은 거의 몰락하여, 이후 역사의 무대에서 자취를 감추었다.[24] 아울러 이와 같은 세족의 소멸에 따른 사회적 공백 상태를 메워 나간 것이 사(士)[25]이었고, 이들은 역사의 무대에서 주인공으로 주요한 역할을 담당하게 되었다. 이와같이 춘추시대의 사회적 변화는 한마디로 '신분질서의 재편성'이라고 요약할 수 있을 것이다.

춘추전국시대에 접어들면서 서주의 봉건제는 해체과정에 들어간 결과 종래의 씨족적 질서 속에 매몰되었던 개인(個人)이 해방되어,

---

22) 은, 주 시대의 토지제도. 9백무(畝)의 전지(田地)를 井자 형으로 9등분하여 중앙을 공전(公田)으로 삼고 주위를 8가구에 사전(私田)으로 분배하였다. 공전은 8가구가 공동으로 경작하여 그 수확을 국가에 바쳤다. 이 제도는 유가(儒家)의 이상적인 토지제도로 받아드려졌는데, 주대에 이와 같은 제도가 실재했는지는 확실치 않다. 주공(周公)이 이 제도를 실시했다고 전해진다. 서주(西周) 중기에 정전제가 무너지고 토지사유제가 형성되었다.

23) 춘추시대의 조세제도. 노(魯)나라에서 선공(宣公 15년(서기전 594))에 시행했다. 공전과 사전의 구분 없이 토지에 대해 일률적으로 세금을 징수했다. 이로 인해 공전과 사전을 구분한 정전제가 점차적으로 무너졌다.

24) 가령 전국시대 각국의 상직(上職)을 맡은 인물 가운데 춘추시대의 귀족 출신이 전혀 없었다는 점에서도 이는 여실히 증명된다.(서울대학교 東洋史硏究室, 講座中國史1, 지시산업사, 1989, 113면.

25) 위의 책, 90면.

자유로운 계약관계를 맺기도 했고, 종래 인간의 사유 구조를 지배했던 주술적(呪術的)·신정적(神政的) 세계관은 인간중심(人間中心)의 합리적 사고(合理的 思考)의 세계관으로 대체해 갔으며, 그것은 마침내 제자백가(諸子百家)로 꽃을 피우기도 하였다.[26] 제자백가의 사상 중 당시 사회나 후대의 중국에 끼친 영향을 고려할 때 대표적인 사상으로는 유가(儒家), 묵가(墨家), 도가(道家), 법가(法家), 음양가(陰陽家)일 것이다. 이 중 특히 유가의 공자는 후대의 중국인들에게 신(神)과 대화하지 않는 합리주의자로서의 모범을 보여주었다는 점에 그의 사상적인 공로가 있다 할 것이다.

지금까지의 기술해 온 바와 같이, 춘추전국시대의 변화는 결국 정치적, 문화적, 경제적, 민족적, 단일체로서의 중국을 형성하고 기반을 조성하여 주었다.

춘추전국시대에 있어서 문화와 교육에 최대의 영향을 준 것은 '양사(養士)'의 풍이 성행한 것과 제자백가(諸子百家)의 발흥이라 할 것이다. 전자는 관하(官學)의 폐쇄와 사학(私學)의 발달을 가져왔고, 후자는 학술사상의 발달을 가져왔다.

제3절 공자의 교육사상의 기저 – 《論語(논어)》라는 책

우리는 공자의 교육사상을 이해하기 위해서는 《논어》에 대하여 약간 인식해야 할 것이다. 그것은 전자는 공자와 그의 제자 간의 대화를 중심으로, 그의 기저에는 공자의 사상이 맥맥이 흐르고 있기 때문이다.

공자는 전술한 바와 같이, 후세에 전할 전적(典籍)으로서 육경(六經)을 편정하고, 그것을 통하여 후세 사람들에게 교육하려 하였

26) 위의 책, 90면.

다. 따라서 육경은 공자의 철학과 사상을 이해하는 데 아주 중요한 것이다. 그러나 우리는 본서의 성격상 우선 《논어》라는 책이 과연 어떤 책인가를 이해할 필요가 있다.

《논어》는 유가(儒家)의 사서(四書) · 오경(五經) 중 《대학(大學)》《중용(中庸)》《맹자(孟子)》와 더불어 '사서(四書)'를 형성하고 있다.

우선 《論語(논어)》라는 명칭에 대하여 후한(後漢)의 반고(班固; 서기 32~92)는 《한서(漢書)》 '문예지(文藝誌)'에서 다음과 같이 말하고 있다.

"논어(論語)란 공자가 제자들과 당시 사람들에게 응답한 것과 제자들이 서로 주고받거나 공자에게서 직접 얻어들은 말들이다. 당시 제자들이 각기 적어 두었던 것들을 공자께서 돌아가신 뒤에 문인(門人)들이 서로 모아 논찬(論纂)하였으므로 그것을 《논어(論語)》라 부른 것이다."

위에서 보듯, 곧 《論語(논어)》란 공자와 그 제자들의 언행을 의론 '論', 편찬한 말 '語'이라는 뜻이다.

《논어》가 처음 편찬된 시기는 춘추전국시대이지만, 지금의 모습으로 다듬어진 것은 한(漢)나라 때이다. 진시황(秦始皇)이 분서갱유(焚書坑儒)를 통해 많은 서적을 없앨 때 《논어》도 같은 운명을 겪었다.

그 뒤 《논어》 판본의 형성에 관해서도 가장 빠른 자료는 《한서》 '문예지'이다. 거기에 의하면 한나라 때에는 '제논어(齊論語)'(제나라 지방에 남아 있던 것) · '노논어(魯論語)'(노나라 지방에 남은 것) · '고논어(古論語)'(공자의 옛집 벽에 감추어 두었던 것) 등 세 가지 '논어'가 제각기 세상에 전해져 통행 되고 있었다.[27]고 한다. 그러나 '노논어(魯論語)'를 중심으로 이상의 세 책을 종합한 것이 지금의 《論語(논어)》이다.

《논어》는 공자가 철학자나 사상가가 아닌 것처럼, 철학서나 사상서가 아니다. 《논어》는 다만 성인인 공자가 그 제자들과 대담한 그의 어록(語錄)일 뿐이다. 이는 인생에 관한 이야기를 담고 있다. 다시 말해서 《논어》에는 인간(人間)이 있고, 문화(文化)가 있고, 정치(政治)가 있을 뿐이며, 관념적인 것은 없다. 공문(孔門)의 정신은 치세(治世)의 길을 넓히는 것이 목적이지, 도가(道家)처럼 현묘(玄妙)한 도리를 말하려 하지 않는다. 《논어》가 인간(人間)이 중심적이라면, 《도덕경(道德經)》은 자연(自然)이 중심적이라 할 것이다. 《논어》는 말하자면 군자(君子)가 되는 길잡이라고 해도 무방할 것이다. 요즘 식으로 말하면, 《논어》는 '바람직한 도덕적인 인간'이 되는 길잡이라 할 것이다.

《논어》의 편성 구조를 보면 모두 20편으로 되어 있다. 각 편의 이름은 처음 나오는 문장의 서두(序頭) 두세 글자를 따서 붙였다. 예컨대 '학이편(學而篇)'은 첫 구절의 문장 '학이(學而)' 두 글자를 따서 편명으로 삼은 것이다.

우리는 이제 각 편에 대한 간략한 해설을 하고자 한다.[28]

(1) 제1편 학이(學而)

학이편은 총 16장으로 구성되어 있으며, 《논어》의 전체 20편 중에서 가장 중요한 편으로 간주 되고 있다. 즉, 공자의 학문 정신과 아울러 덕행(德行)의 기본을 알리고 있다.

---

27) 이들 '논어'에 관해서 서는 李基東 譯解, 論語講說, 성균관대학교 출판부, 2002, 12~14면 참고 바람.

28) 여기서는 張基槿 譯著, 新完譯 論語, 明文堂, 1985.에서 발췌했다.

황간(皇侃)은 '학이편'을 《논어》의 첫 편으로 한 것은 《예기(禮記)》 '학기편(學記篇)'에 "옥(玉)은 다듬지 않으면 그릇을 만들 수 없고, 사람은 배우지 않으면 도(道)를 알지 못 한다.(玉不琢不成器 人不學不知道)"라 한 것과 같이, 사람은 배워야 훌륭하게 될 수 있음을 명백하게 하고자 했기 때문이라고 주(注)했다.

(2) 제2편 위정(爲政)

위정 편은 총 23장으로 구성되어 있다. '형병(邢昺)의 소(疏)'에서는 "배운 다음에 정사(政事)에 참여한다." 《좌전;左傳)》고 했으므로, '학이편' 다음에 '위정편'을 엮었다고 했다. 위정자는 성현 군자라야 될 것이며, 효(孝) · 경(敬) · 신(信) · 용(勇)을 위성(爲政)의 덕이라고 논하고 있다. 공자에 있어서 정치는 예(禮)인 동시에 예술이며 인간에 의한 인덕(仁德)의 구현이다.

(3) 제3편 팔일(八佾)

팔일 편은 총 26장으로 구성되었다.

여기서 '팔일(八佾)'은 무악(舞樂)의 이름이다. 고대 중국에서는 무(舞)와 악(樂)을 가지고 정치의 요체로 삼았다. 따라서 '팔일편'을 '위정편'의 다음에 배열하였다.

예(禮)는 광의로 말하면 문화규범이라 할 것이고, 예로써 사회나 국가의 평화와 질서를 유지하고, 문벌(門閥) 계급과 명분(名分)을 바르게 잡으려 했었다. 즉 안녕과 질서를 규제하는 외형적 양태(樣態)라 하겠다. 한편 악(樂)은 인간의 성정을 화락(和樂)하게 풀어주는 감화력이 있으므로 정치나 의례(儀禮)에 음악을 이용하여 개인이나 민중의 성정을 조화, 교화(敎化)시키고자 했다. 이렇게 하여 음악은 덕화정치(德化政治)에서 중요한 자리를 차지하게 되었다. 《논어》의 편명은 원칙으로는 첫마디 말로 짓는 것이 통례이다. 따라서 이 편명을 '팔일'이라고 하지 않고 그 앞의 '계씨(季氏)'로 붙임직 하나, 황간에 의하면 당시 계씨가 예악을 문란케 했음으로 그를 미워하여 편명으로 하지 않았을 것이라고 한다. 예악을 문란케 했다는 것은 바로 사회질서와 국가정치를 문란케 한 것과 같다. 예나 지금이나 음악이 인간의 정서에 미치는 영향은 크며 또한 사회풍조와 더불어 음악은 맑기도 하고 탁하기도 하다. 맑은 사회의 음악은 맑고, 예의 바른 사회는 질서 있는 사회라 하겠다.

(4) 제4편 이인(里仁)

이인 편은 총 26장으로 구성되었다.

이인 편은 주로 인덕(仁德)에 관한 말이 추려져 있다. 그 핵심인 인(仁)에 대한 문장이 주를 이루고 있다. 그리하여 인이 무엇이며, 왜 인에 뜻을 두고 사명으로 삼아야 하는지 구체적으로 예를 들고 있다. 또한 군자와 소인에 대하여 밝혔으며, 군자의 도를 추구해야 하는 이유를 담고 있다.

(5) 제5편 공야장(公冶長)

공야장 편은 총 28장으로 구성되어 있다.

본 편에서는 주로 인물평이며, 그들이 현명한가 어떠한가 품평하고 있다. 이러한 인물평을 통하여 자연스럽게 자기 자신을 알아보는 계기를 형성해주고 있다.

가장 바람직한 인간형은 무엇인가? 이에 대한 해답을 주려는 의도가 본편 '공야장'에 숨어 있는 것 같다. 사람은 누구나 대인(大人)도 될 수 있고, 소인(小人)도 될 수 있다. 태어날 때부터 고정되어 있는 것은 아니다. 《논어》 20편 중에서 특히 본편 '공야장' 편이 "너는 군자가 될 수 없겠느냐?"라고 자문해 보라 한다. 그래서 '공야장' 편은 우리를 뜨끔하게 해주고 있다.

(6) 제6편 옹야(雍也)

옹야 편은 총 28개 장으로 구성되었다.

본편의 전반은 전편 공야장에 이어 인물평이 많으나, 깎아내린 말이 많은 전편보다는 대체적으로 칭송하는 말이 많다. 여기서 공자는 제자들의 특징과 그들의 성향까지 파악함으로써 제자들을 전체적으로 이해하여 지도하려는 스승의 참모습을 보여주고 있다. 후반부에서는 인(仁), 지(知), 군자(君子) 등을 논하고 있다. 공자의 학문을 이해하는데 극히 중요한 말이 많다.

(7) 제7편 술이(述而)

술이 편은 총 37개 장으로 구성되었다.

본 편은 주로 공자의 지행(志行)을 밝히고 있어, 공자의 자화상이며 자기소개서라고도 할 수 있다. 학문을 대하는 태도, 교육관, 배우는 자의 자세와 제자들에 대한 마음가짐 등을 볼 수 있다. 아울러 현인(賢人), 군자(君子) 및 인자(仁者)들의 덕행을 논술하고 있다. 그중에서도 정채(精彩) 있는 장구가 가장 많이 추려져 있다.

(8) 제8편 태백(泰伯)

태백 장은 총 21개 장으로 구성되었다.

본편은 덕으로 시작해서 덕으로 끝난다. 첫 장의 태백을 위시하여 요(堯), 순(舜), 우(禹) 등 성왕 현인을 칭송하고 또한 예악 등에도 언급하고 있다. 본 편은 부지런히 학문(學文)하므로써 입신(立身)할 수 있다는 유가(儒家)의 목표를 분명히 하면서, 수도(守道)

가 위정(爲政)임을 논하여 어떻게 정치할 것인가를 밝히는 매우 유가적인 내용이다.

(9) 제9편 자한(子罕)

자한편은 총 30개 장으로 구성되었다.

본 편은 주로 공자의 덕행(德行)을 논하고 있다. 따라서 요, 순, 우, 태백 등의 지덕(至德)을 논한 태백편 다음에 차례 했다. 특히 21~23장에서는 공자의 미래지향적이며 탐구적이고 모범적인 학문정신의 면모를 엿 볼 수 있다. 이를 통해 공자가 말하는 온고이지신(溫故而知新)의 온고(溫故)보다 지신(知新)에 무게를 두고 있음을 새삼 확인시켜주고 있다. 또한 우리는 왜 공자를 성인으로 여기는지도 본 장에서 이해할 수 있을 것이다.

(10) 제10편 향당(鄕黨)

본 편은 총 18편으로 구성되어 있다.

본편은 공자의 일상생활, 기거동작을 기록한 편이다. 특히 예와 악의 실천자, 즉 군자로서의 문화생활을 실천한 공자의 여러 면의 모습을 공과 사에 걸쳐 문인들이 적은 것이다. 이러한 기록 속에서 공자가 예, 악을 어떻게 해석하고 행동화했는가를 알 수 있다.

무엇보다 이편은 다른 편에 비해서 (禮)를 중심에 두고 있으므로, 오늘날 우리들은 이편에서의 공자의 말씀에 더욱 관심을 기우려야 할 것이다.

(11) 제11편 선진(先進)

《논어》를 전, 후편으로 나눌 때 '선진' 편은 후편의 첫 편이다. 본편은 25개 장으로 구성되어 있다. 그리고 《논어》 전편에서 제일 긴 문장이 이 편으로 제25장이다.

본 편에서는 제자들에 대한 공자의 평들이 많이 나온다는 평이 많다. 직접적인 평이 있는가 하면, 간접적이며 또한 비교나 대조적인 평이 있어 인물평으로서는 그 수법이 다양하며, 또한 자연스러워 논어의 특색을 엿 볼 수 있다. 본 편을 통해 그들의 사람 됨됨이 어떠했는지 살펴볼 수 있을 것이다.

첫 장에서 공자가 예악(禮樂)을 환기시키고 있는데, 이에 주목했으면 한다. 그것은 인품(人品)을 살피고자 할 때 예악을 중심축으로 따져보는 이유가 무엇인지 일깨워 주기 때문이다. 공자는 예악 중에서도 예(禮)를 중심에 두고 인생을 밝힌 성인이다.

안연(顔淵)의 요절을 두고 공자가 애통히 하는 부분은 생과 사의 애락(哀樂)을 가슴 뭉클하도록 느끼게 해주고 있다. 생사의 애락을 예악으로 마감해야 한다는 것이 공자가 중시하는 장례(葬禮)이다. 예중에서 가장 장엄하고 엄숙한 것이 바로 장례이다. 장례를 통해서 한 사람의 완결된 모습을 살필 수 있기 때문일까? 안연의 죽음에 관한 장(章)이 네 번이나 걸쳐 나온다. 이렇듯 수제자 안연의 요절을 안타까워하는 공자를 보면 성인이기 이전에 한 인간의 편린을 여실하게 느끼게 해주고 있어, 공자가 오히려 더 가깝게 느껴진다. 성인도 사람을 편애하는가 싶을 징도이니 말이다.

사람 됨됨이를 들추어 이야기해 주는 본 편은 거울 앞에 서서 자기 자신을 바라보며 마음속을 살펴보라는 것을 뜻하는 장(章)일 것이다.

(12) 제12편 안연(顔淵)

본편은 24개 장으로 구성되어 있다. 본 편중 절반이 넘는 내용이 인(仁)과 정(政)에 대한 문답으로 구성되어 있다. 특히 안연(顔淵), 중궁(仲弓), 사마우(司馬牛)를 비롯한 여러 사람이 인(仁), 정

(政) 등을 공자에게 질문하였는데 대해 공자가 추상적인 대답을 하여 묻는 제자에 따라 알맞게 체험하도록 일깨워 주고 있다. 인(仁)을 사유하게 하고, 정(政)을 숙고하게 하면서 저마다 수분(守分)하도록 한다. 사람 됨됨이에 따라 적절하게 답 해주면서 보다 넓고 깊게 사고하도록 일깨워 주는 성인의 모습이 잘 드러내고 있다.

본편은 첫 장부터 인(仁)을 구현하는 방편을 제시하고 있다. 공자는 인도(仁道)를 넓히는데 첫째가는 방편은 예(禮)를 이을 첫 장부터 분명히 하고 있다. 이로써 본 편이 공자의 인도를 이해하고 해석하는 데 중요한 위치를 차지하고 있음을 알려주고 있다.

(13) 제13편 자로(子路)

본편은 총 30편으로 구성되었다. 전반부에서는 주로 정치에 대한 문답이 많고, 후반부에서는 정치와 가정도덕 및 정치를 담당한 위정자로서 지켜야 할 도덕에 관한 문답으로 구성되어 있다.

특히 본 편은 공자의 정명사상(正名思想)을 밝히고 있다는 점에서 매우 중요한 편이다. 공자가 밝힌 '정명(正名)'은 "내가 나를 속이지 말라."는 '무자기(無自欺)'로부터 시작된다 할 수 있다. 그래야 '사람을 사랑한다(愛人)'한다. 정치가 바로 애인(愛人)이라는 것을 정명(正名)으로써 일구어 낼 수 있다. 그래서 공자는 '修己而安民;몸을 닦고 사람을 편안하게 한다.'이라 하지 않았던가? '애인'은 곧 '안인(安人)'이다.

여기 '자로'편에서는 무엇보다 이 '정명'이란 말씀을 새겨두어야 한다. 물론 그러자면 '호례(好禮:마음가짐을 선하게)'하고, '호의(好義;선을 행하게)'하며, '호신(好信;곧 사람이 되는 길을 찾아들어 벗어나지 않게 하는)' 하는 치인(治人)이 되도록 자신을 닦아야 한다.

(14) 제14편 헌문(憲問)

본편은 총 46개 장으로 구성되어 있으며 《논어》 총 20개 편에서 제일 길다.

헌문(憲問)이란 원헌(原憲)이 묻는다는 뜻이다. 본편에서는 정치에 관한 문답들이 주를 이루고 있다. 3왕(三王)의 치적과 이패(二覇)의 행적들을 언급하고, 제후 · 대부들의 행적에 대하여 언급하고 있다. 본편의 핵심은 '위인지치(爲仁知恥;어진 사람이 되고 부끄러워 할 줄 알라.)' 하라는 말씀과 '수기안민(修己安民;나를 닦아 세상 사람들을 편안하게 하라.)' 하라는 말씀에 있다고 본다.

(15) 제15편 위령공(衛靈公)

본편은 총 41개 장으로 구성되었다.

본편은 주로 수기(修己), 처세(處世)에 관하여 말하기도 하고, 무도(無道)한 세상을 모르는 척 할 것 아니라 마주해야 한다고 비분의 속뜻을 드러내기도 한다. 그 외 잡기(雜記)가 많으며 세도(世道)가 쇠락한 것을 비탄(悲嘆)한 기미(氣味)가 넘친다. 후반부에서는 짧은 말이 많이 추려져 있다. 특이나 '군자정이불량(君子貞而不諒; 군자는 곧고 바르되, 믿었던 것이라도 옳지 않으면 그 마음을 버린다.)' 을 강조한 대목에 이르면 왜 공자가 인류의 성인인가를 새삼 엿 볼 수 있다. 군자에게 이념이란 '인능홍도 비도호인(人能弘道 非道弘人;사람이 도를 넓힐 수 있는 것이지, 도가 사람을 넓힐 수 있는 것이 아니다)' 밖에 없다는 것을 주장한 데서, 공자의 인본주의(人本主義)가 뚜렷하게 드러나고 있다.

(16) 제16편 계씨(季氏)

본편은 총 14개 장으로 구성되었다.

본편은 논어 중에서도 체제가 특이한 편이다. 따라서 남송(南宋)의 홍흥조(洪興祖)라는 사람은 제론(齊論)이라고도 했다. 즉, 고문(古文)의 고론(古論), 노(魯)의 학자가 전한 노론(魯論), 제(齊)의 학자가 전한 제론(齊論)이 논어의 삼신(三神)이었는데, 그 중의 제론(齊論)일 것이라고 한 것이다. 다른 편과의 차이점을 들면 '子曰'이 여기서는 '孔子曰'로 되어 있고, '三友, 三樂, 三愆, 三戒, 三畏' 등 숫자적으로 추려져 있는 것이 많고, 장폭(章幅)이 긴 것 등이다. 제론(齊論)인지 아닌지는 확실치 않으나 내용에도 특이한 점이 많은 편이다.

(17) 제17편 양화(陽貨)

본편은 26개 장으로 구성되어 있다.

본편은 가신들이 정변을 일으킨 내용이 많다. 그러기에 공자의 처신에 관한 것도 있으나 주로 쇠세무도(衰世無道)함을 한탄한 것이 많고 기타 잡기로 되어 있다.

(18) 제18편 미자(微子)

본편은 총 11개 장으로 구성되었다. 본 편에서는 '공자가 말한다'고 할 때 다른 편에서와 같이 '자왈(子曰)'이라 하지 않고 '공자왈(孔子曰)'로 표시하고 있다.

본편은 그 대개가 성인이나 현인들의 관직에 오름과 은거(隱居)에 대한 기록이다. 여기에는 '子曰'이라고 한 것이 하나도 없으며, 공자의 전기(傳記)의 한 토막과 같은 글과 공자가 호의(好意)를 느꼈던 인물에 대한 단편적인 기수로 엮어져 있다. 공자의 사상을 그의 주위의 모순과 제3자를 예로 들어 기술함으로써 간접적으로 표명하고자 한 내용들이다.

(19) 제19편 자장(子張)

본편은 총 25개 장으로 구성되어 있다. 이 장에서는 공자의 제자들이 많이 등장하고 있다. 특히 많이 나오는 빈도를 보면 자하(子夏)가 가장 많고, 그 다음이 자공(子貢)과 증자(曾子), 자유(子游) 순이다. 본편은 공자의 가르침이 어떻게 드러나는지를 살필 수 있다. 또한 특히 자공이 공자를 밝히는 마지막 대목에 이르면 제자들이 공자를 어떻게 받들어 모셨는지 이해할 수 있다. 자공은 "선생(공자)을 따라잡을 수 없음은 마치 하늘에 사다리를 놓고 올라가는 격이요, 선생께서 살아 계시면 백성이 영광스럽게 여기고, 선생께서 돌아가신다면 백성들이 애통할 것이요, 그런데 어찌 어느 누가 선생에게 미칠 수 있겠소?"[29]하고 하지 않았던가? 공자가 왜 성인(聖人)인지 거듭 살펴볼 수 있는 장(章)이다.

(20) 제20편 요왈(堯曰)

본편은 총 3개 장으로 구성되어 있으며, 《논어》 중에서 가장 짧다.

본편은 논어 전 편중에서도 그 어느 편보다도 가장 체제가 특이하다. 따라서 본편에 대한 제가(諸家)의 설이 많다. 제1장에서는 왜 공자가 요(堯) · 순(舜) 임금을 성군(聖君)의 이상형으로 보았는지를 살펴볼 수 있다. 제2장에서는 공자의 정치관을 살펴 볼 수 있고, 마지막의 제3장에서는 천명(天命)에 순종하는 것을 살펴 볼 수 있다. 이렇듯 천명으로 《논어》를 끝맺음하고 있다.

---

29) 《論語》 '子張' 25 : "子貢曰 …婦子之不可及 猶天之不可階而升也… …其生也榮 其死也哀 如之何其可及也."

제4절 유학(儒學)의 의의와 그 형성

유학의 시원은 공자에게 있고, 우리가 논의하고자 하는 주제도 유학의 영역에 속하므로, 우리는 우선 유학(儒學)에 대한 의의와 그 형성을 이해할 필요가 있다.

1. 유학의 의의[30)]

(1) 유(儒)와 학(學)

우리는 공자와 관련하여, '유학(儒學)', 또는 '유교(儒敎)' '유도(儒道)', '유가(儒家)' 등 여러 가지의 용어를 자주 쓰고 있다. 일반적으로 '유학'은 유교를 연구하는 학문, 또는 그 학파, '유교'는 인(仁)을 근본으로 하여 수기치인(修己治人)을 목적으로 하는 공맹(孔孟)의 가르침을 말하고, '유도'는 유가의 도(道), '유가'는 공자의 학설 · 학풍 등을 신봉하고 연구하는 사람, 또는 그 학파를 일컫고 있다. 그러나 우리는 '유학'에 있어서 '유(儒)'와 '학(學)'에 대하여 좀 더 깊이 접근할 필요가 있다. 공자는 일찍이 그 제자인 자하(子夏)에게 다음과 같이 말한 바 있다.

"너는 군자유(君子儒)가 될 것이지, 소인유(小人儒)는 되지 말라." [31)]

이에서 보듯 '유(儒)'는 학자라는 뜻으로, 오늘날 '지식인'이라는 의미와 같을 것이다. 공자의 생각으로는 바람직한 지식인을 '군자(君子)'라는 범주 안에 넣어서 생각하려는 뜻이다. 그러나 공자

30) 여기서는 柳承國 · 柳正東 · 安炳周 · 李東俊 共著, 儒學原論, 成均館大學校出版部, 1981, 21~26면에서 발췌 보완했음.
31) 《論語》 '雍也' 11 : "女爲君子儒毋爲小人儒."

이전에도 '유(儒)'는 있었다.

「설문해자(說文解字)」[32]에 의하면 "유(儒)는 유(柔)"라고 설명되었다. 그 뜻은 '우유(優柔)'로 사람을 가르침을 말한다. 즉 '교육자'라는 의미로 사용되었다. 또한 동시에 "유(儒)는 윤(淪)"이라고 설명되어 있다. 그런데 '윤(淪)'은 '젖는다'는 말이다. 백지를 물에 적시면 그 물이 점점 백지에 번져가는 것처럼 자연스럽게 동화(同化)되어, 상대방의 심중(心中)에 당방(當方)의 생각을 무리없이 전입(傳込)할 수 있음을 의미한다. 이리하여 '유(儒)'는 '교육자'라는 뜻이다. 이러고 보면 '유(儒)'는 그것이 의미가 '유(柔)'이던 '윤(淪)'이던 간에 '교육자'라는 뜻으로 쓰여져 왔음을 알 수 있다. 뿐만 아니라 이 교육자인 유(儒)는 사회적으로 지위를 갖고 있었다.

사회인으로서의 유(儒)의 이름은 《주례(周禮)》에서 처음으로 보이고 있다. 주대(周代)의 제도에 의하면 사회인을 9개의 사회계층으로 분류하고 있다. 그 가운데 세 번째를 사(師), 네 번째 계층을 유(儒)라고 하였다. 여기서 현(賢)을 가지고 백성을 얻는 것은 사(師)요, 이에 대하여 도(道)를 가지고 백성을 얻는 것이 '유(儒)'라고 설명하고 있다. 현(賢)은 현행자(賢行者)의 현(賢)의 현덕(賢德)으로 국민을 인도하는 것이요, 도(道)는 도예인(道藝人)의 도(道)이므로 도예(道藝)를 가지고 국민을 인도하는 것으로 구별하고 있다.

이에서 인식할 수 있듯, '유자(儒子)'는 공자 대에 이르러 매우

---

32) 《說文解字》는 15편 30권. 동한(東漢)의 허신(許愼)이 편찬하였다. 서기 100년(永元 12년)에 완성. 한자의 형성 및 발전과정 그리고 뜻풀이를 상세하게 설명했다. 부수와 육서(六書: 象形, 指事, 會意, 形成, 轉注, 假借)를 도입하여 자형(字形)의 구조를 분석했다. 소전(小篆) 위주로 9,353개의 글자를 수록했으며, 이체자(異體字) 1,963자도 실었다. 중국 문자학상 획기적인 저작이며, 일종의 옥편이라 할 수 있다.

중요시되기는 했으나, 공자 자신이 스스로 유가(儒家)라 자칭하지는 않았다. 그러나 맹자와 순자(荀子)에 이르러서는 유가(儒家)의 도를 매우 높였고, 유자의 인격을 존중히 여기게 되었다.[33)]

공자의 3천 제자와 그 후의 공문학파(孔門學派)들의 유도(儒道)를 숭상하는 모습에서 타와 구별하여 세인들은 유가(儒家)라고 부르기에 이르렀다.

이렇게 해서 공자와 유(儒)는 처음에는 관계가 없었던 것이 제자와 뒤에 학파를 통하여 관계를 맺게 되었다. 결국 공자 자신이 스스로 유자(儒子)라고 칭한 일은 없으나, 후세 사람들은 공자의 문하생들을 '유가(儒家)'로 부르게 되었으며, 또 문하의 학파들이 유(儒)로 자처할 필요성이 생기게 되었다. 그것은 구류백가(九流百家)들의 제설이 점점 강하게 주장되기에 이르러, 그들과 서로 대치하게 되었기 때문이다. 특히나 당시에는 구류가 파생한 가운데서도 '묵가(墨家)'[34)]니 '양가(楊家)'[35)]의 설이 더욱 성하였다. 그들은 스스로 '묵가'니 '양가'니 하여 기치를 높여 도전해 왔다. 여기에 응해서 공자의 문하와 그 학통을 이은 사람들이 유가로 기치를 올려 유가의 도를 수호하였다. 이렇게 해서 종전의 유(儒)에 공자의 인격과 학문이 가해져 유가(儒家)외 유도(儒道)는 확립되었다.

우리는 다음으로 '학(學)'이란 무엇인가에 대해서 주시할 필요가 있다.

서양에서는 철학이 '애지(愛知)'라는 뜻으로 사용되었고, '학

---

33) 《荀子》, 8 儒效篇 참고.

34) 묵가는 춘추전국시대에 발생한 학술사상 혹은 그 유파. 묵적(墨翟:墨子)가 창시했다. 유가와 대립적인 사상을 전개했다. 겸애(兼愛), 비명(非命), 비공(非攻) 등을 주장하면서, 유가의 예악(禮樂)에 반대하고 절약 정신을 강조했다.

35) 양주(楊朱)의 학설을 신봉하는 사람.

(學)'이라 할 때는 일반적으로 지식의 체계를 의미해 왔다. 실험에 의해서 얻은 단편적인 지식은 학(學)이라고 하지 않는다. 학(學)을 형성하는데 필요한 중요한 소재이기도 하지만, 개개의 단편이 일련의 관계를 갖고 필연성을 지니는 전체적인 조직체계를 갖추었을 때 비로소 '학(學)'이라고 하는 것이 통례이다. 그러나 유학(儒學)이라고 할 때의 학(學)은 이와는 구별된다.

《논어》 '학이(學而)' 편에 이르기를,

"배우고 때에 익히니 기쁘지 아니하냐."[36)]

라고 한 학(學)의 주석에 따르면,

"배운다는 것은 본받는다는 뜻이다. 사람의 본성은 모두 선(善)하나 이것을 앎에는 먼저하고 뒤에 함이 있으니, 뒤에 깨닫는 자는 반드시 먼저 깨달은 사람의 하는 바를 본받아야 선을 밝게 알아서, 그 본래로 돌아 갈 수 있는 것이다." [37)]

라고 하였다. 이 말은 학(學)이 단순한 개념적이고, 인식론적인 지식체계만을 뜻하는 것 뿐 만 아니라, 구체적이고 실천적인 행위체계를 포함하고 있음을 시사하고 있는 것이다.[38)] 공자가 침식을 잃을 정도로 생각만 하기 보다는 학(學)하는 것이 났다.[39)]고 하였고,

---

36) 《論語》 '學而篇' 1 : "學而時習之, 不亦說乎."

37) 《論語》 '학이편' 1. '學而' 의 朱子 역주, "學之爲言 效也 人性皆善而覺有先後 後覺者必效先覺之所爲 乃可以明善而復其初也"

38) 柳承國外3 共著, 같은 책, 24면.

39) 《論語》 '衛靈公' 30 : "吾嘗終日不食終野夜寢而思無益不如學也."

또 안자(顏子)의 호학(好學)[40]을 칭찬하기도 하였다.

또 학(學)은 교(敎)의 뜻도 아울러 가진다. 《서경(書經)》에 의하면 가르치는 일의 절반은 배우는 일[41]이라고 한 것을 보면 교(敎)와 학(學)은 밀접한 관계에 있음을 엿 볼 수 있다.

(2) 유학(儒學)의 의미[42]

우리는 이제 이상에서 논의한 것을 염두 하면서, 유학의 의미를 살펴보아야 할 것이다. 위에서 살펴본 바와 같이, 유(儒)에는 학문적인 개념 외에 실천적인 요소를 가지고 있다는 점에서 서양의 '학문'과 비교 구별된다. 그 정의를 내리는데 난점도 여기에 있는 것이다.

《사기(史記)》 '오종세가(五宗世家)'에는 "하간헌왕덕(河間獻王德)이 '유학(儒學)'을 좋아했다."고 하여 '유학(儒學)'이란 말이 보인다. 대체적으로 유학은 중국사상의 대종(大宗: 대종가의 계통)인 공자의 학설을 조술(祖述: 도를 이어받아 서술하여 밝힘)하는 교학(敎學)으로서, 인(仁)의 제덕(諸德)을 일관하고 수신제가(修身齊家)로부터 치국평천하(治國平天下)를 이룩함을 본지(本旨: 본 뜻)로 하는 것으로 이해하고 있는 것이 통념으로 되어 있다.

공자가 "나의 도(道)는 하나로 관통되어 있다."[43]라고 한 것은 결코 많이 듣고 많이 보는 일[44]만 가지고 되는 것이 아니라, 공자는 학(學)과 사(思)의[45] 병행으로서 얻어지는 것으로 생각하였다.

---

40) 《論語》 '雍也' 2 : "哀公問弟子孰爲好學 孔子對曰 有顔回者好學不遷怒不貳過不幸短命死矣."

41) 《書經》 '說命' : "惟斅(가르칠효)學半 念終始典于學厥德修罔覺."

42) 柳承國 外3 共著, 같은 책, 25~26면.

43) 《論語》 '里仁' 15: "吾道一以貫之."

44) 《論語》 '述而' 27: "多聞而擇其善者而從之 多見而識之知之次也"

45) 《論語》 '爲政' 15: "子曰學而不思則罔 思而不學則殆."

공자는 그 도를 구하는 일을 생명보다도 소중하게 생각하였다.[46] 유학이 공자를 떠나서 생각할 수 없다면, 또한 도(道)를 떠나서도 생각할 수 없는 것이다.

유도(儒道)라 할 때, 바로 이러한 도를 강조하는 의미로 표현된 것이다. 유학은 바로 이 도를 습득하는 학문적인 뜻이 있는 것이며, 유교(儒教)라 할 때는 이 도를 교화하는 의미를 가지며, 유술(儒術)이라고 할 때는 이 도를 실현하는 방법적인 뜻을 가지는 것이다. 그러므로 유학이라고 할 때 '일관지도(一貫之道)'에서 그 범위가 매우 넓음을 이해할 수 있다.

문화 전반에 걸쳐서 관련됨으로 사회, 윤리, 철학, 종교, 예술의 측면을 소홀리 할 수 없다. 도가 구현되어야 할 곳이 사회이기에 정치와 경제문제가 도를 떠날 수 없으며, 윤리 문제는 곧 도의 당위규범이며, 철학은 즉 도의 근원을 탐구하는 임무를 지니게 되고, 이 근원을 밝힐 뿐만 아니라 자아(自我)의 근원을 실천하는 뜻에서 조상에 대한 보본(報本)과 성현에 대한 희원(希願)은 존모(尊慕)와 성경(誠敬)으로 유학의 중요한 부분을 차지한다. 따라서 이 도(道)를 가리켜 국가의 원한 발전을 도모함은 교육의 소임이라 하겠다.

공자의 "도(道)에 뜻을 두어 덕(德)에 근거하고, 인(仁)을 어기지 않으며, 예악(禮樂)의 문(文)과 사어서수(射御書數)의 법을 아름답게 한다."[47]는 생활 태도는 과연 "마음에 하고자 함에 따라서 행하여도 법도를 넘지 않는다."[48]는 자유의 심경과 더불어 예술의 세계를 유영(游泳)하는 모습이라고 할 것이다.

이러한 도(道)란 유학(儒學)에 있는 것만은 아니다. 노자(老子)도

---

46) 《論語》 '里仁' 8: "朝聞道夕死可矣."

47) 《論語》 '述而' 6 : "志於道據於德依於仁游於藝."

48) 《論語》 '爲政' 4 : "吾十有五志于學 三十而立 四十而 不惑 五十而知天命 六十而耳順 七十而從心所欲不踰矩."

장자(莊子)도 도(道)를 말하고, 불교(佛敎)에서도 도(道)를 말하지 않는 것이 아니지만, 자연(自然)에 몰입되거나, 인심(人心)에 취해 버림 없이 천도(天道)에 입각하여 인도(人道)를 지키는데 유학의 특징이 있으며, 나아가 자연과학과 사회과학의 발달이 오늘의 세계인에 인간상실(人間喪失)이라는 병폐를 가져왔다면, 자연(自然)과 (社會)를 일관하는 인도(人道)를 확립하는데 유학의 의의가 있다고 할 것이다.[49)]

그러기에 우리는 여기서 유가(儒家)의 특성을 인식할 필요가 있다.

첫째, 유가의 특징은 인간을 중심으로 사고하는 인본주의(人本主義)이다. 이 점은 천(天)에 대한 관심을 인간에 대한 관심으로 바꾼 공자에서 시작된다. 공자는 계로(季路)가 죽음에 대하여 "삶도 아직 모르는데, 어찌 죽음에 대해 알겠느냐?"[50)] 다시 귀신 섬기는 법을 묻자 "사람도 제대로 섬기지 못 하는데, 어찌 귀신을 섬길 수 있겠느냐?"고 하였다.[51)] 이처럼 공자의 주된 관심은 어디 까지나 '살아 있는 사람' 이었으며 그 사람들 사이의 바람직한 관계를 인(仁)으로 표현하였다.[52)] '인(仁)'이란 사람다움을 의미하며, 구체적으로는 군신, 부자, 형제, 부부, 친구 간의 관계로 나타난다.

그러므로 공자는 도(道)에 관해서도 "사람이 능히 도를 넓히는 것이지, 도가 사람을 넓히는 것은 아니다."[53)]라고 하였고, 《중용(中庸)》에서도 "도(道)가 사람에게서 멀리 있는 것이 아니니, 사

49) 柳承國 外3 共著, 같은 책, 26면.
50) 《論語》 '先進' 11 : "敢問死 曰 未知生 焉知死."
51) 《論語》 '先進' 11 : "季路問事鬼神 子曰 未能事人 焉能事鬼?"
52) 김교빈 · 이효걸 · 홍원식 · 조민환 · 유동환 공저, 《중국의 종교와 사상》, 한국방송통신대학교 출판부, 2009, 26면.
53) 《論語》 '衛靈公' 28 : "子曰 人能弘道 非道弘人."

람이 도를 행하면서 사람을 멀리한다면 도(道)라고 할 수 없다."[54] 고 하였다. 이러한 관점에서 볼 때, 유가의 도는 인도(人道)이다. 이와 같은 생각을 이어받은 맹자(孟子)는 사람다움의 실현을 근거로 성선설(性善說)을 주장하였고, 순자(荀子)는 실천을 중시하는 입장에서 인간의 의지를 강조했다. 그 뒤 성리학자들은 만물 가운데 가장 빼어난 존재를 '인간'이라 보았고, 양명학(陽明學)[55] 또한 인간의 '주체성'을 강조했다.

둘째, 특징은 도덕적 지향이다. 유가는 인간의 욕구 가운데 도덕적 욕구만을 인정하였고, 사적인 이익 추구를 철저히 배격하였다. 그리하여 공자는 "군사는 대의(大義)를 밝히고, 소인은 이익(利益)을 밝힌다."[56]고 했다. 맹자는 이와 같은 생각을 이어받아서 인간의 도덕심과 자연법칙을 일치시키고 생리적 욕구를 제외한 사단(四端)[57] 만을 인간의 본질적 요소로 인정하였다.

또한 성악설(性惡說)을 주장한 순자도 악한 본성대로 살자는 것이 아니라 생리적 욕구를 극복하고 도덕적 실천을 일으킬 수 있는 방법을 고민하였다. 이와 같은 흐름은 거경궁리(居敬窮理)[58]를 중심으로 한 성리학의 수양론(修養論)으로 이어졌다. 여기서 '거경

---

54) 《中庸》 '中庸章句' : "子日 道不遠人 人之爲道而遠人 不可以爲道."

55) 명대 왕양명 (王陽明 :王守仁)이 창립한 철학 유파. 일명 왕학(王學), 심학(心學)이라고도 한다. '치량지(致良知)' '지행합일(知行合一)' '심즉리(心卽理)' '심외유물(心外無物)' 등 유심주의적 철학사상이 핵심을 이룬다.

56) 《論語》 '里仁' 16 : '子日 君子喻於義 小人喻於利."

57) 맹자가 주장한 것으로 인(仁) 의(義) 예(禮) 지(智)에서 우러나는 측은(惻隱), 수오(羞惡), 사양(辭讓), 시비(是非)의 마음의 형태로 후일 성리학에 있어서 논쟁의 주제가 되었다.

58) 주자학(朱子學)의 수양(修養)의 주안점, '거경(居敬)'은 내적 수양방법으로서 반성하여 잠시도 게을리하지 아니하고, 기거동작(起居動作)을 삼가는 일이며, '궁리(窮理)'는 외적 수양방법으로서 널리 사물의 이치를 궁리하여 정확한 지식을 얻음을 이른다.

(居敬)'은 마음속에 '경건함'을 지켜내는 것이고, '궁리(窮理)'는 사물의 '이치를 알아 가는 것'이다. 특히 성리학은 만물의 본질을 이(理)로 규정하고, 그 이(理)를 도덕법칙으로 이해했으며, 인간의 본성 또한 이(理)라고 함으로써 도덕적 인간 주체를 확립하였다.[59)]

이와 같은 유가의 입장은 부도덕한 것이나 비도덕적인 것에 대한 강한 반발로 나타난다. 맹자가 양주(楊朱)와 묵적(墨翟)을 비판한 것이나, 성리학자들이 불교와 도교를 비판한 것은 모두 이와 같은 관점에서 나왔다.

셋째, 강한 사회성(社會性)이다. 유가의 이상적 인간상은 자신의 도덕성을 사회에 온전히 들어낸 '성인(聖人)'이었다. 공자는 자공(子貢)의 "만약 백성들에게 널리 베풀고, 많은 사람들을 구제해 줄 수 있다면 어떻겠습니까? 인(仁)이라 할 수 있겠습니까?"라는 질문에 "어찌 인(仁)이라고만 하겠느냐? 틀림없이 성(聖)이라 하겠다. 요 · 순도 그렇게 못 할까 봐 걱정했다."[60)]고 답하였다.

이같이 공자의 목적은 사회적 실현에 있었으며, 그래서 공자 또한 자신의 사상을 실현하기 위하여 온 세상을 돌아다녔다. "아침에 온 세상에 질서가 잡혔다는 소리를 듣는다면 저녁에 죽어도 좋겠다."는 말속에 공자의 강한 사회적 관심이 잘 드러났다. 그래서 유가는 항상 정치와 밀접한 관련을 지녔으며 그 기준은 《대학(大學)》이었다. 《대학(大學)》은 "대학의 도(방법)는 자신이 가진 밝은 덕을 밝힘에 있으며, 백성을 친화함에 있으며 지선(至善)에 머무름에 있다."는 세 가지 강령(綱領)을 제시하였다. 이러한 생각이 수기치인(修己治人)이나 수신(修身) · 제가(齊家) · 치국(治國) · 평

59) 김교빈 외3 공저, 같은 책, 27면.

60) 《論語》: 雍也 "子貢曰 如有博施於民 而能濟衆 何如 子曰 何事於仁 必也聖乎 堯舜其猶病諸."

천하(平天下)의 논리로 나타났으며, 그래서 정치 · 경제 · 사회 · 교육 등의 중심적인 이론적 근거로 유교가 자리 잡게 되었다. 또한 이러한 생각은 언제나 지식인으로서 세상을 걱정하는 우환의식으로 남았고, 그 결과 관료 지향의 병폐를 낳기도 하였다.

위에서 보듯 유가의 사상은 인본주의이며, 도덕적 지향으로 인간의 도덕적 욕구만을 인정하고 사적인 이익은 철저히 배격하고 있다. 또한 강한 사회성을 함유하여 유가의 이상덕 인간성은 자신의 도덕성을 사회에 온전히 들어낸 성인(聖人)이었다. 그리하여 공자(孔子)의 목적은 사회적 실현에 있고, 그 기준은 《대학》의 첫머리에 밝힌 바 있는 "대학의 도(방법)는 자신이 가지고 있는 명덕(明德)을 밝힘에 있으며, 백성을 친화함에 있으며, 그리고는 지선(止善)-최적(最適)의 상태-에 머므름에 있다."고 선언하고 있다.

우리는 여기서 생각해 볼 것이 있다. 현대를 살아가는 지식인 중에서도 조선조는 유교 때문에 부패해 갔고 결국에는 망했다고 엉터리 같은 말을 하고 있다. 조선조는 위와 같은 숭고한 유교를 국가의 지도이념을 가지고 출발했고 그의 실현을 위해 노력해왔음을 알아야 한다, 조선조를 부패의 수렁으로 몰고 가고 망하게 한 것은 유교가 아니라, 유교를 외면적으로는 숭상하면서도 실제 내적으로는 사익만을 추구하는 소인(小人)이라는 부유(腐儒)의 지도계층 때문이었다는 것을 재인식해야 할 것이다.

오늘날 정치의 상황을 보더라도, 유가의 사상은 다만 옛것이라고만 치부할 것이 아니라, 적어도 정치의 조언자로서 수용해야 할 것이다. 오늘날 정치상황을 보면, 국민만을 바라보아야 할 위정자들 속에는 자기 진영만을 위하는 패거리 정치화하는, 더욱이 우리 대한민국의 지도이념인 자유민주주의마저 부정하는 그런 위정자의 부류가 있지 않는가? 그러한 상황에서 어떻게 인본주의가 있을 수 있겠는가? 우리는 아무리 세상이 발달하고, 민주정치를 외치더라도 인본주의(人本主義)를 외면해서는 않되고 패거리를 위하는 정치는 철저히 배격해야 할 것이다.

2. 유학의 형성

공자는 요순(堯舜) 이래로 주대(周代)에 이르기까지의 삼대(三代)에 걸친 중국 고대의 전통 정신을 집대성하였으며, 공자의 가르침을 기본으로 하는 바 '계왕성학(繼王聖學)'의 성인(聖人)으로 일컬어지고 있으며,[61] 맹자(孟子)도 공자를 일컬어 '지지사(智之事)'로서의 '시조리(始條理)'와 '성지사(聖之事)'로서의 '종조리(終條理)'를 다한 성인(聖人)이라고 추앙하였다.[62]

공자는 삼대(三代)에 축적된 전통문화를 집대성했기에, 우리는 삼대에 대하여 약간 인식할 필요가 있다. 삼대(三代)는 중국의 고대 왕조인 하(夏) · 은(殷) · 주(周)를 말한다. 이 중 하 왕조에 대해서는 학자에 따라 그 존재를 명확히 밝힐 수 없는 전설 속의 국가로 보는 견해가 있으나, 최근에는 새로운 유적과 유물의 발굴을 통해 하나라가 실존했던 왕조임을 입증하는 자료들이 학계에 보고되고 있다. 심지어 왕통의 세계(世系)까지도 확인이 되고, 문화에 대해서도 어느 정도 알려졌다. 따라서 하왕(夏王)은 중국문화의 새벽을 연 왕조라고 할 수 있다.

---

61) 朱子:中庸章句書 : "若吾夫子則雖不得其位 而所以繼王聖開來學 其功反有賢於堯舜者."

62) 《孟子》: 萬章下 "孔子之謂集大成 集大成者 金聲而玉振之也 金聲也者 始條理也 玉振之也者 終條理也 智之事也 終條理者 聖之事也."

하 왕조 이전에도 요(堯)로 대표되는 당(唐) 왕조와 순(舜)으로 대표되는 우(虞) 왕조가 존재했다는 것이 《서경(書經)》에 기록되어 있다. 최초의 중국역사에 나타나는 삼황오제(三皇五帝), 그 중 특히 앞에서 지적한 요·순과 같은 임금과 하(夏)나라[63]의 우왕(禹)과 주(周)나라의 발왕(發王) 같은 이는 명군(名君)이기 이전에 먼저 성현(聖賢)이었다. 그들은 민심을 수습하여 치수(治水)와 권농(勸農)을 한 것보다도 우선 자기 자신의 수양에 힘쓴 사람이요, 또 자연의 법칙인 음양오행(陰陽五行)에 정통한 사람들이었다. '선왕(先王)'이라고 불리어지는 이러한 군주들이 사실상 그러했던가는 고사하고 여기에 중국인들이 가지는 정치가의 이상적인 자태를 엿볼 수가 있다. 이러한 선왕의 도(道)는 주공단(周公旦)[64]에 의하여 집대성되어 주의 문물제도(文物制度)도 완비되고, 공자에 의하여 유교(儒敎)라는 형태로 결실되어 여기에 고대 동방농경사회는 비로소 이데올로기적으로 완성되었다.

이러한 중국 고대의 문화 형성을 의식하여 공자는 《중용(中庸)》에서는 "공자께서는 요임금과 순임금을 으뜸으로 계승하시고, 문왕과 무왕을 본받아 지키시며, 위로는 천시를 따르시고, 아래로는 풍토의 이치를 따르셨다."[65]하였으며 "주(周)나라는 하(夏)와 은(殷) 두 대를 본 받았으므로 문물제도가 빛난다."[66]라고 말한 것은 하·은·주의 문화 형성의 연속성과 중국 고대문화의 집대성을

---

63) 하왕조는 17세, 439년간 이어진 후 걸(桀)왕의 시대를 맞게 되었는데, 그의 폭정 때문에 탕(湯)에 의하여 멸망하였다.

64) 주공은 주나라 무왕의 동생이며 성왕의 숙부이기도 하다. 그는 학문이 깊고 심성이 어질며 정치 경윤이 뛰어난 분으로 요(堯)·순(舜)·우(禹)·탕(湯)·문(文)·무(武) 등의 왕으로 이어져 내려온 유교문화의 이상적 정치를 집대성하여 새롭게 체계화하고 그것을 현실 정치에 적용하였다. 그 내용이 공자에게 전수 되었던 것이다.

65) 《中庸》 '中庸章句' 30 : "仲尼 祖述堯舜 憲章文武 上律天時 下襲水土"

66) 《論語》 '八佾' 14 : "子曰 周藍於二代 郁郁乎文哉 吾從周."

이룬 주의 제도와 문화에 자신의 문화, 사상적 토대의 배경을 말해 준 것이라고 할 것이다. 그리고 공자는 자기에게 지대한 영향을 준 주 문화 건설의 주역 주공을 사모한 나머지 어떤 때는 "참으로 심히 노쇠했구나! 이토록 오랫동안 주공을 다시 꿈에 보지 못하게 되었으니!"[67]하였다. 이로 보면 공자 사상의 기반이 삼대에 있었다는 것과 특히 주공이 심대한 영향을 주었다는 것을 엿 볼 수 있다.

우리는 지금까지의 논술과정에서 인식한 바로는 공자는 주공에 의해 요·순 이래의 문물전장(文物典章)을 체계화하고 집대성한 것을 다시 종합함으로써 유교사상의 토대를 구축하였다는 것을 알 수 있다. 그리고 이론적 골격을 재구성해서 제자들에게 전하였으며, 경전(經典)을 재정리하였다. 그러면서도 공자는 자신의 학문 활동에 대해 "전술(傳述)을 했을 뿐 짓지(創作) 아니하였다."라고 겸손하게 자평하였다.[68]

육예(六藝)에 통달했던 72인의 제자 중에서도 안회(顔回, 자는 子淵)·민손(閔損, 자는 子騫)·언언(言偃, 자는 子遊)·복상(卜商, 자는 子夏)·재여(宰予, 자는 子我)·단목사(端木賜, 자는 子貢)·염구(冉求, 자는 子有)·중유(仲由, 자는 子路)·증삼(曾參, 자는 子輿) 등이 뛰어났다. 공자의 도는 증삼에 의해서 자사(子思, 이름은 伋, 공자의 손자)에게 전해졌다고 하는데, 자사는 《중용(中庸)》을 저술한 것으로 전해지며, 그 도를 맹자(孟子, 서기전 372~289), 이름은 軻, 자는 子輿)에게 전했다.[69]

공자는 그의 계승자들에게 스스로 택한 방식대로 "옛것을 충분히 습득하고, 나아가서 새로운 것을 알아내는"[70] 방법을 권고했지

---

67) 《論語》 '述而' 5 : "子曰 甚矣 吾衰也 久矣 吾不復夢見周公."
68) 《論語》 '述而' : "子曰 述而不作…."
69) 유학과 교재편찬위, 《유학사상》, 성균관대학교 출판부, 2004, 22면.
70) 《論語》 '爲政' : "子曰 溫故而知新 可以爲師矣."

만, 시대가 멀어질수록 그의 도는 희미해질 뿐이었다. 그러나 1천 여 년이 지난 송(宋)나라에 이르러 정주학(程朱學)[71]이라고 불리는 신유학(新儒學) 일어남으로써, 그 이론 체계를 강화한 새로운 형태의 유학이 성립되었다.

제5절 공자의 기본적 사상

공자가 평생 가장 주의를 기울였던 문제는 신(神)이 아니라 사람(人)이었고, 사람에게 있어서도 죽음이 아니라 '삶'의 문제였다. 이 점은 《논어》의 선진(先進)편에서의 공자와 계로(季路)와의 대화에서도 인식할 수 있다. 즉 계로가 귀신 섬기는 일을 묻자, 공자는 "사람도 제대로 섬기지 못하는데, 어찌 귀신을 섬길 수 있겠느냐? 또 감히 묻겠습니다. 죽음은 어떻습니까? 삶도 아직 모르는데, 어찌 죽음에 대해 알겠느냐?"[72] 이에서 볼 수 듯이, 공자는 철저한 인본주의자(人本主義者)였다.

---

71) 일명 이학(理學), 성리학(性理學)이라고 한다. 송대에 출현한 일종의 유가(儒家) 철학 사상. 한(漢)대의 유학이 훈고(訓詁) 위주인데 반해 의리(義理)를 찬술하고 성명(性命)을 주로 논했다. 북송 초기 '이학삼선생(理學三先生)'이라 불린 호원(胡瑗), 손복(孫復), 석개(石介가 제창했다고 하나, 실제로는 주돈이(周敦頤), 소옹(邵雍), 장재(張載), 정호(程顥), 정이(程頤) 등이 창시했다. 그들은 '이(理)'를 우주의 근원으로 삼는 유심주의(唯心主義) 이론을 내세워 성리학(性理學)의 기초를 닦았다. 이후 남송 중엽 주희(朱熹)가 이를 집대성하여 객관적 유심주의 이론을 완성하고 '성즉리(性卽理)'의 설을 발전시켜 '이(理)'란 천지(天地)에 앞서 존재하는 것이라고 주장하였다.
정호, 정이, 주희의 학파를 정주학파(程朱學派)라 하였다. 주희와 동시대 사람인 육구연(陸九淵)은 주관적 유심주의 관점에서 '심학(心學)'을 제창하고 '심즉리(心卽理)'의 학설을 내세워 주희와 쟁론하였다. 이 두 사람의 이론은 후대의 성리학 발전에 상당한 영향을 끼쳤다. 원대에는 허형(許衡), 오징(吳澄) 등이 크게 선양했고, 명대에 이르러서는 왕수인(王守仁)이 육구연의 '심학'을 계승 발전시켜 육왕학파(陸王學派)를 형성시켰다. 명말 청초에는 안원(顏元), 왕부지(王夫之) 등이 장재(張載)의 '기(氣)' 이론을 발전시켜 정주학파와 육왕학파의 이론을 극복하고 새로운 사상체계를 형성했다.

72) 《論語》 : 先進 "季路問事鬼神 子曰未能事人 焉能事鬼 敢問死 曰未知生 焉知死."

공자의 관심은 앞에서 지적했듯이, 주로 인간(人間)의 문제에 있었다. 공자가 살던 시대는 과학과 물질생활이 충분히 발달 되지 못하였고, 사람들 역시 자각적인 의식에 이르지 못하여 '천명(天命)'의 지배로부터 자유롭지 못했다. 공자 역시 천명사상(天命思想)[73]에서 완전히 벗어날 수는 없었으나, 인간의 실천력을 더 중시하고, 인간의 일로써 하늘의 명(命)에 대응할 것을 강조하였다. 이러한 공자의 사상은 인(仁)의 실현을 최고의 가치로 삼는다. 즉 삶의 문제에 있어서 얻은 해답이 바로 '인(仁)'이었다. 인(仁)사상은 공자의 사상 중 핵심이며, 이를 실현 '예치(禮治)' '덕치(德治)'와 '대동(大同)' 사상이 그 기본을 이루고 있다. 우리는 이제 공자의 사상에 대하여 대강 서술하기로 한다.

1. '인(仁)' 사상

'인(仁)'은 공자의 핵심 사상으로서, 《논어》에는 '인(仁)'자가 무려 106번이나 나온다. 그리고 《논어》 전편이 '인'으로 요약되지만, '인(仁)'이 무엇인가?라는 개념 규정은 없다.

제자들의 '인'에 대한 물음에 공자의 답변은 다양하였다. 예컨대 공자는 '인'에 대한 답변에서 "자기를 누르고 예로 돌아가는 것"[74], "말하기를 두려워하는 것"[75], "사람을 사랑하는 일"[76], "공손하면 사람들로부터 모욕받지 않고, 너그러우면 대중의 지지를 얻고, 의(義)를 시키면 사람들에게 신임을 받고, 일을 부지런

73) 천명사상은 은(殷) · 주(周)시대에 형성된 사상, 하늘이 인간의 생사 운명을 주재하며, 길흉화복, 농사의 풍흉, 자연법칙이 모두 하늘에 의해 조정된다고 믿었다. 이후 유가의 기본사상으로 발전하였다. 천명을 논한 대표적 저작으로 《중용(中庸)》이 있다.

74) 《論語》 : 顔淵 "顔淵問仁 子曰 克己復禮爲仁."

75) 《論語》 : 顔淵 "司馬牛問仁 子曰 仁子其言也訒."

76) 《論語》 : 顔淵 "樊遲問仁 子曰愛人."

히 하면 공(功)이 있고, 은혜를 베풀면 사람들을 부리는데 충분하다."[77)]

위에서 몇 가지의 예처럼 공자의 인에 대한 대답은 그때그때의 행동에 구체적인 말씀일 뿐이며, 결코 인(仁)을 전체적이고 일반적인 개념으로 설명한 것이 아니었다. 하나하나의 예를 열거한 데 불과할 뿐이다.

그런데 '인'에 대한 유명한 해석 가운데 하나는 공자가 한 제자에게 "나의 도리는 하나로써 관철되어 있다."고 말한 것에 대하여 증자는 "선생님의 도는 충(忠), 서(恕)일 따름이다."[78)]라고 해석한 점이다. 여기서 '충'은 국가에 대한 충이 아니라 자신에 대한 흔들림 없는 성실성이다. 또한 '서'는 내가 배고픈데 저 사람은 얼마나 배 고풀까, 내가 힘든데 저 사람은 얼마나 힘들까 하는 것처럼 남의 입장을 헤아리는 자세이다. 따라서 '충 · 서'란 내면적으로는 자기 자신을 다 하는 일이고, 밖으로 남과의 관계에서 내 마음을 미루워 남의 마음을 헤아려 보는 것이다. 이와 같은 해석일지라도 '인' 자체에 대한 하나의 일반적인 개념을 말하고 있는 것은 아니다고 할 것이다.

그렇다면 공자의 '인'은 어떻게 보아야 할 것인가? 공자의 인에는 적어도 다음과 같은 네 가지 뜻이 포함된다.[79)]

첫째, 친애(親愛) 또는 자애(慈愛) : 인의 개념과 친애 혹은 자애의 개념과는 거의 일치하는 바가 있다. 《논어》에 "번지(樊遲)가 인(仁)을 물었더니 선생님께서는 남을 사랑하는 것이라고 하셨고,

---

77) 《論語》 : 顔淵 "恭則不侮 寬則 得衆 信則 任人焉 敏則有功 惠則足以使人."
78) 《論語》 : 里仁 "子日 參乎 吾道 一而貫之… …曾子日 夫子之道忠恕而已矣."
79) 狩野直喜 저, 吳二煥 역, 《中國哲學史》, 乙酉文化社, 1986, 120~123면.

지(知)를 물었더니, 남을 아는 것이라고 하였다.[80] 《예기(禮記)》에 진(秦)의 목공(穆公)이 진(晉)의 공자(公子)인 중이(重耳)를 평하여, "인하구나 공자(公子) 중이(重耳)여!… 곡하며 일어나니, 그 아버지를 사랑하는 도다."[81] 운운이라 하였다. 이렇듯 공자의 말이나 그 시대에 보이는 말에, 인애 · 애를 관련 혹은 일치시켜 말한 것이 무척 많다.

둘째, 순간(肫懇) : '순간'이란 '지성(至誠)'인데, 꾸미지 않음을 말한다. 단지 남을 친애할 뿐 지성의 경지에 이르지 못한 이는, 결코 인에 도달한 것이 못 된다. 결국, 남에 대하여 아무런 허식도 작위도 없이, 마음속에 자연히 발로하여 그만두고자 하여도 그만둘 수 없는 성(誠)을 인이라 한다. 만약 교언영색(巧言令色)으로 오직 남을 즐겁게 함을 목적으로 삼는다면 인이라 이를 수 없음은 말할 것도 없다.

셋째, 구제(救濟) : 공자의 인은 차별적인 것이 아니어서, 자기의 부모처자를 사랑하고서 남의 부모에 미치며, 제 나라 사람을 사랑하고서 남의 나라 사람에 미침을 당연한 것으로 보지만, 인의 극치에 이르면 그 덕택이 널리 사해에 끼쳐서 한 사람도 제자리를 얻지 못하는 이가 없게 된다. 이러한 경우를 우리는 자공의 공자에 대한 질문에서 읽을 수 있다. 즉, 자공(子貢)이 공자에게 "만약 백성들에게 널리 베풀고, 많은 사람을 구제해 줄 수 있다면 어떻겠습니까? 인(仁)이라 할 수 있겠습니까?"라고 묻자, 공자는 "어찌 인이라고만 하겠느냐? 틀림없이 성(聖)이라 하겠다. 요 · 순도 그렇

80) 《論語》: 顔淵 "樊遲問仁 子曰 愛人 問知 知人."
81) 《禮記》: 上, 檀弓 下 "公子重耳對客曰… 仁夫公子重耳… 哭而起則愛父也…."

게 하지 못 함을 걱정했다. 원래 인이란 내가 이루고자 할 때 남을 이루게 하는 것이다. 가까운 자기를 가지고 남의 입장을 비켜 아는 것이 바로 인을 이룩하는 방도라 하겠다."[82]고 대답하였다.

넷째, 이타(利他) : 공자의 인은 요컨대 남을 이롭게 하는데 귀착한다. "자기가 서기를 바라면 남을 세워 주고, 자기가 다다르기를 바라면 남을 다다르게 해 준다."[83]는 공자의 말이지만, 자기의 이해득실에서 타산된 인은 결코 진정한 것이 못 된다. 어떤 경우에는 자기의 생명마저도 희생으로 바치는 것이니, 공자의 "뜻있는 선비와 인한 사람은 살기를 구하여 인을 해치는 일이 없으며, 제 몸을 죽여 인을 이루는 일이 있다."는 말로써 알 수 있다.[84]

이에서 보듯, 우리는 인에 함유된 주된 의의를 유형적으로 말했지만, 인의 의의를 어떤 자연법칙이나 수학 공식 설명하듯 획일적으로 말할 수는 없다. 그것은 인을 말하는 사람의 각도에 따라 편파적으로 인의 의의를 말하기 때문이다. 그러나 필자는 인(仁)이라는 것은 인간의 존엄과 가치 위에서 이타적(利他的)인 의(義)가 함유된 '인간다움' 또는 '사람 노릇'이라고 그 의의를 부여하고자 한다.

주지하는 바와 같이, 공자는 인(仁)을 말했고, 그의 사상을 이어받은 맹자는 의(義)를 역설하였으며, 《주역(周易)》 '繫辭(번사)' 에 의하면, 인의(仁義)는 사람의 도(人之道)라 하였다. 이러고 보면 인의(仁義)는 참으로 유도(儒道)의 본령이며, 유자(儒者)의 체용(體

---

82) 《論語》: 雍也 "子貢曰 如有博施於民 而可能濟衆 如何 可謂仁乎 子曰何事於仁 必也聖乎 堯舜其猶病諸 夫仁者 己欲立而立人 己欲達而達人 能近取譬 可謂仁之方也已."

83) 《論語》: 雍也 "己欲立而立人 己欲達而達人."

84) 《論語》: 衛靈公 "志士仁人無求生而害仁 有殺身以成仁."

用)으로 삼는다 하겠다. 따라서 모든 행위는 인(仁)에 자뢰(資賴)된다고 하겠다. 실행은 행위를 의미한다. 행위 이전에 판단이 되어야 하고, 판단하기 이전에 따라서 모든 행위는 심지에서 울어 나온다고 해야 할 것이다. 사유과정이 있어야 하며 사유하기 이전에는 사유할 수 있는 심지(心志)가 있다. 따라서 모든 행위는 심지에서 울어 나온다고 해야 할 것이다.[85)]

일반성, 보편성에서 개별성, 특수성이 유래되듯이, 인한 심지에서 모든 행위의 당위 규범이 연유된다고 보아야 할 것이다. 공자 사상에서 가치의 원천을 인(仁)에, 모든 행위의 근본을 효제(孝弟)에 두고 있음을 발견할 수 있다.

《논어》에 이르기를,

"군자(君子)는 근본(根本)을 힘쓰니, 근본이 확립되고서 인(仁)의 도(道)가 발생하는 것이다. 근본이 서면 나갈 길이 생긴다. 효제(孝悌)는 그 인을 행하는 근본일 것이다."[86)]

라고 언급되어 있음을 비추어 볼 때, 효제(孝悌)가 인(仁)을 실천하는 행위의 근본이 되는 것이며, 그 근원지가 바로 인임을 확인할 수가 있다.

근본을 밝혀서 당위규범을 따를 수도 있고, 당위규범의 실천을 거듭해 가는 동안에 근본을 밝혀낼 수도 있는 두 가지 방법이 있다. 어느 쪽이든 간에 군자는 근본에 힘쓰고, 효제를 실천하는 것이다.

인간다움의 바탕이 효제로 되어 있는 사람은 범상(犯上; 아랫사

---

85) 柳承國 外3, 共著, 같은 책, 134면.
86) 《論語》 : '學而' "君子務本 本立而道生 孝弟也者 其爲仁之本與."

람이 윗사람을 범함)하는 일이 거의 없으며 범상을 좋아하지 않으면서 작란(作亂)을 좋아하는 사람은 없다.[87] 고 유자(有子)는 말한 바 있다. 이렇듯 하극상(下剋上)이 없는 안정된 사회를 유지하는 근본적 가치를 인과 효제의 실행으로 생각하였다. 즉 인이 애(愛; 사랑)를 주로 하는 것이라고 할 때 애(愛)는 애친(愛親;어버이를 사랑함)보다 더 큰 것이 없으므로, 효제는 인을 실천하는 근본이 된다 할 것이다.[88] 따라서 효행은 인에 바탕하여 애친의 실현을 그 으뜸으로 한다.

가정이나 사회를 막론하고 윤리 질서의 기반이 애친(愛親)하는 효제에 있다는 것이다. 그리하여 공자는 사람의 직분(職分)[89]을 중시하였다. 공자는 제(齊)나라 경공(景公)이 정치에 관하여 묻자, 이에 대하여 "임금은 임금 다워야 하고, 신하는 신하 다워야 하며, 어버이는 어버이 다워야 하며, 자식은 자식 다워야 한다."[90]고 말 하였다. 이러한 윤리 사상에 근저 하여 즉, 군신(君臣), 부자(父子), 부부(夫婦), 붕우(朋友), 장유(長幼)의 질서는 이 효제(孝弟)에 의해서 유지된 것이 과거의 전통사회였다. 이렇듯 이 효를 근본

87) 《論語》 : '學而' "有子曰 其爲人也孝弟 而好犯上者鮮矣 不好犯上 而好作亂者未之有也."

88) 《論語》 : '學而' 앞의 글 주(註) "仁主於愛 愛莫大於愛親 故 曰 孝弟也者 其爲仁之本與."

89) 직분사상은 동서양을 막론하고 많이 논의되었다. 서양의 직분사상이 경제적이라 한다면, 동양의 직분사상은 도덕적이다. 동양에서는 '분(分)'이라는 개념이 농후하고, 그 분에 응하고 그 분을 지키는 것이 도덕의 근본으로 되어 있다. 직분은 개인의 단체에 대한 관계도 아니요, 단체의 개인에 대한 관계도 아니다. 직분은 단체 내에 있어서의 개인과 개인의 관계다. 직분은 이것을 적극적인 면에서 볼 때에는 하나의 권리적 성격을 띤 것이요, 이것을 소극적인 면에서 볼 때에는 하나의 의무적인 면을 띠는 것이다. 따라서 직분은 권리와 의무가 종합되어 있는 그러한 상태를 의미하고 또 권리를 의무화시키고 의무를 권리화시키는 기능 그것도 의미한다.

90) 《論語》 : "顔淵. 齊景公問政於孔子 孔子對曰 君君臣臣父父子子 公曰 善哉 信如君不君 臣不臣 父不父 子不子 雖有粟 吾得而食諸."

으로 하여 이 효가 군신에 있어서는 의(義)로, 부자에 있어서는 친(親)으로, 부부에 있어서는 별(別)로, 붕우에 있어서는 신(信)으로, 장유에 있어서는 서(序) 등의 오륜(五倫)으로 알려지고 있다. 행위는 행위 이전에 그것이 바탕 하는 바가 있어야 하는 바, 그 바탕하는 곳이 인(仁)이며, 가정과 사회 그리고 국가에 대한 의무로서 오륜(五倫)은 바람직한 행위가 되는 것이다.

요컨대 공자가 인(仁)을 말한 것은 사람으로 하여금 인(仁)을 위해, 인을 행하게 하는 것이어서, 칸트(Kant)의 이른바 정언명법(定言命法)이라 할 수 있다. 그러나 인을 닦아서 안인(安仁; 인을 편안히 행하는 것)의 지위에 도달하면, 인생의 더 할 수 없는 즐거움을 향유하게 된다. "인한 사람은 근심하지 않는다." "인한 사람은 산을 좋아한다. 인한 사람은 고요하다. 인한 사람은 오래 산다." 등으로 보이는 것에 의하면, 공자의 인에 열악적(悅樂的)인 요소가 있음을 알 수 있으며, 결코 금욕적이거나 옹색한 것이 아닌 것이다.

2. 덕치(德治) · 예치(禮治) 사상

덕치(德治)는 공자의 정치관은 덕치주의(德治主義)의 입장을 취하고 있다. 덕치주의란 법치주의의 반대개념이다. 그는 덕(德)으로써 다스린다는 입장이다. '덕'은 올바른 도에 입각하여 좋은 행위나 업적으로써 남의 마음속에 끼친 숭고한 감화력이나 존경심까지 포함한 개념이다. 덕은 남을 나처럼 사랑하고 아끼는 마음을 실현하는 능력이기 때문에, 덕 있는 사람은 남과 나를 구별하지 아니하며, 남이 나에게 이익을 주는 사람인지 어떤지를 따지지 아니한다. 만약 정치하는 사람이 덕으로 정치를 하여 모든 백성을 자기 아들처럼 아끼고 사랑하는 정책을 편다면 모든 백성은 그 정책에 편안함을 느끼고 그 정책을 실시하는 사람을 따를 것이다. 그러기에 이러한 경우를 공자는 "덕으로써 다스림은 마치 북극성이 제자리에 있으면 별들이 그에게 향하는 것과 같다."[91]고 하였다.

이리하여 공자는 법치주의의 폐단과 덕치주의의 장점을 다음과 같이 말하고 있다.

"(백성들을 인도함에 있어서) 정령(政令;법)으로 이끌고 형벌로 다지면 백성들이 빠져나가되 염치를 느끼지 않는다. 그러나 덕으로 이끌고 예로써 다지면 염치를 느끼고 또한 착하게 된다."[92]

법으로 백성을 이끌고, 형(刑)의 제재로 모두 선(善)에 돌아가게 한다면, 그들은 악을 저지르는 마음은 아직 없어지지 않아 형(刑)을 면하면 부끄러워하는 마음도 일지 않는다. 이에 반해 덕과 예로 악으로써 군주 스스로 이를 실행하여 백성을 선으로 유도한다면, 그들은 참으로 악을 부끄러워해야 할 것으로 생각하여, 모두 선(善)에 이른다는 것이다.

이처럼 군주가 스스로 실행하여 백성을 선(善)에 유도한다는 점에서 덕치주의는 동시에 궁행주의(躬行主義)를 의미한다.[93] 계강자(季康子)가 공자에게 정치를 물었을 때, 공자는 "정치는 바로잡는 일입니다. 선생께서 솔선하여 바르게 나간다면 그 누가 감히 부정할 수 있겠습니까?"[94]라고 말하였고, 도둑을 걱정함에 답하여 공자는 "우선 당신 자신이 탐욕하지 않으면 상을 준다 해도 백

---

91) 《論語》 : 爲政 "子曰 爲政爲德 譬如北辰 居其所 共之."
92) 《論語》 : 爲政 "子曰 道之以政 齊之以刑 民免而無恥 道之以德 齊之以禮 有恥且格."
93) 狩野直喜 著, 吳二煥 譯, 같은 책, 136면.
94) 《論語》 : 安淵 "季康子問政於孔子 孔子對曰 政者正也 子帥以正 孰敢不正."

성들은 도둑질을 안 할 것입니다."[95]라고 말하였으며, 만약 무도한 사람을 죽여 없애고 백성들로 하여금 도(道)를 지키는 방향으로 나가게 하면 어떠하냐고 묻자 공자는 "당신은 정치를 하겠다면서 어찌 살인을 하려고 하십니까? 당신이 선을 원한다면 백성들도 착하게 되는 것입니다. 군자의 덕은 바람과 같고, 소인의 덕은 풀과 같은 것이라 풀은 바람이 불면 반드시 바람에 쏠리어 따르게 마련입니다."[96]라고 대답한 것이라던가, 그 밖에 "위정자 자신이 올바르게 하면 명령을 내리지 안해도 만사가 이루어지고, 위정자 자신이 올바르지 못하면 비록 호령해도 백성들이 따르지 아니한다."[97]
라고 한 것이라든가? "자기 몸가짐을 바르게 한다면 정치하는 것은 아무것도 아니다. 자기 몸가짐을 바르게 하지 못한다면 어찌 남을 바르게 다스릴 수 있겠는가?"[98]하는 것과 같은 것은 어느 것이나 모두 덕행주의을 진수한 말 이외의 아무것도 아닐 것이다.

이와같이 공자가 덕치주의를 주장하게 된 것은 당시 그가 생존하던 시대는 춘추시대 말기에 해당하여, 그가 그토록 동경했던 주(周)나라의 전법(典法)제도가 힘을 잃은 때였기에, 모범과 감화력을 포용하는 '덕(德)'으로써 민(民)의 자율적 사고와 행동을 인도하여 '인(仁)'에 접근시키고자 하는 동기가 있었지 않나 추론할 수 있다.

공자의 정치관은 치국(治國)을 치가(治家)와 같이 동일성과 그 확장의 논리로 보고 있다. 한 가족에게 가장이 있어 그 자제를 교양하는 것과 마찬가지로 천자 혹은 군주 된 자는 국가라는 한 대가족

---

95) 《論語》 : 安淵 "季康子患盜 問於孔子 孔子對曰 苟子之不欲 雖賞之 不竊."

96) 《論語》 : 安淵 "季康子問政於孔子對曰 如殺無道 以就有道 何如 孔子對曰 子爲政 焉用殺 子欲善而民善矣 君子之德風 小人之德草 草尙之風必偃."

97) 《論語》 : 子路 "子曰 身其正 不令而行 其身不正 雖令不從."

98) 《論語》 : 子路 "子曰 苟正其身矣 於從政乎何有 不能其正身 如正人何."

의 가장으로 보아 안 될 것이 없고, "요 · 순의 도는 효제(孝悌)일 뿐"이라 한 것과 같이, 그 정치에 있어서도 스스로 효제를 닦아 이를 다스리는 자의 덕으로 삼았던 것이다. 《논어》에서 이르기를, 누가 공자에 묻기를 "선생님은 왜 정치를 하시지 않습니까?"라고 하였다. 이에 공자 말씀하시기를 '《상서(尙書)》'[99] 군진편(君陣篇)에 "효도해라! 오로지 효도해라! 그리고 형제에게 우애로워라. 효제를 행동으로써 정치에 나타내는 것이 바로 정치에 참여하는 것이다.' 라고 했거늘 어찌 따로 정치를 할 것이 있겠는가?"[100]라고 말하였다.

또한 노(魯) 정공(定公) 초년에 공자가 집에 있으면서 출사하지 않으므로, 어떤 사람이 이상하게 여겨 그 이유를 물었더니, 공자는 "사람이 진실로 집에 있으면서 효제(孝弟)로써 집안을 다스린다면 이것도 정치이다. 어찌 출사하여 지위를 얻어야만 정치를 한다고 해야 할 리가 있겠는가?"라고 대답하였다. 공자가 당시 출사하지 않았던 것은 달리 이유가 있었겠으나, 그것을 말하기 피하고, 집안 다스리는 일과 나라를 다스리는 일은 범위의 크고 작은 차이가 있기는 해도 그 성질에 있어서는 마찬가지라고 하는 것이 공자의 생각이었으므로, 위와 같은 답을 했다는 것을 추론할 수 있다.

위와 같은 공자의 생각과 같이, 집안 다스리는 일이나 나라를 다스리는 일이 성질에 있어서 마찬가지라고 한다면 우리는 다음과

---

99) 《서(書)》 또는 《서경(書經)》 으로도 불린다. 28편, 중국 고대 최초의 산문 모음집. 공자와 그의 제자들이 모아 전국시대에 완성했다고 한다. 요순시대로부터 춘추시대 진목공(秦穆公)까지의 군주와 집정자들의 언사(言事)가 담겨져 있다. '전(典)' '모(謨)' '훈(訓)' '고(誥)' '서(誓)' '명(命)' 의 6가지 체제가 있으며, 조령(詔令)과 주의(奏議)가 대부분이다. 한(漢)대 이후 학자들의 구술에 의해 만들어진 '금문상서(今文尙書)' 와 공자의 유택에서 발견된 '고문상서(古文尙書)' 가 있으며, 현재 이 둘을 함께 취해 59편으로 만든 것이 통용되고 있다. 13경(十三經)에 열입 되어 있다.

100) 《論語》: '爲政' 21: "或謂孔子曰 子奚不爲政 子曰 書云… 孝乎 惟孝 友于兄弟 施於 有政 是亦爲政 奚其爲爲政."

같이 생각할 수 있다. 즉, 가장의 도덕적 영향이 가족을 위해 커다란 결과를 가져오며, 또한 가족의 단결과 화평이란 가장 및 가족 간의 도덕과 인정의 기조가 되므로 함부로 냉혹한 법제와 금령에 의해 집안을 다스릴 수 없음과 마찬가지로, 나라도 가족을 모형으로 하여 건설된 것이므로, 가족에 있어서 가장의 도덕적 영향이 큰 것과 마찬가지로 군주가 나라의 정치를 하는 데는 그 덕이 가장 중요해진다. 곧 정치는 덕(德)으로써 해야 할 것이지, 법에만 의존해서는 안 된다는 점이다. 법은 어떤 경우에는 필요하지만, 어디까지나 부차적인 것이며, 오직 덕치(德治)를 보조하는 도구에 지나지 않는다.

그리하여 덕치주의가 중국의 정통사상이 된 결과 중국의 법사상에까지도 많은 영향을 주었다. 즉, 중국에서는 행정과 사법(司法)이 혼동되어 사법기관 독립적 사상을 발전시키지 못했고, 성문법의 지위가 경시되어 재판함에 있어서는 재판관의 구체적 타당의 인식에 중점을 두는 이른바 인치주의(人治主義)가 발달하게 되었고, 민사적인 분쟁에 있어서도 조정화해(調停和解)의 사상이 발달하여, 예링의 이른바 '권리를 위한 투쟁'의 사상이 발달하지 않았고, 성문법은 행정조직에 관한 것을 제외하고는 형법적인 형태를 근대에 이르기까지 유지하여 형사법과 민사법의 구별 또는 형사책임과 민사책임의 구별 없이 법전의 조문은 항상 형벌규정을 수반하였다.[101]

예치(禮治)는 덕치라는 것을 일층 구체적으로 표명한다면 '예치(禮治)' 혹은 '예악(禮樂)'의 다스림이라는 것이 된다. '예(禮)'라는 것은 사회적 규범의 제재(制裁)로서 제도, 의식, 법 등의 외면적 표장을 말한다. 즉, 예에는 여러 가지 내용이 미분화된 채로 내포되어 있다. 국가의 법률제도, 국가 간의 외교의례, 제사 형식, 종교적 의식에서부터 관습과 습속, 개인 도덕, 예의작법에 이

101) 李恒寧 著, (再改訂版) 「法哲學槪論」, 博英社, 1992, 91면.

르기까지의 구체적인 규정이다.

예(禮)의 의미는 시대에 따라 달랐다. 예컨대《주례(周禮)》는 옛 주(周)나라의 법제를 기록한 것으로서, 이 경우 주례의 예에는 '제도'의 뜻이 들어 있었다.《의례(儀禮)》는 사회적 전례(典禮)로서《예기》에 기록되어 있는바, 이 경우의 예(禮)에는 의식(儀式)의 뜻이 들어 있다. 즉, 고대의 예는 오로지 제도, 의식, 법 등의 외면적인 형식을 지칭했으나, 공자는 선왕(先王)의 도(道)의 외면적 예의를 어느 정도 내면화시켰다. 이러한 경우를 정공(定公)이 "군주가 신하를 부리고, 신하가 군주를 섬기는 데는 어떻게 해야 합니까?"라고 묻자, 공자는 "군주는 신하를 부리되 예를 지키고, 신하가 군주를 섬기되 충성을 다하면 됩니다."[102]라고 한 경우에서 읽을 수 있다. 즉 예를 내면적으로 해석하면서 덕의 이름인 '충서(忠恕)'와 대비시켰던 것이다. 외면적인 예가 공자로 말미암아 점점 내면적 덕으로 변화되는 경향을 보여주고 있다. 공자의 정통을 잇는 맹자(孟子)에 이르러서는 완전히 내면적 덕으로 변화되어 인·의·예·지로 불러졌다.[103]

공자가 살던 시기는 춘추시대의 말기로, 그가 이상시한 주나라의 전장(典章) 등이 쇠미해진지 이미 오래되어, 의례적이며 형식적인 것에 빠져 있던 예를 도덕적 행위와 결합시켜 매우 중시하였다. 인(仁)의 덕(德)은 내면적인 것으로서의 진심과 배려이지만, 동시에 그 마음은 예라는 형식으로 외재화(外在化)·객관화(客觀化)되었다.

공자는 예의 실천에 대하여 다음과 같이 말하고 있다.

"자기를 이겨내고 예의를 회복하는 것이 인이다. 하루라도 자기를

102)《論語》: 八佾 "定公問 君使臣 臣事君 如之何 孔子對曰 君使臣以禮 臣事君以忠."

103) 미우라 도우사꾸 지음, 김봉수·김성룡·박재주 옮김,《중국윤리사상사》(개정판), 도서출판 원미사, 2007, 64~65면.

이겨내고 예를 회복하면 천하가 인으로 돌아갈 것이다. 인을 실천하는 것은 내 자신으로부터 비롯함이지, 다른 사람에게 달려 있는 것이겠는가?"[104)]

여기서 '극(克)'은 "극복한다." 또는 "이겨내다."라는 뜻이고, '기(己)'는 나라고 하는 개체를 가리키는 것으로, 그것은 말하자면 동물적인 자아를 뜻하며, '예'는 천리(天理)에 규정된 인간행동의 고유 질서를 의미한다.[105)] 극기복례(克己復禮)는 일반 동물처럼 욕망을 가지고 있기 때문에 인간에게는 언제나 욕망을 충족시키려는 경향이 있다. 극기복례는 동물적 자아를 극복하여 자기의 생활을 예에 부합시키려는 것이며, 이러한 노력에 의해 인간은 동물적 자아욕구를 통제하고 도덕적 생활을 영위할 수 있게 된다.

공자는 이러한 극기복례의 개인 도덕의 차원에서 다음과 같이 구체적인 방법까지 제시하고 있다.

"예가 아니면 보지 말고, 예가 아니면 듣지 말고, 예가 아니면 말하지 말고, 예가 아니면 움직이지 말라."[106)]

여기서 주의해야 할 것은 시, 청, 언, 동 등에만 모두 예의 범위를 한정하지 않고, 좋지 않는 대상에 감각기관은 안 된다는 것이다.

극기복례의 본질적 의미는 인간의 합리적 행동질서와 인간의 자연적이고 무절제한 욕망을 대립적인 것으로 파악하고, 욕망의 절제를 통해 합리적 행동질서를 확보하려는 것이었다.[107)] 이러한 의

104) 《論語》 : 顏淵 "(顏淵問仁) 子曰 克己復禮爲仁 一日克己復禮天下歸仁矣 而仁由己 而由仁乎哉."

105) 유학과 교재편찬위, 《유학사상》, 성균관대학교 출판부, 2004, 112면.

106) 《論語》 : 顏淵 "(顏淵請問其目) 子曰 非禮勿視 非禮勿聽 非禮勿言 非禮勿動."

107) 유학과 교재편찬위, 같은 책, 113면.

도는 훗날 송대 성리학(性理學)에서 '거경(居敬)'[108]의 개념과 더불어 바람직한 인간이 되기 위한 유학(儒學)의 수양방법으로 발전하였다.

공자는 군주가 몸소 행함에 의하여 아랫사람을 거느리는 것은 물론이지만, 또한 모름지기 예악(禮樂)에 의해 천하를 다스리는 것이라고 하였다. 공자의 생각으로는, 예악은 군주가 제작하는 것이며, 말하자면 군주의 덕이 외면에 발현된 것이므로, 그 예악에 의해 이를 제작한 군주의 덕을 살필 수가 있다. 또한 예악은 백성의 풍(風:습속)을 옮기고, 속(俗:풍습)을 바꾸는 효과가 있는 것이므로, 예악이 훌륭한 정도에 의해 그 시대 일반 민중의 정신적 생활의 정도를 알 수가 있는 것이다. 또 군주가 이상으로 삼는 덕은 고금이 동일 하지만, 그것이 외면에 나타난 예악은 일정하여 움직이지 않는 것이 아니다.[109] 하 · 은 · 주의 시대가 나아감에 따라 더욱더 안전해진 셈이어서, 공자가 "주나라는 하(夏)와 은(殷) 두 대를 본 받았으므로 문물제도가 빛난다. 나는 주나라를 따르겠다."라고 한 것도, 주나라 사람의 도덕적 물질적인 생활 정도가 앞의 두 대보다 높았기 때문이었다. 이처럼 공자는 정치에서도 예치를 주장하였다.

3. 정명(正名) 사상

자로(子路)가 말하기를 "만일 위(衛)나라의 임금이 선생님을 맞이해서 정치를 하려 한다면 선생님께서는 무슨 일부터 하시렵니

108) 경(敬)은 마음을 한 곳에 집중하여 일체의 잡념을 버리고(主一無適) 그 마음을 한결같이 변치 않도록 하면서(專一其心) 자기의 덕성을 함양하는 것으로 이른 「중용」의 '존덕성(尊德性)', 맹자의 '존심양성(存心養性)'을 말한다.
109) 狩野直喜 著, 吳二煥 譯, 같은 책, 126면.

까?"에 대하여, 공자는 "반드시 '명분(名分)' 부터 바로 잡을 것이다."[110]라고 말했다. 명분이 바르게 바른말을 하기 때문이다. '정명' 의 관념은 공자의 중요한 사상이다.

여기서 '정(正)' 은 두 가지의 의미가 있다. 하나는 좁은 뜻으로서 '정확', '정당' 의 뜻이고, 또 하나는 넓은 뜻으로서 "정(政)이란 정치다."의 뜻이다.

공자는 왜 하필이면 '정명' 이 필요하다고 했을까? 그것은 주공이 만든 '예' 는 공자가 살던 춘추시대 말기에 이르러서는 이미 쇠해졌으며 사회상태도 매우 문란했기 때문이다. 또한 모든 사람이 자신의 역할 명칭과 당연히 가져야 할 지위가 있어야 새로이 하나의 사회적 표준을 세울 수 있기 때문에 반드시 '정명' 을 요구하였던 것이다. '정명' 이란 바로 새로이 사회적 기준을 세우는 지표였다.[111]

우리는 이러한 점을 공자가 다음과 같이 말한 점에서 인식할 수 있다.

"명분이 바르지 않으면 말이 순조롭게 전달되지 못하고, 말이 순조롭게 전달되지 못하면 모든 일이 성취되지 못하고, 일이 제대로 성취되지 못하면 예악(禮樂)이 진흥되지 못한다. 예악이 진흥되지 못하면 형벌이 적정하게 되지 못한다. 형벌이 적정하게 되지 못하면 백성들은 안심하고 살 수 없게 된다."[112]

위에서 인식할 수 있듯이, 사회에서 사람과 사람과의 관계는 명분이 바르게 되면 말이 도리에 맞게 되므로, 이른바 '정명' 에

---

110)《論語》: 子路 "(子路曰衛君待子而爲政將奚先) 子曰 必也正名乎."
111) 楊孝濚 著,《中國社會思想史》, 五南圖書出版公司 印行, 中華民國 71年, 44면.
112)《論語》: 子路 "… 名不正 則言不順 言不順 則事不成 則禮樂不興 禮樂不興 則刑罰不中 刑罰不中 則民無所措手足."

의해 반드시 선과 악의 구분을 지적해 낼 수 있다. 이와같이 공자의 '정명사상'은 바로 선과 악을 구분하는 것이다. '정명'하면 선이 되며, '정명'하지 못하면 악이 된다. 그는 당시의 정치와 사회가 모두 이러한 사상에 의해 나누어져야 한다고 평했다.[113)]

공자(67세 무렵)는 자로(子路)에게 정치의 근간이 명분을 바로 잡는 데 있고 그래야 백성들이 안심하고 살 수 있다고 하였다. 백성들과 무관한 명분론이 아닌, 백성들을 정치의 대상(그러니까 정치의 주체로까지는 생각하지 못하였다 하더라도)으로 지극히 소중하게 생각하는 명분론이다. 그리고 민생(民生)이 도탄에 빠진 원인을 사회질서의 문란에 있다고 진단하고서의 명분론인 것이다.[114)] 역시 위(衛)나라에서 공자는 제자 염유(冉有)에게 위나라 백성들이 많은 것을 보고 이 백성들을 부유하게 해주고, 그 위에 잘 교육하여야 한다고 하였다.[115)]

'정명'은 이상일 뿐만 아니라 추상적인 관념이다. 공자는 그 실시 방법으로서 "임금은 임금 다워야 하고, 신하는 신하 다워야 하며, 어버이는 어버이 다워야 하며, 자식은 자식 다워야 한다."[116)]는 직분(職分)론을 제시하고 있다. 이에서 보듯, 모든 사람은 누구나 명분을 바르게 할 수 있다. 그렇게 하려면 반드시 자기의 직분을 다 지켜야 하며, 그렇게 되면 명분은 그 내용과 부합하게 된다. 이러한 직분사상은 도덕적이다. 동양에서는 '분(分)'이라는 관념이 농후하고, 그 분(分)에 응하고, 그 분을 지키는 것이 도덕의 근

113) 楊孝溁 著, 《中國社會思想史》, 五南圖書出版公司 印行, 中華民國 71年, 45면.
114) 柳承國 外3, 같은 책, 260면.
115) 《論語》 : 子路 "子適衛冉有僕 子曰 庶矣哉 冉有曰 既庶矣 又何加焉 曰富之 曰 既富矣 又何加焉 曰教之."
116) 《論語》 : 顔淵 "(齊景公問政於孔子) 孔子對曰 君君臣臣父父子子."

본으로 되었다.

공자는 그 말년에 《춘추(春秋)》를 저술하였던 바, 《춘추》는 중국 고대의 가장 중요한 사상매개서(思想媒介書)이다. 그 당시에는 사회에서 발생한 중대한 사건을 전문적으로 기록한 상당수의 사관(史官)들도 정명사상으로부터 매우 큰 영향을 받았다. 그들이 기록한 역사적 사건들은 대부분 《춘추》의 정명사상을 표준으로 하여 취사선택한 것이다. 이는 바로 반드시 "정명해야 한다"는 공자의 사상을 준수하여 선악을 구분하는 표준으로 삼은 것이라 할 수 있다.[117)]

4. 이상사회 : 대동사회(大同社會)

공자가 다른 사상가와의 차이점은 그는 가장 위대한 사상을 가지고 동시에 방법론을 가지고 있었다는 점일 것이다.

공자는 주지하는 바와 같이, 춘추시대의 봉건사회에 태어났기 때문에 고대(古代)에 가탁(假託)하여 제도를 개혁하고자 하였다. 즉 요순(堯舜)은 공자가 가탁한 인물이요, 《춘추(春秋》는 공자가 제도개혁을 위하여 만든 창의적 저작이다. 공자가 고대에 가탁하여 제도를 개혁하고자 하는 참 정신은 '《춘추공양전(春秋公羊傳)》'[118)]의 삼통(三統)을 일관(一貫)하는 것에 있다. '삼통'이라 함

---

117) 楊孝溁 著, 같은 책. 45면.

118) 《춘추》의 주석서. 약칭 《공양전》 11권. 전국시대 제(齊)나라의 공양고(公洋高)가 썼다고 하나 한(漢)의 경제(景帝) 때 그의 현손인 수(壽)와 호모자도(胡母子都)가 지어서 죽백(竹帛)에 기록했다는 설이 더 유력하다. 《춘추》를 역사철학적 관점에서 해석하여 책의 내용에 담긴 미언대의(微言大義)를 파헤쳤다. 청대에 공광삼(公廣森)이 「공양통의(公羊通義)」를, 진립(陳立)이 《공양의소(公羊義疏)》를 지으면서 「《곡양전》에 대한 연구가 활발했으며, 학문으로서의 공양학이 발전했다. 《좌씨전(左氏傳)》, 《곡량전(穀梁傳)》과 더불어 '춘추삼전(春秋三傳)'이라 한다.

은 하 · 은 · 주의 3대가 모두 그 시대, 시대 의하여 개혁된 것을 말한다. 환언하면 3개의 사회를 설정한 것인데, 그 3개의 사회라는 것은 '쟁란(爭亂)의 사회' '승평(升平)의 사회' '태평(太平)의 사회'가 그것이다. 그는 《춘추곡양》에 있는 '승평사회'는 《예기》 '예운(禮運)'[119]편에 있는 '소강(小康)'의 사회며, '춘추공양전'에 있는 '태평의 사회'는 '예운' 편에 있는 '대동(大同)'의 사회라 하고, 공자는 태평 대동의 이상을 가지고 사회개혁을 단행하고자 하였다. 실권이 없어서 실행하지는 못하였다고 하더라도 우리는 예서 공자의 사회개혁가로서의 한 면모를 볼 수 있다.

위에서 보듯, 공자는 《예기》 '예운' 편에서 이상적 사회로서 '대동사회'와 그 차선책으로서 '소강사회'를 상정하였다.

대동사회(大同社會)에 대해서는 다음과 같이 서술하고 있다.

대도(大道)가 행하여지는 세상에서는 천하(天下)를 공공(公共)의 공유물(公有物)로 삼는다. (그리하여 인군(人君)도 이것을 자기의 자손에게 전수하지 않고) 어진 덕이 있는 자나 재능이 있는 자를 뽑고 믿음을 가르치고 화목함을 닦는다. 그러므로 사람들은 유독 자기의 어버이만을 친애하지 아니하고 유독 자기의 자식만을 친애하지 아니하여 노인은 안락하게 삶을 마칠 수 있고, 젊은이는 충분히 자기의 힘을 사용할 수 있으며, 어린이는 안전하게 자랄 수 있고, 홀아비 · 과부 · 부모 없는 고아 · 자식 없는 외로운 사람과 그리고 병든 사람들이 모두 보살핌을 받을 수 있게 된다. 남자에게는 일정한 직분이 있고, 여자에게는 시집을 갈 곳이 있다. 재물을 땅에 버리지 않지만, 그렇다고 자기가 반드시 가지려고 하지 않으며, 힘이 있어도 자기만을 위하지

---

119) 예운의 '운(運)'은 운행(運行)의 뜻이다. 이 '예운' 편은 예(禮)의 운행 변혁의 경로와 음양조화유통(陰陽造化流通)의 이치를 기록한 것이다. 예운편에서는 공자의 자유(子游)에 대한 답변으로 전개되어 있다.

않는다. 그러므로 간사한 모의는 닫혀져서 생겨나지 않고, 도절난적(盜竊亂賊)은 일어나지 않는다. 그래서 바깥문을 닫지 않고 안심하고 생활한다. 이것을 대동(大同)이라 한다.[120)]

우리는 위에서 인식할 수 있듯이, 공자는 이상사회로서 태평 '대동'의 사회를 대망(待望)하였던 바, 이 사회야말로 천리(天理) 그대로의 자연적 사회인 것이다. 여기서 '대동사회(大同社會)'[121)]란 위의 글에서 인식할 수 있듯이, 만민의 신분적 평등과 재화의 공평한 분배, 그리고 인륜(人倫)의 구현을 특징으로 하는 유교의 이상사회를 말한다. 대동사회는 일종의 이상적 사회형태이다. 그러므로 위정자는 일련의 방법과 과정에 의해 모든 사회를 '대동사회'가 되도록 만들어야 한다는 것이다.

먼저 정치의 실태에서 보면, 대동사회 구현을 위한 대동정치는 이른바 "대도(大道)의 실행"을 말한다. 이것은 정치하는 사람이 국가를 통치할 때 반드시 지켜 나아가야 할 방법인 동시에 나라를 다스리는 도리이다. 한 걸음 더 나아가 말하자면 '대도의 실행'이란 대동 세계의 한 가지 예인 대도(大道)가 실행되는 것으로서, 이것은 바로 전체 세계의 대동이다.[122)]

'예운' 편에서의 대동사회의 구체적 내용을 요약하면 다음과 같다.

첫째, 천하를 사유화하지 않고 공공의 공유물로 한다.

---

120) 《禮記》 '禮運' : "大道之行也 天下爲公 選賢與能 講信脩睦 故人不獨親其親 不獨子其子 使老有所終 壯有所用 幼有所長 矜寡孤獨廢疾者皆有所養 男有分 女有婦 貨惡其棄於地也 不必藏於己 力惡其不出於身也 不必爲己 是故謀閉而不興 盜竊亂賊而不作 故外戶而不閉 是謂大同."

121) '대동(大同)' 이란 말은 《장자(莊子)》《여씨춘추(呂氏春秋)》 등에서도 보이지만, 그 개념이 정립된 것은 《예기》 '예운' 이다.

122) 양효영 저, 같은 책, 52면.

둘째, 사람들은 전체의 이익을 위해 노동하며, 노동의 산물인 재화는 모든 사람이 향유한다.

셋째, 노동능력이 있는 자에게 노동에 종사할 수 있게 하며, 노동능력이 없는 노인이나 어린이는 일종의 사회보장제에 의해 잘 부양한다.

넷째, 통치자는 어질거나 능력 있는 자를 선택하여 믿음을 가르치고 화목을 구현한다. 역시 이것은 일종의 도덕적 표준이었다.

다섯째, 자기 부모나 자식에게 뿐만 아니라 모든 사람에게 널리 사랑을 베푼다.

여섯째, 악의적인 음모나 모략을 배제한다.

일곱째, 도둑질 · 횡령 · 착복 등 질서 문란자가 발생하지 않는다.

여덟째, 전쟁이 일어나지 않는다.

이상의 내용 중에서 대동사회를 구현하기 위한 가장 기초가 되는 것은 '천하위공'(天下爲公:천하를 사유화하지 않고 공유물로 한다)의 사상이다.

공자는 주나라의 제도를 이상시하였지만 천하가 천자의 사유(私有)라고 하는 것에 대해서는 선을 그으며, 천하는 모든 사람의 공유물이라는 사상을 제기했다. 당시로서는 가히 혁명적인 개혁의 사상이었다. 이 사상은 "하늘은 사사로이 덮는 것이 없고, 땅은 사사로이 싣는 것이 없으며, 해와 달은 사사로이 비쳐주는 것이 없다. 이 세 가지를 받들어 세상을 위해서 일하는 것, 이것을 삼무사(三無私)라고 이르는 것이다."[123] 라고 하는 공자의 말에 기초한 것

123) 《禮記》 '仲尼閒居' "孔子曰… …天無私覆 地無私載 日月無私照. 奉斯三者 以勞天下 此之謂三無私."

이었다.

공자가 대망한 것은 위정자는 모든 사회가 대동사회를 구현해야 하나 현실적으로 거기에 미치지 못할 경우는 그 차선책으로서 '소강사회(小康社會)'를 구현해야 한다는 것이다. 여기서 '강(康)'은 '안(安)'의 뜻이니 '소강'은 곧 '소안(小安)'의 뜻이다. '소강'이란 조금 편안함, 또는 겨우 편안한 상태를 말한다. 만인이 평등하고 다툼이 없는 사회가 '대동'사회라 한다면, 예(禮)를 세워 군권(君權)이 행하여지는 사회가 곧 '소강'사회이다.

《예기》 '예운'편에서는 '대동'과 같이 '소강'에 대해 공자와 그의 제자인 자유(子游) 간의 문답형식으로 다음과 같이 설명하고 있다.

"대도(大道)가 없어지고 사람들은 천하(天下)를 한 집으로 생각하였다. 그래서 자기네 부모만을 부모로 생각하고, 내 아들만을 아들로 생각했으며, 재화를 사유(私有)하고, 노력(勞力)은 사리(私利)를 위해서만 사용된다. 천자와 제후들은 세습하는 것을 예로 하며, 성곽과 구지(溝池)를 외적으로부터 스스로 지키는 것으로 하고 있다. 예(禮)를 기강으로 내세워 그것으로써 임금과 신하의 분수를 바로 잡으며, 부자 사이를 돈독하게 하고, 형제를 화목하게 하며, 부부 사이를 화합하게 한다. 제도를 설정하고 전리(田里)를 세우며, 지혜와 용맹을 존중하고 공(功)은 자기를 위한 일에 이용한다. 그런 까닭에 간사한 꾀가 이(利) 때문에 일어나고 전쟁도 이로 인해 일어난다. 우왕(禹王)·탕왕(湯王)·문왕(文王)·무왕(武王)·성왕(成王)·주공(周公)은 예도(禮道)를 써서 뛰어난 업적을 이루었다. 이 여섯 사람의 군자들은 예를 삼가지 하지 않은 사람이 없다. 즉 이들 여섯 왕은 모두 예의를 지킨 사람들이고, 예의로써 각자의 도를 헤아렸으며, 백성의 신망을 모았고, 적의 죄과를 밝혔으며, 인애(仁愛)와 겸양(謙讓)의 도를 강설(講說)하여 백성들에게 보여 주었다. 만일 이 법에 따르지 않는 자가 있으면 권세의 지위에 있는 자라 할지라도 백성들로부터 배척당하여 끝내는 멸망할 것이다. 이러한 사회를 소강(小康)의 사회라고 한다."[124)]

우리는 이상의 글에서, 소강사회를 대강 인식할 수 있다. 즉 소강은 예의로써 기강을 삼아 제도와 법을 정하여 다스린 여섯 군자(6군자 : 우왕 · 탕왕 · 문왕 · 무왕 · 성왕 · 주공)의 사회로서, 상고시대의 오제(五帝)가 다스렸던 공(公)의 사회에 비하여 겨우 편안함을 지키는 정도로 표현된다. 즉 대동의 사회에서는 천하를 모두 사람의 공유물로 여겼던 것이 소강사회에서는 천하를 사사로운 집처럼 여겨 사유화 현상이 되었고, 모든 부모나 자식은 자기중심의 차별애(差別愛)가 형성되고, 간사한 꾀가 일어나게 되는 것이다. 이러한 상황을 바로 잡기 위하여 예의(禮儀)를 세워 군권(君權)을 행하게 된다는 것이다.

공자가 생존하던 춘추 말기처럼 그 당시는 아직 사회의 대도(大道)나 행위의 표준이 없었기 때문에, 군주는 자기 본성에 잠재해 있는 자비(慈悲)와 인애(仁愛)의 마음으로 신하와 모든 백성을 돌보아야만 했으며, 결코 어질고 능력 있는 인재를 선발하는 사회도 아니었다. 즉 군주는 자기 자신에게 고유한 도덕심을 가지고 있어야 했으며, 신하 역시 도덕에 의해 국가를 다스려야 했다. 그래서 신하와 백성이 감화(感化)를 받게 되면 군주는 이 소강사회를 다스려 나갈 수가 있었다. 만일 위정자가 도덕적이지 못 하면 백성들은

124)《禮記》'仲尼閒居' "大道旣隱 天下爲家 各親其親 各子其子 貨力爲己 大人 世及以爲禮 城郭溝池以爲固 禮儀爲以紀 以正君臣 以篤父子 以睦兄弟 以和夫婦 以設制度 以立田里 以賢勇知 以功爲己 故 謀用是作 以兵由此起 禹湯文武成王周公由此其選也 此六君子 未有不謹於禮者也 以著其義 以考其信 著有過 刑仁講讓 示民有常 如有不由此者 在執者去 衆以爲殃 示謂小康."

그것을 재앙으로 생각하였으며, 백성들이 손해를 입게 되었다. 그리하여 이 소강상태는 유지할 수 없게 되었고, 당연히 혁명이 일어나게 되었다.[125)]

공자의 생각으로는 국가는 일시에 대동사회라는 이상에 도달할 수는 없다는 것이다. 그러므로 소강의 정치는 과도기가 된다. 그런 후 다시 어질고 능력 있는 사람을 뽑아서 백성을 통치하고, 다시 소강사회에서 대동 사회로 매진해 가길 바라야 하며, 반드시 대동(大同) 정치의 목표를 달성하여야 한다고 한다. 그렇지 않으면 그 국가는 사회적 행위를 위한 영구적 안정을 유지할 수 없기 때문이다.

이러한 공자의 대동사회나 소강사회에 대한 생각은 유가의 사상 가운데 가장 진보적이고 가장 구체적인 사상이었다. 그러나 그 이상이 비교적 높고 당시의 다른 상태의 서로 결합할 수 없었기 때문에, 근본적으로 크고 작은 각 국가의 군주나 모사(謀士)들에게 중시 받지 못했다. 그래서 그의 사상은 기대한 최고의 효과를 달성할 수는 없었다. 훗날 그의 사상은 맹자(孟子)나 순자(荀子)의 사상에서나, 송 · 명대의 성리학자들이 주장한 사상에서는 물론이고 심지어는 공자의 학식과 사상을 매우 존경하던 그 후배들까지도 모두 공자의 사상체계를 별로 이용하지 못했다.[126)]

그러나 공자의 대동사상은 후대로 내려와서 동양인들 모두에게 보편적 이상사회로 자리하였으며, 많은 사상가들에 의해 계승되었다. 특히 청말(淸末)의 강유위(康有爲)나 담사동(譚嗣同)이 대동세계가 공자의 이상적인 사회제도이며, 「춘추」의 태평세(太平世)라고 하였다.

---

125) 楊孝濚 著, 같은 책, 54면.
126) 楊孝榮 著, 같은 책, 54면.

특히 강유위는 더 나아가 《대동서(大同書)》 속에서 남녀의 평등, 가족제도의 폐지, 인종차별의 소멸, 계급의 철폐, 사유재산제의 폐지, 농공상업의 공영 등 세계정부에 의해 통일된 전쟁이 없고, 국가가 없는 일체 평등의 이상세계를 그렸다. 그러나 강유위의 이러한 사상은 공자의 대동사상보다도 더 나아가 현실적으로 그 실현을 생각할 수도 없는 너무나도 공상적인 것이다.

또한 공자의 대동사상은 손문(孫文)에 이르러 비로소 손문사상의 이론적 기초가 되었으며, 공자의 가장 귀중한 경전으로 인정되었다. 손문이 '삼민주의(三民主義)'를 창설하여, 그 중 민족주의를 제외한 민권(民權)과 민생(民生)주의는 모두 '예운편'의 '대동(大同)'에서 발전되어 나온 것이다. 심지어 모택동(毛澤東)의 사상에서도 대동의 이상주의는 발견되고 있음은 물론 호금도(胡錦濤; 후진타오)도 말은 안 되지만, 그의 정책으로 '먹고 살만한 사회'의 설정을 '소강사회'로 명명하고 있으니, 공자의 대동사상 내지 소강사상 그것은 오늘날도 전 중국사회에 영향을 미치고 있다고 하겠다.

한편 서기 1919년 국제연맹(國際聯盟; the League of Nations)의 계획이 추진되고 있을 때, 미국 대통령 윌슨의 요청으로 '공자사상에 근거한 세계정부에 관한 구상'을 제기[127)]하였던 바, 그것의 성사 여부를 떠나서 공자의 대동사상이 20세기 세계 역사의 무대에서 주역을 담당하기 시작한 미국의 대통령에게도 영향을 주었음에 우리는 주목할 필요가 있다.

---

127) "It is of Interest that, at the time when the League of Nations was being projected, kang Yu wei submitted his understanding of Confucius' views on the worldstate, at the request of President Wilson, – H.G. Creel, Confucius – the Man and the Myth
– (1951) p.138. 유승국 외3, 같은 책, 246면에서 재인용.

제2장 공자의 교육가치에 대한 인식

제1절 교육은 사회발전 추진의 거대한 동인(動因)

춘추 말기 혼란의 상황 속에서 공자가 교육을 보는 눈은 미시적으로 개인의 성장발달에 촛점을 둔 경우도 있었겠지만, 그보다는 거시적으로 교육을 하나의 사회현상으로 보았다. 그리하여 교육은 인간의 정신적 욕망을 충족시켜 주는 것으로서, 인간의 물질적 욕망을 충족시키는 경제생활과 인간의 기본적인 사회생활을 향상시키기 위한 정치생활과 필요불가분의 관계에서 교육을 논하였다. 따라서 그는 교육을 경제, 정치와 더불어 하나의 사회현상 속에서 그 존재와 가치를 논했다.

현대 교육철학에 있어서 교육을 하나의 사회현상으로 보는 시각이 대체적으로 20세기에 형성된 것이라고 한 것을 생각한다면, 위에서 보듯 공자의 교육에 대한 거시적인 사회현상관은 진보적인 입장이라 하겠다.

공자가 활약했던 춘추 말기는 우리는 제1장에서도 서술한 바 있지만, 고대 중국사회의 정치, 경제, 문화 등 모든 면에서 중대한 변혁의 시기였다. 공자가 이상국가로 동경했던 서주의 정전제(井田制), 공전제(公田制)의 폐지와 사전(私田制)의 전면 가동, 우경(牛耕)기술의 시작과 철제 생산도구의 다량 출현은 서주사회의 동요를 가속화 했다. 정치변혁과 경제, 사회발전에 상응하게 이 시기 '학재관부(學在官府)' 즉 '교육은 관아(官衙)에서'라는 문화교육제도 역시 충격을 받았고, '사학(私學)'이 크게 성행하여 사회 전반적으로 파급되는 문화의 하향이동(下向移動)을 추진시켰다.

이러한 사회변혁의 큰 배경 하에서, 공자는 제자(弟子) 수용과 교학(教學)을 시작하여 '유가(儒家)'라는 '사학(私學)'을 창설하게 된 것이다. 그가 본 서주(西周) 이래 사회변혁은 불을 보듯 뻔한 것이었겠지만, 교육의 발전은 전반적인 사회, 정치, 경제발전 가운데서의 지위와 역할에 대한 인식 역시 매우 깊었다.

우리는 공자가 교육발전과 사회발전, 경제발전의 거시적 관계에 관한 문제를 다룬 다음과 같은 그의 제자 염유(冉有) 간의 대화 내용에 유의할 필요가 있다.

공자가 위(衛)나라에 갈 때, 염유가 수레를 몰았다. 공자가 "백성이 번성(庶矣;많아지다)하는 구나."라고 하자, 염유가 "이렇듯 백성들이 많으니, 더욱 보태야 할 것은 무엇입니까?"하고 묻자 공자는 "백성을 부하게(富之) 해주어야 한다,"고 말하였다. 염유가 다시 "백성들이 부해지면, 그 다음에는 더 보태야 할 것이 무엇입니까?" 하고 묻자, 공자는 "백성을 가르쳐야 한다."[128]

위에서 보듯, 위(衛)나라의 위치는 지금 중국 하남성 활현(滑縣) 일대로, 당시는 아주 작은 제후국이었다. 공자는 위나라에서 인구가 많은 것을 보고, 매우 감탄하면서 염유와 대화한 내용이다.

교육발전을 사회발전에 대한 기능과 역할 측면에서 이해한다면, 공자와 염유와의 대화에서 다음과 같은 세 가지 아주 중요한 주장을 깊이 있게 진술하고 있다.

첫째, 공자는 교육을 인류사회의 발전과 진보를 추진하는 기본요소이자 거대한 동인으로 보고 있다.

128) (教之)《論語》'子路': "子適衛 冉有僕 子曰 庶矣哉 冉有曰 既庶矣 又何加焉 曰 富之 曰 既富之 又何加焉 曰 教之."

위에서 보듯, 공자와 염유와의 대화에서 문답했던 문제는 사실상 교육과 경제, 교육과 사회발전의 관계에 관한 문제를 거시적으로 다루고 있다는 점이다. 공자는 사회가 발전하려면 반드시 세 가지 기본문제를 해결해야 한다고 보았던바, 그것은 발전 주체인 인구의 생산(庶), 물질적 생산인 재산(富)과 정신적 자원의 생산인 교육(敎)이다. 즉 교육은 인구, 경제와 아울러 사회의 발전과 진보를 추진하는 3대 기본적 요소라는 것이다.

우선 인구문제이다.

일정한 양의 인구는 인류사회의 첫 번째 구성요건이다. 공자가 활동했던 춘추시대 말기는 앞에서 말했듯, 심한 변혁의 시기였지만, 사회는 아직 발달하지는 못했던바, 토지는 넓고 사람은 적어 인구밀도가 희소하기 그지없었다. 《속한서(續漢書)》 '군국지(郡國志)'에 의하면, 동주(東周) 장왕(庄王) 13년인 서기전 684년 당시 중국의 전 인구는 대략 1,184만 명에 불과했다. 이 점을 생각한다면, 공자가 작은 위(衛)나라 인구의 번영함을 보고, 매우 감탄한 것도 이해할 만하다.

다음은 경제문제이다.

경제는 인간의 물질적 욕망을 충족시켜 주는 사회생활의 기본 영역으로서, 교육과 더불어 사회생활의 기본적인 구조로서 사회발전을 추진하는 동력이기도 하다.

공자가 말한 "旣 '庶矣'(기 서의 ; 이미 많고)"는 곧 "富之(부지 ; 백성을 부하게 하는 것)", 그것은 곧 생산 주체를 증가시켜, 사회의 경제를 확대함으로써 사회의 생산력 수준을 향상시켜야 함을 강조하고 있다.

그 다음은 교육의 문제이다.

교육은 인간의 정신적 욕망을 충족시키는 사회생활의 영역으로,

그것은 사회의 발전과 진보를 추진하는 거대한 동인이다. 그리고 교육은 한 민족이 역사의 무대에서 한 주체로 등장하여 흥성할 수 있는 중요한 전제이기도 하다.

따라서 교육은 사회, 경제의 빠르고 지속적인 발전을 위해 거대한 인적 자원과 지적 자원을 제공할 수 있을 뿐만 아니라, 교육은 인류문명을 또한 전승하여 정치, 경제, 문화, 과학기술 등 기타 사회사업의 조화 및 건전한 발전을 추진하여 사회의 문명과 진보를 촉진할 수 있다.

경제와 교육은 정치에 통합되어 종합 향상되어 감으로 필경 교육 즉 '교지(敎之)'는 경제 즉 '부지(富之)'와 더불어 복지사회를 만드는 대도(大道)이다. 따라서 공자는 "旣富矣(기부의), 則敎之(즉교지)"를 강조하여 반드시 경제발전과 더불어 교육사업의 발전을 가속화 함으로써 광범위한 사회의 대중으로 하여금 교육을 받도록 해야 한다고 했다.

오늘날 우리는 교육은 사회발전에 있어서 기본적, 선도적, 대세적인 면의 지위를 가지고 있다는 것을 상식처럼 인식하고 있지만, 2천 수백 여년 전 공자는 이미 그 시기 교육은 벌써 인류문화의 발전과 진보를 추진하는 기본적 요소이자 거대한 동인임을 분명히 인식하여, "백성들 부유해지면, 백성들을 가르쳐야 한다.(旣富矣 則敎之)"는 주장을 명확히 제시하였다, 그러므로 우리는 공자의 주장을 대단히 소중하고 의미 있는 주장으로 받아드려야 할 것이다. 교육이 현대사회에서도 더욱 중요하건만, 우리의 현실은 그렇지가 않다. 무엇보다도 자질 없는 자의 교육부 수장의 선출이 그렇고, 교육과정 운영의 편파성, 교사집단의 일부 좌경화 현상, 무엇이 인류인지는 모르겠으나 자녀들을 세칭 일류대학만을 바라보게 하는 학부모들의 그릇된 교육관 등등을 생각할 때, 공자의 교육에 대한 그 열망과 교육관이 퍽 의미 있게 받아들일 뿐이다.

둘째, 공자는 우선 그 순위에 있어서 경제가 교육에 앞서 있다고 보았다. 교육사업은 사회발전의 필연적인 산물이며, 그것은 사회의 생산력의 발전과 더불어 발전할 것인바, 생산력 발전의 필연적 요구를 구체화하였다.

공자의 주장에 따르면, "백성들이 많으니 백성들을 부하게 해주어야 하고, 백성들이 부해졌으니 백성들을 가르쳐야 한다.(旣 '庶矣' 則 富之, 旣富之 則敎之)"고 했다. 다시 말하면 사회의 발전을 추진하는 3대 요소 중 첫째 인구, 둘째 경제, 셋째가 교육이라는 것이다.

그렇다면 공자는 왜 교육의 발전을 경제발전의 뒤에 놓았을까? 이것은 공자는 극히 현실적이고 당연한 논리를 견지하고 있기 때문일 것이다. 인간에 있어서 가장 기본적인 것은 경제생활과 교육생활이다. 인간(인구)의 물질적 욕망을 충족시키는 사회생활은 경제생활이기 때문에 배열 순서에 있어서 경제를 인구 다음에 배열한 것이며, 교육생활은 인간의 정신적 욕망을 충족시키는 사회생활의 영역이다. 인간은 배가 불러야 즉 경제가 충족되어야 염치를 알 수 있고, 염치를 알 수 있는 수준에 이르러야 교육을 할 수 있는 것이다. 그러기에 공자는 교육을 경제 다음에 배열한 것이다.

인간은 항상 좀 더 향상된 경제생활과 교육생활을 하고자 한다. 이 좀 더 나은 경제생활과 좀 더 나은 교육생활을 원하는 인간의 심정이 인간으로 하여금 정치생활을 영위하게 하는 것이다. 말하자면 경제생활과 교육생활은 정치생활을 통하여 종합 형성되어 간다. 공자는 이와 같은 인간의 사회생활을 직시하여 인구, 경제, 교육, 정치(법)을 논한 것 같다.

셋째, 공자는 교육문제는 경제문제와 마찬가지로 중요한 것인

바, 모두 가장 큰 사회의 민생문제라고 보고 있다.

공자와 염유의 위에서 든 대담은 '서(庶)' 즉 위(위나라의 많은 민중, 즉 많은 백성이라는 목전의 객관적 사실에서 유발된 것이다. '富之(부지;경제)'와 '教之(교지;교육)'에서 '之(지)'는 모두 하나의 '전체적'인 개념을 가리키는 것이다. 즉, 민중(국민, 백성)이다. '富之(부지)'는 국민으로 하여금 부유하고 충족한 생활을 하도록 하는 것이고, '教之(교지)'는 바로 백성들로 하여금 좋은 교육을 받게 하는 것이다. 여기서 말하는 '교육'은 특정 종족이나 계층, 단체에 대한 교육이 아니라, 광범위한 민중을 대상으로 한 대중교육이며, 전체 국민을 대상으로 한 국민교육, 전체 민중을 대상으로 한 전민(全民) 교육을 의미하고 있다 할 것이다.

공자의 이러한 '국민교육' 사상은 그가 거듭 제창한 '안민(安民 ; 백성을 편안하게 하고) · 교민(教民 ; 백성을 교육하고) · 치민(治民 ; 백성을 다스림)'의 정치적 주장과 일맥 상통한다.

국민교육 또는 민중교육을 실시하기 위해, 공자는 좀 더 나아가 '유교무류(有教無類; 가르치되 차별하지 않는다)[129]는 슬로건을 내걸고 착실하게 실천하였다. 공자의 '백성(민중), 국민교육'에 대한 이론과 실천은 춘추시대 이전의 '학재관부(學在官府)' 교육제도에 대한 철저한 부정이자, 교육의 하향이동이었다. 이는 중국의 고대 교육과 문화의 진일보한 발전을 위해 광활한 사회적 공간을 마련하였다.

공자는 위와 같이 백성을 향한, 사회의 민중을 향한 '민중교육'의 주장을 아주 분명하게 제시하였는 바, 여기에는 그의 민생(民生)에 대한 깊은 관심과 민본입국(民本立國)의 사상이 깃들어 있다.

공자는 사회의 민생문제(民生問題)는 정치적 문제이면서 또한 사

---

129) 《論語》 '衛靈公' 38 ; "子曰 有教無類."

회적 문제라고 보고 있다. 민생문제가 해결되지 못하면 사회는 안정될 수 없고, 민생문제가 해결되지 못하면 사회는 진보할 수도 없다. 이 중 '부지(富之 ; 국민을 부유하게 하는 것)'와 '교지(敎之; 국민을 교육하는 것)' 즉, 경제와 교육, 이는 사회의 민생문제에 관련되는 두 가지의 가장 기본적인 문제이다. '부지(富之;국민을 부유하게 하는 것)' 즉 광범위한 사회의 민중으로 하여금 부유한 생활을 하도록 하는 것은 물질생활의 수요문제를 해결하는 것이다. 그런가 하면 '교지(敎之 ; 민중을 교육하는 것)' 즉 광범위한 민중으로 하여금 좋은 교육을 받아 문화적 생활을 할 수 있도록 하는 것은 정신생활의 수요문제를 해결하는 것이다.

인류는 비단 풍요한 물질생활을 추구할 뿐만 아니라 또한 좀 더 나은 정신생활을 또한 추구하기 마련이며, 편안한 생활을 요구할 뿐만 아니라 또한 충실하게 생활할 수 있기를 바란다. 풍부한 정신생활을 추구하는 것은 바로 인류사회가 끊임없이 문명을 향해 나가고 있다는 중요한 표현이다. 그러기에 공자는 부유해야 하며 또한 교육도 해야 한다고 강조했던 것이다.

오늘날 우리들의 관점에서 본다면, 바로 교육의 발전을 통해 끊임없이 증진하는 사회 민중의 정신 문화적 수요를 만족시킴으로써 사회 민중의 생활의 질과 행복지수를 높이고, 사회생활의 조화와 문명을 촉진해야 한다는 것이다. 서기 1943년, 미국의 심리학자 매슬로우는 그의 《인류 동기이론》에서 '수요의 단계이론'을 제시하였던 바, 인류의 정신적 수요는 '생존 욕구', '안전 욕구'의 기초 위에 형성된 비교적 높은 단계의 욕구라고 지적했다. 그러나 이 이론은 공자의 '富之', '敎之'의 주장에 비해 2천 수백여 년 후에 등장했다는 사실에서, 우리는 공자의 주장이 탁견이었음을 인식하지 않을 수 없다.

제2절 교육은 인류문화 전승의 중요한 수단

교육(敎育)과 문화(文化)의 관계를 파악함에 있어서 공자는 인류문화의 성과를 전승하는 것은 교육의 중요한 기능이라고 하였다. 그는 문화전승을 자신의 책임으로 생각하고, 중국 상고의 문화유산에 대하여 전면적이고 체계적으로 수집, 정리 및 발굴하였으며, 이를 자신의 교학내용으로 하였다.

공자는 교육의 문화적 전승의 기능을 매우 중요시하였다. 그는 심지어 중국 고대의 우수한 민족문화의 전통을 발굴, 계승 및 발양하는 것을 자신이 창설한 사학(私學)의 중요한 목표 중의 하나로 정하였다.

그가 광(匡)에서 위태로운 경지에 처해 있을 때, "문왕은 이미 돌아가 버렸지만, 그가 남긴 문화는 나에게 전해져 있지 않느냐? 하늘이 그의 문화를 없애 버리려 했다면, 후세 사람들이 그 문화에 곁들지 못했을 것이다. 하늘이 그 문화를 없애려 하지 않고자 하는 이상, 광인들이 나를 어떻게 하겠느냐?"[130)]

'광(匡)'은 춘추시대 위나라의 광성인 바, 지금의 하남성 휴현(睢縣)의 경내이다. 자료에 따르면, 노(魯)나라 정공(定公) 14년, 공자는 그의 제자들을 데리고 위(衛)나라를 떠나 진(晉)나라를 가는 도중 광성을 거치게 되었다.

공자의 외모가 노나라의 양호(陽虎)와 매우 비슷한데다 공자의 일행 중 안연(顔淵)은 양호를 따라 광서에 온 적이 있는데, 광인과

---

130)《論語》'子罕' 5 : "子畏於匡 曰(공저께서 광 땅에 위태로운 지경에 빠졌을 때 말하였다.) 文王旣沒 文不在玆乎 (문왕은 이미 돌아가 가셨지만, 그가 남긴 문화는 나에게 전해져 있지 않느냐?)天之將喪斯文也 後死者 不得與於斯文也 天之未喪斯文也 匡人其予何.(하늘이 그의 문화를 없애버리려 했다면, 후세 사람들이 그 문화에 곁들지 못했을 것이다. 하늘이 그 문화를 없애지 않고자 하는 이상 광인들이 나를 어떻게 하겠느냐?)"

원한을 맺게 되었던 것이다. 이번에도 광성 사람들은 또 양호가 그들을 해치려 온 줄 알고 광성 사람들은 공자 일행을 겹겹이 포위하여 5주야를 감금하였다. 당시 공자의 제자들은 광성사람들에 의해 흩어지기까지 하여 상황은 매우 다급하였다. 공자는 잠시 절망하기까지도 하였다.

그는 말하기를, 주나라의 문왕이 죽은 이래 우리나라 고대의 찬란한 문화유산은 후세에 전승될 수 없단 말인가? 만약 하늘이 꼭 이 문화유산을 없애고자 한다면(광성 사람들이 나를 죽일 것이다.) 향후의 제자들은 이러한 문화유산을 볼 수 있는 기회를 잃을 것이다. 만약 하늘이 이런 문화를 회멸하지 않는다면 광성 사람들은 어찌할 것인가?

그 뜻인 즉, 자신이 창설한 유가(儒家) 학설은 그 주요한 목적이 중국 고대의 우수한 문화유산을 전승하기 위한 것이며, 이는 하늘이 공자에게 부여한 신성한 사명이라는 것이다. 따라서 오늘 그 자신 이 위험에서 벗어날 수 있는지 가부는 운명에 맡길 수밖에 없다는 것이다.

오랜 기간 학교 운영과 그 실천 속에서 공자는 중국 상고시대의 전통문화 유산의 보호와 발굴을 매우 중시하였다. 중국 상고 문화의 몇몇 주요 측면의 문헌 자료에 대해 공자는 일일이 진지하고도 체계적인 수집, 정리, 편집을 진행했으며, 이를 교학의 주요 내용으로 삼아, 자신의 교수와 전파를 통해 이러한 문화적인 성과들이 세세 대대 전승되어 가기를 갈망하였다.

정치 · 문화적인 면에서, 공자는 '예(禮)' 문화를 매우 숭상하였다. 즉, 이는 중국 고대의 종법전장제도(宗法典章制度)를 일컫고 있다. 일찍이 상고시대로부터 중국은 일부 전장제도를 마련하였다. 서주의 종법 전장제도는 하(夏), 상(商) 양대의 전장제도 중 많은 유익한 부분을 수용함으로써 더욱 완벽화, 체계화, 엄밀화, 형식화하였다. 공자는 '예제(禮制)문화가 사회정치생태의 최적화를 촉진하고, 사회생활의 질서를 촉진할 수 있으므로, 이를 전승되게 해야 한다고 주장하였다. 따라서 '예(禮)'는 공자에 의해 그의 교학내용의 중요한 내용 중 하나로 되었다.

한편 공자는 '예'의 규범을 대거 보급할 것을 주장하였다, 춘추 이전에는 "예는 서민 이하에는 해당되지 않는다.(禮不下庶人)"는 것으로, '서민' 이하 각 계층에는 '예를 알 것(知禮)'를 요구하지 않았다. 그러나 공자는 "예로써 평등하게 해야 한다."[131]고 하면서, 대중을 향해 '예'의 지식을 보급함으로써 모든 사람으로 하여금 '예를 알고', '예를 따르도록 하여', '예로써 모든 사회 구성원들의 행위를 통일, 규범화해야 한다'고 주장했다. 또 한편으로는 그는 '예'에 더욱 농후한 정치적 색체를 부여하였다. 그는 주(周)나라 천자의 군권(君權;통치권)을 지킬 것을 주장하였고, 중앙집권을 주장하였으며, 제후의 활거, 예악정벌이 제후로부터 나오는 것(禮樂征伐自諸侯出) 등을 반대하였다.

그는 "임금은 임금 다워야 하고, 신하는 신하 다워야 하며, 에비는 에비 다워야 하며, 자신은 자식 다워야 한다."[132]고 하여 직분(職分)을 강조하였다. 그래야 계통과 신분과 사회질서가 바로 잡히기 때문이라는 것이다. 이리하여 정치생활과 사회 일상생활을 통합하여 모두 서주의 예제문화로 복귀할 것을 강조하였다.

그는 정치생활 속에서 우선 반드시 '정명(正名)'할 것을 주장하였다. 그는 "명분이 바로 서지 않으면, 말이 순조롭게 전달되지

---

131) 《論語》 '爲政' 3 : "子曰 道之以政 齊之以刑 民免而無恥 道之以德 齊之以禮 有恥且格."

132) 《論語》 '顏淵' 11 : "齊景公問政於孔子 孔子對曰 君君 臣臣 父父 子子 公曰 善哉 信如君不君 臣不臣 父不父 子不子 雖有栗 吾得而食諸."

못하고, 말이 순조롭게 전달되지 못하면 모든 일이 성취되지 못하고, 모든 일이 성취되지 못하면 예악(禮樂; 예와 음악) 흥성하지 못하고, 예악이 흥성하지 못하면 형벌이 적중하지 못하고, 형벌이 적중하게 시행되지 못하면 백성들은 손발 둘 곳이 없게 된다. 그러므로 군자가 사물에 이름을 붙일 때에는 반드시 말로서도 순조롭게 전달되게 할 것이며, 말로서 남에게 전달된 이상, 반드시 실행되어야 한다는 것이다. 군자는 말에 있어 조금이라도 소홀한 바가 있어서는 안 된다."[133]라고 하였다.

'정명(正名)'이란 바로 명칭, 용어의 문제라 하겠다. 자로(子路)가 당시 사회적 · 정치적 혼란상을 당장 수습할 수 있는 묘책이 있는가 하고 공자에게 그 해결책을 구함에 공자는 '정명'이란 주제로 답한 데서 비롯된 것이다. 말이 바로 쓰여지지 않는다는 것은 충(忠)이 아니고, 신(信)이 아니다. 충과 신은 공자의 사교(四敎; 네 가지 가르침)인 '문(文) · 행(行) · 충(忠) · 신(信)' 중의 내용의 하나이다. 그 중 충 · 신은 종국적인 목표인 것이다.

인간다움(仁)을 구현해야 하는 인간사회나 정치에서 충(忠) · 신(信)이 없으면 사회나 정치는 존립할 수 없는 것이다. 이렇게 볼 때, '정명' 즉 이름이나 용어는 바르게 한다는 뜻은 사회나 정치가 존립할 수 있는 충 · 신(忠信)을 지키는 것에 통한다.

그러기에 공자는 자로에게 위와 같이 일러 준 것이다. 즉 명칭이 정확하지 않으면, 언어, 말이 인간과 인간 사이에서 타당하고 순리롭게 통하지 못한다. 말이 순리롭지 못하면 인간사회에서 아무 일도 성사시킬 수 없다. 아무 일도 성사시키지 못하면 가장 고답(高

133)《論語》'子路' 3 : "子路曰 衛君待子而爲政 子將奚先 子曰 必也正名乎 子路曰 由是哉 子之迂也 奚其正 子曰 野哉 由也 君子於其所不知 蓋闕如也 名不正則言不順 言不順 則事不成 事不成 則禮樂不興 禮樂不興 則刑罰不中 刑罰不中 則民無所措手族 故君名之 必可言也 言之 必可行也 君子於其言 無所苟而已矣."

踏)한 문화의 정수라고 할 예악을 진흥시킬 수 없다. 예악이 진흥하지 못하면 인간사회에는 문화와 이성과 합리의 학식이 높은 자리에 오르지 못하고, 비지성적, 비문화적, 비가치적인 악덕과 폭력이 난무한다. 따라서 덕치(德治)는 고사하고 형벌마저 공평하게 이루어지지 못하고, 포악의 시녀 노릇을 하게 된다. 그렇게 되면 일반 백성들은 손발조차 둘 곳을 잃고 마는 것이다. 따라서 이름은 바른 말로 지어져야 하고, 말은 반드시 바르게 실천되어야 한다. 군자의 말은 허술하게 해서는 안 된다는 것이다.

명칭, 용어 문제가 이토록 정치의 핵심인 동시에 인간사회의 존립을 좌우하는 충신(忠信)에 직결되는 중대사인 줄은 알기 어렵다. 따라서 경망한 자로가 "그렇습니까? 선생님의 생각은 지나치게 우원하십니다. 왜 명분을 바로 잡으려 하십니까?"라고 한마디 했다가 "유야, 너는 참 무식하고 무례하구나."하고 야단맞은 것이다.

오늘날의 정치사회에선 말이 제멋대로 유린되고 있는 것이 사실이다. 오늘날의 말은 순리로 통하는 게 아니라, 오히려 악의로 기만하기 위한 것 같이 남용되고 있는 것이 아닐까? 충 · 신 같은 것은 이미 장례지낸지 오랜 듯하다.[134] 이래서야 인간사회나 정치가 존립하고 있다고 할 수 있을까? 오늘날의 세계나 정치사회는 "족식(足食; 경제), 족병(足兵 ; 군비 무력)에만 힘쓰고 민신(民信; 국민의 신뢰)은 거들떠 보지도 않는 실정이 아닌가? 따라서 세계인류는 손발 둘 곳을 모르고 허탈에 빠져 있다고나 하지 않을까?"

거듭 말하거니와, 공자가 '정명'을 주제로 말한 뜻인 즉 예악이 흥하지 못 하면 형벌이 타당하지 못할 것이고, 형벌이 타당하지 못하면 백성들은 속수무책하게 되어 어찌할 바를 몰라 할 것이라는 것이다. 공자 자신은 '어린 나이에 예가 바르기(年少好禮)'로 조

134) 張基槿 譯著, 《新完譯 論語》, 明文堂, 1985, 317면.

야에 이름난 사람인 바, 그가 유가 사학을 창설한 중요한 임무인즉 사람들에게 '습예(習禮; 예를 익히는 것)'를 가르치기 위함이었다. 따라서 사람들이 공자 문하에서 구학하는 주요목적은 '학예(學禮)'와 '습예(習禮)'이었다.

도덕문화 면에서 공자는 대대로 내려오는 우수한 도덕 전통에 대한 계승과 발양을 매우 중시하였던 바, 도덕교육을 후대양성의 교육내용에서 우선으로 하였다.

공자는 가정 도덕면에서 중국 고대의 전통인 '효제(孝悌)' 문화의 인륜 윤리성은 물론 가정의 책임을 강조하였다. 그는 '효제'를 가장 기초적이고 기본적인 도덕규범으로 삼을 것을 주장하였다. 그는 "군자는 근본을 세우고자 애쓴다. 근본이 서면 나아갈 길이 생긴다. 효제는 바로 인(仁)을 이룩하는 근본이니라."[135]고 보았다. 그는 효(孝)는 "더욱 공경하여 (부모의 뜻을) 어기지 아니하며, 수고롭더라도 원망하지 아니하는 것."이라고 설명하였던 바, 반드시 부모의 명을 받들되 추호도 어기거나 불만하지 말아야 한다고 하였다.

그는 심지어 "돌아가신 부모를 위해 3년 복(服)을 입는다."는 것은 고대의 '천하의 공통된 상례법'[136]이라는 것을 극력 주장하였다. 이러한 것, 역시 오늘의 눈으로 보면, 공자가 효제문화의 전승문제에 있어서 보수적인 것과 시기에 맞지 않는 면을 반영한 것이라 하겠으나, 그의 실질적인 정신은 효가 고대의 가정문화의 핵심이라는 것을 인식하고, 이의 전승과 실천에 있었다 할 것이다.

사회도덕적인 면에서는 공자는 전통적인 '중용(中庸)'의 관념을

---

135) 《論語》 '學而' 2 : "有子曰 其爲人也孝弟 而好犯上者 鮮矣 不好犯上 而好作亂者 未之有也 君子務本 本立而道生 孝弟也者 其爲仁之本與."

136) 《論語》 '陽貨' 21: "宰我問 三年之喪 期已久矣… …宰我出 子曰 予之不仁也 子生三年然後 免於父母之懷 夫三年之喪 天下之通喪也 予也有三年之愛於其父母乎."

숭상하였는데, 어느 한쪽으로 치우치지 말고, 선의적으로 사람들을 대할 것을 제창하였다. 그는 "중용은 바로 덕이며, 그 값은 지극하고 지극하다. 사람들이 이를 소홀히 한지 너무나 오래다."[137] 라고 하였다. 이 말이 의미하는 바는 '중용'은 일종의 사회도덕으로 선과 미를 갖춘 것이라 할 수 있으며, 백성들 사이에서는 이미 오랜 기간 이런 도덕이 부족 내지 실종되었다는 것이다.

공자는 '충서(忠恕)'를 극력 주장하였던 바, 사람을 대함에 있어 충성, 성실, 관용, 나를 미루워 남을 생각함(推己及人), 성찰할 것을 강조하여 "내가 원하지 않는 바를 남에게 시키지 말라."[138]라고 했다. 그의 제자 증자(曾子)가 평하기를 "선생님의 도는 충서(忠恕)일 따름이다."[139]라고 하여, '충서'는 공자의 전반적인 사상의 처음과 끝을 관통하는 가장 기본적이고 핵심적인 관념이라고 하였다.

우리가 말할 수 있는 것은, 공자는 고대 중국의 우수한 도덕문화를 전승하고 발양할 때, 인간의 본성에서 출발하여 '객관적인 수요'와 '주관적인 가능'의 최적의 형평 점을 찾을 것을 매우 강조하였다는 것인바, 실사구시적으로 도덕의 표준을 제시하였고, 실제에 맞지 않는 공리공담이나 시공을 초월하는 과도한 요구는 반대하였다.

어떤 사람이 묻기를 "악이나 원한을 은덕으로 갚으면 어떻겠습니까?"함에 이에, 공자는 "그렇다면 착한 덕행에는 무엇으로 갚겠느냐? 악이나 원한에는 강직으로 갚고, 착한 덕행에는 은덕으로 갚아라."라고 했다.

기독교에서는 눈에는 눈, 이에는 이란 말이 있고, 또 원수를 사

137) 《論語》 '雍也' 27 : "子曰 中庸之爲德也 其至矣乎 民鮮久矣." '民鮮' ; 일반 백성들 가운데서 중용의 덕을 제대로 지키는 사람이 거의 없다.

138) 《論語》 '顔淵' 2 : "仲弓問仁 子曰 出門如見大賓 使民如承大祭 己所不欲 勿施於人 在邦無怨 在家無怨 仲弓曰 雍雖不敏 諸事斯語矣."

139) 《論語》 '里仁' 15 : "子曰 參乎 吾道一以貫之 曾子曰 唯 子出 文人問曰 何謂也 曾子曰 夫子之道 忠恕而已矣."

랑하라 하고, 도교는 오른쪽 뺨을 치면, 왼쪽 뺨을 내어주라는 가르침이 있다. 그러나 공자는 무조건 '덕으로써 원(怨)을 보답하라'는 것에는 찬성하지 않았다. 그는 덕은 덕으로 갚고, 원(怨)에는 강직(剛直), 곧고 바른 것으로 갚으라고 가르쳤다. 여기에서 우리는 현실주의적 공자의 정치철학을 읽을 수 있다. 정의와 도덕과 조리를 어디까지나 인간적이고 현실적으로 수립하고자 한 공자는 현실이나 인간의 감정이나 선악의 가치를 초월하여 악에도 선, 선에도 선으로 갚으라는 초인간적, 비현실적인 도덕, 다시 말하자면 종교적인 도덕을 주장하지 않았다. 그래서 공자는 윤리를 논했을 뿐 종교를 논하지는 않았다.

공자는 "누가 미생고(微生高)[140]를 정직하다고 하는가? 어떤 사람이 그에게 초를 얻고자 하니, 그가 초를 이웃집에서 얻어다 주었다."[141]고 한 바 있다. 이것이 의미하는 바는, 남을 도와주기 위해 내게 없으면서도 말은 못 하고 남에게서 얻어다 준 심정은 갸륵하다 하겠으나, 없으면 없다고 할 것이지 남에게서 얻어다 주면서까지 베푸는 것은 위선이라는 것을 이야기해 주고 있다.

공자는 문화 예술 등 문화 집적의 전승 면을 매우 중시하였으며, 또한 적극적으로 노력하였다. 그는 중국 고대의 시가, 음악, 무용 등 문화 예술형식은 모두 '교화(敎化)'를 실시하는 중요한 수단이며, 이러한 유형의 문화유산 역시 반드시 영원히 전승해 나가야 한다고 주장했다.

공자 그 자신은 시(詩), 악(樂)에 아주 능했는바, 시, 악의 교학을 매우 정성을 들여 진행했다. 그는 모든 정성을 다하여 《시경(詩經)》을 수집, 정리하여 편찬하였다. 그는 "내가 위(衛)나라에서 노

140) 성은 微生 이름이 高로 노나라 사람이다. 정직하다고 소문이 났었다.
141) 《論語》 '公冶長' 23 : "子曰 孰謂微生高直 或 乞醯焉 乞諸其鄰而與之."

(魯)나라로 돌아온 후에, 음악이 바로 잡혔고, 아(雅)와 송(頌)이 제자리를 찾게 되었다."[142]고 말한 바 있다. 이로 보아 공자는 장기간 《시경》을 연구하여 만년에 위나라에서 노나라로 돌아간 이후에야 《시경》의 정리, 판별, 편찬사업을 마쳤던 것으로 생각된다.[143]

당시 공자가 수집한 시(詩)는 3천 여수에 달했는데, 판권이 각각 달라 많은 것이 중복되었다. 그가 정리하여 현존하는 것은 305수, 이 때문에 후세에 '공자책시(孔子刪詩)'라는 일설이 있었다. 그는 말하기를 "《시경》의 관저(關雎) 편의 시는 즐거우나 음란하지 않고, 애처로우나 마음을 상하게 하지 않는다."[144]고 하였다. 이 '관저'의 시는 《시경》의 305편 중 첫 편의 시이다. 고대 지식인은 《시경》에 있는 시를 가지고 교화(教化)나 풍간(諷諫; 넌지시 충고함)의 수단으로 삼으려 했다. 그러므로 이 '관저'의 시를 가지고 사회질서, 신분계급의 근본이고 삼강(三綱)의 하나인 '부부지도(夫婦之道)'에서 '군신지의(君臣之義)'로 끌어 올리려는 시교(詩教)의 바탕으로 삼고 있는 것이다. 이렇게 중요한 시를 공자가 앞에서 평했듯이 "즐거우나 음란하지 않고 애처로우나 마음을 상하게 하지 않는다."고 했다. 인간 감정을 토로한 중용의 극치이다.

그는 제자들은 모두 시를 배워야 한다고 강조하였는데, "시를 배우지 못했으면 남과 더불어 말할게 없느니라."[145]고 하였다. 또한 그는 자주 제자들과 함께 《시경》에 관한 깨달은 바의 경험과 사상을 토론하며 교류하였다. 중국 고대의 시는 음악을 부친 것이기 때문에, 공자는 매우 열심히 제자들에게 음악 지식을 가르쳤으

142) 《論語》 '子罕' 14 : "子曰 吾自衛反魯 然後 樂正 雅頌 各得其所."

143) 공자가 13년간에 걸친 실의의 제국유력(諸國游歷)에서 위나라에서 노나라로 돌아온 것은 그의 나이 68세 때인 서기전 484년이었다. 이후 73세로 죽을 때까지 약 5년간을 교육과 아울러 고전(古典), 경서(經書)의 정리에 주력하였다.

144) 《論語》 '八佾' 20 : "子曰 關雎 樂而不淫 哀而不傷."

145) 《論語》 '季氏' 13 : "…曰 學詩乎 對曰 未也 不學詩 無以言…."

며, 중점적으로 우순(虞舜) 시기의 '소악(韶樂)'과 주나라 무왕(武王) 시기의 '무악(武樂)'을 소개하였다. 《사기》'공자세가'에서는 《시경》에 대하여 공자는 모두 곡을 붙여 '소(韶)', '무(武)', '아(雅)', '송(頌)'의 화합을 구하고자 했다. 공자는 "정음(正音)"으로 읽는 것은 《시경》과 《서경(書經)》이 있었으며, 예(禮)를 집행할 때도 언제나 정음을 썼다."[146]고 했는데, 이는 공자가 아주 우아한 어투로 《시경》《서경》《집예(執禮)》 등 과정을 가르친 것이다. 이로 보면, 공자는 자주 시를 읊고 노래를 부르면서 '시', '악' 등 문학예술 부류의 문화유산의 전승과 전파 면에서 아주 중대한 공헌을 하였다 하겠다.

종교문화적인 면에서 공자는 별로 큰 흥미가 없다고 표명한 바 있다. 중국 태고시대의 종교문화는 허무한 괴담의 귀신설과 구별되지 못했다. 더욱이 그 당시 자연과학이 그다지 발달하지 못해 많은 자연의 비밀과 인류문화의 비밀에 대한 해답이 풀리지 않고 신비스러운 분위기에 휩싸인 시대의 상황이었다.

공자는 대단히 실제적인 면이 있는데, 해명하지 못하는 부분은 차라리 말을 하지 않고 전하지 않았다. 그는 제자 계로(季路)가 귀신을 섬기는 일과 죽음에 관하여 묻자, "사람도 제대로 섬기지 못하는데, 어찌 귀신을 섬길 수 있겠느냐? …삶도 아직 모르는데 어찌 죽음에 대해 알겠느냐?"[147]고 하였다. 따라서 공자는 괴(怪), 력(力), 난(亂), 신(神)에 대해서는 별로 말하지 않았다.[148]

어떤 사람이 체제(禘祭)[149]에 관하여 묻자, 공자는 "'모르겠소.

146) 《論語》'述而' 17 : "子所雅言 詩書 執禮 皆雅言也."

147) 《論語》'先進' : "季路問事鬼神 子曰 未能事人 焉能事鬼 敢問死 曰 未知生焉知死."

148) 《論語》'述而' : "子不語 怪 力 亂 神."

149) 禘祭는 군주가 조상의 신주를 모시고 제사 드리는 제사이다. 원래 주(周)나라 천자의 제사였는데, 노(魯)나라는 주나라와 가까운 군주이므로 특히 이제를 지내도록 허락하였다.

그 뜻을 잘 아는 사람이 천하를 다스린다면 마치 이 손바닥 위에 천하를 놓고 보는 듯 할 것이오.'라고 하면서 자기 손바닥을 가리켰다."[150] 어떤 사람이 공자에게 종묘 '체제(禘祭)'에 관해 문의했는데, 그는 명확히 답하기를 모른다고 했다. 공자는 종교문화를 교학내용으로 넣지 않았던바, 이는 중국 기초교육의 전통에서 비종교적 전통이라는 특징에 아주 중대한 영향을 미쳤다. 이리하여 심지어는 중국 한족(漢族)의 종교 신앙 인구비가 세계에서 기타 민족에 비해 현저히 적도록 한 결과를 초래하였다는 것도 부정하지 못할 것이다.

공자는 생산, 노동에 별로 관심을 가지지 않았고, 생산지식 및 기술의 전파는 중요시 하지 않았다. 비록 공자는 생산, 노동면 역시 확실한 지식문제와 기능문제가 존재하고 있음을 인식하고는 있었지만, 공개적으로 자기 자신은 이들 면의 지식을 갖추고 있지 못했다고 하였다. 이점은 그의 제자 번지(樊遲)가 오곡 기루는 방법을 묻자, 이에 대한 공자의 답변에서도 확인할 수가 있다. 즉 "나는 늙은 농사군만 못하다… 나는 늙은 채소쟁이만 못하다."[151]고 한 그 말이다. 아울러 공자는 생산지식과 노동의 기능에 대하여 언급하지도 않고 이를 교학내용으로도 삼지 않았다. 이 점에 대하여, 오늘날 우리는 공자는 생산노동을 경시하였다고 하나, 당시 춘추시대 말기라는 급변의 시대적 상황과 무질서 속에서 공자가 인식한 급한 문제는 예의 질서 회복이었기 때문에, 현실적인 문제로 생산노동 등을 거론하지 않은 것이지, 이를 경시하지는 않았다는 것을 재인식해야 할 것이다. 이리하여 역시 중국의 기초교육의 전통에서 생산노동을 일반 교육과 분리시키는 착오적 경향을 낳게 한 점도 부정할 수 없다.

---

150)《論語》'八佾': "或問締之說 子曰 不知也 知其說者之於天下也 其如示諸斯乎 指其掌."

151)《論語》'子路': "樊遲請學稼 子曰 吾不如老農 請學爲圃 曰 吾不如老圃…."

공자는 교육의 문화적 전파 기능을 중시하였던바, 유가(儒家)라는 사학(私學)을 창설하는 장기적인 실천 속에서, 중국 상고시대의 문화성과에 대해 비중 있는 발굴과 보호를 하였다. 아울러 그는 사학이라는 기구를 이용하여 인류문화의 성과와 전파를 위해 노력했으며, 춘추시대의 '문화 하향운동'을 촉진하여, 중국의 찬란한 문화로 하여금 연속 및 발전되도록 하였던바, 사회의 문화와 진보를 위해 매우 중요한 공헌을 하였다. 공자의 이러한 중대한 공헌은 중국이 세계 4대 문명 가운데 고대문화에 대한 보호가 가장 완벽하고, 문화 단절 현상이 생기지 않은 나라로 되게 하였다.

공자는 자신의 정치적 주장에서 출발하여 고대문명 성과를 계승, 발굴, 전파하는 과정속에서 항상 각 유형의 문화의 정치적 함의를 적극적으로 발굴하였는데, 도덕문화, 종교문화, 문학예술 등 모두를 정치적 범주에 넣고자 하였다.

앞에서 말한 바 있지만, 공자가 제기한 "임금은 임금 다워야 하고, 신하는 신하 다워야 하며, 에비는 에비 다워야 하고 자식은 자식 다워야 한다."는 일종의 직분 또는 명분의 관념을 토대로 사회윤리 관념을 확립함으로써, 예치(禮治)사회를 지향하여 당시의 무질서한 사회질서를 바로 잡으려 하였다.

한번은 그의 제자 안연이 나라 다스리는 방법을 물은 일이 있었다. 이에 공자는 "하(夏) 역법을 쓰고, 은(殷)나라의 수레를 타고, 주(周)나라의 예관을 쓰고, 음악은 소무(韶舞)를 쓰고, 정(鄭)나라의 음악을 페기하며, 아첨하는 이들을 멀리하라. 정나라의 음악은 음란하고 아첨하는 이들은 위태로우니라."고 하였다.[152]

공자는 그의 정치적 이상은 덕으로써 나라를 다스리어 인정(仁

152) 《論語》 '衛靈公': "顔淵問爲邦 子曰 行夏之時 乘殷之輅服周之冕 樂則韶舞 放鄭聲 遠佞人 鄭聲淫 佞人殆."

政;사람다음의 정치)의 실시에 있다고 보았다. 그러나 문물제도는 역대 각국의 제도 중에서 장점을 취하여 활용하고자 한 것이다. 이것은 공자의 문화정신인 동시에 중정(中正)을 얻고자 한 태도라 하겠다. 한편 음란한 정나라의 음악을 멀리하고, 허튼소리만 하는 자를 멀리하라고 한 공자의 가르침은 민풍(民風)에 비생산적, 비도덕적, 비성실적, 비문화적인 요소가 끼어들어 타락한 풍조를 초래해서는 안 된다고 경계한 말이다. 오늘날 우리에게도 은유해주는 바 크다고 할 것이다.

현실적으로 우리들도 각국 역대의 문물제도와 문화전통을 깊이 연구하여 그 장점을 가려 우리나라에 맞게 활용해야 할 것이며, 동시에 연예흥행면에 있어서도 좀 더 생산적이고 도의적인 것을 장려해야 할 것이다. 특히 시청각적으로 청소년에게 영향을 많이 주는 텔레비전, 영화, 쇼 등에서 지나친 허튼소리나 음란한 기분을 돋구는 경우는 되도록 삼가해야 할 것이다. 적어도 이 나라의 장래를 짊어지게 될 청소년의 교육 측면에서의 말이다. 이 나라의 정치인, 정책 입안자들은 귀담아 들어야 할 것이다.

노나라의 대부 계씨(季氏)가 태산(泰山; 중국의 명산, 현 산동성에 있음)에서 참월하게 제사를 지내려 하자, 공자는 계씨의 가신인 제자 염유에게 "천자만이 명산대천에 제사를 지낼 수 있다."는 고대의 사례에 근거하여, 제자 염유로 하여금 계씨의 이런 명분이 분명하지 못하고 본분을 뛰어넘는 범상(犯上) 작란적 행위를 제지하게끔 하였다. 그러나 염유는 제힘으로는 막을 수 없다 하자 공자는 혹심하게 나무랬다.[153] 또한 공자는 "계씨(季氏)가 팔일(八佾)을 뜰에서 춤추게 하다니, 이런 짓을 해 넘길 수 있고 보면, 그 무

153) 《論語》 '八佾' : "季氏旅於泰山 子謂冉有왈 女弗能救與 對日 不能 子日 嗚乎 曾謂泰山不如林放乎."

은 짓인들 못해 넘길 것이냐?"고 그를 탓하였다.

위의 계씨에 관한 사례에서, 국내의 명산대천에 제사를 지내는 것은 제후뿐이며, 팔일무를 추게 할 수 있는 것은 천자만이 할 수 있는 데, 공자가 봤을 때, 일개 제후국의 대부가 감히 명산대천에서 제사를 지내고, 자신의 집에서 이처럼 대규모, 고품격의 무도회를 열 수 있는 것은 역모와 별다른 바 없다는 것이다.

공자는 원래 신분계급의 확립을 바탕으로 사회질서를 유지하고자 했다. 제나라 경공이 정치에 대하여 묻자, 공자는 "임금은 임금 다워야 하고, 신하는 신하 다워야 하며, 애비는 애비 다워야 하고, 자식은 자식 다워야 한다.(君君 臣臣 父父 子子)"라고 대답했다. 이렇듯 중요한 신분계급적 사회질서의 형식적 표현이 바로 예(禮)인 것이다. 그런데 계씨가 이상에서와 같은 예를 남용했으니, 이는 사회질서를 문란케 한 것이다. 사회질서를 파괴한 그가 무슨 짓을 못하겠는가? 원래 예악(禮樂)은 왕도정치를 달성하기 위한 정치의 표현미(表現美)인 것이다. 그 예가 이렇게 계씨라는 악인에게 유린되었음은 평화의 교란이기도 했다. 그래서 공자는 계씨의 행위에 대하여 대노했고, 그 행위를 제지하려 했던 것이다.

오늘날 공자와 그의 사상을 2천 수백 여년 전의 인물이요 사상이라고 그냥 가볍게 넘길 수는 없다. 우리는 여전히 공자의 경험을 전승해서 교육의 문화적 전승기능을 중요시해야 할 것이며, 전통문화에 대한 발양과 문화의 재창조의 추진을 통해 민족문화의 체계와 민주주의 핵심가치체계를 진일보 하게 건설함으로써, 우리의 삶의 질을 보다 인간다움으로 가치지향화 해야 할 것이다. 전통(傳統)은 삶의 연속으로 과거에서 형성되어 오늘에 숨쉬고 내일로 향하는 연속적인 생명력을 가지고 있는바, 전통을 옛날 것으로 또는 낡은 것으로 오인하여 부정하고, 더 나아가 인류 역사상 겪어보지 못한 사회를 창출한다 하여 좌경화를 지향하고, 사회를 편가름 하는 그런 문화의 주장은 극력 부정하여야 할 것이다.

제3절 교육의 핵심적인 가치지향은 인간의 성장발달

인간의 성장발달과 교육과의 관계에 대한 인식과 파악의 문제에 있어 공자는 사람은 태어나면서부터 아는 것이 아니라는 것이다. 인간의 도덕, 지식과 기능은 모두 생득적인 것이 아니라 후천적이니 교육이야말로 인간의 지식 기능을 획득하고 도덕의 소양을 향상하는 기본 수단이라고 보았다. 따라서 교육의 핵심 가치는 인간의 성장발달인 바, 인간을 개조하고, 양성하고, 바람직하게 하는 것으로, 인간 자신의 전면적 및 조화로운 발전을 촉진하는 것이다.

흔히들 세대 대대로 수 천 년간 전해지는 고전(古典)은 그 사상적 함의가 매우 풍부하고 심오하다고 한다. 《논어》가 바로 그러한 경우이다.

그런데 시대적 한계와 자신의 특수한 경력으로 공자는 교육의 정치적 기능을 지나치게 강조하였다. 그러나 중국 고대의 걸출한 교육가이자 유가학파의 창시자인 그의 인간의 유전 · 환경과 교육과의 관계에 대한 인식 및 교육의 인간 성장발달에 대한 중대한 역할에 대한 담론은 매우 독특하고 심오한 것이었다.

우리는 공자의 교육사상과 교육 또는 교학 실천에 대해 종합적으로 분석해 보면, 그에 있어서 교육의 핵심적 가치지향은 인간의 성장발달 자체에 두고 있음을 확신할 수 있을 것이다.

공자는 교육은 인간의 성장발달에 있어 중요한 촉진작용을 한다고 하는바, 주로 다음과 같은 세 가지 면에서 구현된다고 할 수 있다.

첫째, 공자는 교육의 역할은 지력(智力) 계발에 있는 것으로, 인간에게 총명과 재능을 획득하도록 하여 후천적인 발달을 촉진하는 것이라 했다.

공자의 교육의 핵심적 기능을 지력개발, 인간의 후천적 발달의 중요성에 관한 중요한 사상을 연구하기 위해서는 우리는 그의 중요한 관점 하나를 언급하지 않을 수 없다. 그것은 바로 "오직 선천적으로 잘 아는 지혜로운 자와, 가장 어리석은 자는 옮겨지지 아니 한다."[154]는 관점이다. 여기서 '상지(上知)'는 선천적으로 지혜로워서 악으로써도 쉽사리 타락되지 않는 사람으로, 선지(善知)에 고착되어 있고, '하우(下愚)'는 교화나 개량이 불가능한 인간으로 우매(愚昧)에 고정된 사람이다.

공자는 인간에 대한 기본적인 평가에 있어서 "사람의 천성은 서로 비슷하지만, 습성으로 서로 멀어진다."[155]는 관점이다. 즉 공자가 보기에 인간과 인간 사이의 선천적인 본성은 비슷한 것인데, 후천적으로 교육, 환경 등 요인의 영향으로 인간 사이의 차별이 더욱 커지게 된 것이라는 말이다.

인간이 선천적 잠재력과 재능 면에서 개별적인 차이가 그리 크지 않다는 것을 인정했다면, 후천적인 발달에서 나타나는 차이는 완전히 습속, 교육 등 환경적 요인에 의해 이루어진 것이다. 그렇다면 공자는 왜 위에서 말한 "오직 선천적으로 잘 아는 지혜로운 자와 가장 어리석은 자는 옮겨지지 않는다."는 추론을 얻어낼 수 있었던가?

공자가 여기서 말하는 '상지(上知)'와 '하우(下愚)'는 특정한 함의가 있다. 공자는 "나면서 저절로 아는 사람은 으뜸이요, 배워서 아는 사람은 다음이고, 괴로움을 참아가며 애써 배우는 사람은 그다

---

154) 《論語》 '陽貨' 3 : "子曰 唯上知與下愚不移."
155) 《論語》 '陽貨' 2 : "子曰 性相近也 習相遠也."

음이다. 그러나 애써 배우지도 않는 그러한 백성은 곧 최하의 사람이니라."[156]라고 하였다. 여기서 공자는 인간의 지능 또는 소질(본질)을 '상' '차' '우차' '하' 등 네 등급으로 보았다. '선천적으로 잘 아는 지혜로운 자(生而知之者)'는 대개 '상지(上知)' '애써 배우지도 않는 자(困而不學者)'는 대개 '하우(下愚)'일 것이다.

혹자는 공자는 어떤 사람이 '선천적으로 잘 아는 지혜로운 자(生而知之者)'의 부류에 속하는 것을 여태껏 명확히 지적한 바가 없는 바, 자기 자신도 '배워서 아는 사람(學而知之者)'이라고 했다. 이처럼 '선천적으로 잘 아는 자'의 '상지(上知)' 부류는 단지 공자가 이상화한 인물로, 그가 "꾸며낸 하나의 품격"이다.[157] 이는 공자의 마음 속으로부터 현실생활 속에 '선천적으로 잘 아는 지혜로운 자(生而知之)'류의 사람들이 존재한다는 것을 전혀 인정하지 않고 있다는 말이다. '애써 배우지도 않는 자(下愚)'에 관해서는 당연히 위에 있는 통치자나 정신노동을 하는 사람들을 가리키는 것은 아닌바, 하부층의 노동력이나 피통치자를 가리킨다고 할 수밖에 없다.

그러나 공자가 지적한 소위 '애써 배우지 않는 자(下愚)'는 정치적 기준이나 계급적 기준을 말하는 것이 아니다. "애써 배우지도 않는 그러한 백성은 곧 최하이니라(困而不學 民斯爲下矣.)"고 한 것은 '하우(下愚)'를 '애써 배우지 아니한 자(困而不學)'의 범주에로 엄격히 정의한 것인바, 만일 선천적 자질이 좋지 않아 통하지 않고, 이해하지 못하고 할 가능성이 없는 사물에 부딪쳤음에도 배우지 않는 그러한 '백성'은 최하층이 될 수밖에 없다는 것이다. 다시 말하면 '애써 배우지도 않는 자(困而不學)', 그 '하우(下愚)'인즉 '옮겨지지 않는다.(不移)'를 가리킨다.

156)《論語》'季氏' 9 : "孔子曰 生而知之者 上也 學而知之者 次也 困而學之 又其次也 困而不學 民斯爲下矣."

157) 侯外廬,《中國思想通史》第一卷, 人民出版社, 1957, 171~173면.

그러나 필자는 '하우(下愚)' 류의 사람의 우매 무지함은 그의 사회 정치적 지위에 따라 결정된다거나 선천적인 유전요인에 의해 결정되는 것이 아니라, 완전히 후천적인 불학(不學) 즉 교육을 받지 못했거나 받지 않아서인 바, 그들의 선천적인 지력 요인이 계발을 받지 못한 결과라고 본다.

공자는 사람을 그 재능에 따라 네 등급으로 나누었는데, 이는 매우 심오한 경우를 설명하고 있다. 즉, 이것은 인간의 총명함과 재능은 모두 학습을 통해, 교육을 받음으로써 획득된다는 것을 말해주고 있는 것이라 할 것이다.

선천적인 재능은 그리 중요한 것이 아니며, 그 관건은 후천적인 학습이다. 대부분은 '나면서 저절로 아는 것(生而知之)' 이 아니라, 후천적인 학습과 교육을 통해 알게 되는 것이다. 그들은 어떤 사람은 '배워서 아는(學而知之)' 자발적이며 체계적인 학습을 한다. 또 어떤 사람은 "애써 배우는(困而學之)" 즉 곤욕스러움에 부딪쳐 맞춤형의 학습을 하는 것이다. 이처럼 '학습' 및 '교육' 을 받는다는 것은 인간이 총명과 재능을 개발하기 위한 기본 수단이다.

교육의 작용은 지력을 계발하여 인간의 선천적인 부족함을 보완함으로써 인간을 도와 총명과 재능을 획득하도록 하여 후천적인 발달 내지 발전을 촉진하는 것이다. '애써 배우지 않는(困而不學)' 것은 만일 곤궁에 처해 있는데도 배우지 않고 교육을 받지 않는다면 그의 선천적인 부족함은 보완을 받을 수 없으며, 총명해질 수 없어 발달 내지 발전도 이룩하지도 못할 것이다. 설령 '나면서 저절로 아는 자(生而知之者)' 라 할 수 있는 천재라든가 신동(神童)의 재능의 현실적 존재성도 완전히 후천적인 환경의 영향과 교육을 배제할 수는 없는 것이다.

교육은 인간 자신의 발달 내지 발전을 개선하는 기본적인 요소인바,

인간의 선천적인 천재나 신동 같은 재능도 밖으로 끌어내는 것이며, 인간의 선천적인 부족함을 보완하고 인간으로 하여금 잠재적인 능력을 발휘하도록 하며 후천적으로 더욱 발달 내지 발전하게끔 한다.

둘째, 공자는 교육의 역할은 인격을 조성하는데 있다고 하는 바, 인간으로 하여금 자신의 종합적 소질을 전면적으로 향상케 하여 건전한 인격을 형성하게 하는 것이라고 보았다.

공자가 자신의 제자 자로를 불러 말하기를 "유(자로)야! 너는 여섯 가지 말속에 숨은 여섯 가지 폐단에 대하여 들었느냐?"고 묻자, 못 들었다고 하자 공자는 "거기 앉거라! 내가 말하여 주마. 인애(仁愛)를 좋아하되 배우기를 좋아하지 않으면 그 폐는 허황되고 방탕하며, 믿음을 좋아하되 배우기를 좋아하지 않으면 그 폐는 미신이나 경솔에 흘러 결국 남을 해칠 것이고, 정직함을 좋아하되 배우기를 좋아하지 않으면 그 폐는 각박 박절하고, 용감함을 좋아하되 배우기를 좋아하지 않으면 그 폐는 난동에 흐르는 것이고, 굳세기를 좋아하되 배우기를 좋아하지 않으면, 그 폐는 망발과 광적이기 마련이다."고 하였다.[158)]

공자는 인간에 대한 치밀한 관찰과 분석을 통해 인간의 여섯 가지 우수한 품성의 특성을 귀납하였던바, '인(仁)' '지(知)' '신(信)' '직(直)' '용(勇)' '강(剛)'이 그것이다. 이를 공자는 '육언(六言)'이라 했다.

공자는 여기서 특히 강조하기를, 그 어떤 사람이든 제아무리 그 본인이 위에 든 우수한 품성을 갖추었다 하더라도 계속하여 교육을 받지 않고 노력하여 학습하지 않는다면, 이러한 여섯 가지 우수한 품성의 특성은 상대적으로 각각 여섯 가지의 오류로 발전할 수 있다는

158) 《論語》 '陽貨' 8 : "子曰 由也 女聞六言六蔽矣乎 對曰 未也 居 吾語女 好仁不好學 其蔽也愚 好知不好學 其蔽也蕩好 信不好學 其蔽也賊 好直不好學 其蔽也絞好勇不好學 其蔽也狂."

것이다. 즉 인자(仁者)는 '우(愚; 어리석음)'로, 지자(知者)는 '탕(蕩; 방탕)'으로, 신자(信者)는 '적(賊;미신, 경솔)'으로, 직자(直者)는 '교(絞;각박, 박절)'로, 용자(勇者)는 '란(亂;난동)'으로, 강자(剛者)는 '광(狂; 망발, 광적)'으로 될 수 있다는 것이다. 공자는 이와 같은 여섯 가지 발전 오류를 '육폐(六蔽)'라 불렀다.

공자의 주장은 그 어떤 우수한 품성의 특성이라 할지라도 반드시 지적으로 무장해야만 하며 또한 반드시 교육을 받음으로써 끊임없이 보완해야 한다는 것이다. 오로지 학습에 노력하여 종합적 소질을 제고시킴으로써 건전한 인격을 형성해야만 인생은 성공할 수 있으며, 이와 반대로 만일 교육을 받지 않고 학습을 하지 않는다면 제아무리 좋은 성격의 특성이라 할지라도 짐이 되고 부담이 될 것이며, 종국에는 건강한 성장과 전면적인 발전에 영향, 제약될 수 있으며, 심지어 역으로 발전할 수 있다는 것이다.

이처럼 교육의 역할은 인간에게 자신을 정확히 알고 자신의 발달 내지 발전을 위한 자주성을 정확히 파악함으로써, 자신을 끊임없이 개선하고, 초월하여 전면적, 건강하고 조화롭게 발전할 수 있도록 조력하는 것이다.

셋째, 공자는 교육의 역할은 또한 기술을 훈련하는데 있다고 보았다. 그리하여 교육은 사람들에게 일정한 지식과 기능을 장악함으로써 사람들의 사회 적응력을 제고하도록 조력한다고 보았다.

한번은 공자가 정원에 서 있는데 아들 백어(伯魚)가 그의 앞을 지나가자 묻기를 "넌 시(詩)를 공부했느냐?" 백어가 대답하기를 "아니요." 공자 말하기를 "시를 배우지 못했으면 남과 더불어 말할게 없느니라."[159]라고 했다. 즉 시를 배우지 않으면 어떻게 말을 배울

159) 《論語》 '季氏' 13 ; "陳亢問於伯魚曰 子亦有異聞乎 對曰 未也 嘗獨立 鯉趨而過庭 曰 學詩乎 對曰 未也 不學詩 無以言…."

수 있으며, 어떻게 정확하고도 전면적으로 자신의 사상, 감정을 표현할 수 있단 말인가?

또 한 번은 공자가 홀로 정원에 서 있는데 아들 백어가 또 그의 옆으로 지나가므로 공자가 묻기를 "너는 예를 배웠느냐?"하고 묻자 백어는 "아직 못 배웠습니다."고 아뢰자 "예를 배우지 못했으면, 나설 수 없느니라."하시므로 물러나와 예를 배웠다.[160] 즉 예를 공부하지 않으면 입신양명할 수 있겠는가?

공자가 여기서 말하고 있는 시(詩)는 중국 고대의 경전인 《시경(詩經)》을 말한 것이다. 그는 《시경》을 아주 높이 평가하였다. 그는 "시는 사람에게 감흥을 복돋우게 하고, 모든 사물을 보게 하며, 대중과 어울리고 화락하게 하며, 또한 은근히 섬기고, 정치를 비판하게 하는 것이다. 가볍게는 어버이를 섬기고, 나아가서는 임금을 섬기는 도리를 시에서 배울 수 있으며, 또한 시로써 새나 짐승·풀·나무들의 이름도 많이 배우게 될 것이다."[161]라고 하였다.

이는 공자의 시관(詩觀), 시교(詩教)에 대한 논급이다. 그가 한 말의 뜻은 《시경》은 연상(聯想) 능력을 키워주며, 관찰능력을 제고시키고 또한 사회인간관계를 제고시키는바, 그것을 빌어 자신의 감정을 다스려도 된다는 것이다. 좀 더 가까이 말하면 가정에서 부모에게 어떻게 대하며, 멀리 말하면 밖에서 군주에게 어떻게 대할 것인지, 《시경》은 모두 큰 도움이 될 것이라는 것이다. 뿐만 아니라 《시경》은 또한 많은 것을 파악할 수 있도록 도와주는바, 예컨대 새, 짐승, 초목 등 자연과학 지식이다. 공자가 여기서 말하는

---

160) 위의 책, 같은 편 (연속) "他日 又獨立 鯉趨而過庭 曰 學禮乎 對曰 未也 不學禮無以立 鯉退而學禮 聞斯二者 陳亢退而喜曰 問一得三 聞詩聞禮 又聞君子之遠其子也.

161) 《論語》 '陽貨' 9 : "子曰 小子 何莫學夫詩 詩 可以興 可以觀 可以羣 可以怨 邇之事父 遠之事君 多識於禽獸草木之名."

예(禮)는 고대의 사회 전장제도(典章制度), 예절예의, 풍속 습관을 가리키고 또한 사람됨의 기본원칙과 법칙을 가리키기도 한다. 학습하지 않고 이러한 기본원칙과 법칙에 정통하지 못한다면 곧 입신처세하기 어려울 것이다.

공자는 아들 백어의 시(詩)와 예(禮)에 대한 학습상황을 매우 중요시하였던 바, 그는 이러한 시와 예의 지식성과 실용성을 강조하고, 나아가 이러한 지식이 인간의 발전에서 가지는 구체적 지도적 의의를 알고 있었다. 이렇게 교육의 역할은 사람들에게 지식 기능을 장악하기 위한 것으로, 생활과 생산능력을 제고하고, 사회적 응능력을 제고시켜야 한다는 것이다. 크게 말하면 입신양명, 표현능력과 인관관계 능력은 모두 심지어는 관찰능력의 제고, 표현력과 인간관계 능력의 제고 역시 모두 교육을 받는 것을 통하여 구체적, 유익한 지도와 조력을 받게 된다.

우리는 지금까지의 논의 가운데서, 공자는 인간의 후천적 발전 속에서의 교육의 적극적 의의를 긍정하고, 교육의 핵심적 가치지향의 방향을 인간의 발전을 촉진하는 면에 두어 인본주의 교육이념을 충분히 구현하였다는 것을 인식할 수 있다.

교육의 핵심적 기능은 인간을 기르는 기능, 즉 인간의 전면적 발전의 기능을 촉진하는 것으로서, 기타의 여러 가지 기능 예컨대 정치적 기능, 문화적 기능, 생산력 기능, 과학기술 진보 기능 등은 모두 인간을 기르는 기능에서 파생된 것이다. 만일 인간을 기르는 이 핵심적 가치를 떠나 편면적이고 형이상학적으로 교육의 산업화, 정치화를 강조한다면 오직 교육기능의 편협만을 초래할 수밖에 없을 것이다. 따라서 교육의 효과와 이점은 사회적, 잠재적, 장기 효과적인 것이다. 만약 교육사업을 발전시키는 것도 투입, 산출 문제가 따른다면 그 투입은 표면적인 것이고, 산출은 가려진 것이며 분명치 않은 것인 것이다. 또한 투입은 미래지향적이고 효과와 이점은 정체되는 것이다.

위에서 보아 왔듯이, 공자는 교육의 인간의 후천적 발전에서의 적극적 의의를 긍정하였던 바, 교육의 핵심적 가치 방향을 인간의 발전에 두고 있다. 이것은 인본주의 교육의 이념에 근거를 두고 있다.

근대에 들어서서 서구의 실용주의 교육, 아동중심주의 이론이 유행하여 교육의 대상 즉 아동이 교육활동에서의 중요한 지위를 강조하고 있지만, 이러한 관점은 진화론을 기초로 하고 있는바, 교육은 응당 아동의 흥미와 실제 경험에서 출발해야 하며 외래적인 교육목적을 부가해서는 안 된다는 것을 강조하였다. 이에 대하여 공자가 인간의 발전에 주목한 것은 교육을 통해 일정한 교육목표와 인재의 표준에 근거하여 유효하게 인간을 개조하고 교육하고 개선하여 그 전면적이고 건전하고 조화로운 발전을 도모하자는 것이었다. 이처럼 교육이 인간의 발전과정에서의 적극성, 자발성과 유효성을 촉진한다는 것을 강조한 것은 공자의 교육사상이 아동중심주의 이론과 구별되는 근본적인 점이라 할 것이다.

공자가 주장한 교육의 핵심적 기능은 인간의 발전을 촉진한다고 한 관점은 후세의 교육발전에 지대한 영향을 미쳤다. 사회의 지속적인 발전을 하는 첫 번째가 바로 인간의 지속적인 발전이다. 오늘날 우리는 교육 교학 개혁을 심화하고 인성교육을 주장하는 것은 바로 교육의 공평성, 공익성의 특성을 견지함으로써 근본적으로 입시교육의 여러 폐단을 극복하여, 교육으로 하여금 진정으로 인본주의로 돌아와 인간 자체의 발전을 주목, 인간의 전면적 발전을 촉진하여 종합적인 소질을 제고 하는 정확한 궤도에 진입하게 하는 것이다. 이러한 점을 인식한다면, 우리는 여전히 공자의 인간

발전론을 주목하는 교육이념 중에서 많은 유익한 시사를 받을 수 있을 것이다.

제4절 교육과 정치의 불가분성

공자는 교육의 정치적 기능을 매우 중시했다. 그는 심지어 '교육'도 역시 정치라고까지 보았다. 그리하여 그는 교육은 국가의 정치 일부분이며, 정치참여를 교육의 범주로까지 인식하고 있다.

공자는 춘추시대 말기 패권주의와 이른바 '천하무도(天下無道)'적인 상황 속에서 정치에 대한 혁신을 통해 우, 탕, 문, 무, 성왕, 주공의 시대를 회복함으로써 최종적으로 "큰 도(大道)가 행하여진 세상에는 천하가 모두 만인의 소유로 된다."[162]는 이른바 '대동사회(大同社會)'라는 이상사회를 실현할 것을 희망하였다.

언젠가 공자는 그의 제자 안연(顔淵), 계로(季路) 등에게 지망하는 바를 묻고, 마지막으로 자기의 정치적 지향에 대하여 다음과 같이 말한 바 있다. "노인들을 편안하게 하여 주고, 벗들에게는 신의를 지키며, 연소한 자들을 사랑하겠다." 이렇듯 공자는 원대한 포부를 가지고 있었으며, 민중을 위해 노인과 청소년을 위한 윤리적 복지와 벗이라고 하는 개인과 개인 간의 누대인 '신의'가 있는 사회를 갈망하였다.

또한 공자는 자신의 정치적 포부를 실현하기 위하여 적극적으로 사회에 참여할 것을 주장하였다. 젊은 시절 그는 한때 노(魯)나라 계씨(季氏)의 '위리(委吏)'와 '승전(乘田)' 등 말단 직을 맡기도 했으며, 후에는 또 노나라 지방관인 도재(都宰)를 했으며, 마지막으로는 그의 관직이 사공(司空), 대사구(大司寇)까지 이르러 나

---

162) 《禮記》 '禮運' : "大道之行也 天下爲公."

라의 형법을 관리했었다. 이와 동시에 공자는 30세경부터 유가(儒家)의 사학(私學)을 창설하였다. 장기간 정치와 교육에 종사한 그의 경력은 자신으로 하여금 교육과 정치의 관계에 관해 자신만의 독특한 견해를 형성하였으며, 또한 '사학(私學)'이라는 매체를 이용하여 자신의 정치적 주장과 교육적 주장을 통일시켜 실시하도록 했다.

그렇다면 공자의 정치적 · 교육적 주장은 어떻게 통합된 것인가? 또한 공자는 교육과 정치와의 관계를 어떻게 인식하고 해결했을까?

일면으로는 공자는 교육의 역할은 '거현제(擧賢才; 현명한 재사를 등용)'와 사람을 양성하는데 있다고 보았다. 그는 교육을 통해 인애(仁愛)적 마음과 치국의 재능이 있는 '군자(君子)'를 양성하여, 관직에 나아가 정치에 참여함으로써 정치적 혁신을 추진하여, 사회 · 정치형태의 최적화를 가져오기를 희망하였다.

공자는 사회 정치형태의 최적화를 가져오려면 반드시 인애적 마음을 가진 군자들이 나라를 다스려야 한다고 보았다. 그는 "위에서 예를 좋아하면 백성들도 경건하지 않을 수 없고, 위에서 도의를 잘 지키면 백성들도 복종하지 않을 리 없고, 위에서 신의를 지키면 백성들도 성실하지 않을 리 없다."고 하였다. 여기서 '위(上)'는 정권을 잡고 있는 통치집단을 가리키는 것일 것이다. 이렇게 한 나라의 정치상태의 좋고 나쁜 것은 통치집단의 집단의지 즉 제도, 법령과 정책, 통치집단 중의 각 구성원들의 정치적 몸가짐에 달려있다.

공자가 더욱 중시했던 것은 그래도 집정하여 정권을 쥐고 있는 개인의 몸가짐과 소질을 위한 것이라고 해야 할 것이다. 그는 "정사를 경건 신중히 하고 신의를 지킬 것이며, 용도를 절약하고 백성을 사랑할 것이며, 때를 맞추어 백성을 부려야 한다."[163]라고 하였다. 또한 "(공자가 자산을 평해 그가 지닌바) 군자의 도에 네 가지가 있었으니, 몸가짐을 공손히 하였고, 윗사람을 섬김에 충성을 다 했고, 백성을 보양함에 자혜로웠고, 백성을 부리는데 의로웠다."[164]고 하였다. 이로 보아 공자가 위정자의 소양에 대한 요구는 정치적 몸가짐에 편중되어 있는바 '공' '경' '혜' '의'를 요구하고 있다. 즉 정치적 책임이 강하며 맡은 바 직책에 충실하고, 인애적 마음을 가지고 있으며, 민생관념이 강하여 엄숙하고 조심스럽게 자산을 대하여야 하며 군주에 대한 존경 충성해야 하며, 이치에 맞게 민중을 대하여 광범위한 민중으로 하여금 실제적 혜택과 휴양생식을 얻을 수 있게 해야 한다는 것이다.

우리가 지적해야 할 것은 위정자의 품행 교양에 대한 요구의 측면에서 공자는 세부적인 것보다 큰 공적(大功)을 논했으며, 정치적 업적을 중요시 했다.

그는 제(齊)나라의 대신 관중(管仲)을 매우 숭상하였다. 그는 "(자공이 관중에 대한 비판적 비인도적인 인물이 아니냐는 질문에 대하여) 관중은 환공(桓公)[165]의 재상으로 그를 도와 제후들의 패자로 만들었고, 종주국인 주나라를 받드는 동시에 천하를 크게 바로잡았다. 그리하여 백성들은 오늘에 이르도록 그의 혜택을 입고 있

163) 《論語》 '學而' 5 : "子日 道千乘之國 敬事以信 節用而愛人 使民以時."

164) 《論語》 '公冶長' 15 : "子謂子産 有君子之道四언 其行己也恭 其事上也敬 其養民也惠 其使民也義."

165) 제나라의 희공(僖公)에게는 아들 규(糾)와 소백(小白)이었다. 소백은 제나라의 양공(襄公)이 무도하므로 포숙아(鮑叔牙)와 함께 거(莒 ; 지금의 산동성 거현에 있었던 주나라의 제후국)에 피신했다. 한편 규(糾)는 관중, 소홀(召忽)과 함께 노(魯)나라에 피신했으나 소백이 주권을 잡아 '환공(桓公)'이라 하고 노나라 사람들로 하여금 규를 죽이게 하고, 관중과 소홀을 잡아 죽이려 했다. 이에 소홀은 죽었으나 관중은 항복하였고 결국 포숙아의 추천으로 환공 밑에서 상(相)을 지냈다. 그 후 환공이 제후들을 규합하는데 있어서 병차(兵車)같은 무력을 쓰지 않은 것은 관중의 힘이 컸다.

는 것이다. 만약 관중이 아니었더라면 우리들도 머리를 풀고 오랑캐 옷을 입을 것이 아니겠느냐?"[166]고 대답하였다.

관중은 인의(仁義)보다는 정치적 지략과 공적을 세운 사람이었다. 여기서도 대수롭지 않는 일에 죽지 않고 대업을 이룩한 점을 공자가 지적하고 있다. 그러나 관중의 공은 인정한다 하더라도 군신지의(君臣之義)로 볼 때는 의문이 많은 인물이다.

따라서 자공과 자로가 관중에 대하여 자주 질문한 것이라고 믿어진다. 이에 대하여 공자는 질문을 정면으로 받아 대답하지 않고, 오로지 관중의 정치적 공적과 수완만을 들어 말했다. 이는 공자도 관중에 대하여 인, 의, 예 등의 덕목은 가지고 있지 않음을 잘 시인하면서 다만 그의 정치적 업적이 너무나 컸기 때문에 장점만을 들추어낸 것이라 하겠다.

비록 관중이 훗날 제나라의 정승으로 있을 때, 생활이 사치스럽고 예의법도[167]를 따르지 않기도 했지만, 관중의 정치적 업적만은 혁혁했다고 해야 할 것이다. 관중과 같은 위정자여야만이 사람들에게 복지를 가져다 줄 수 있는 구세주라 할 수 있으며, 또 관중과 같은 사람을 위정자로 삼아 국가를 다스려야만 '정통인화(政通仁和)' 를 실현하여 '가까운 곳에 있는 사람들이 기뻐 따르고, 먼 곳

---

166) 《論語》 '憲問' 18 : "子貢曰 管仲非仁者與 桓公殺公子糾 不能死 又相之 子曰 管仲相桓公 覇諸侯 一匡天下 民到于今受其賜 微管仲 吾豈被髮左衽矣 豈若匹夫匹婦之爲諒也 自經於溝 瀆而莫之知也."

167) 공자와 그의 제자들이 관중에 대하여 문답한 경우를 들면 다음과 같다. 공자가 "관중의 기량은 작았다."고 하자, 어떤 사람이 물었다. "관중이 검박했습니까?" 공자가 말하였다. "관씨는 삼귀대(三歸臺)를 꾸몄고, 가신들에게 겸직(兼職)을 안 시켰는데 어찌 검박하다 하겠느냐?" "그렇다면 알았습니까?" 공자는 "임금이 나무로 문을 가리는 것을 관중도 나무로 문을 가렸고, 또 임금이 친효를 위하여 반점을 차려 갖는 것을 관중도 반점을 가졌으니, 관중이 예를 안다면 누가 예를 모르겠느냐?" 《論語》 : '八佾' 22 "子曰 管仲之器小哉 或曰 管仲儉乎 曰 管氏有三歸 官事不攝 焉得儉然則管仲 知禮乎 曰 邦君 爲兩君之好 有反坫 管氏亦有反坫 管氏而知禮 孰不知禮."

에 있는 사람들이 덕을 따라온다.'[168)]

반대로 공자는 민생의 고난을 돌보지 않는 위정자들을 매우 비판하였다. 그의 제자 염구(冉求)가 계씨재(季氏宰)[169)], 즉 노나라의 계씨정권 총관리인으로 있었다. "계씨는 주공(周公;魯公)보다 더 부유하였다. 그런데 염구가 그를 위하여 무거운 세금을 부과하고 심하게 거두어들임으로써 그의 재산을 많게 해주었다. 이에 공자는 말하기를 '그는 나의 제자가 아니다. 자네들은 전고를 울리며 그를 공격해도 좋다.'"[170)]고 대노하며 염구를 비판하였다.

공자는 출사(出仕)에 뜻을 두고 있었고, 늘 재능을 발휘하지 못한 생각을 가지고 있었다. 그는 자신을 "궤 속에 넣어 두고 '값을 놓을 사람을 기다리고 있는' '아름다운 옥'에 비유했다." "팔고말고, 팔고말고! 나는 값을 놓을 사람을 기다리고 있다."[171)] 그리고 그는 "혹 나를 써 주는 사람만 있다면, 단 일 년으로 나라를 바로잡고, 삼 년이면 성과를 올리겠다."고 하였다. 공자의 말치고는 지나치게 자부심이 내다보이는 말이다. 《사기》 '공자세가'에 보면, 위나라 영공(靈公)도 공자를 등용치 않게 되자, 공자가 탄식하는 말이라고 했으나 난세를 보다 못한 공자의 심정, 가슴 속에 자신만만한 경륜을 지닌 공자의 울분을 짐작할 만하다.

그러나 그는 알고 있었다. 이러한 인애적 마음을 가지고 정치를 하는 사람들은 하늘에서 떨어지는 것이 아니라, 교육을 통해서 양성되어야 한다는 바로 그것이었다. 따라서 공자는 자신의 '거현수

---

168) 《論語》 '子路' : "葉公問政 子曰 近者說 遠者來."

169) 계씨는 노(魯)의 참월(僭越)한 대부(大夫) 삼환(三桓) 중에서도 가장 세도가였으며 그의 재산이 전국의 반을 차지하였다.

170) 《論語》 '先進' 16 : "季氏富於周公 而求也爲之聚斂而富益之 子曰 非吾徒也 小子 鳴鼓而攻之可也."

171) 《論語》 '子罕' 12 : "子貢曰 有美玉於斯 韞匵而藏諸 求善賈而沽諸 子曰 沽之哉 沽之諸 我待賈者也."

능(擧賢授能)'의 정치적 주장을 적극적으로 홍보함과 아울러 학교 운영을 선택했던 것이다. 그는 자신 교육흥성과 강의함에 제자들을 받아들임으로써 많은 사회, 정치적 인력을 양성하여, 이로써 정치적 혁신을 추진할 것을 희망하였다.

공자는 "벼슬하고도 여유가 있으면 학문을 하고, 학문을 하고서 여유가 있으면 벼슬한다."[172]는 주장을 했다. 이것은 "행하고도 여력이 있으면 비로소 (선왕의) 글을 배워라."[173]는 주장과 같다. 일하는 것, 즉 행동화하는 것과 배우는 것, 즉 진리를 탐구라는 것은 기본적으로 같음을 공자는 일관되게 주장하고 있다. 그리하여 그는 재위에 있는 위정자들은 여력이 있을 때 계속적으로 학습에 임하여 교육을 받아 지속적으로 자신을 수련하여 자신의 총체적인 소질을 제고시킴으로써, 점진적으로 인애적 마음을 가지고 있는 '군자(君子)'로 될 것이라고 보았다. 또한 학습에서 여력이 있는 청년들 역시 정치에 임하여 관리가 되어 정치의 무대로 나아감으로써 자신의 총명함과 재능을 발휘하여 사회적 정치혁신을 추진할 수 있을 것이라고 보았다.

한편 공자는 정치의 역할은 '치민(治民; 백성을 다스리는 것)'에 있으며, 교육의 역할은 '교민(敎民; 백성을 가르치는 것)'에 있는 바, '교민'은 '치민'의 중요한 형식이므로, 교육 역시 정치의 중요한 부분이라고 본다. 따라서 공자는 정치참여마저 학습의 중요한 범주로 보고 있다.

그는 정치를 하는 이치는 '치민'에 있는 바, 치민을 하려면 그 관건은 교민에 있어 민중을 교육하여, 민중이 정부에 대한 신임과

---

172) 《論語》 '子張' 13 : "子夏曰 仕而優則學 學而優則仕."

173) 《論語》 '學而' 6 : "子曰 弟子入則孝 出則弟 謹而信 汎愛衆 而親仁 行有餘力 則以學文."

확신을 형성하여야 한다고 보았다. "자공이 공자에게 정치에 대하여 묻자, 그는 식량을 충족시키고, 군비를 충분히 하고, 백성을 믿게 하는 것이다. 자공이 다시 만부득이 한 가지를 버려야 한다면 셋 중의 어느 것을 먼저 버려야 합니까? 하고 묻자, 공자는 '무기를 버려라.' 자공이 또 만부득이 한 가지를 또 버려야 한다면 나머지 둘 중에서 어느 것을 버려야 합니까? 하고 묻자, 공자는 '양식을 버려라.' 자고로 한번은 누구나 죽는다. 그러나 백성들이 믿지 않으면 나라가 존립할 수 없다고 대답하였다."

위에서 인식할 수 있듯이, 그는 한 나라를 잘 다스리려면 튼튼한 물질적 기초가 있어야 하며, 국방 군비가 있어야 하며 또한 정부에 대한 신임과 확신이 있어야 한다고 보았다. 만약 이들 중에서 반드시 두 조건을 없애야 한다면 그것은 '군비를 없애고, 식량을 없애야 하는 바, 물질적 기초 이 두 조건을 과감히 버려야 한다. 민중이 그들의 정부에 대해 여전히 신임하기만 한다면 물질적 기초와 국방군비는 또다시 건설할 수 있다는 것이다. 따라서 민중을 교육하여 민중의 신임을 얻는 것이야말로 정치에 있어서 가장 큰 임무라 할 것이다.'

공자는 노나라의 대사구(大司寇)의 직을 맡아 국가의 형법을 주관한 바 있었다. 그러나 그는 유가학파의 창시자로서 치국 전략의 선택에 있어서 '법'을 버리고 '덕(德)'을 숭상했다. 그는 형벌로써 '백성을 벌'하는 것을 반대하고 덕으로써 '교민(백성을 가르칠 것)'할 것을 제창하였다. 그는 "덕으로써 다스림은 마치 북극성이 제 자리에 있되 별들이 한결같이 절하고 좇음과 같으니라."[174]고 하였다. 만약 집권자가 덕을 기반으로 하는 정치를 실행하면 백성은 뭍 별들이 북두성을 에워싸듯 그의 주변에 단결되어

174)《論語》'爲政' 1 : "子曰 爲政以德 譬如北辰 居其所 以衆星共之."

있을 것이다.

동시에 그는 더 나아가 말하기를 "법으로 이끌고, 형벌로 다지면 백성들이 빠져가되, 염치를 안 느낀다. 그러나 덕으로 이끌고, 예로써 다지면 염치를 느끼고 또한 착하게 된다."[175]고 하였다. 이는 왕도정치(王道政治)의 한 면을 밝힌 대목이다. 인간은 양심적으로 선(善)을 좇고, 악(惡)을 수치스럽게 여겨야 한다. 법제 명령이나 형벌만 가지고 다스리지 말고, 참으로 인간을 교화하는 덕치(德治)와 예교(禮敎)로써 정치를 해야 한다. 이것이 인간의 인간다운 장점이며, 문화의 기쁨이 아니겠는가? 번거로운 법보다는 인간의 양심이 중요하다. 정치와 형벌은 인간 행위라는 표면만을 다스릴 수 있다면, 덕과 예는 그 행위의 본질을 다스리는 전술이다. 이로부터 볼 때, 정치를 하는 그 관건은 민중을 교육하여 민중의 시비, 영욕의 관념을 강화함으로써 민중의 도덕적 소양을 제고하는 것이다.

공자는 또 "백성을 가르치지 않고 죽이는 것은 '잔학(虐)'이라 하고, 미리 훈계시키지 않고 잘못된 결과만을 따지는 것은 '포악(暴惡)'이라 하고, 법령을 엉성하게 하고 실천의 기한만을 조이는 것은 '적(賊)'이라 하고, 어차피 남에게 줄 물건의 출납을 인색하게 구는 태도를 '창고지기(有司)' 같다."[176]고 하였다.

이의 뜻인 즉, 평소에 교육을 하지 않고 사고를 칠 경우 죽이게 되면 곧 '학'이요, 사전에 경고하지 않고 과정에 지도하지 않으면 강 건너 불 보듯 방관하면서 그 성공을 좌시한다면 이는 '포악'이며, 명령을 내릴 때 태만하고 기한이 다되어 책임을 물으면 '적'이라고 하였다. 마찬가지로 남에게 줄 것을 아주 인색하게 마치 자기가

---

175) 《論語》 '爲政' 3 : "子曰 道之爲政 齊之以刑 民免而無恥 道之以德 齊之以禮 有恥且格."

176) 《論語》 '堯曰' 2 : "子曰 不教而殺 謂之虐 不戒視成 謂之暴 慢令致期 謂之賊 猶之與人也 出納之吝(린) 謂之有司."

구제적인 책임자인양 한다면 그것은 곧 소심한 것이라 하였다. 따라서 공자는 주장하기를 관직을 맡고 정치를 하는 주요임무는 곧 '교민'이라고 하였는데, 그 말인즉 '도(道;목표)'의 표준에 따라 민중을 교육하여 민중의 행위를 규범화해야 한다는 말이다.

공자는 또 "백성들을 좇아 따르게 할 것이로되, 알게 할 것이 아니다."[177]고 하였다. 이 말은 공자가 우민정책을 주장하고자 한 것은 절대 아니다. 원래 그는 "군자불기(君子不器)"라 하여 전체적인 원리의 주재자인 상급의 정치 담당자는 말단적인 직능에 구속되어서는 안 된다고 했다. 또한 그는 교육에 있어서도 능력의 정도를 품별(品別)해서 가르쳤으며, 또한 인간의 적성 및 차이를 현실적으로 인정했다.[178] 따라서 그는 일반 백성 속에는 각종의 직능과 성품과 능력과 두뇌가 엉켜 있으며, 저마다의 생활이 있다고 인정했다. 그러므로 이러한 비위정자들에게는 "일일이 정치의 원리, 원칙을 알릴 필요가 없다. 덕치(德治)에 좇게만 하면 된다. 덕치란 그들을 잘 살게 길을 터 주는 것이다. 백성은 군주의 시정방침에 따라가기만 하면 된다는 것이다."고 했다. 중국 고대의 덕치 · 왕도정치는 민본주의(民本主義)인 것이다. 공자의 이 말을 독재자나 침략자가 우민정책으로 악용한다면 언어도단이다.

교육이라는 것은 그 주요 기능과 역할은 '교민(敎民)'에 있다. 누군가가 공자에 묻기를 "선생님은 왜 정치를 택하지 않았나요?"하고 묻자 공자는 "《서경》에 '효도해라!' 오로지 효도해라! 그리고 형제에게 우애로워라. 효제를 행동으로서 정치에 나타내는 것이 바로 정치에 참여하는 것이다.라고 했거늘 어찌 따로 정치를 할 것이 있겠소?" 이 말의 뜻은 《서경》에 이르기를 "부모에 효도

---

177) 《論語》 '泰伯' 9 : "子曰 民 可使由之 不可使知之."

178) 《論語》 '陽貨' 3 : "子曰 唯上知與下愚不移."(공자가 말하였다. 선천적으로 잘 아는 슬기로운 자와, 막혀도 배울 줄 모르는 천치는 서로 바뀌질 도리가 없다.)

하고 형제간에 우애하여 이를 널리 알리면 한 지역의 민풍과 사회기풍에 영향을 미치게 되고, 결국 한 지역의 정치에 영향을 미치게 된다. 내가 교육사업을 택하게 된 것은 효를 제창함으로써 민풍을 변화시켜, 이로써 정치에 영향을 주고자 함이다. 나의 이런 선택은 사실 정치에 종사하고 있는 것이다. 왜 관직에 있어야만 하는가?" 그는 민중을 '교화'하는 것이야 말로 정치사업과 교육사업 양자의 최상의 결합점이라고 했는 바, 이는 곧 정치와 교육의 공통된 목표라 하였다.

공자의 사유논리에 따라 정치의 기본 함의는 '치민'이고, 치민의 주요임무는 '교민'이다. 교육은 일종의 사회적 사업으로 그 중요한 기능과 역할은 '교민'에 있는 것이다. 이러한 의미에서 볼 때, 교육과 정치는 불가분의 관계에 있다. 교육사업 자체가 바로 정치사업의 일부분이며, 정치사업의 또 다른 형식이다. 따라서 공자는 그이 장기적인 교육 교학 실천 속에서 줄곧 피교육자들의 정치적 사상과 도덕적 정서에 대한 교육을 우선시했다. 동시에 그는 적극적으로 '당시의 사람'을 살폈는데, 당시의 사대부들과 함께 정치를 하고 교민(教民)하는 문제를 토론했으며, 이로써 교육의 교화 역할을 강화함으로써 교육적 기능과 정치적 기능의 통합을 실현하고자 하였다.

제3장 공자의 교육적 이상과 교육이념

제1절 인류의 스승으로서의 공자[179)]

공자는 요순(堯舜)이래 주대(周代)에 이르기까지의 중국 고대의 전통정신을 집대성하였으며, 공자의 가르침을 기본으로 하여 다시 다음에 오는 학술사상이 열리게 되었다.

공자의 사상은 단적으로 말하면, 인도주의(人道主義)라 할 수 있다. 즉 공자는 인간에 대한 깊은 이해와 주체적 각성을 통하여 인간으로서의 생(生)의 존엄성을 천명하고, 인간으로서 행할 바의 도리를 밝히며, 이같이 자유롭고 참된 자아(自我)가 모여서 질서 있고 평화로운 복지사회를 건설함을 목표로 하였다.

공자가 평생을 통하여 종사한 일은 이렇듯 개개인의 인격 완성과 평화사회의 건설에 있었다. 따라서 이러한 목표를 성취함에 있어서 먼저 표준이 되는 원리와 방법을 탐구하고, 사람들을 교육하며 실행하는 일이 가장 중요하였던 것이다. 그가 때로는 정치에 참여하고, 수레를 타고 천하를 돌아다닌 것(轍環天下)은 모두 그러한 뜻을 펴려는 노력에서 행해진 것이었다.

주지하는 바와 같이, 공자가 살다 간 시대는 춘추시대 말기로서 인심이 퇴폐하고 사회정의가 행해지지 않는 때였다. 그리고 위정자 가운데서 지기자(知己者)를 발견할 수가 없었다. 그러기에 공자는 물러서서 교육에 종사할 수밖에 없었다. 이렇게 볼 때, 공자의 일생은 교육자로서의 생애였다고 할 수 있다.

---

179) 柳承國 柳正東 安炳周 李東俊 共著, 《儒學原論,》 成均館大學校 出版部, 1981, 163~170면 참조 정리하였음.

사마천의 《사기》에서는 "공자가 시서예악(詩書禮樂)으로 제자를 가르쳤으니, 대략 3천 명이 되었고, 몸소 육예(六禮)를 통한 자는 72인이었다."고 기록하고 있으니, 당시로서는 공자는 엄청난 제자를 길러냈고, 그러한 상황으로 보아 공자는 중국 '최초의 교사'로서의 직업을 닦아놓았다고 할 수 있을 것이다.

그렇다면 그의 문인들에게 보여준 스승으로서의 공자의 모습은 어떠했을까?

공자는 자신에 대하여 말할 때, '완성된 인간'으로 자처하지 않고, 항상 탐구하는 자임을 보여주었다. 이러한 점은 그가 "성인(聖人)과 인자(仁者) 같은 행위를 내가 어찌 감히 할 수 있겠는가? 고작해야 배워 모방하는데 싫어지지 않고, 남을 가르치는데 지치지 않는다고나 말할 수 있을까?"[180]라고 말한 것이라던가, 또 "묵묵히 새겨두고, 배우기에 물리지 않고, 남을 깨우치기에 지치지 않는다. 이런 일들은 나에게 쉬운 노릇이다."[181]라고 말한 것 등에서도 이해할 수 있다.

또한 그는 선천적으로 초인적인 자질이 있어 일일이 배우지도 않고 알 수 있는 인간이 아니라, 그저 탐구하는 사람이라고 자처하였다. 이점은 그가 "나는 나면서부터 저절로 잘 아는 사람은 아니다. 옛것을 좋아하여 부지런히 찾아 배워 알게 된 사람이다."[182]라고 말한 데서도 이해할 수 있다.

공자는 자기에 대해서는 항상 겸손한 태도를 보였으나, 배움을 좋아한다는 것에 대해서는 자신을 추겨 세웠다. 그는 자신이 "십실(十室)이 되는 읍에 구(丘: 공자)와 같이 충신(忠信)한 사람은 있

180)《論語》'述而' 33 : "子曰 若聖與仁 則吾豈敢 抑爲之不厭 誨人不倦 則可謂云爾已矣."

181)《論語》'述而' 2 : "子曰 黙而識之 學而不厭 誨人不倦 何有於我哉."

182)《論語》'述而' 19 : "子曰 我非生而知之者 好古 敏而求之者也."

겠지만, 구와 같이 호학(好學)하는 사람은 없으리라."라고 말한 것처럼, 공자는 말하자면 호학주의자(好學主義者)였다.

공자는 사람들을 교육함에 있어서는 어떤 계층이나 습속(習俗)에 관계 없이 누구나 용납(容納)하여 가르치고자 하였다. 이는 "가르치되 분류하지 말라."[183]라고 말한 데서 알 수 있다. 사람은 어떤 계층이나 습속에 관계 없이 인격적 주체이며 권리를 가지는바, 교육을 받을 권리를 지니는 것은 당연하다. 공자가 '유교무류'를 주장한 것은 봉건사회에서 교육은 귀족만이 전유(專有)하던 것을 평민에까지 끌어내린 위대한 것이었다. 그렇다 하더라도 그는 가르침에 있어서는 최소한도의 예를 행하게 하였다. 즉 배움에 뜻을 두어 스승에게 '속수(束脩)'[184]의 예를 행하기만 하년 누구에게나 가르쳤던 것이다.[185] '속수'의 예를 갖추게 한 것은 배우는 자 스스로의 스승에게 대한 최소한도의 예를 갖추게 하기 위한 것이다.

사람은 처음부터 완전한 것이 아니다. 그러므로 스스로의 향상을 위하여 노력하는 자세가 필요하고 중요하다. 즉 사람은 잘못이 없을 수 없으며, 자기 수련이 부단하게 필요한 것이다. 공자는 "사람으로 어질지 못함을 지나치게 미워해도 난동하게 된다."[186]고 하였다. 처음부터 완전한 사람을 구하는 것이 아니라, 부족한 사람이라도 어떻게 올바르게 될 수 있는가가 문제이다. 공자는 "성인은 만나 볼 수 없다. 군자라도 만나 보면 좋겠다. 한결같은 사람이라도 만나 볼 수 있으면 좋겠다."[187]고 하였다.

183) 《論語》 '衛靈公' 38 : "子曰 有敎無類."

184) 육포(肉脯)를 열 두름 묶은 것으로 옛날에 사람에게 찾아가 가르침을 청할 때 예물로 바쳤다. 예물은 신분에 따라 종류가 다르며 속수는 가장 낮은 것이었다.

185) 《論語》 '述而' 7 : "子曰 子行束脩以上 吾未嘗無誨焉."

186) 《論語》 '泰伯' 10 : "子曰 好勇疾貧 亂也 人而不仁 疾之已甚 亂也."

187) 《論語》 '述而' 25 : "子曰 聖人 吾不得而見之矣 得見君子者 斯可矣 子曰 善人 吾不得而見之矣 得見有恒者 斯可矣."

한번은 공자에 대하여 제자들이 혹 깊은 세계가 따로 있으면서 말해주지 않는 것이 있을까 하여 궁금하게 여기는 듯이 보였을 때, 공자는 다음과 같이 말했다.

"자네들은 내가 무엇을 숨기고 있다고 생각하는가? 나는 숨긴 것이 없네. 내가 하는 일로서 자네들과 같이 하지 않는 것이 없네. 나는 바로 그런 사람일세."[188)]

이에서 보듯, 공자와 문인들의 관계가 얼마나 인간적이며 밀접한 것이었던가를 알 수 있다.

공자는 문인들에 대하여 아끼고 충만한 사랑 속에서 교육하였다. 공자 스스로도 그의 평소의 뜻을 물었을 때 "노인들을 편안하게 해 드리고, 벗들에게는 신의를 지키며, 연소자(年少者)를 품어 주고 싶다."[189)]고 한 바 있다. 그러나 공자의 교육은 한편으로 엄격하기 이를 데 없었다, 공자는 한갓 권위주의자로서 임하거나 스승으로 자처하지도 않았다. 그러나 선(善)에 대한 일에 대해서는 칭찬을 아끼지 않았으나, 잘못된 일에 대해서는 엄격하게 말하여 사도(師道)의 존엄함을 보여주었다. 이러한 한 예를 다음과 같은 경우에서 읽을 수 있다.

"(공자는 그의 제자 재여(宰予)가 낮잠을 자고 있는 것을 보고) 썩은 나무에는 조각할 수 없고, 더러운 흙으로 쌓은 담장은 흙손으로 다져 가꿀 수 없다. 재여 같은 인간은 나무라서 무엇하겠느냐! 전에 나는 남을 대함에 그의 말만을 듣고 그의 행실을 믿었지만, 이제 나는

---

188) 《論語》 '述而' 23 : "子曰 二三者 以我爲隱乎 吾無隱乎爾 吾無行而不與二三子者 是丘也."

189) 《論語》 '公冶長' 21 : "子曰 老者安之, 朋友信之, 少者懷之."

남을 대함에 그의 말을 듣고서도 그의 행실을 살피게 되었으니, 재여로 해서 내가 이렇게 사람을 대하는 태도를 고치게 되었다."[190]

공자는 아무것도 모르는 하찮은 사람이 묻는다 하더라도 "내가 아는 게 있겠는가? 아는 게 없네. 그러나 무식한 사람으로 나에게 성심껏 물어 오면 나는 다 털어내어서 그에게 가르쳐 줄 뿐이다."[191]라고 말하였다. 이로 보아 공자는 한갓 기성의 지식을 전수하는 것이 아니라, 스승과 제자가 겸허하고 인격적으로 대하고 있음을 인식할 수 있다.

공자는 "사랑한다고 근로시키지 않을 수 있으며, 충성을 다한다고 깨우쳐 주지 않을 수 있겠느냐?"[192]라고 하였다. 그러므로 이에서 본다면, 공자는 사랑 가운데서 가르치고, 가르침 속에 또한 사랑이 들어 있었다고 할 수 있다.

우리는 이상에서 공자의 제자들에 대한 교육의 모습과 그의 인격을 약간 살펴보았지만, 공자는 사랑과 엄격함으로 제자들을 교육하였거니와 그의 위대한 인격과 사상은 만세의 귀감이요 사표가 되어 온 것이다. 그리하여 공자의 제자 안연(顔淵)은 공자를 다음과 같이 일컬었다.

"(선생님의 덕은) 우러러 보면 더욱 높게 보이고, 더 파면 더욱 굳으며, 앞에 보이는 듯하다가는 홀연히 뒤에 있는 듯하다. 선생님께서는 차근차근 순차적으로 사람을 잘 유도해 계발시키신다. 학문으로 나를 넓게 해 주시고, 예로써 나의 행동을 기틀 잡아 주신다. 그만 배우려

190) 《論語》 '公冶長' 9 : "宰予晝寢 子曰 朽木 不可雕也 糞土之牆 不可也 朽於予與何誅 子曰 始吾於人 聽其言而信其行 今吾於人也 廳其言而觀其行 於予與 改是.

191) 《論語》 '子罕' 7 ; "子曰 吾有知乎哉 無知也 有鄙夫問於我 空空如也 我구 其兩端而竭焉."

192) 《論語》 '憲問' 8 : "子曰 愛之 能勿勞乎 忠言 能勿誨乎."

해도 그만둘 수 없게 잘 가르쳐 주심으로 나도 모르게 나의 재능을 대해서 좇아가 배우나, 그래도 또한 앞에 우뚝 새로운 지표를 세워 놓으신다. 자꾸 좇아가지만 끝내 좇아 갈 방도가 없네."[193)]

라고 칭송하였다. 이는 공자의 높은 경지와 제자들을 이끌어 주는 태도에 대하여 언급한 것이다.

또 공자의 제자 재아(宰我), 자공(子貢) 그리고 유약(有若)는 공자에 대하여 이렇게 말하고 있다.

재아는 "내가 우리 선생님을 살펴 보건데, 요(堯)나 순(舜)보다도 훨씬 훌륭하시다."하였고 자공은 또 이렇게 말하였다. "… 이 세상에 사람이 생겨난 뒤로 우리 선생님 같은 성인(聖人)은 아직 없었다." 그리고 유약은 이렇게 말했다. "어찌 사람만이 그러하랴."

기린은 달리는 짐승의 무리이지만, 그 무리에서 뛰어나고, 봉황은 나는 새의 무리이지만 그 무리에서 뛰어나고 태산은 언덕의 무리이지만 그 무리에서 뛰어나고, 하해(河海)는 도랑물의 무리이지만 그 무리에서 뛰어났다. 성인(聖人)도 일반 사람들과 같은 무리이지만 그 무리에서 가장 뛰어난 사람이다. 그러나 세상에 사람이 생겨난 이래로 공자보다 더 뛰어난 성인은 없었다.[194)]

그리고 주자(朱子)는 《중용(中庸)》의 '중용장구서(中庸章句序)'에서 "공자가 제왕(帝王)의 자리를 얻지는 못하였으나, 지난

193) 《論語》 '子罕' 10 : "顔淵喟然歎曰 仰之彌高 鑽之彌堅 瞻之在前 忽焉在後 夫子循循然善誘人 博我以文 約我以禮 欲罷不能 旣竭吾才 如有所立 卓爾 雖欲從之 末由也已."

194) 《孟子》 '公孫丑篇 上' : "…宰我曰以予觀於夫子 賢於堯舜 遠矣 子貢曰 …自生民之以來 未有夫子也 有若曰 豈惟民哉 麒麟之於走獸 鳳凰之於飛鳥 泰山之於丘垤 河海之於行潦 類也 聖人之於民 亦類也 出於其類 拔乎其萃自生民以來 未有盛於孔子也."

날의 성인(聖人)들을 계승하고 앞으로 올 학자들의 길을 열어 놓았으니, 그 공이 요순(堯舜)보다 높다."[195]라고 기술하고 있다.

앞에서 보듯, 후학들이 공자에 대한 평은 묶어서 말한다면, 공자를 "인류의 스승"으로 대했다는 점일 것이다. 공자는 춘추 말기의 사상가로서 그 당시에 타당한 이론을 현실 속에서 보여주었을 뿐만 아니라, 공자가 제시한 진리는 인류사를 통하여 하나의 등불이 될 수 있는 보편성을 가지고 있으며, 오늘이 이르기까지 '만세(萬世)의 스승(師)' [196]로서 추앙을 받고 있는 것이다.

제2절 공자의 교육적 이상

우리는 기술한 바와 같이, 어렴풋이나마 공자의 사상은 살아 있는 사람을 중심으로 해서, 그들이 살고 있는 사회 현상에 관한 사상을 전개하고 있는 넓은 바다와 같다고 말할 수 있을 것이다. 그러나 특히나 교육적인 시각에서 본다면, 공자의 교육적 이상의 기본적인 내용은 두 가지의 측면으로 나누어 볼 수 있을 것이다. 하나는 사람에 관한 이론으로서 '군자(君子)론'과 또 하나는 사회에 관한 이론으로서 '복례(復禮)론'이라 할 수 있을 것이다.

군자론(君子論)은 어떠한 인간상을 만들 것인가에 관한 이론 즉 인간의 처세에 관한 것이고, 복례론(復禮論)은 사회의 관리에 관한 이론이라 할 수 있을 것이다. 이로 보면 공자 사상의 근본적인 특징은 사람 나아가서, 인간사회에 이르기까지 광범위하게 관심 영역을 설정한 것이라 할 수 있을 것이다.

---

195) 朱子: 中庸章句書 : "若吾夫子則雖不得其位 而所以繼往聖開來學 其功反有賢於堯舜者."

196) 《栗谷全書》 卷 二十六, '聖學輯要 八, 聖賢道統 第五' : "道統至於孔子而集大成 爲萬世之師 由孔子以下 道成於己 不能行於一時."

우리는 이제 인격적 이상과 사회적 이상으로 나누어 논의하고자 한다.

1. 인격적 이상

우리는 제1장 공자의 생애에서도 이미 기술한 바 있지만, 공자는 그의 가정환경이 유복하지는 못했다. 그러나 그는 옛것을 좋아하고 배우기를 좋아하였다. 그리하여 그는 자기의 교양을 높이고, 사회적 지위를 향상하기 위한 강한 집념과 이를 성취하려는 정신으로 그의 사상과 학설 중에는 도덕적 인간에 관한 논술들이 극히 많은 부분을 차지하고 있다. 그리고 이러한 방면의 논술은 '군자(君子)'를 주요한 논증 대상으로 삼았다. 그것은 《논어》 전편에서 106번이나 나오는 '인(仁)'자 다음으로, 70번이나 나오는 '군자(君子)'의 언급의 빈도로 보아서도 가히 짐작할 수 있다.

공자 이래 유학(儒學)에서는 인격의 수양은 '진리를 배우는 것(學道;학도)'과 몸소 실천하는 궁행(躬行;궁행)을 통하여 인격의 완성에 도달된다는 논리에 서 있다. 이러한 인격에 도달한 인격을 '군자(君子)'라는 말로 표현한다.[197)]

본래 '군자'라는 표현은 귀족의 신분으로 관직에 있는 사람을 가리키던 용어였지만, 공자에 의해 '덕을 지닌 사람', '훌륭한 인격을 갖춘 사람'의 의미로 바꾸어 쓰게 되었다. 공자가 지향한 '군자'는 오직 도덕 수양을 통해 지도자의 자질을 갖추고, 이를 바탕으로 지위를 얻고 도덕적인 모범을 보임으로써 백성을 통솔하는 것이다.[198)]

197) 유학과 교재편찬위, 《유학사상》, 성균관대학교 출판부, 2004, 159면.
198) 김교빈 외4 공저, 《중국의 종교와 사상》, 한국방송통신대학교 출판부, 2009, 55면.

공자의 군자론은 거시적으로 보면, 선비(士)를 대상으로 한 도덕적인 인격의 설계인 까닭에, 이러한 군자는 공자를 위주로 한 유가(儒家)의 시각에서는 개인적인 인격의 최상 단계의 표본이 된다.

군자는 한편으로 치우치지 않고, 어느 면으로도 발전 가능하며, 또한 전체적으로 균형을 이룬 인간이다.[199] 그러므로 공자는 "군자는 기(器) 즉 기물이나 도구의 의미처럼 어느 특수 분야의 생산적인 기능을 가진 사람이 아니다."[200]라고 하였으며, 교육의 중요한 내용이었던 육예[六禮 ; 예 · 악 · 사 · 어 · 서 · 수(禮樂射御書數)]를 습득하게 한 것도 그러한 이유에서였을 것이라고 생각할 수 있다.

그렇다면 군자의 구체적인 인간상은 어떠할까? 우리는 여기서 공자가 지적한 '군자'와 '소인'과의 대비한 인간상의 몇 가지의 경우를 들기로 한다.

"군자는 덕을 생각하나, 소인은 땅을 생각하며, 군자는 법을 생각하며, 소인은 은혜받기를 생각한다."[201]

"군자는 대의를 밝히고, 소인은 이를 밝힌다."[202]

"군자는 자신을 책하고, 소인은 남을 책한다."[203]

"군자는 도를 배우면 백성을 사랑하고, 소인이 도를 배우면 부리기 쉽다."[204]

"군자는 예에 부지런하고 소인은 육체노동에 힘을 다한다."[205]

---

199) 柳承國 外3 共著, 같은 책, 179면.
200) 《論語》 '爲政' 12 : "君子不器."
201) 《論語》 '里仁' 11 : "子日 君子懷德 小人懷土 君子懷刑 小人懷惠."
202) 《論語》 '衛靈公' 20 : "子日 君子求諸己 小人求諸人."
203) 《論語》 '衛靈公' : "子日 君子求諸己 小人求諸人."
204) 《論語》 '陽貨' : "日 君子學道則愛人 小人學道 則易使也."
205) 《左傳》 '成公 13년' : "…是故君子勸禮 小人盡力."

이와 같은 군자 이론의 기본적인 특징은 다음과 같이 몇 개의 면에서 찾을 수 있다.

첫째, 군자론에서 무엇보다 강조되고 있는 것은 개인의 도덕적 수양이다. 공자가 말하고 있는 '군자'는 도덕성을 비롯한 개념이지, 계급 또는 등급에 관한 개념은 아니다. 개인의 도덕성을 강조하는 것은 춘추시대 이전 주대(周代)의 종법(宗法)[206]적인 계급을 근본으로 하는 사회와 그러한 통치사상이 주되는 사회에서 본다면 하나의 뚜렷한 의의가 있는 혁신적인 사상이라 할 수 있다.

이점은 《논어》에서 공자가 말한 내용만 보아도 명백히 알 수 있다. 예컨대, 이미 말한 바 있지만, 공자가 자하(子夏)에게 "너는 군자적인 선비가 될지언정 소인적인 선비가 되지 말라."[207]라고 하였는데, 여기에서 말하는 군자(君子)와 소인(小人)은 어떤 등급적인 면에서의 구별이 아니라, 도덕적인 면에서의 고하를 말하는 것이다.

또 자공(子貢)이 공자에게 "오늘날 정치를 하고 있는 사람은 어떻습니까?"하고 묻자, 공자는 "아! 두소지인(斗筲之人: 기량이 좁

---

206) 종법에는 대종(大宗)과 소종(小宗)이 있다. 적자장손(嫡子長孫)은 대종이고, 그 나머지 자손은 소종이다. 주(周)나라의 천자(天子)는 스스로 상제(上帝)의 장자라 불렀으며, 그 왕위는 적장자가 세습하였던 바, 이것이 천하의 대종이며 이외의 아들들은 제후(諸侯)로 분봉(分封) 되었으므로, 천자에 대하여 말하자면 소종인 것이다. 제후의 군위(君位) 역시 적장자가 세습하였던 바, 본국에 있어서는 대종이며, 나머지 아들들은 경대부(卿大夫)에 분봉되었으므로 제후에 대하여 말하자면 소종인 것이다. 경대부는 본족(本族)에 있어서는 대종이며 나머지 아들들은 사(士)가 되어 경대부에 대해서는 소종인 것이다. 사(士)와 서민(庶民)의 관계도 또한 이러하였다. 종법제는 친족간의 혈연적 질서였다고 하겠다. (김경식 지음, 《中國敎育展開史》, 문음사, 2006, 53면 각주 54 참조)

207) 《論語》 '雍也' : "子謂子夏曰 女爲君子儒 無爲小人儒."

은 사람)[208]이야 논할 바 못 된다."[209]고 말한 것도 도덕적인 기준에서 평한 것이라 할 것이다.

이를 보면, 관직에 있는 귀족과 군자를 동등하게 본 것이 아님을 알 수 있다. 또한 위에서 말한 '소인(小人)'은 또한 귀족 외 서인(庶人)도 아니라, 공자가 말한 '군자'와 '소인'은 도덕적인 평가 기준에 따른 것으로서, 도덕적인 사람을 '군자'라 일컷고, 그가 귀족이든 서인이든 부도덕하거나 도덕적 차원이 낮은 사람들을 모두 '소인'으로 보았다.

상술한 바에서, 우리가 긍정할 수 있는 것은 공자의 사상 중 '군자'는 인간의 근본적인 도의를 알고, 완전한 인격을 갖춘 사람임을 알 수 있다. 이것이 바로 공자에 있어서 군자론의 기조(基調)이다.

공자는 군자는 선천적으로 태어난 것이 아니라, 개인의 후천적인 노력에 의하여 누구나 그 경지에 도달할 수 있는 것으로 보았다. 후천적인 노력이 학습(學習)과 수양(修養)이다. 학습적인 면에서는 고전 문헌, 예악제도 등 공식적인 교학내용 및 인간의 실천 중 각종 관찰과 학습이 내포되고, 수양적인 면에서는 보고 듣고 배운 내용을 실천하는 것이 포괄된다. 이와 같이 배우고 실천하는 것은 평생교육의 차원에서 중도에 그만두어서는 안 되며, 평생동안 성실히 근면하게 추구해야 한다는 것이다.

둘째, 군자론에서는 인간을 성장적으로 파악하고 있다. 인간은 생명이요, 생명은 끊임없이 성장한다. 항상 새로운 모습으로 변화해 가며, 향상하는 것으로 본다. 이러한 점을 공자는 스스로 다음과 같이 말하고 있다.

---

208) 두소(斗筲) … 두(斗)는 한 말, 소(筲)는 한 말 두 말 들이 그릇. '두소지인(斗筲之人)'이란 기량(器量)이 좁은 사람의 뜻이다.

209) 《論語》 '子路' 20 : "子貢問曰… …曰 今之從政者 何如… …子曰 噫 斗筲之人 何足算也."

나는 열다섯 살에 학문에 뜻을 두었고, 서른 살에 독립했고, 마흔 살에 망설이지 않게 되었고, 쉰 살에 천명을 알게 되었고, 예순 살에 남의 말을 순순히 듣게 되었고, 일흔 살에 마음 내키는 대로 좇아도 법도를 넘어서지 않게 되었다.[210)]

이는 공자 자신이 그의 생애를 통하여 성숙, 성장함으로 급기야는 이른바 의욕(흥미)과 법도(法度;도덕성)가 일치하는 성자(聖者)로서의 자유의 경지에 도달하였음을 보여주는 것이라 하겠다.

그러므로 이와 같이 성숙된 인(仁)이란 지(知) · 정(情) · 의(意), 그리고 인간의 도덕성이 하나의 통일된 인격 속에 모두 갖추어 높은 수준으로 조화를 이룬 경우를 말하는 바,[211)] 이러한 인간상이 바로 '군자'라 할 것이다. 자로(子路)가 완전한 사람(전인격자) 즉 군자에 대하여 물었을 때, 공자는 가장 먼저 이상적인 상태로서 다음과 같이 말하였다.

"장무중과 같은 지혜와 맹공작과 같은 청렴함과, 변장자와 같은 용감성과, 염구와 같은 제주를 갖은데다가 예악으로 문화적 세련을 가하면 인간 완성이라 할 수 있다."[212)]

그러나 공자는 이어 말하기를 이러한 완성태는 역시 목표이며, 이상적인 것으로서 현실적으로는 어느 누구나 성취하기란 어려운 것이라는 것이다. 그리하여 공자는 다음과 같이 말하였다.

---

210)《論語》'爲政' 4 : "子曰 吾十有五而志于學 三十而立 四十而不惑 五十而知天命 六十而耳順 七十而從心所欲 不踰矩."

211) 柳承國 外3, 共著, 같은 책, 179면.

212)《論語》'憲問' 13 : "子路問成人 子曰 若臧武仲之知 公綽之不欲 卞莊子之勇 冉求之藝 文之以禮樂 亦可以爲成人矣."

"오늘날의 완성인이란 것은 반드시 이렇게까지 되어야 할게 무엇이냐? 이로운 것을 보면 의(義)를 생각하고, 위태로운 것을 보면 목숨을 바칠 줄 알고, 오랜 약속일지라도 전날의 자기의 말을 잊지 않고 실천한다면 역시 인간의 완성이라고 할 수 있다.[213]

공자는 위와 같이 말하여 인간이 전인적으로 세련되지 못하였더라도 투철한 도덕의식을 가지고만 있다면 '성인'이라 말 할 수 있을 것이라고 하였다. 그러나 그는 자신에 있어서나 교육에 있어서 전인적인 성취를 위하여 힘썼다. 그가 "시(詩)로써 감흥을 일으키고, 예(禮)로써 행동규준을 세우고, 음악(音樂)으로써 성정을 완성시킨다."[214]고 한 말이나 "알기만 하는 사람은 좋아하는 사람만 못하고, 좋아하는 사람은 즐기는 사람만 못하다."[215]라고 한 것은 이성과 감성과 덕성을 구비한 원만한 인격의 완성을 지향하여 자기완성과 자기확대를 도모한 것이라 할 수 있다.

셋째, 군자론은 단순한 개인적인 인격의 도덕적 수양만이 아니라, 그것은 사실상 당시 현실 정치에 대한 공자의 주체 개조론이라는 점이다. 당시 공자는 사리사욕만 도모하면서 부정을 일삼는 집정자들을 '두소지인(斗筲之人: 기량이 좁은 사람)'들이라고 질책했다. 이는 인격 면에서 그들의 도덕군자인 것처럼 행세하는 외모에 가려져 있는 추악하고 비열한 인격을 폭로한 것이다.

공자는 당시의 사회가 어지럽고 정치가 부패한 근본 원인은 바로 위정자들의 인격의 품격이 낮은 데 있다고 보았다. 그러므로 그는 도덕적인 군자론을 들어 시대적인 폐단을 바로 잡으려 한 것이었다.

---

213) 위의 책, 같은 편, (연속) "曰 今之成人者 何必然 見利思義 見危授命 久要不忘平生之言 亦可以爲成人矣."

214) 《論語》 '泰伯' 8 : "子曰 興於詩 立於禮 成於樂."

215) 《論語》 '雍也' 18 : "子曰 知之者 不如好之者 好之者 不如樂之者."

그러기 때문에 공자는 군자의 이상과 임무를 개인의 수양을 바탕으로 하여 외향적 발전적인 태도로 나가, 궁극에 가서는 백성을 편안하게 함에 있다고 하였다. 이는 다음과 같은 자로와 공자와의 대담에서 읽을 수 있다.

"자로가 군자 됨에 관하여 묻자, 공자는 "자기 수양을 하고 경건 성실해야 한다." 이어 그렇게만 하면 됩니까? 하자 공자는 "자기 수양을 하고, 남을 안락하게 해 주어야 한다."고 하였다. 자로가 또 그렇게만 하면 됩니까? 하자 공자는 "자기 수양을 하고, 백성을 안락 편안하게 해 주어야 한다. 자기 수양을 하고 백성을 안락 평안하게 해주기란 요임금이나 순임금도 실현하기 어려워 고심하였던 일이다."[216]

그가 군자와 선비, 인(仁)을 논한 것은 이들의 삼위일체로서 모두 선비(士)를 주 대상으로 한 것이다. 그는 도(道)에 뜻있는 선비들이 모두 자아의 노력으로 도의와 인덕(仁德)을 배우고 실천하는 것으로, 자기의 인생 자질을 높여 사회관리라는 정치적 임무를 맡을 것을 기대하였다. 오직 이러한 도덕적인 선비들만이 신분은 높으나 인격이 비열한 원래의 위정자들을 대체할 수 있다고 보았다. 도덕적인 인사들을 정치의 주체로 하는 것이 공자의 정치적 이상이며 임무였다. 그는 이러한 인사들이 집정해야만 정치를 개선하고 사회와 국가관리가 인간이 염원하는 아름다운 환경에 부합된다고 믿었다.

그는 도덕적으로 고상한 사(士), 군자(君子)들이 바람직한 정치(仁政)를 베푼다면, 그것은 "마치 북극성이 제자리에 있되 여러

216)《論語》'憲問' 45 : "子路問君子 子日 脩己以敬 日 如斯而巳乎 日 脩己而安人 日 如斯而巳乎 日 脩己以安百姓 脩己以安百姓 堯舜 共猶病諸."

별이 북극성을 따라 도는 것과 같아"[217] 천하는 자연히 바로 잡힐 것일 것이라고 하였다. 이로 보면 공자는 현실 개조의 중임을 사(士), 군자(君子)들에게 기탁하고 있다는 것을 인식할 수 있다.

이로부터 보면, 공자의 군자론은 도덕과 문화(修養)의 힘으로 사회, 정치 현실에 참여하여, 사(士) 계층의 사회적 지위를 개선할 수 있기를 기대하였다.

공자의 군자론은 그 후 2천 수백여 년간 사대부들에게 극히 큰 영향을 주었고, 나아가 그것은 중국 전통문화의 특성을 형성하였다. 그러나 또한 이러한 군자론은 역대의 통치자들에게 잘 못 이용되어, 그러한 이론이 사대부들을 속박하고 통제하는 도구로 되었다는 것도 지적하지 않을 수 없다.

2. 사회적 이상

춘추시대에는 중국의 영토국가가 정리, 통합되어 가던 항쟁의 과정이었다. 계속 항쟁의 결과, 춘추 초기 170여 국이나 되었던 열국(列國)이 춘추 말 공자가 생존하던 시기는 10여 국으로 정리되어 갔다. 춘추시대 3백 수십여 년간에 일어난 전쟁 횟수가 1,200여 회가 넘었다 하니, 당시 열국 간의 항쟁이 얼마나 치열했던가를 짐작할 수 있다.[218]

이러한 상황 속에서 어떤 군주가 만약 하루라도 자기를 극복(克己)하여 예(禮)로 돌아가면 천하 사람들이 그에게 귀의할 것이라고 말한 것으로 보아, 당시 혼란한 사회에서 '극기복례(克己復禮 : 자기의 사사로운 욕심을 이겨 그의 언동이 예(禮)로 돌아가는 것)

---

217) 《論語》 '爲政' : "子曰 爲政以德 譬如北辰 居其所 而衆星共之."
218) 김경식 지음, 위의 책, 74면.

를 할 수 있었던 군주가 얼마나 귀했던가를 짐작할 수 있다.

공자는 당시 그의 사상에 있어서 '천명(天命)'과 '복례(復禮)'를 중시하게 되었다. 지식상으로 보면 반드시 모름지기 '지천명(知天命; 천명을 알다)' 하여야 비로소 '구인(求仁)'할 수 있고, 행위상으로 보면 반드시 모름지기 '복예(復禮)'하여야 '인(仁)'을 할 수 있다. '예(禮)'는 인간이 서로 거처하고 있는 곳의 여러 가지 절제(節制)다. 예는 관계의 개념이요, 질서의식 이외의 것이 아니다. 예는 바로 인간과 인간의 관계요, 바로 너와 나의 관계다. 따라서 우리는 예라는 이 관계를 떠나서는 잠시도 존립할 수 없다. 그러기에 공자는 일찍이 "예가 아니면 세상에 나설 수가 없다."고 하지 않았는가?

사람은 때때로 자기 일 개인의 이욕(利欲)을 구하는 목적을 위하여 예라는 절제를 넘게 되지만, 그것이 반드시 '이(利)'인 것은 못된다. 그러므로 공자는 "천명을 알지 못하면 군자가 될 수 없고, 예를 알지 못하면 세상에 나설 수 없고, 말을 모르면 남을 알 수 없다."[219]고 하였다.

공자는 이 '예'로 사람은 인간이 서로 관여하는 가운데서 한 오래기의 너와 내가 서로 교접(交接)하고, 또 너와 내가 넘어서는 아니 될 선이 있는 것을 명백히 가르쳤다. 이것은 곧 공문(孔門) 유가(儒家)의 이른바 '예(禮)'이다.[220]

절제(節制)라는 면에서 보면, 인생이 우주 간에서 받고 있는 절제가 '천명'이요, 개인이 인생 가운데서 받고 있는 절제가 '예'이지만, 개인이 인생과 우주에서 받고 있는 최대한의 자유가 '인

219)《論語》'堯曰':"子曰 不知命 無以爲君子也 不知禮 無以立也 不知言 無以知人也."

220) 金敬琢 編著,《中國哲學思想史》, 耕文社, 1955, 11면.

(仁)' 이다.[221] 그것은 '인' 은 전혀 자기를 말미암는 것이요, 또한 '인' 그것은 사람이 할 수 있는 '힘' 을 다 하여 필연적으로 얻을 수 있는 것이기 때문이다.

우리는 '복례(復禮)' 에 앞서 '예' 에 대하여 개괄적으로 살폈지만, 공자의 복례론에 대하여 역대의 많은 학자는 공자를 칭송하던 비판하던 간에 모두 부정적인 태도를 가졌다. 그것은 주요하게 공자의 복례론을 공자의 전반적인 사상체계와 그가 처한 사회 상황과 유리시켜 보는 데서 조성된 것이라 할 수 있다. 그들의 분석은 근근이 공자의 어구 표현에 그치고, 공자의 내심의 의도와 그 당시의 사회적 배경까지 삽입하여 이해하지 못 한데 있다 할 것이다.

우리가 공자의 복례론을 평가할 때, 단순히 복례문제에만 그칠 것이 아니라, 그 근저에 있는 그의 전반적 사상과 정신의 뜻을 상호 관련시켜 보아야만 비로소 정확한 인식을 가져올 수 있을 것이다.

복례에 관한 공자가 언급한 것은 많으나, 이를 귀납해 보면 다음과 같이 몇 가지로 정리할 수 있다.[222]

① 당시 위정자들은 윗사람들의 명의를 빌어 거침없이 비례(非禮)한 것을 저지르면서, 그것이 수치스럽다는 것을 전혀 모른다는 것을 분개하여 비난한 것.

② 서주(西周)시대의 예제(禮制)가 완전했던 사회로 여겨 동경한 것.

221) 金敬琢 編著, 같은 책, 12면.

222) 劉韶軍 著, 《儒家學習思想硏究》, 華中師範大學 出版社, 2001, 12~14면.

③ 타락한 예악을 바로 잡고, 주례(周禮)[223]를 회복하여 천하의 인덕(仁德)을 되살리려는 것.

대저 한 사람의 사상은 언제나 당시 처한 사회의 현실, 개인의 지위, 그의 문화적 개성 이들 3자의 결합으로 형성된다. 하지만 사람의 주체적 내용으로 되는 문화적 개성은 현실과 지위의 수동적 반영뿐만 아니라 그들에 대한 능동적 반성 기능도 갖고 있는 것이다. 이러한 상관적 관계를 공자의 복례사상에 대한 평가에 적용할 수도 있을 것이다. 그러므로 우리는 복례사상이 현실 및 그 사회적 지위에 대한 반영에 주의해야 하거니와 또한 그 복례사상의 배후의 주관적인 의도에 대해서도 유의해야 할 것이다. 이러한 사고의 방향에 따라 공자의 복례론을 분석한다면 다음과 같은 것을 인식할 수 있다.

① 복례론은 공자가 당시의 정치적 현실과 사회적 현실에 대한 불만으로부터 나온 것이다. 춘추 말기에 이르러 종법의 등급제가 이미 크게 붕괴되고, 등급의 속박과 그에 상응하는 관념의 속박이 심각하게 파괴되어 서주의 초기에 비하여 정사(政事)가 어지러워진 것은 더 말할 것 없거니와 신하가 국사를 좌우하고, 자식이 아비를 죽이고, 신하가 천자를 시해하는 등 각종 비리가 갈수록 심해

223) 일명 '주관(周官)' 으로 옛 주대의 법제를 기록한 것이며 이것을 '주례' 라고 한다. 전국시대 무명씨의 저, '천관총재(天官冢宰)', '지관사도(地官司徒)' '춘관종백(春官宗伯)' '하관마사(夏官司馬)' '추관사구(秋官司寇)' '동관사공(冬官司空; 冬官考工記)' 의 6편으로 되어 있다. 주대의 관직, 예의 등 각종 전장(典章)제도와 수공업 생산 상황, 관제, 예제, 학제, 종법제도 등을 기록했으며, 기타 청동기 제조, 직물염색, 병기와 수레 제작에 관한 사항도 담겨 있다. 주대 문화를 연구하는 중요한 연구 자료이며, 《의례(儀禮)》《예기(禮記)》와 더불어 '삼례(三禮)' 라고 한다. 송대(宋代)에 13경(經)에 열입(列入) 되었다.

지고 사람들의 사사로운 욕심이 넘쳐흐르고 또한 사람들이 더없이 방자하였다. 이러한 상황은 권력 쟁탈에 눈이 먼 집권자들에게는 더 없는 좋은 기회였다.

그러나 사회 하층 인사들의 눈에는 그러한 상황이 사회질서의 혼란을 야기하여 모든 추악한 이욕(利欲)이 티끌만한 우려도 없이 모두 전개되도록 하였다는 점이다. 이러한 당시의 상황은 특히 인의도덕(仁義道德)을 인생의 최상의 경지로 간주하는 공자에게 있어서는 더 없는 불만과 분개하는 정서를 자아냈다.

이러한 불만과 분개를 신흥세력에 대한 공자의 복고적(復古的) 입장으로 보아서는 안 된다는 것이다. 만일 이러한 관점으로 본다면 공자의 복례론은 자연히 반동적이고 퇴보적인 것으로 된다. 그러나 이러한 분석은 역사의 현실과 인물 사상을 구체적으로 표현하는 방법과 유리시켜 보는 것으로서, 구체적 상황을 분석하는 합리적인 방법이 아닌 것이다.

춘추 후기 각 제후국의 위정자들은 모두 신흥세력을 대표한 것이 아니었다. 그중 많은 것은 구세력과 다른 집단에 지나지 않았다. 그들 사이에 벌어진 권력 각축전의 주관적 의도는 사리(私利)를 위한 것으로, 그 수단은 아주 비열하였다. 이러한 현상의 출현은 종법 등급제 내부의 모순으로 야기된 것이었다. 그러므로 공자가 당시 사회의 혼란한 현상을 반대하는 것을 그저 간단히 사회의 진보를 반대하고 신흥세력을 증오한 것이라고는 할 수 없는 것이다.

공자 같은 식의 불만과 분개는 그 후 유사한 역사적 상황 시기에 모두 나타났다. 그 주요한 배경은 전통문화의 감화(感化)하에서 형성된 정의감과 책임감으로 인하여 수단을 가리지 않고 사리사욕만을 도모하고자 하는 비도덕적인 행위를 규탄하고 멸시 하였던 것이다. 바로 이런 면에서는 공자가 대표적이라 할 것이다.

② 공자는 분개와 불만에만 그친 것이 아니라, 당시 혼란한 사회의 현실적 상황을 해결할 방안을 제시하였다. 바로 복례론이 그것이다. 공자는 후세인들이 표방한 역사를 초월한 '성인(聖人)'은 아니다. 당시 시대적인 한계하에서 그가 제기할 수 있는 개조방안은 추악한 현실과 대조를 이루는 서주(西周)의 예제사회(禮制社會)였다. 공자의 현실 개조와 미래에 대한 설계와 동경은 역사와 사회의 실제를 초월할 수는 없었던 것이다.

③ 공자의 복례의 종착적인 귀결점은 '인(仁)'이다. 공자의 '구인(歸仁;인으로 돌아가는 것)'은 단순히 형식적인 복례가 아니거니와 더더욱 복고는 아니다. 주대의 예제사회는 결국 사람마다 인덕(仁德)을 지닌 것은 아니었다. 하지만 공자가 말하는 천하의 복례는 바로 사람마다 모두 인덕을 지닌 사회를 실현하는 것인데, 이렇게 되면 천하는 더는 혼란해지지 않을 수 있다는 것이다.

인덕에 기초한 공자의 복례는 서주사회가 실현한 그 이상보다 더 높은 차원의 것이라 할 수 있다. 이것이 바로 공자의 복례의 근본적인 특색이다. 인덕을 지닌 사회로 돌아간다는 것은 바로 앞에서도 기술한 바 있는 '대동(大同)사회'를 의미하는 바, 이러한 이상사회에 대한 설계는 어느 시대, 어느 사회에서든지 모두 합리적인 면이 있는 것이다.

④ 공자의 복례에 대한 사상에는 확실히 옛것을 그리는 복고적인 정서가 담겨 있으나 그것을 지나치게 비난할 수 없다는 것이다. 공자의 복례사상에 존재하는 이러한 정서를 그가 현실적인 사회현상에 대한 우려와 그 시대적 폐단을 개혁하여 세상을 구하려는 관심의 구현으로 본다면 옛것을 동경하는 그의 정서에는 강한 역사적

사명감과 책임감이 구현되어 있는 것이다.

물론 공자의 귀인(歸仁), 복례(復禮)의 설계에는 환상적인 성분이 짙다. 그것은 그 시대가 약육강식의 시대였으므로 각 제후국의 생존과 발전은 오직 무력에 의거 하여야 했기 때문에, 공자가 설계한 군자의 예의와 인덕의 방약으로 나라를 다스린다면 결국 남에게 먹히고 마는 운명을 면키 어렵기 때문이다. 그러므로 공자의 일생은 처량하였고, 그가 여러 제국을 돌면서 설득하였으나, 그의 도가 통하지 않았거니와 가는 곳마다 벽에 부딪치게 되었던 것이다.

그러나 공자의 노력이 전혀 무의미한 것은 아니었다. 그것은 사회가 종국적으로는 '복례귀인(復禮歸仁)'의 도덕규범을 수요하기 때문이다. 그러므로 공자의 사상은 후대 유가 학자들의 거듭되는 해석을 통하여, 전반적으로 봉건적인 시대에 면면히 이어져 내려오면서 '중국'이라는 역사의 무대를 감화시켰던 것이다.

제3절 공자의 교육이념

주지하듯, 공자는 인본주의자로서, 민본주의자로서 일관하였으니, 그는 자연히 사회문제 의식에 있어서 사회의 구성원인 살아 있는 인간 개개인과 백성을 그 대상으로 하지 않을 수 없었고, 또한 그것을 중시하지 않을 수 없었다. 그러하기에 그는 덕(德)으로 정치하기를 주장하면서, 자기를 닦아 남들을 편안하게 해주고(修己而安人), 자기를 닦아 백성을 편안하게 해 줄 것(修己而 安百姓)을 주장하였다. 그러니 공자에 있어서 교육의 문제는 무엇보다도 중요한 것이라 하겠다. 이러한 교육의 문제는 역시 《논어》에서 제기되고 있는 바, 우리는 교육에 대한 논급을 수없이 발견할 수 있다.

우리는 앞 장에서도 거론하였지만, 우선 공자가 위(衛)나라에 갔을 때, 그의 제자 염유(冉有)가 그를 보좌하고 있었는데, 그때 공자와 염유 간의 다음과 같은 대화에 주목할 필요가 있다.

"(공자께서 위나라에 가실 때, 염유가 수레를 몰았다.) 공자가 "(백성들이) 많구나!"하자 염유가 "(이렇듯 백성들이) 많으니, 거기에다 더욱더 해야 할 것은 무엇입니까?"하고 묻자 공자는 "(백성들을) 부유하게 해 주어야 한다."고 말하였다. 염유가 다시 "(백성들이) 부유해지면, 그다음에는 또 거기에다 더 해야 할 것이 무엇 입니까?"하고 묻자, 공자는 "(백성들을) 가르쳐야 한다."고 말하였다.[224)]

이와같이, 공자는 사회적으로 인구의 성장과 경제적인 풍요함도 바람직하지만, 여기에 교육이 뒤따르지 않으면 안 된다고 보는 것이었다.

국가와 백성을 경영함에 있어서, 정치의 기본적인 세 가지 요소는 경제의 발전과 도덕성의 확립 그리고 교육이다. 경제는 결국 백성의 의식주에 관한 문제이니 그 발전이 있어야 백성의 물질생활이 풍요롭고, 도덕성은 백성의 정신적 삶을 풍요롭게 하며, 교육이 있어야 경제도 정치도 도덕성의 확립도 가져올 수 있는 것이다. 이들 삼자는 다 같이 중요하다. 그러나 정책을 실현하는데 있어서는 경제발전이 먼저 있어야 한다.

가난하여 소득수준을 갖지 못하면 육체적으로 삶을 지속 하지 못하고 삶 자체가 성립되지 않으므로 정신적 삶을 풍요롭게 할 수 있는 여유가 없기 때문이다. 도덕성 역시 사람이 사람다운 인격을 갖게 하는 요인이며, 공자가 생존하던 시기에는 교육은 경제를 발전

224) 《論語》 '子路' : "子適衛 冉有僕 子曰 庶矣哉 冉有曰 旣庶矣 又何加 曰 富之 曰 旣富矣 又何加焉 敎之."

시키는 요인은 아니었다 하더라도 적어도 도덕성을 확보·확충하는 중요한 요인이었다.

이에서 인식할 수 있듯이, 공자가 추구한 인간적인 사회는 단순히 경제적으로 풍요를 누리는 것만으로는 해결되지 않으니, 그 위에 교육이 보태져야 한다고 한 것이다. 그것은 위에서 염유와 공자의 대화에서 '넉넉하게 해준(富之) 다음에 백성을 가르쳐야(敎之) 한다'고 공자가 말 한데서 뚜렷이 드러나고 있다.

이에서 보듯, 공자에게 있어서 교육의 문제는 개인이나 국가에 있어서 아주 중요한 문제의 영역으로 인식하였다, 이리하여 공자는 그가 인식하는 중대한 교육의 문제에 대한 해결책으로, 그의 기본적인 사상적 기초 위에서 다음과 같은 교육이념을 제시하고, 그 실천에 있어서 평생을 다였다.

1. 인격을 갖춘 인간으로서의 인간교육

공자와 그 제자 번지(樊遲)와의 다음과 같은 대화에서 공자에 있어서 인간교육의 이념이 나타나고 있다.

"번지가 농사짓는 방법을 청하자, 공자는 "나는 늙은 농사군만 못하다."고 하자, 번지가 다시 채소 가꾸는 법을 가르쳐 달라고 청하자, 공자는 "나는 늙은 채소장이만 못 하다." 대답하였다. 번지가 나가자, 공자는 "번지는 참으로 소인이구나! 윗사람이 예(禮)를 좋아하면 백성들도 경건하지 않을 수 없고, 윗사람이 의(義)를 좋아하면 백성들도 복종하지 않을 리 없고, 윗사람이 신의를 잘 지키면 백성들도 감히 사실대로 아니 함이 없다. 이렇게 되면 사방에 있는 이웃 나라의 백성들도 제 자식을 포대기에 싸서 업고 찾아올 것이다. 이렇듯(덕으로써

다스리면 되는 것인데 어찌 군자가) 농사를 배우고자 하느냐?"고 말하였다.[225)]

위에서 인식하듯, 번지가 그의 스승에게 농사짓는 방법 또는 채소 가꾸지 방법을 가르쳐 달라고 한 것은 공자의 입장에서 보면 번지의 뜻을 둔 바가 공자의 인간교육에서 일탈 되어 있음을 공자 자신이 유감으로 생각했음을 알 수 있다.

그러기에 공자는 번지가 없는 사이에 "소인이구나, 번지여!" 하며 유감의 뜻을 표하고, 자기는 먼저 도덕정치를 하여 살기 좋은 나라를 만들어 놓으면 사방의 나라에서 백성들이 몰려들어 농사에 참여하게 될 것이므로 나라는 저절로 부강하게 될 것이라고 제자들에게 말한 것이라 할 수 있다.

또한 우리는 위의 공자와 번지의 대담에서 공자는 윗사람의 행동은 모방의 대상이 되어 그 밑에 있는 사람에게 영향을 미친다는 이른바 '감화(感化)'의 원리를 제시하고 있다는 것을 읽을 수 있다. 이 점은 오늘의 위정자들도 경청할 일이다. 위정자 자신이 치적을 내 세울 것이 아니라 실제 모범적인 행동과 국민들이 피부로 느낄 만큼 정치를 잘해간다면, 국민들은 정부를 믿고 따르게 되어 있다. 이같이 예나 지금이나 위정자의 도덕적 행위가 요구되는 것은 마찬가지다.

공자는 위에서 보듯, 어떤 산업적인 범주의 문제는 도외시하고 순수한 인문적인 성격의 문제에 대해서만 전심하였다. 그리하여 인간 그 자신을 교육하여 인간적 완성을 도모하는 일에만 힘을 기우렸으니, 공자에게 있어서 교육하는 일은 실로 중요한 과제였다.

---

225) 《論語》 '子路' 13 : "樊遲 請學稼 子曰 吾不如農 請學爲圃 曰 吾不如老圃 樊遲出 子曰 小人哉 樊須也 上 好禮 則民莫敢不敬 上好義 則民莫敢不服 上好信 則民莫敢不用情 夫如是 則四方之民 襁負其子而至矣 焉用稼."

정치에 있어서도 인간성을 도외시하는 정치는 참다운 정치가 되지 못하여 악정(惡政) 폭정(暴政)이 될 것이며, 인간다움이 없는 사회로 되어 메마르고 삭막한 세계로 전락할 것이다.

공자는 앞에서도 말했듯이, 염유와의 대담에서 '넉넉하게 하는 것(富之)' '가르치는 것(敎之)'이라 하여, 경제적인 부(富)를 먼저 말한 바 있다. 그리고 농공상의 방법을 떠나서 부성(富盛)하게 될 수는 없는 것이므로, 농공상의 산업 생활을 부인하는 것이 아니다. 그러므로 의식주의 문제가 없는 것은 아니지만 공자는 "군자는 도(道)를 구할 뿐 밥을 구하지 않는다. … 군자는 도를 염려하되, 가난을 염려하지 않는다."[226]고 하였고, 또한 "사람에게 있어 인(仁)은 물과 불보다 더욱 중요하다."

여지껏 물이나 불 속에서 들어 죽는 사람은 보았으나, 인을 좇다가 죽었다는 사람은 보지 못했다."[227]라고 말하였다. 그러므로 인간으로서 인간의 도리를 밝히고, 인간적인 성숙성을 도모[228]하는 것이 주된 임무라 할 것이다. 여기에 인간의 덕성을 함양하는 '존심양성(存心養性)'의 문제가 있다. 여기서 존심양성이란 인간이 원래 가진 본심(本心)을 보존하여 인간의 본심 속에 내재한 사악한 기운을 제거하고 인간의 본성을 회복하고자 하는 수양공부이다.

공자는 교육을 통하여 윤리도덕이 살아 숨 쉬는 사회를 실현하고자 하였다. 이와 같은 사회는 힘으로 다스리거나 법이나 형벌과 같은 강제수단으로 다스리는 것이 아니라, 덕(德)으로 다스려야 한다. 그리하여 공자는 말하기를 "법으로 이끌고 형벌로 다지면 백

---

226) 《論語》 '衛靈公' : "子曰 君子謀道 不謀食 (耕也餒在其中矣 學也 祿在其中矣) 君子憂道 不憂貧."

227) 《論語》 '衛靈公' : "子曰 民之於仁也 甚於水火 水火 吾見蹈而死者矣 未見蹈仁而死者也."

228) 《論語》 '爲政' : "子曰 道之以政 齊之以刑 民免而無恥 道之以德 齊之以禮 有恥且格."

성들은 형벌을 피하고자 할 뿐이요, 부끄러워하는 마음이 없어진다. 그러나 덕으로 이끌고 예로써 다지면 부끄러움을 느끼고 또한 착하게 된다."고 하였다. 공자는 이와같이 덕치(德治)와 예치(禮治)로써 천하유도(天下有道)의 사회를 실현하고자 하였다.

천하유도의 사회에서는 제나라 경공(景公)이 정치에 관하여 물었을 때, 공자는 "임금은 임금답고 신하는 신하답고, 애비는 애비답고 자식은 자식다워야 한다."[229]고 대답한 것처럼, 그런 자기의 직분을 넘어서 권력을 행사하거나 찬탄한 일이 없고, 사회의 제도와 규범, 그리고 공권력의 행사가 공주(公主)에 의하여 이루어질 것이다. 이를 흔히 '정명' 사상 또는 직분(職分)사상이라고 한다.

우리는 지금까지의 논의한 바에서 인식할 수 있듯, 공자에 있어서 교육이념은 개개인 속에 함유되어 있는 만인에게 공통된 가치를 확인하고 인간의 본래적 생명을 실현케 하려는 것이며, 그렇게 함으로써 상호이해하고 조화할 수 있는 바탕을 구축하려는데 있다 할 것이다.

2. 자주(自主) · 봉공(奉公)을 주된 가치로 하는 인도주의 정신의 배양

인간은 현실 속에서 생활을 전개해 가는 역사적 · 사회적 존재이다. 공자는 이러한 사실을 인식하고, 인간의 존엄성과 사람들이 살아가는 사회현실에 대하여 깊은 관심을 가졌다.

공자는 '위기지학(爲己之學)'[230]을 주장하였다. 바로 진정한 학문이라는 것은 자아(自我)의 성찰과 각성(覺醒)에 있다고 보고 있

229) 《論語》 '顔淵' 11 : "齊景公問政於孔子 孔子對曰 君君 臣臣 父父 子子."
230) 《論語》 '憲問' 25 : "子曰 古之學者爲己 今之學者爲人."

다. '자기를 위한다.(爲己)' 는 것은 결국 자신의 참다운 길을 찾아 가는 길이므로 자기를 위한 것이다. 자기를 위한 학문을 완성하고 나면 저절로 남에게 참다운 삶의 모습을 제시할 수 있는 능력이 생기므로, 결과적으로 다른 사람을 깨우치게 되지만 자신의 참된 삶이 무엇인지 깨닫지 못한 사람은 다른 사람을 깨우치려고 하여도 되지 않는다. 그러므로 '위기(爲己)' 란 자기만을 아는 이기주의가 아니라, 참다운 주체의 확인이요, 남과 내가 함께 성립할 수 있는 뜻에서 자주성의 확립이라는 것이다.

이와같이 각성된 자아(自我)는 그 속의 만인 공통의 근원적 존재를 마음속 깊이 인정케 되는 것으로, 이것이 다름 아닌 '천명지성(天命之性)' 이요, '성리(性理)' 이며, '천리(天理)' 이다. 그 진실성은 지역과 민족과 혈연을 넘어서는 것이며, 그것은 동시에 어느 국가, 어느 민족에게도 타당성을 갖는 것이다.[231]

공자는 안연(顔淵)이 '인(仁)' 을 물었을 때, "'극기복례(克己復禮)' 즉 자기를 극복하여 예(禮)로 돌아가면 인(仁)이 되는 것이니, 하루만이라도 자기를 극복하여 예로 돌아가면 천하가 인으로 돌아간다."[232]고 하였다. 그는 또한 "덕 있는 사람은 외롭지 않다. 반드시 이웃이 있다."[233]고 하였다. 이와같이 인(仁)의 주체적 성격은 고유한 것이지만, 자주, 독립적인 개인은 동시에 사회성을 갖는다.

중궁(仲弓)이 인(仁)을 물었을 때, 공자는 "사회에 나아가 사람을 사귈 때는 큰 손님을 만난 듯 경건하고, 백성에게 일을 시킬 때는 큰 제사를 받들 듯하여라."[234]고 하였다. 이것은 인간사회에 있

---

231) 柳承國 外3 共著, 같은 책, 174면.
232) 《論語》 '顔淵' 1 : "顔淵問仁 子曰克己復禮爲仁 一日克己復禮 天下歸仁焉."
233) 《論語》 '里仁' 25 : "子曰德不孤 必有隣."
234) 《論語》 '顔淵' 2 : "仲弓問仁 子曰出門如見大賓 使民如承大祭."

어서 상호간의 존경과 신뢰의 정신을 더 할 수 없이 강조한 것이라 하겠거니와 《논어》에서도 이미 "백성들에게 널리 베풀어 많은 사람을 구제한다.(博施濟衆)"[235]라든가 "널리 여러 사람을 사랑하되, 더욱 인자를 가까이 할 것이니라.(汎愛衆 而親仁)[236]든가" 《자기》 신을 닦아 백성을 편안케 한다.(脩己而安百姓)[237]라 하여 대중과 인류를 사랑한다고 하는 사상이 제시되어 있다.

그리고 이러한 인류애와 인간 존엄 사상은 고유한 것이지만 그 출발에 있어서는 가정에 있어서 효도와 형제 간의 우애의 정신에서 발단하는 것임에 주의하고 있다. 그리하여 그것이 사회적으로 민족과 인류에게 전개 확장되어 가야 한다는 것이다.

이와 같이 사랑과 평화의 표상인 경애(敬愛)의 정신은 가정으로부터 민족과 인류사회로 연결, 확산되는 인도주의(仁)로서 나타난다. 그러나 다른 한편으로는 인간 생명의 존엄성을 몰각(沒却)하고 평화를 파괴하는 행동거지에 대해서는 단호하게 항거하고 투쟁하는 정의(正義)의 정신(義)을 발휘한다.

역사를 통하여 적극적으로 인도 정신을 발휘하고, 수많은 지사인인(志士仁人)을 배출하였던 사실은 인간애에 기반을 두고 자주정신과 봉공(奉公)의식을 고취함으로써 이루어진 것이라 할 것이다.

---

235) 《論語》 '雍也' 28 : "子貢曰 如有博施於民 而能濟衆如何 可謂仁乎 子曰 何於仁必也聖乎 堯舜其猶病諸."

236 《論語》 '學而' 6 : "子曰 弟子入則孝 出則弟 謹而信 汎愛衆 而親人 行有餘力 則而學文." 여기서 '문(文)'이라는 것은 육경(六經) 즉 시, 서, 예, 악, 역, 춘추를 가리키고 있다.

237) 《論語》 '憲問' 45 : "子路問君子 子曰 脩己而敬 曰 如斯而斯乎 曰 脩己而安人 曰 如斯而已乎 曰 脩己而安百姓 堯舜 其猶病諸."

3. 전통문화의 계승과 창조

인류 역사를 통하여 어느 국가, 어느 민족이든지 각각 다른 문화의 전통을 가지고 있다. 문화의 전통은 살아온 자취요, 그 수준을 보여주는 것이기도 하다. 이같이 전통(傳統)은 사회에 있어서 관습적으로 내려오는 인간의 행위를 말한다. 여기서 '관습적'이라 함은 이념적인 것이 자연 속에 침전된 것을 말한다. 즉 이념이 역사적 사회 따라서 역사적 사회의 일부분인 개인의 신체 속에 가라앉아 객관적인 형태로 존재하는 동시에 주관적인 형성의 계기로 존재한다는 뜻이다. 그것은 원래 초월적인 동시에 내재적이요, 객관적인 동시에 주체적이기 때문에 창조력을 내포한다. 즉 전통(傳統)이라 함은 창조력을 갖는 관습이다. 이념 즉 창조력이 결여된 것은 단순한 유물이지, 전통은 아니다.[238)]

공자는 군성(羣聖)을 집대성한 분으로 요, 순, 우, 탕, 문, 무, 주공의 도통(道統) 연원을 일컫는 바이지만, 공자 자신이 '술이부작(述而不作: 전술했을 뿐이지 짓지 않음)'[239)]이라 하여 스스로 창조보다는 전통을 계승하는 것으로 말한 바 있다. 이런 점에서 보면, 우리는 공자의 전통 존중의 사상을 충분히 인식할 수 있다. 그러나 단순히 전통에 맹종하거나 단순한 복고주의(復古主義)가 아니고, 전통의 위에 창조를 더 했던 것이다. 단순하게 '술이부작'을 표면적으로 받아들여서는 안 된다.

또한 공자의 '온고이지신(溫故而知新; 옛것을 파악하여 새로운 것을 알다)[240)]이란 말이 표현하고 있듯이, 스승의 역할은 사람들에게 바람직한 삶의 방법을 제시하는 것인바, 그러기 위해서는 앞으

238) 李恒寧 著, 再改訂版《法哲學槪論》, 博英社, 1992, 261면.
239)「論語」'述而' 1: "子曰 述而不作 信而好古 竊比於我老彭."
240)《論語》'爲政' 11 : "子曰 溫故而知新 可以爲師矣."

로 다가올 일을 파악하여 그것에 대처할 수 있는 능력이 있어야 한다.

앞으로 다가오는 것은 과거에서 현재까지 이어진 흐름의 연장이므로, 과거에서 현재에 이르는 흐름의 방향과 법칙을 파악한다면, 다가올 일을 예측할 수 있고, 따라서 그것에 대처할 수 있게 된다. 과거의 사실을 단순히 암기하여 학생들에게 전달하는 것만으로는 교사의 자격이 없는 것이다. 그리하여 공자는 전통을 충분히 이해할 수 있는 '온고(溫故)'와 그것을 토대로 하여 새로운 것을 찾아낼 수 있는 '지신(知新)'의 두 측면을 아울러 말하였음을 볼 수 있다.

실제로 공자는 "도(道)는 사람에게서 멀지 않다."[241]라고 하였다. 인간생활의 구체적인 사회현실과 무관한 것이라면, 그것이 어떠한 진리, 또 문화 내용이라 하더라도 무의미한 것이 되고 만다. 그러므로 문화의 전통은 시간의 변동에 따라 적의(適宜)하게 재창조되어야 하며, 또 그렇게 되어 온 것이라 보는 것이다. 공자는 이것을 '손익(損益; 가감)'이라는 말로 표현하였다.

공자에 의하면, 하(夏)·은(殷)·주(周)의 제도가 모두 특색이 있었으니, "은(殷)"의 예(禮)는 하(夏)의 예를 기초로 하여(因) 된 것으로서 필요에 따라 '손익'한 것이며, 주례(周禮)는 은례(殷禮)를 말미암아 이루어진 것으로서, 또한 은례를 손익 하여 이루어진 것이라고 하였다. 그리하여 '손(損)'하고 '익(益)'하는 원리를 알 수 있다. 그 누가 주(周)를 계승한 자가 있다면, 백세 후의 것이라도 알 수 있을 것"[242]이라고 하였다.

이와 같은 공자의 말은 새롭게 만든다고 하더라도, 그것은 공허

241) 《中庸》 '第3篇 道의 作用' : "子曰 道不遠人 人之爲道而遠人 不可以爲道."
242) 《論語》 '爲政' 23 : "子張問十世可知也 子曰殷因於夏禮 所損益 可知也 周因於殷禮 所損益 可知也 其或繼周者 雖百世 可知也."

한 데서 출발한 것이 아니라, 전통을 토대로 하여 새롭게 발전한다는 뜻을 말해 주고 있다. 여기서 전통과 창조의 밀접한 관계가 분명해지고 있다.

이상과 같이 서술하는 과정에서 볼 때, 문화적 전통은 귀중한 것이며, 연속적이라는 것을 인식할 수 있다. 그런데 전통은 하나의 생활유형(生活類型)에서 염원하여 형성되기 때문에, 그것은 과거의 유물이 아니고, 현재에 살아 있고 또 미래에 대하여 창조력을 발휘할 수 있으면서, 생활유형이 내포하고 있는 특수성을 가지고 있는 것이다. 이런 의미에서 본다면, 공자는 전통과 창조의 중요성을 우리에게 제시해 주고 있다 할 것이다.

이상에서 기술한 바와 같이, 공자는 교육이념을 인본주의 기초 위에서 다음과 같이 제시하고 있다. 즉, 그 첫째는 인격(人格)을 갖춘 인간교육, 둘째는 자주 · 봉공을 주된 가치로 하는 인도주의 정신의 배양, 셋째는 전통문화의 계승과 창조이다.

제4장 교육목적

제1절 교육목적의 인식

교육목적은 그 자체가 유목적적(有目的的)이기 때문에 거기에는 반드시 의도하는 목적이 있다. 교육목적은 교육활동을 통하여 무엇을 달설할 것인가, 우리가 형성하고자 하는 인간상은 무엇인가에 관련된 것이다.[243] 따라서 공자의 교육목적은 그 시기 그 환경에서 왜 교육해야 했던가의 물음에 대한 것을 답을 해 줄 것이다.

그러나 우리는 교육 그 자체와 교육목적에 관하여 생각할 필요가 있다. 인간은 일익 성장하고 있다. 인간이 성장한다는 것은 생래적(生來的)적으로 소유하고 있는 소질이나 기능을 유효하게 활동시켜 개인적, 사회적으로 독립된 인간으로서 환경에 적응해 가는 일이다. 따라서 인간의 성장은 어떠한 방향을 향해 생명이 전개되어 간다. 그러나 이 경우 '어떤 방향'은 외부에서 설정된 것이 아니고, 인간 개체의 내부에서 전개되는 것이다. 그러나 인간의 성장과정에서 보여지는 이와 같은 것은 여기서 논의하려고 하는 교육목적으로는 생각할 수 없다. 이것은 오히려 '내재적 지향성'이라고 말해야 할 것이다.

교육을 사상적(事象的)으로 보면 하나의 수단이다. 교육목적은 결국 사회현실과 필요성에 따라 있게 되며, 즉 유용한 사람(개인적으로 말하면 건전한 사람)을 만들고, 환경의 개조와 발전을 도모하고 일반의 행복을 도모한다.[244] 그러므로 우리는 교육활동을 통하여 달성하려고 하는 것이 무엇이며, 내가 바라는 인간상은 어떠한 것인가에 뚜렷한 목표와 신념을 가지고 있어야 하며, 정확한 목적

243) 김경식, 개정판 《교육학개론》, 교육과학사, 2003, 61면.
244) 丘覺心, 《教育通論》, 臺灣 ; 商務印書館, 中華民國 65年, 52면.

의식의 인식이 필요하게 되는 것이다.

교육목적은 교육이 나아가야 할 기본적인 방향을 제시해 주는 지표와 같은 것이다. 즉, 교육목적은 교육활동의 의의와 추진력이 되고, 교육평가의 기준이 되며, 교육 일체의 실천과정에서 중핵적인 힘을 가지고 있다.

교육의 근본 목적은 인간을 양성하는데 있다. 교육사업의 실적을 가늠하는 기본적인 준거는 경제적인 수익의 다소에 있는 것이 아니라, 인재(人力)를 양성하는 수량과 질량과 그 질에 있다. 따라서 교육목표와 양성하려는 인재의 표준 문제는 교육의 근본적인 문제이며, 그것은 교육사업의 기본적인 출발점일 뿐만 아니라 교육사업의 최종목표이기도 하며, 교육내용을 선택하고 교육활동을 배정하고 교육효과를 검증하는 기본적인 준거이기도 하다.

교육목표와 양성할 인재의 표준은 반드시 일정한 사회생산력의 제약을 받기 마련이며, 사회발전의 객관적 수요를 구현하는 것으로 한 시대 · 사회적 상황과 한 사회계층의 주류적인 의식을 반영하고 있다.

공자가 생존했던 춘추시대 말기는 신 · 구제도가 격렬하게 부딪치는 시대였으며, 정치개혁의 물결이 거세게 일어나 대량적으로 정치적 인재가 필요한 시대였다. 공자는 비록 '유교무류(有教無類)'를 주장하였지만, 그 교육대상의 주체 성분은 '사인(士人; 선비)'이었다. 따라서 공자가 확정한 교육목표와 양성할 인재의 기준은 필연적으로 춘추시대 말 사인(士人) 계층의 정치적 속성 및 정치개혁, 사회발전은 '정치적 엘리트'에 대한 급박한 수요를 구현하기 마련이었다. 공자는 자신의 교육적 이상과 교육이념에 따라 '사인(士人)'을 양성하였던바, 이른바 신흥 정치세력의 신속한 발흥을 적극적으로 추진하였다.

제2절 공자의 교육대상과 교육목표

일반적으로 말한다면, 교육목표와 양성할 인재 기준의 확정은 필연적으로 사회발전과 밀접한 관련이 있는바, 최종적으로 사회 수요에 따라 결정된다. 따라서 우리가 공자의 교육이념을 이해하려면 반드시 공자가 처했던 시대적 상황을 인식할 필요가 있다. 그것은 무릇 사상과 제도라는 게 그 시대적 상황을 반영하고 있기 때문이다.

공자가 창설한 유가 사학(儒家 私學)은 그 교육목표와 양성할 인재 기준을 확정할 때 다음과 같은 두 가지의 영향을 받았다.

첫째, 신 · 구제도의 격렬한 충돌, 정치적 국면의 문란, 개혁 물결의 거셈과 함께 당시 시대적 상황은 정치적 엘리트를 원하고 있었다는 점이다.

우리는 제1장에서 공자의 시대적 배경을 개략적으로 인식한 바 있지만, 춘추시대는 신 · 구제도가 격렬하게 충돌하고 있었기 때문에 서주(西周)[245]와 동주(東周)가 시작된 춘추시대를 이해해야 할 것이다.[246]

정복사업을 주도한 문왕(文王)과 무왕(武王)은 고대 서양으로 치면 필립이나 알렉산더 대왕 못지않게 칭송되는 군주였다. 또한 무왕이후 제상의 위치에서 주나라의 영역을 확대시킨데 공헌한 주공

245) 주(周)왕조는 시대적으로 보면 호경(鎬京)을 도읍으로 한 약 300여 년간의 서주시대(서기전 1100년~서기전 771년) 와 북방 소수민족 견융(犬戎)의 침략으로 그 근거지를 낙양(洛陽)으로 옮긴 이른바 주실(周室) 동천(東遷) 이후 이른바 동주(東周)시대(서기전 771년~서기전 221년)로 구분된다. 그리고 동주시대는 그 전기인 춘추시대(서기전 771년~서기전 453년)와 그 후기인 전국시대(서기전 453년~서기전 221년)로 구분된다.

246) 서주와 춘추전국시대의 정치적 상황, 사회제도, 교육상황을 좀 더 구체적으로 이해하기 위해서는 김경식, 《중국교육전개사》, 문음사, 2006, (2007년도 대한민국 학술원 기초학문육성 우수도서 선정), 문음사, 49~108면, 참고 바람.

(周公)은 탁월한 정치가로서 최대의 추앙을 받았다. 서주의 문물제도가 확립을 보게 된 것은 주로 주공에 의함이 컸다.

서주의 문물제도는 상고시대에 발전된 문화의 집적으로, 중국의 전통에 있어서는 실재하는 이상적 제도로서 간주 되고 있다.[247]

주대는 중국의 전통사회에 있어서 이상국가로 간주 되는 것이 중국인의 관념인 이상, 주대의 특징적인 제도를 이해한다는 것은 필요한 일이 아닐 수 없다.

주대의 특징적인 것은 서주의 정치, 사회 제도에 근간을 이루고 있는 봉건제도(封建制度)[248]이다. 주의 사회는 가족제도의 중요한 부분으로 종법제도(宗法制度)[249]로 일관하고 있었다. 이 가정의 승계라는 종법제도를 정치에까지 확대하여 천하 전체를 가정화(家庭化)시켰다.

서주시대의 토지제도는 공전제(公田制)와 정전제(井田制)를 줄곧 운용하여 개인의 사전제(私田制)를 인정하지 않았다.

주대에는 은대(殷代)와 같이 모두 신정정치(神政政治)이기는 하였으나, 은대와 같이 주술(呪術)에 의한 결정론과는 달리 '천명

247) 《論語》 '爲政' 23 : "子曰 殷於夏禮 所損益可知也 周因於殷禮 所損益可知也 其或繼周者 雖百世可知也"

248) 중국의 봉건제도는 이미 은대(殷代)에 발아하여 서주에 이르러 확립된 제도이다. 이 제도는 지배계급과 피지배계급의 피라미드 형태를 갖추었다. 지배계급 계층은 천하를 천자(天子), 공(公), 후(侯), 백(伯), 자(子), 남(男)으로 나눈 5등급과 하나의 제후국(諸侯國)을 또한 군(君), 경(卿), 대부(大夫), 상사(上士), 중사(中士), 하사(下士)로 나눈 6등급으로 이루어졌으며, 피지배계급은 서민과 노예로 이루어졌다. 이러한 주의 봉건제도의 특색은 제후국의 자치권을 허락하여 정치적 독립을 인정하고 세습되었다는데 있다 할 것이다.

249) 종법제도는 조상의 종묘(宗廟)를 중심으로 형성된 동일 혈족의 제사조직이다. 동 제도는 조상의 종묘를 중심으로 형성된 동일 혈족의 원, 근을 근거하여 적서(嫡庶), 친소(親疎)를 구별하는 일종의 등급제도이다. 주의 봉건제도는 종법에 의하여 유지되었다.

(天命)' 사상[250] 지배하였다. 이것은 반드시 일정불변한 것이 아니라 후천적인 행동 즉 수양(修養)을 쌓고 도덕의 실천으로 어느 정도 바꿀 수 있다고 생각 되었다. 또한 주대에는 애초 주의 종법질서를 위한 예(禮)문화의 기초가 확립되기에 이르렀으나 예문화는 독자적인 것으로 중국 유교(儒敎)의 기원을 이루기도 하였다. 주의 통치자들은 '천명'에 근원한 예제(禮制)를 인식하고 예제를 준수하는 것도 '경덕(敬德)'이며, 오직 경덕에는 '보민(保民)'과 귀족을 전제를 할 수 있을 뿐이었다.

이러한 서주시대에는 중국 상고사회의 교육 발전의 중요한 시기이다. 서주의 교육은 하·은의 교육의 많은 전통을 계승했을 뿐만 아니라 독자적으로 특색 있는 유형을 형성하였다. 위에 말한 '경덕', '보민' 사상은 서주의 교육을 좀 더 유익한 방향으로 끌고 갖음은 물론 다음에 도래할 춘추시대 유교교육사상(儒敎敎育思想)의 창건에 중요한 사상적 자료를 제공해 주었다.

서주는 예악(禮樂)을 핵심으로 하는 교육내용을 형성하였다. 이러한 내용은 점진적으로 심화 발전하여 비교적 완비된 육예(六藝) 교육과정의 체계를 형성하였으며, 중국 상고시대 교육의 내적 기초를 다졌다. 그 후 공자를 위시한 선진 유학파의 계승과 발전을 거쳐 중국에 있어서 수천 년간 봉건적 교육에 심원한 영향을 주었다.

서주 교육의 특색은 첫째로 정치, 도덕, 교육의 합일성에 있었

250) 주 왕실의 천명사상 수용은 단순히 주의 은대에 대한 무력적 정벌을 합리화시키고 은의 유민을 포섭, 동화하는데 성공했던 것만은 아니다. 더 나아가 천명사상은 주와의 천자로서의 승화, 주 왕실의 신싱성과 합법성 그리고 주 통치의 유일성을 확립하는데 결정적인 역할을 하였다. 그리고 주왕 및 주왕실의 이와 같은 카리스마적 요소는 제후, 대부 등 지배층인 귀족과 서민에게 깊이 스며들었으며, 그 결과로 주 왕실의 정치 군사력이 약화되었던 춘추시대에도 주왕실의 이와 같은 카리스마적 권위와 위엄은 도발 받지 않았다. 그리고 '천(天)' '천명(天命)' '천자(天子)' '천하(天下)'로 형성된 제왕사상과 중국 위주의 세계관 확립한 이후 역대 군주에게 전승되어 중국 역사 형성에 깊은 영향을 끼치게 되었다.

다. 이는 《주례(周禮)》에 근거해서 보면 서주 사회에 있어서는 교육과 도덕의 색채를 띠고 있었기 때문에 학재관부(學在官府)의 상황이었다. 그 결과 오직 관에서만이 교육기관이 있고 학술도 민간에 존재하지 않았기 때문에, 전문지식을 학습하고자 하려던 관부(官府)에 있어서만 가능했다.

이와 같은 제도를 운용하여 상고 사회의 모범으로 나오던 주나라도 서기전 771년 유왕(幽王)이 통치집단 내부의 한 차례의 난 속에서 피살되어 서주가 몰락하자, 그의 아들 평왕(平王)이 그다음 해 일부 제후의 도움으로 낙양(洛陽)에서 왕조의 명맥을 유지하는데 일단은 성공했다. 이리하여 동주시대는 막을 열게 되었고, 이로부터 춘추시대 약 300백 여 년이 시작된다. 이후 주의 천자는 실권하게 되고, 예와 악은 파괴되었으며, 학(學; 교육)은 사이(四夷)의 수중으로 넘어갔고, 정치는 제후의 분열상을 가져왔다.

당시 정치적 구심점의 부재는 필연적으로 그들 상호간의 부단한 군사행동의 충돌을 유발하였고, 동시에 중원(中原)의 제 민족에 대한 이민족의 위협도 가중 되었다. 이러한 상황은 정치적 개편을 요구했으며, 대제후국을 중심으로 세력의 계열화가 진행되었다. 이것이 '존왕양위(尊王讓位)'와 '절대멸망(絕對滅亡)'의 명분을 내세운 '패자(霸者)'[251]에 의한 질서였다. 이것은 바로 종법질서를 통한 혈연의식을 매개로 성립했던 서주의 봉건제가 붕괴 되었다는 것을 의미한다.

춘추시대에는 중국의 영토국가로 정리, 통합되어 가던 과정이었다. 그리하여 제후국이 자립화를 가속하여 읍제(邑制)국가의 단계를 벗어나 열국(列國)으로 변모하여 한결같이 주권영토국가로 발

251) '패자'는 주왕(周王)의 권위가 실추된 기회를 이용하여 제후들을 규합하여 세력을 과시한 제후를 말한다. 패자는 주왕에 대한 충성을 명분으로 삼았지만, 이들의 출현은 혈연과 신분에 의존했던 기존의 권위와 질서 붕괴됨을 의미한다.

전하는 과정에서 벌어진 열국의 항쟁은 치열했다. 이리하여 춘추 시대에 접어들면서 사회의 혼란상은 가중되어 갔다.

서주의 봉건제는 해체과정에 들어간 결과 종래의 씨족적 질서 속에 매몰되었던 개인(個人)이 해방되어 자유로운 계약관계를 맺기도 했고, 종래 인간 사유의 구조를 지배했던 주술적(呪術的) · 신정적(神政的) 세계관은 인간 중심의 합리적 사고의 세계관으로 대체해 갔으며, 그것은 마침내 제자백가(諸子百家)로 꽃을 피우기도 했다.

제자백가의 사상 중 당시 사회나 후대의 중국에 끼친 영향을 고려할 때, 대표적인 사상으로는 유가(儒家), 묵가(墨家), 도가(道家), 법가(法家), 음양가(陰陽家)일 것이다. 그 중 특히 유가의 공자(孔子)는 후대의 중국인들에게 신(神)과 대화하지 않는 합리주의자로서의 모범을 보여주었다는 점에 공로가 있다 할 것이다.

전국시대가 시작되는 4년 전까지 살았던 춘추 말기의 공자는 서주의 문화를 동경했지만, 통치권에서만은 중앙집권(中央集權)을 주장했다. 제후의 활거, 상호 겸병의 사회적 국면을 두고 그는 개탄하기를 "천하에 도가 있으면 예악과 정벌의 대권이 천자로부터 발동되고, 천하에 도가 없으면 예악과 정벌이 제후로부터 발동된다. 제후로부터 발동되면 대략 십대(十代 :필자주: 약 300년)로서 망하지 않음이 없고, 대부로부터 발동되면 오대(필자 주; 150년)로서 망하지 않음이 없고, 가신이 국권을 잡으면 삼대(필자 주; 90년)에 망하지 않음이 없다. 천하에 도(道)가 있으면 정사가 대부(大夫)의 손에 있을 리 없고, 천하에 도가 있으면 서민들이 논란하지 않는다."[252]고 하였다. 이것은 당시 국가와 사회의 혼란상을 보

252) 《論語》 '季氏' 2 : "孔子曰 天下有道而則禮樂征伐 自天子出 天下無道則禮樂征伐 自諸侯出 自諸侯出 蓋十世希不失矣 自大夫出 五世希不失矣 陪臣執國命 三世希不失矣 天下有道 則政不在大夫 天下有道 則庶民不議."

고 자기의 생각을 표명한 것이라 하겠다.

공자가 개탄한 위의 말에서 "천하에 도가 있다"는 말은 천자가 백성의 뜻을 실현하고, 제후가 그 천자의 뜻을 따르고, 대부는 제후의 뜻을 따르며, 대부의 가신은 대부의 뜻을 따름으로써 모두가 한뜻이 되는 상태를 말한다. 즉 천하에 도가 있다는 것은 천자를 중심으로 모든 사람의 뜻이 하나로 된 것을 말하므로, 천하에 도가 있을 때는 대부들이 정치를 전횡하지 않고, 서민들이 정치의 잘못에 대해서 논란할 일이 없어진다는 것이다.

공자는 또한 정권의 하향 이동은 천자의 윤허가 필요 없으며, 제후는 각 지역의 예악, 정벌에 관련된 대사를 결정할 수 있는바, 이와 같은 혼란스러운 국면은 사회 · 정치 생활의 일상 상황이 아니라고 주장했다.

이 시기 각 제후는 자신들의 경제, 군사력을 신속히 확대하기 위해 각기 자신의 관할 구역 내에서 정치개혁을 실시하였다. 사료(史料)에 의하면, 제(齊)나라의 개혁이 제일 빨랐다. 제환공(齊桓公)은 '공전제'를 폐지하고, 토지의 비옥도에 따라 세금의 경중을 확정하였다. 뒤이어 노(魯)나라는 선공(宣公) 15년에 '초세무(初稅畝)'를 실시했다. 이어 각 제후는 연이어 이를 모방하여 공전제, 정전제를 폐지하고 개인의 농경지 재산을 발전시켜 사전(私田)의 세금을 추가 징수하였던바, 정치개혁의 바람이 불었다. 이 시기의 사회 생산력은 매우 큰 발전을 이루어 사유재산을 소유하게 된 사회계층의 세력이 빠르게 성장하였다.

당시 사회 정치개혁은 죽음도 두려워하지 않는 용감한 사람이 필요했고, 시대는 정치적 엘리트를 부르고 있었다. 공자 역시 '학현수능(學賢授能)'을 주장했던바 '현명하고 유능한' 정치적 인재를 양성, 추천, 임용케 하여, 그들이 개혁을 주도, 실시하여 사회 정치형태의 점진적 최적화를 실현할 것을 호소하였다. 이른바 새로운 '정치 역량'을 양성하여, 당대 각 제후의 전략적 선택을 이루고자 하였다.

둘째, 당시의 '사인(士人; 선비)'는 새로운 계층으로 신속하게 일어나고 있었다. 사인계층의 어깨 위에는 역사적으로 사회개혁을 단행하여 새로운 사회제도의 건립이라는 과제가 놓여 있었다.

사인(士人)의 개념[253]은 시대에 따라 상이하였다. 선진(先秦)의 경우를 든다면 예컨대 '대장부'를 가리키는 것《시경》, 은(殷)의 유민(遺民)을 가리키는 것《상서》, 군인을 가리키는 것《주례》, 대부 아래의 최하층을 가리키는 것《좌전》, 관료의 예비진 지식인을 가리키는 것《예기》 등 여러 가지가 있다.

우선 인식해야 할 것은 서주시대의 사인이다. 사인은 서주시대에는 귀족에 속했지만 그 지위는 낮았다. 그 밑에 서민과 노예가 있을 뿐이었다. 사인은 하나의 고정된 등급으로 변경될 수가 없었으며, 사인의 구성 근원은 매우 복잡하였다. 사인계층에 유입되는 사람은 점점 많았고, 어느 경우는 상층귀족 자제 중 분리되어 사인으로 하강하기도 하였다.

사인의 적장자는 사인을 계승할 수 있고, 기타 서열은 서민으로 하강했다. 그러나 서민 중의 우수한 자는 '선사(選士)'와 '공사(貢士)'를 거쳐 사인으로 승진되었지만, 이것은 서민들의 사인으로의 사회계층의 상승이동이라 할 것이다.

그러나 우리가 여기서 인식하고자 하는 것은 '사인'은 지식을 배경으로 하여 지배층의 일원으로 자임하며, 정치에 참여하거나 참여를 요구하는 사람 즉, 지식인 관료 및 관료 예비군을 의미한

253) 사인(士人)에 대하여 좀 더 구체적으로 이해하기 위해서는 김경식, 같은 책, 85~89면 참조.

다. 사인은 중국의 전통문화상 아주 중요한 역할 수행을 하였다. 공자 이래 2천수백여 년 동안 사인 층은 교육을 주관하였고, 정치를 영도하였으며, 문화를 연속시킨 중요한 지위를 점유하여왔다.

사인의 개념은 시대 · 사회적 변천에 따라 그 표현은 다르다 하더라도 어느 시대를 막론하고 관철되는 공통적인 정신이 있다. 그것은 인문(人文) 본위의 입장에 서서 과거의 전통에 의거하여, 인간의 사회성을 발휘하여 하나의 이상적 경지에 도달하려고 함에 있었다는 점이다.[254]

춘추시대 '사인(士人)'을 구성하는 근원은 대체적으로 다음과 같이 3가지가 있다.

하나는 몰락 귀족의 자녀들이다. 이들은 일반적으로 모두가 비교적 정규적인 교육을 받았으며, 각종 전장제도(典章制度)를 연구하고 또한 각종 예의의 실제 기능을 소유하고 있었다. 그러나 정치적 지위의 하강으로 인하여 경제적으로 곤란하였다. 예컨대 공자는 송(宋)나라 귀족의 후예였다. 그러나 어렸을 때는 '가난하고 천하였으며' '다능해도 보람이 없었으나' 육예(六藝)에는 정통하였던 바, 이는 일류의 '사인'으로 대표되었다.

둘은 원래 주(周)왕실의 사예악(司藝樂)의 관원이 민간에 유입되었던바, 예컨대 일찍이 주왕실의 수장실(收藏室)의 사관(史官)이었던 노자(老子)는 이러한 류의 전형적인 사인이었다.

셋은 농 · 공 · 상 등 서민계층이 상승 이동한 경우이다. 목수 출신의 묵자(墨子)는 노나라에서 예를 배우고, 초(楚), 제(齊), 위(衛)나라 등에서 유세하였으며, 일찍이 송나라에서 출사하여 사인 계층에 진입하였다.

사인들의 신분적 변화로 그의 사회적 작용도 커져갔다. 《사

254) 胡美琦, 《中國教育史》, 臺灣, 三民書局, 中華民國 67年, 15면.

기》에 의하면 "자공(子貢)"[255]이 노나라를 떠나 다시 돌아오면서 노나라를 보존하고 제(齊)나라를 어지렵히고, 오(吳)나라를 격파하고, 진(晉)나라를 강하게 하고, 월(越)나라를 패자(覇者)로 만들었다. 즉 자공이 한번은 사신이 되어 여러 나라를 돌자 각국의 형세가 바뀌었고, 10년 동안에 노 · 제 · 오 · 진 · 월 등 5개국이 모두 변혁하기에 이르렀다."[256]고 기술하고 있다. 또 《사기》에 이르기를 "신불해(申不害)는 경현(京縣) 사람이다. 본래 정(鄭)나라의 미천한 신하였으나, 형명과 법술을 배워 한(韓)나라의 소후(昭侯)에게 등용되기를 바랐다. 소후는 그를 등용하여 재상으로 삼았다."[257]

이러한 사례에서 보듯, 바로 사인의 정치적 역량이 상승하였음을 인식할 수 있다.

사인의 사회적 작용은 크면 클수록 그에 상응하는 사회적 지위도 비례하였다. 사인의 군주에 대하여 말하면 한층 더 일종의 사우(師友): 옛날 임금을 가르치고 보좌하던 관직) 경우와 같았다. 예현하사(禮賢下士)는 당시 각국이 유행이었고, 군주들은 사인에 대하여 손님과 주인의 예(賓主之禮)의 관계로 또는 이름 있는 사인을 스승으로 접대하는 경우도 있었다. 이런 경우는 사인의 사회적 지위를 제고한 것이라 하겠다.

당시의 사인은 그의 사회적 지위나 품격이 여러 층이었으나, 대부분 모두 능력 있고 학문이 깊은 자들로 완전히 뜻을 이룬(得志) 자로서 개인적으로는 정치개혁을 주장하였다. 그러기 때문에 제후

---

255) 공자의 대표적인 제자의 한 사람으로 재아(宰我)와 더불어 변론에 능했다고 한다.

256) 《史記》 '仲尼弟子列傳' : "子貢一出 存魯 亂齊 破吳 强晉而覇越 子貢一使 使勢相破 十年之中五國各有變."

257) 앞의 책, '老莊申韓列傳' : "申不害者 京人也 故鄭之賤臣 學術以干韓昭侯 昭侯用爲相."

들은 사인을 빈객(賓客; 손님)으로 대하여 우대하였으며, 사인은 제후에 대하여 인의도덕(仁義道德)이나 부국강병의 도로써 정치할 것을 주장함으로써 보답하였다.

사인의 공헌은 그들은 당시의 정국에 영향을 주었을 뿐만 아니라 세경(世卿), 세록(世祿)의 불평등한 제도를 동요 시켰음에 있었다. 더욱이 중요한 것은 그들은 귀족의 학술문화를 전파, 확산시켜 각종 사조, 유파를 형성하여 중국의 봉건적 전통문화의 발전을 위하여 견실한 기초를 쌓았다는 데 있다 할 것이다.

우리는 지금까지 공자가 생존했던 춘추시대 말기 신 · 구제도의 격렬한 충돌과 정치적 국면의 문란 그리고 개혁 물결이 거센 상황으로 시대가 정치적 인재를 요구했고, 한편으로는 사인계층은 하나의 신흥세력으로 급속히 일어나고 있었다는 것을 기술해 왔다.

이러한 두 가지 중요한 요소의 영향하에서 공자는 유가사학(儒家私學)을 창설하였다. 그는 '사학(私學)'이라는 거점을 이용하여, 자신의 정치적 주장을 선전하고, 사람들을 자신의 문하에 모집하여 자신의 정치적 이상에 따라 하나의 새롭고도 현실적인 사회 정치적인 인재를 양성하고자 하였다.

공자에 있어서 교육의 주요 대상은 앞에서 기술해 온 '사인(士人; 선비)'이었다. 그의 제자 중 예를 든다면 사마우(司馬牛), 맹의자(孟懿子)는 귀족의 자제, 자공(子貢)은 부상(富商)의 자제인바, 그들은 모두 사인계층의 전통적인 신분이었다. 자로(子路)는 용감하고, 공야장(公冶長)은 예의를 알고, 안연(顔淵)은 배우기를 좋아하는 자이었던 바, 그들은 아마도 강자, 능력자일 것이므로 당시 각 제후국의 '선사(選士)'의 기준에 부합되며, 모두 '서인(庶人)'으로부터 사인(士人) 계층에 진입한 새로 나타난 세력이었다. 이로 보면 공자의 교육의 대상인 사인은 각양각색의 재능을 가진

자들이라고 볼 수 있다.

공자가 사인을 자신의 교육의 주요 대상으로 했다면, 그는 사인계층이 하나의 잠재적인 사회 정치세력이라는 객관적 사회현실을 무시할 수 없으며 또한 사인계층이 정치에서의 날로 증가하는 활약과 현실적으로 사회 정치세력의 정치적 요구를 반영하지 않을 수 없었다.

따라서 공자가 창설한 유가사학은 그 양성의 교육목표는 바로 사인계층을 신흥의 현실적 사회 정치세력으로 양성하는 것이었다. 그는 자신의 제자들이 수학이 끝난 뒤, 연구와 학문에 종사하여 어느 방면의 전문가나 학자로 되는 것을 바라지 않았다. 또한 자신의 제자들이 농사에 뛰어들어 생산노동자 등이 되는 것은 더더욱 바라지 않았다.

그는 시대적 발전에 순응, 사회의 요구에 적응하여 사인계층의 정치적 의도에 따르는 하나의 잠재적 정치적 세력을 양성함으로써 신흥의 현실적인 사회 정치세력 인재를 만들기 위함이었다. 솔직히 말해 공자는 일종의 새로운 정치적인 인재를 양성하고자 하였던 것이다.

공자는 앞에서도 말했듯이, 중앙집권을 주장하였다. 그는 "천하에 도가 없으면 예악과 형벌의 대권이 제후로부터 발동된다."든가 특히 '가신(家臣)이 국권을 잡는'는 사회, 정치상황에 매우 불만을 토로했으며, 정치권력의 하향이동은 물론 대귀족의 '가신' 즉 일부 '사인'의 정치권력에 대한 장악을 반대하였으며, 서주와 상고의 "예악과 정벌이 천자로부터 나오는" 사회제도의 회복을 주장하였다.

그러나 또 한편으로는 공자는 역시의 흐름을 막을 수 없음을 정확히 인식하고 있었다. 그는 아주 이성적으로 사인(士人)계층이 일종의 잠재적인 사회 정치세력으로서의 객관적인 존재라는 것을 직시하였고, 또한 사인계층이 정치무대에 등장하여 정치에 참여하는 주류가 되기를 바라고 있음도 직시하였다.

공자는 사인계층의 발전과 발흥에 대해 무작정적으로 저주나 저지한 것이 아니라, 반대로 적극적, 주동적으로 시대 발전의 흐름에 순응하여 '사인(士人)'을 자신의 주요 교육의 대상으로 하였던 것이다. 그는 자신의 정치적 주장과 이상적인 인재 기준에 따라 사인계층을 일종의 신형 통치자로 양성하기를 바랐고, 또한 이러한 신형 통치자가 새로운 정치적 품행을 구비하여 자신의 정치적 염원을 반영할 수 있으며, 자신의 정치적 이상을 실현하기를 희망하였던것이다. 이는 바로 객관적으로 새로운 사회 정치세력의 신속한 성장과 발흥을 촉진하였으며, 이로써 사회의 발전과 진보를 촉진하였다.

그 어떤 '신흥'의 사회 정치세력이라 할지라도 그 자체로서 이미 새로운 생산관계를 대표한다고 할 수 있는바, 그의 발전, 성숙, 발흥은 항상 사회의 발전, 진보와 밀접한 관계를 맺게 된다. 따라서 우리는 공자가 교육의 대상, 그리고 그 양성을 위한 교육목표를 확정한 역사의 진보적 의의를 정확히 인식해야 할 것이다.

이상에서와 같이 공자의 교육목표를 인식했다면 오늘날 우리의 교육목표에 투영하여 우리의 교육목표의 현실적인 반성도 필요할 것이다.

제3절 공자의 정치적 주장과 인재의 표준

공자의 정치적 주장의 핵심은 '인(仁)'과 '예(禮)'이다. 공자가 유가사학(儒家私學)을 창설한 것은 '사학(私學)'이라는 거점을 이용하여 일종의 정치적 인재를 양성하기 위함이었다. 그리고 양성된 그들의 역량을 빌어 사회교육을 추진함으로써 자신의 정치적 주장을 실현하려고 했다. 그러기에 공자의 교육목적은 '사인(士人)'의 양성에 있으며 '사인'의 표준은 '인'과 '예'를 갖춘 '군자(君子)' 또는 '군자유(君子儒)'에 두었다.

공자는 사인계층을 자신의 문하에 모집하여 신흥의 사회 정치세력을 양성하고, 그들의 역량을 통하여 정치적 개혁을 추진하고 사회 정치생태를 최적화하기를 희망하였다. 그렇다면 공자의 이상과 주장은 무엇인가? 그는 양성해 낸 신흥 사회 정치적 인재들이 도대체 어떤 표준의 인간상이기를 바랬던가? 그들은 반드시 어떤 기본적인 소양을 갖추어야 하는 것인가 등의 제 문제가 우리의 인식의 대상이 될 것이다.

1. 공자의 정치적 주장

공자의 정치적 주장의 기본적인 내적 함의는 바로 '인(仁)'과 '예(禮)'이다. 《논어》 속에는 '인(仁)'이라는 글자가 모두 109번이나 나타나고 있다. 이처럼 공자는 말만 하면 '인', 시시각각 '인', 그 어떤 곳에서 인을 논하거나 관련되지 않는 것이 없다.

'인(仁)'은 춘추시대에 나타난 새로운 명사이다. 공자는 '인'에 의미를 부여하였던 바 '사람을 사랑하는 것이다.'[258] 즉 이른바 '인'이라는 것은 사람을 아끼는 마음이 있는 것을 말하는 것이다.

공자가 봤을때 '인'의 의미는 매우 광범위한바, 모든 것을 포함하고 있으며, '인'은 상고시대(요, 순, 우, 문, 무, 주공시대)의 모든 우수한 도덕문화의 총칭으로 되어 있다. 한편으로는 '인'은 상고시대 무상한 도덕의 경지이다. 공자는 "지사(志士)와 인자(仁者)는 살기 위하여 인을 해치는 일이 없고, 몸을 죽여 인을 이룩한

258) 《論語》 '顔淵' 22 : "樊遲問仁 子曰 愛人 問知 子曰 知人…."

다."[259]고 말했던바, 지식인에게 있어 인덕과 생명은 모두 중요한 것인바, '인'을 추구하기 위하여 자신의 목숨까지도 희생시킬 수 있다는 것이다. 다른 한편으로는 '인'은 또 사람들이 일상생활 속의 보편적 도덕규범인바, 그 어떤 상황을 막론하고 포기해서는 안 된다는 것이다.

공자는 "부귀는 누구나 탐내는 바이지만, 정도(正道)로써 얻은 것이 아니면 누리지 말고, 빈천은 누구나 싫어하는 바이지만 세상이 나빠 내가 빈천에 처하게 되었다면 구태어 빈천을 버리지 말고 감수하라. 군자가 인도를 버리면 군자로서의 이름을 어찌 지키겠느냐? 군자는 밥 먹는 시간일지라도 '인'을 어기지 말고, 다급한 때라 할지라도 반드시 '인'에 의지하고, 넘어져 뒤집히는 때라 할지라도 반드시 '인'에 의지해야 한다."고 하였다.[260]

정치는 결국 백성을 잘 살게 해주자는 것이다. 부와 귀는 누구나 원하는 것이나 문제는 부귀와 귀천에 앞서는 것이 있다. 바로 '인'이다. 즉 '도(道)'다. 양심을 팔고, 협잡을 하고 국가 민족을 팔고, 부귀를 누리면 안 된다. 그 반대로 도리 아닌 빈천을 얻었다면, 즉 내가 인도를 지키고 사회를 위해 일 했으니까 그만큼 보답을 받는 것이 도리인데, 그렇지 못하고 도리에 어긋나게 빈천하다면 이는 사회가 잘못이다. 그렇다면 구태여 빈천에서 도망갈 필요가 없다. '안빈락(安貧樂道)'해야 할 것이다. 오로지 '인'을 지키는 것이 중요하다.

군자는 '인'이 생명이다. '인'을 벗어나면 군자의 본분도 명성도 있을 수 없다는 것이 공자의 주장이다. 그러기에 '인'은 언제

---

259) 《論語》 '衛靈公' 8 : "子曰 志士仁人 無求生以害仁 有殺身以成仁."

260) 《論語》 '里仁' 5 : "子曰 富與貴 是人之所欲也 不以其導得之 不處也 貧與賤 是人之所惡也 不以其道得之 不去也 君子去仁 惡乎成名 君子無終食之間 違仁 造次必於是 顚沛 必於是."

나 지켜야 한다는 것이다. 위급하고 난세일수록 절대로 '인'을 버려서는 안 된다는 것이다. '인'이 제일이다. 다음에 사회적 보수인 부와 귀를 문제 삼으라는 것이다. 공자는 군자라면 그 언제든 인애(仁愛)하는 마음을 버려서는 안 된다고 강조했는바, 모든 일에서는 모두 인애하는 마음에서 출발해야 한다고 했다.

공자는 인덕(仁德)에서 출발하여 '인정(仁政)'의 실시를 강력히 주장하였다.

공자는 '인정(仁政)'을 주로 두 가지의 측면에서 주장하고 있다. 하나는 '형벌을 반성하는 것(省刑罰)'이며, 또 하나는 '세금을 적게 거두는 것(薄稅斂)'이다.

공자는 "법으로 이끌고 형벌로 다진다면 백성들은 빠져나가되, 염치를 못 느낀다. 그러나 덕으로 이끌고 예로써 다진다면 염치를 느끼고 또한 착하게 된다."[261]고 여겼다. 이것이 '형벌을 반성하는 것(省刑罰)'이다. 이것은 왕도정치(王道政治)의 한 장면을 밝힌 대목이다. 인간은 양심적으로 선을 지향하고, 악을 수치스럽게 여겨야 한다. 정령과 형벌로 다스리지 말고, 참으로 인간을 교화(敎化)하는 덕치(德治)와 예교(禮敎)로써 정치를 해야 한다는 것이다. 이것이 인간의 인간다운 장점이며 또한 문화의 기쁨이 아니겠는가?

공자는 이렇듯 '관(寬)'을 주장하고 '엄(嚴)'을 반대했으며, '교(敎)'민을 주장하고 '벌(罰)'민을 반대했다. 그는 '백성들을 가르치지 않고 죽이는 것은 학(虐)'[262]이라고 했다. '벌(罰)'만으로는 근본적인 문제를 해결할 수 없는바, 반드시 민중을 교화하여 그들로 하여금 영욕의식과 시비관념을 향상하도록 하고, 규율과

261)《論語》'爲政' 3 : "子曰 道之以政 齊之以刑 民免而無恥 道之以德 齊之以禮 有恥且格."

262)《論語》'堯曰' 2 : "不敎而殺 謂之虐 不戒視成謂之暴⋯."

법을 지키도록 하여야 한다고 했다. 이것이 바로 '형벌을 반성하는 것(省刑罰)'이다.

'세금을 적게 거두는 것(薄稅斂)'에 대해서는 공자의 제자 유약(有若)과 노애공(魯哀公)과의 대화에서 충분히 반영하였다.

"애공이 유약에게 '금년에는 기근이 들어 국가의 비용이 모자라니 어떻게 하면 좋겠소?' 하고 묻자, 유약이 '왜 십분지 일(十分之一 ; 10% 과세)의 세법을 쓰지 않습니까?' 하고 대답하자, 애공이 '나는 지금 십분지이(十分之二 ; 20% 과세)의 세법을 쓰는데도 여전히 모자라는데, 어찌 십분지 일의 세법을 쓴단 말이요?' 라고 말했다. 이에 대하여 유약은 '백성이 풍족하면 임금도 풍족할 것입니다. 백성 아닌 그 누구와 더불어 임금이 부족하겠습니까?' 백성이 부족하면 임금도 부족하기 마련입니다. 백성이 아닌 그 누구와 더불어 임금이 혼자만 풍족하겠습니까?" 이는 애공과 공자의 제자 유약이 조세징수문제에 대한 각자 자기의 의견을 제시한 것이다.

위에서 보듯, 기근이 들어 국가의 재정이 부족할 경우, 더욱 감세하라는 것은 어리석은 생각과 같다. 그러나 국가는 누구를 위한 것인가? 우선 백성이 부하면 따라서 국가도 부한다는 것은 명백한 이치일 것이다. 백성이 부해지면 자연히 국가도 부해지는 것이니, 온 국민이 빈곤한데 어찌 군주만이 풍족할 수 있겠는가? 이 유약의 말은 천고의 명언이라 할 것이다.

우리는 유약의 제언을 보면서, 오늘날 부동산 정책의 일환으로 집값 상승을 억제한다고, 일정한 지역에서 공시지가를 인상 시키고, 그에 따라 세금을 더 걷어드리는 것이 얼마나 어리석은 짓인가를 반성하지 않을 수 없다. 참으로 정부가 국민을 위하여 하는 짓이 무엇인가 그걸 모르겠다.

이렇듯 국가는 '양민(養民)' 해야 하며, 백성에 혜택을 주어야 하고, 재부를 백성에게 저장해야 하는 바, 백성이 부유해야 국가가 강성해진다. 만약 백성과 이익을 다툰다면 백성은 편치 못할 것인 바, 국가의 안녕을 어떻게 확보한단 말인가? 그러므로 공자의 '세를 적게 거두는 것(薄稅斂)'의 주장은 민중의 경제적 부담을 줄이고자 한 것이다.

이들 '형벌을 반성하는 것(省刑罰)'과 '세금을 적게 거두는 것(薄稅斂)'은 공자의 '인정(仁政)'에서 주장하는 두 가지의 중요한 면이다. 공자는 "관대하면 여러 사람을 얻을 것이요, …은혜로써 남을 감화시키면 남들을 쓸 수가 있다."[263]하였다. 이는 '성형벌'은 백성을 벌함에 있어 관대하면 대중의 옹호를 받을 것이며, '박세렴'은 백성에게 실적 혜택을 주어 생활이 일정한 정도의 개선을 보게 되면 백성은 복종할게 될 것이라는 것이다.

'관(寬)'과 '혜(惠)'의 기초 위에서 공자는 더 나아가 '인권'과 '민본' 사상이라고 할 수 있는 그 무엇인가를 발견한 것이라고 하겠다. 그는 '인(仁)은 사람을 사랑하는 것이다.(仁者 愛人)', '내가 원치 않는 바를 남에게 시키지 말라.'[264] 등을 주장하였다. 한번은 "공자가 조회를 마치고 집으로 돌아가자 마부간이 불에 타버렸다는 것을 듣고 사람이 다쳤느냐고 물으시고 말에 대해서는 묻지 않았다."[265] 이에서 볼 수 있듯이 그는 인권을 존중하여 사람의 생명안전을 가장 중요한 것으로 여기며, 그는 사람의 주관적인 의사를 중요시하여 자신의 원하지 않는 것과 할 수 없는 것을 다른 사람에게 억지로 권하지 않았다.

---

263)《論語》'陽貨' 6 : "子張問仁於孔子 孔子曰 能行五者於天下 爲仁矣 請問之 曰 恭寬信敏惠 恭則不侮 寬則得衆 信則人任焉 敏則有功 惠則足以使人."

264)《論語》'顔淵' 2 : "仲弓問仁 出門如見大賓 使民如承大祭 己所不欲 勿施於人 在邦無怨 在家無怨 仲弓曰 雍雖不敏 請事斯語矣."

265)《論語》'鄕黨' 12 : "廏焚 子退朝 曰 傷人乎 不問馬."

공자는 '애민(愛民)' '안민(安民)' '혜민(惠民)' 하는 사람을 곧 '군자(君子)' 라 여겼다. 공자는 바로 이런 '군자' 라는 인재 모델에게 '인덕(仁德)' '인정(仁政)' 의 사상을 기탁하였던 것이다.

'예(禮)' 는 공자의 정치적 주장의 또 하나의 중요한 내용이다.

원래 '예' 는 중국 상고시대 농경생활의 반영으로, 본래 인간과 하늘, 인간과 귀신과의 접촉하는 곳에서 일어났다. 그것은 일종의 종교의식이요, 인생계와 우주계가 감이수통(感而遂通)하는 한 오래기의 노정(路程)이다. 그렇지만 만일 인류 마음속에 일종의 적극적인 추구의 '인(仁)' 이 없으면 허다한 '예' 가 좇아 나올 수 없다. 공자는 이 '예' 의 뜻을 인생계로 확충하여, 사람은 서로 관여하는 가운데서 한 오래기의 피아(彼我)가 서로 교접하고, 또 피아가 넘어서는 아니 될 선이 있는 것을 명백히 가르쳤다. 이것이 곧 공자가 말하는 '예' 이다.[266)]

중국사상에 있어서 마치 자유를 중시한 것이 퍽 적은 것 같지만 실은 공자의 말한 '극기(克己)' 와 '유기(由己)' 는 다 자유다. '극(克)' 은 '이긴다(勝)', 또는 '맞는다(任)' 의 뜻이니 '극기' 는 유기담임(由己擔任)의 뜻이다. 공자는 인생은 다만 절제의 자유를 가지고 있을 뿐이라고 생각하였다. '천명(天命)' 과 '예' 는 절제와 제한이요, '인(仁)' 은 자유이다. '인' 은 전혀 자기를 말미암은 '유기(由己)' 인 것이요, '힘' 을 다하여 필연적으로 얻을 수 있는 것이지만, 다만 자기를 먼저 절제, 이 절제의 안에 잘 놓아두어야 한다. 그런데 이러한 절제는 역시 인간과 자기의 신변에 관심을 가져야 비로소 성립하게 되는 것이다. 인간이 우주 간에서 받고 있는 절제가 '천명(天命)' 이요, 개인이 인간 가운데서 받고 있는 절제가 '예(禮)' 요, 개인이 인간과 우주 가운데서 받고 있는 최대한도

266) 金敬琢 編著, 《中國哲學思想史》, 耕文社, 단기 4288, 11면.

의 자유가 '인(仁)' 이다.[267]

우리는 '예'와 '천명'과 '인'의 관계를 이상과 같이 인식한다면, '예'는 '인'과 '천명'의 교차점이라 할 수 있을 것이다. 그러기에 공자는 "천명을 알지 못하면 군자가 될 수 없고, 예를 알지 못하면, 세상에 나갈 수 없다."[268]고 하지 않았는가?

'예'는 상고시대의 전통적 전장제도(典章制度)로, 예의 풍속 등을 가리키는 것이다. 그것은 인간에게 있어서 하나의 절제를 담고 있기 때문이다. 서주(西周)는 상당히 완성된 종법제도와 예악 형벌제도를 가지고 있었다. 공자는 "주나라는 하(夏)와 은(殷) 두 대를 본받았으므로 문물제도가 빛난다. 나는 주를 따르겠다."[269]고 하였다. 이로 보면 그는 상고시대의 문물제도가 축적, 완비된 서주의 예제를 택할 것을 찬성하였다. 그는 춘추 이래 '예'가 붕괴되고 "악(樂)이 파괴되고" "천하에 도가 없는 것"을 반대하였다. 이처럼 공자의 주장은 정치 · 사회생활 속에서 마땅히 완벽한 예악과 종법제도를 건립하는 것인바, 이로써 인간의 행위를 규제하고자 하였다.

《논어》에서 공자가 논한 '예'는 대부분 '인'과 결합 되어 있다. 따라서 우리는 공자가 주장한 '예'는 사회생활 속에서 인간이 공동으로 준수해야 할 행위규범과 처사원칙이라고 이해할 수 있다. 공자는 "사람이 어질지(사람답지) 못하면 예는 무엇을 할 것이며, 사람이 어질지 못하면 악(음악)은 무엇 할 것이냐? 이것이야말로 《논어》에 있는 약 5백여의 문장 중에서 가장 중요한 말이라고 할 수 있다. 그것은 '예'와 '악'은 다만 외재적인 형식으로, '인'이야말로 핵심적 내용이다.

---

267) 金敬琢 編著, 같은 책, 12면.

268) 《論語》 '堯曰' 3 : "子曰 不知命 無以爲君子也 不知禮 無以立也 不知言 無以知人也."

269) 《論語》 '八佾' 14 : "子曰 周監於二代 郁郁乎文哉 吾從周."

그런데 공자는 이와같이 '예'를 말할 때는 '악(樂)'까지 말했다. 그것은 인간이 절제를 받는 가운데 최대한도의 자유를 획득하는 것이 일종의 '악'이기 때문이다. 인간은 모름지기 이 절제를 알게 되는 것이 '지(智)'이다. 그러므로 공자는 '인'을 말할 때는 반드시 '지(智)'까지 말한다. 서양사상은 외향적으로 나가기 때문에 '지(智)'와 악(樂)'을 말하기 좋아하고, 중국사상은 내향적으로 들어오기 때문에 공자는 '인'과 '예'를 말하기를 좋아했다.[270]

한번은 안연이 공자에게 어떻게 하면 '인(仁; 사람다움)'할 수 있느냐고 물었다. 공자는 이에 대하여 "자기를 누르고 예로 돌아감이 인이다. 하루라도 자기를 누르고 예로 돌아가면 천하가 인으로 돌아올 것이다. 인을 이룩함은 나로부터 비롯함이니라. 남에게 의존되는 것일까 보냐?"[271]라고 했다. 여기서 '복례(復禮)'를 서주의 예제를 회복하는 것이라고 이해할 것이 아니라, '예'의 요구로 회복한다는 것으로 이해해야 할 것이다. 여기서 공자의 이와 같은 말의 의미는 노력하여 자신을 통제함으로써 자신의 사상과 언행으로 하여금 완전히 '예'의 요구로 돌아가게 해야 하는 것인 바, 이것이 바로 '인'이라는 것이다. 일단 사람들이 이를 실행할 수만 있다면 세계는 자연스럽게 '인'에 도달할 것이다. 그러므로 '인덕(仁德)'을 실현하는 것은 완전히 자기 자신이 자신을 통제하는데 달려 있다할 것이다. 또한 안연은 더 나아가 '극기복례'하는 세목을 가르쳐 주기를 청하자, 공자는 "예가 아니면 보지 말고, 예가 아니면 듣지 말고, 예가 아니면 말하지 말고, 예가 아니면 움직이

270) 金敬琢 編著, 같은 책, 12~13면.

271) 《論語》 '顔淵' 1 : "顔淵問仁 子曰 克己復禮爲仁 一日克己復禮 天下歸仁焉 爲仁由己 而由人乎哉."

지 말라."[272]고 일러 주었다.

공자는 그의 제자들에게 바라건데 "군자는 널리 학문을 배우고, 예로써 제약하면 역시 도에서 어긋나지 않느니라."[273]고 주문하였다. 군자가 널리 학문을 배워 예로써 규제한다 함은, 배운 글을 실천함에 있어서 예에 알맞도록 가다듬어서 행해야 한다는 것이다. 그러기 위해서는 우선 사물의 도리를 알아야 한다. 그래서 공자는 먼저 육예(六藝) 중의 문(文)을 널리 익히라고 하지 않았던가? 그렇게 하여 배운 것을 생활에 적용함이 예를 떠나지 않는다면 어찌 도에서 어긋날 수 있겠는가, 알기 위해서는 우선 배워야 하고, 배운 것을 예로써 실천에 옮겨야 한다고 말한 것이다.

공자는 "예로서 평등하게 다루는 것"[274]을 주장했는데, 바로 사회 일반 민중에 예의의식을 보급하여 예의 요구로써 민중의 언행을 규범화하여 질서 있는 사회생활을 구축하고자 했던 것이다.

우리는 위에서 인식해 왔듯이, 공자의 정치적 주장은 '인'과 '예' 두 측면을 내포하고 있다. 그는 '인'과 '예'를 강조하여, 자신이 육성하는 군자에게 '인정(仁政)'을 실시하고, '예제(禮制)'를 행할 것을 기탁하여 그들로 하여금 신흥 사회 정치세력으로 되기를 희망하였다. 이러한 '군자'라는 사회세력은 '인'의 마음이 있을 뿐만 아니라 '예'의 형식을 갖추어 '인'의 경지에 이르게 되고, '예'의 규범에 부합되는 것이었다.

공자는 당시의 혼란한 사회 속에서 '인'과 '예'를 강조하여, 이를 겸비한 정치적 인재를 양성하고자 했고, '사람을 사랑하고(愛

---

272) 앞의 책, 같은 장, 연속 : "顔淵曰 請問其目 子曰 非禮勿視 非禮勿聽 非禮勿言 非禮勿動."

273) 《論語》 '雍也' 25 : "子曰 君子博學於文 約之以禮 亦可以弗畔矣夫."

274) 《論語》 '爲政' 3 : "子曰 道之以政 齊之以刑 民面而無恥 道之以德 齊之以禮 有恥且格."

人)' '질서 있는' 사회 정치적 생태를 구축하고자 하였던바, 이는 당시로서는 역사적인 진보적 의미를 갖는 것이었다.

공자가 생존했던 춘추시기는 광대한 하위계층은 서주의 종법제도적인 제약에서 벗어나 신분상으로 인신 자유를 형성하기 시작했다. 이러한 중대한 사회 변혁기에 대해 공자는 적극적인 정치적 열정을 보였던바, '애인'을 주장하였고, 인간을 인간답게 여기는 최소한의 생존권과 사회적 공간을 줄 것을 주장하였다. 하위계층의 자유민적 신분의 전환은 생산력을 크게 해방하였고, 또한 철제도구의 사용과 우경(牛耕)기술의 보급으로 사회생산력은 신속한 발전을 보여, 각 제후국의 정치, 경제 역시 새로운 불균형의 문제가 발생하였던바, 이 때문에 대국이 패권을 차지하는 정치적 국면이 이루어졌다. 격렬한 패권 쟁탈과 겸병의 전쟁은 노동 대중에 대한 통치계급의 정치적 압박과 경제적 수탈을 가중하였다. 그리하여 일반 대중의 부담은 날로 증가하여 어려워졌고, 계층 간의 모순은 더욱더 첨예화되었고, 민중들의 반항은 번번이 일어났다. 그리하여 공자는 이 때문에 '인정'을 실시하고, '예제'를 행하여 사회정치생태를 개선할 것을 주장하였던바, 그 주요 목적은 날로 혼란과 패권이 판을 치는 사회적 무질서를 완화하여 사회적 안정을 유지하기 위함이었다.

2. 사인(士人 ; 선비)의 양성

우리는 이미 '사인'에 대하여 인식한 바 있지만, 여기서 다시한 번 서주시대의 '사인'을 이해할 필요가 있다. '사인(士人)'은 서주시대에는 귀족에 속하였지만, 하층에 속했으며 그 지위는 낮았다. 사인의 사회계층 밑에는 서민과 노예가 있었다.

사인의 구성 원인은 매우 복잡하였으나, 서주시대에는 일반적으로 사인 계층에 유입되는 사람이 점점 많아졌고 어느 경우는 상층 귀족 자제 중에서 분리되어 '사인'으로 하강하기도 했다. 그러나 우리가 여기서 인식하고자 하는 '사인'은 지식을 배경으로 하여 지배계층의 일원으로 자임하며, 정치에 참여하거나 참여를 요구하는 사람 즉 지식인 관료 및 관료예비군을 말한다. 사인은 중국의 전통문화상 아주 중요한 역할을 수행하였다. 공자 이래 이천수백여년 동안 사인계층은 교육을 주관하였고, 정치를 영도하였으며, 문화를 연속시킨 중요한 지위를 점유하였다.

사인의 개념은 시대와 사회의 변화에 따라 그 표현은 다르다 하더라도 어느 시대를 막론하고 관철되는 공통적인 정신이 있다.

그 하나는 인문(人文) 본위의 입장에 서서, 과거의 역사적 전통에 의하여, 사람의 사회성을 발휘하여 하나의 이상적 정치에 도달하려고 함에 있었다는 것이다.[275)]

춘추전국시대의 사인을 구성하는 근원은 대체로 3가지가 있다.

하나는 몰락한 구족의 자제들이다.

이들은 일반적으로 모두가 비교적 정규의 귀족을 받았으며, 각종 전장제도(典章制道)를 연구하고 또한 각종 예의의 실제적인 기능을 가지고 있었다. 그러나 정치적 지위의 하강으로 경제적으로 곤란하였다. 예컨대 공자는 송(宋)나라의 귀족 후예였다. 그러나 어렸을 때는 '가난하고 천하였으나' 육예에 정통하였던바 인는 이류의 '사인'으로 대표되었다.

둘째, 원래 주 왕실의 사례악(司禮樂)의 관원이 민간에 유랑하였던바, 예컨대 일찍이 주 왕실의 '수장실(收藏室)'의 사관(史官)이었던 노자(老子)가 이러한 류의 사인의 전형이었다.

---

275) 胡美琦, 《中國敎育史》, 三民書局, 中華民國 67年, 15면.

셋째, 농 · 공 · 상 등 서민 계층이 상승 이동한 경우이다. 목수출신의 묵자(墨子)는 노나라에서 예를 배우고, 초 · 제 · 위 등에 유세하였으며, 일찍이 송나라에서 출사하여 사인 계층에 진입하였다.

사인들의 신분적 변화로 그의 사회적 작용도 커 갔다. 한 예로 「사기」에 의하면, 자공(子貢)[276]이 한 번 떠나서 노(魯)나라로 다시 돌아오면서, 노나라를 보존하고 제(齊)나라를 어지럽히고, 오(吳)나라를 격파하고, 진(晉)나라를 강하게 하고, 월(越)나라를 패자(覇者)로 만들었다. 즉 자공이 한번 사신이 되어 여러 나라를 돌다 각국의 형세가 뒤바뀌고 10년 동안에 노 · 제 · 오 · 진 · 월 등 5개국이 모두 변혁을 일으켰다고 기술하고 있다.[277]

상인의 사회적 작용은 크면 클수록 그에 상응하는 사회적 지위도 비례하였다. 사인의 군주에 대하여 말하면 한층 더 일종의 사우(師友; 예날 임금을 가르치고 보좌하던 관직)관계와 같았다. 예현하사(禮賢下士)는 당시 각국의 유행이었고 군주들은 사인에 대하여 손님과 주인의 예(賓主之禮)의 관계로 또는 이름 있는 사인을 스승으로 한 경우도 있었다. 이런 경우는 사인의 사회적 지위를 제고한 것이라 하겠다.

당시의 사인은 그 사회적 지위나 품격이 여러 층 있었으나 대부분 모두 능력 있고 학문이 깊은 자들로 나름대로 완전히 뜻을 이룬(得志)자로서 개인적으로 정치개혁을 주장하였다. 그렇기 때문에 제후들은 사인을 빈객(賓客)으로 대하여 예우하였으며, 사인은 제후에 대하여 인의도덕(仁義道德)이나 부국강병의 도로써 정치할 것을 주장함으로써 보답하였다.

사인의 공헌은 그들은 당시의 정국에 영향을 주었을 뿐만 아니

---

276) 공자의 대표적인 제자 중의 한 사람으로 재아(宰我)와 더불어 변론에 능했다고 한다.
277) 《史記》 '仲尼弟子列傳' : "子貢一出 存魯 亂齊 破吳 强晉而覇越 子貢一使 使勢相破 十年之中 國各有變."

라, 세경(世卿), 세록(世祿)의 불평등한 제도를 동요시켰음에 있었다. 더욱이 중요한 것은 그들은 귀족의 학술문화의 전파, 확산시켜 각종의 사조, 유파를 형성하여 중국의 봉건적 전통문화의 발전을 위하여 견실한 기초를 쌓았다는 데 있었다 할 것이다.

우리는 지금까지 '사인'에 대하여 개괄적으로 인식하였지만, 춘추시기에 이르러 '사인' 계층은 더욱더 활발해져 갔으며, 두 측면에서 큰 변화를 가져오기 시작했다.

한 면에서 사인의 구성 진이 점차 성장 해갔고, 그 성격은 더욱더 복잡해져 갔다.

춘추천국시기에 사(士)·농(農)·공(工)·상(商)의 이른바 '사민(四民)'의 개념이 성립하였던바, '사인'은 전술한 바 있지만, 지식의 관료 내지 관료예비군을 말한다.

'사인' 계층은 그들이 가진 특기에 따라 분류되었던바, 학식과 지식을 갖춘 사인은 문학유세지사(文學遊說之士), 용력(勇力)과 무협(武俠)에 출중한 자는 임협지사(任俠之士)로 구분되었다. 그러나 이들은 어떠한 생활 수단이나 경제적 기반도 없었기 때문에 유력자들을 찾아 경제적으로는 예속된 신분으로 기식하면서 기회를 노렸다.[278] 이리하여 당시 '사인'을 양성하는 기풍이 각국에 만연되고, 사문(私門)과 공실(公室)에서는 '사인'을 다투어 양성하고 초치 하는데 막대한 재물과 노력을 기울였다. 이와 같은 양사제도(養士制度)는 실질적으로는 서주의 학교, 양사제도에서 변화되어 온 것이다.

당시 제(齊)나라 환공(桓公)은 대신 관중(管仲)의 건의를 받아들여, 일찍이 선사제도(選士制度)를 실시하였다. 그는 각지에서 선

---

278) 김경식, 같은 책, 96면. 춘추시대의 양사(養士)에 관한 것을 좀 더 심층적으로 이해하기 위해서는 김경식, 같은 책, 95~98면 참고.

발, 추천한 학문을 좋아하고, 부모에게 효도하며, 용감한 대량의 인재들을 모아 국가를 위해 등용하고자 했다. 이러한 선사제도는 곧 여러 제후국에 의하여 모방 되었다. 이리하여 당시 '사인' 속의 강자, 능력자들은 각 제후국의 '선사'에 의해 사회적 지위를 높일 수 있었으며 또한 전쟁에 참여하여 적을 치고 공을 세우거나 정치적 기획, 외교 등 활동을 통해 제후, 대부들의 상을 받아 사유재산을 늘여 정치적 지위를 높여 '사인' 계층에 진입하였다.

이같이 다양한 경로를 통해서 사민 중의 강자와 능력자들의 대량적 진입한 사인계층으로 하여금 더욱 강성해지도록 하였다. 따라서 좀 더 깊이 생각한다면, 당시 집권(執權)의 붕괴는 '사인을 얻으면 흥성하고, 사인을 잃으면 망한다.'는 경험이 형성되었고, 공 · 사(公私)의 '양사용사(養士用士)'의 경쟁은 또한 사학의 흥성과 지식 · 기능의 다원화의 추구가 가능하게 되었다.

한편으로 사인계층이 정치에서 점차 활발해짐에 따라 정치적 영향력이 역시 더욱 더 커졌다. 사인계층의 주류적인 의식은 정치적 혁신과 변법을 통한 강성함을 기원하였는데, 변법 혁신 속에서 본 계층의 정치적 지위와 경제적 지위를 향상하고자 했던 것이다.

사인계층은 통치계급의 가장 하층에 위치하고 있었기 때문에 통치계급과의 자연적인 연계를 가지고 있어, 통치계급의 정치적 욕망과 정치의식을 가지고 있었을 뿐만 아니라 또한 사민계층과 광범위한 접촉이 가능하여 사인계층의 일부 사상적 경향과 정치적 염원을 수용 및 반영할 수 있었으므로 매우 큰 정치적 우세한 점을 가지고 있는 잠재적인 사회 정치세력이었다.

대소 통치 집단들은 자신의 통치기반을 확고히 하고 확대하고자 서로 다투어 '양사(養士)'하였던 바, 양사의 풍이 성행하기 시작하였다. 대다수의 사인들은 경대부의 가신(家臣)이 되었다. 그들은 일부 토지를 소유하고 있었고 일부는 봉록(俸祿)이 주였다. 그들은 각 통치 집단, 각파의 정치적 세력 사이에서 활약하면서 각종의 정치적 모순을 이용하여 자신들의 정치적 주장을 선전하기도 하였고 또는 대귀족에 의탁하여 정치무대에 등장함으로써, 대귀족의 힘을 빌어 자신의 정치적 이상을 실현하기도 했다. 소수의 '사인'들은 심지어 일부 정치력을 행사하기도 했는데, 이것은 바로 「논어」 '계씨'에서 이야기 되고 있는 "가신이 국권을 잡는(陪臣執國命)"[279]의 현상이었다.

지금까지 이야기한 사인계층의 변화는 일익 각 제후국 통치계급의 막대한 관심을 끌게 되었다. 이렇게 사인계층에 교육과 인재양성을 실시하여 사인으로 하여금 일종의 잠재적 정치세력에서 현실적 정치세력으로 현실화시킨 것은 이미 당대 사회의 하나의 전략으로 되었다. 따라서 어떻게 사인에 대한 양성을 강화할 것인가 하는 것은 당시 교육개혁과 발전에 새로운 요구를 제기하였던 것이다.

또 한 편으로 "시대가 정치적 인재를 요구했고", 또 한 편으로는 사인계층은 하나의 정치세력으로 급속히 일어나고 있었다. 이 두 개의 요소의 영향 하에 공자는 유가사학(儒家私學)을 창설하였던 바, '사학'이라는 거점을 이용해 자신의 정치적 주장을 선전하고, 사인들을 자신의 문하에 모아 자신의 정치적 이상에 따라 하나의 새롭고도 현실적인 사회적 정치세력을 양성하고자 하였다.

3. 사인의 표준 - 군자(君子)

공자의 이상은 요(堯) · 순(舜) · 우(禹) 같은 '성인(聖人)'을 추구

279) 《論語》 '季氏' 2 : "孔子曰 天下有道則禮樂征伐 自天子出 天下無道則禮樂征伐 自諸侯出 自諸侯出 蓋十世希不失矣 陪臣執國命 三世希失矣 天下有道 則征不在大夫 天下有道 則庶人不議."

하는 것이었다. '성인'은 '인(仁)'을 실천하여 덕(德)을 이루는 것이며, 덕을 완성한 최고의 경지가 바로 '성인'이다. 성인(천도와 합일하는 사람)은 유가가 추구하는 최고의 이상적인 인간상이다.

언젠가 자공이 "만약 백성들에게 널리 베풀고, 많은 사람을 구제해 줄 수 있다면 어떻겠습니까? 인(仁)이라 할 수 있겠습니까?"하고 묻자, 공자는 "어찌 인(仁)이라고만 하겠느냐? 틀림없이 '성(聖)'이라 하겠다. 요 · 순도 그렇게 하지 못함을 걱정하였다. 대저 인(仁)이란 내가 서고자 할 때 남을 세우며, 내가 통달하고 싶을 때 남도 통달하게 한다. 가까운 자기를 가지고 남의 입장을 비겨 아는 것이 바로 인을 이룩하는 방도라 하겠다."[280] 대답하였다.

여기에서 자공은 이재(理財)를 잘하여 재산이 많으므로 주로 경제적인 것에 중점을 두어 자기의 구상에 대한 공자의 평가를 받고자 하였다. 그러나 공자는 예상 밖으로 물질적인 차원을 넘어 이루어지는 것만이 아니라는 취지에서 성인의 경지를 설명해준 것이다. 공자의 뜻인즉 만약 한 사람이 "백성들에게 널리 베풀고 제도만 할 수 있다면" 그것은 단지 인도(仁道)를 갖춘 것이 아니라, 그것은 필시 성덕(聖德)을 갖춘 것이다. 설사 요 · 순 같은 상고시대 성인들도 이렇게 하기는 어려울 것이라는 말이다.

"넓게 베풀고, 많은 사람을 제도한다(博施濟衆)", 이것이 바로 인정(仁政)이 이상으로 하는 것이다. 정치는 다름 아닌 온 백성을 인간다운 삶을 갖게 해주는 것이다. 물론 방법으로는 물질적인 것도 있겠으나, 무엇보다도 인도적(人道的), 문화적으로 해주는 것이다. 요 · 순과 같은 성인도 두려워했던 것이 "넓게 베풀고, 많은 사람

280) 《論語》 '雍也' 28 : "子貢曰 如有博施於民 而能濟衆 何如 可謂仁乎 子曰 何事於仁 必也聖乎 堯舜 其猶病諸 夫仁者 己欲立而立人 己欲達而達人 能近取譬 可謂仁之方也已."

을 제도하는 것"이었다. 이는 인(仁)의 최고 경지다. 출발점은 "내가 서고자 할 때 남을 서게 하며, 내가 통달하고자 할 때 남도 통달케 한다.(己欲立而立人 己欲達而達人.)"는 것이어야 한다. 이 말은 개인과 인류를 인(仁)으로 묶은 명언이며, 진리인 동시에 휴머니즘의 참뜻이라 하겠다.

공자는 또 말하기를 "성인은 만나 볼 수 없다. 군자(君子)라도 만나 볼 수 있으면 좋겠다." 또 "선인(善人)은 만나 볼 수 없다. 한결같은 사람이라도 만나 볼 수 있으면 좋겠다. 없어도 있는 듯하고, 비어도 찬듯하고, 가난해도 태연해야 하나니, 참으로 한결같기란 어렵다."[281] 그런 "넓게 베풀고 많은 사람을 제중(濟衆)하는" 성인은 다만 우리들의 하나의 이상이고 추구하는 것일 뿐 지금의 현실 생활 속에서는 아마도 이와 같은 사람을 찾아보기 어려울 것이다. 그러기에 우리는 어쩔 수 없이 한 발 물러서서 그 차선을 찾아보지 않을 수 없는 바, '군자(君子)'와 같은 인간상이라도 찾게 된다. 따라서 공자는 매우 실사구시적(實事求是的)으로 자기 자신의 목표를 '군자'라는 인재의 양성에 두었던바, 그는 자신의 제자들을 '군자'의 소질을 갖춘 정치적 인재로 기르고자 노력하였다.

말하자면 공자는 '사인(士人)'을 양성하는 것을 교육의 목표로 하였고, 사인의 표준은 '군자'이었다. 그렇다면 우리는 이제 '군자'에 대하여 이해할 차례다.

군자는 원래 귀족 통치자의 고유 명칭이었다. 공자는 이것을 발전시켜 일정한 도덕적 기준의 정신을 가진 귀족의 이상적 인격이라고 보았다, 그리하여 공자는 '군자'를 인격 양성의 목표로 하였다.

공자 이전의 서주사회의 교육목적은 주요하게 서주의 국가를 위

281) 《論語》 '述而' 25 : "子曰 聖人 吾不得而見之矣 得見 君子者 斯可矣 子曰 선인 吾不得而見之矣 得見有恒者 斯可矣 亡而爲有 虛而爲盈 約而爲泰 難乎有恒矣."

한 관리와 군사의 핵심 요원을 양성하기 위한 것이었으므로, 임금에 대한 충성심과 용감성을 기르고, 그 외에 육예(六藝)의 지식과 기능을 요구하였다.

그렇다면 공자가 요구하는 '군자'는 어떤 인간상인가?

자로(子路)가 '군자'에 대하여 묻자, 공자는 "자기 수양을 하고 경건 성실해야 한다."고 말하였다. 그러자 "자로가 그렇게 하면 됩니까?"하고 묻자, 공자는 "자기 수양을 하고, 남을 안락하게 해주어야 한다. 자기 수양을 하고 백성을 안락, 평안하게 해주기란 요임금이나 순임금도 실현하기 어려워 고심하였던 일이다."[282]고 일러 주었다.

공자가 바라는 '군자'의 조건은 두 가지가 있다. 하나는 '군자'는 자기의 도덕적 수양에 집중해야 하는바, 즉 자기 수양이다. 또 하나는 '군자'는 백성들을 모두 안락하게 해야 하는 것으로 즉 치국안민(治國安民)의 책략(術)이다. 전자는 '덕(德)'이며, 후자는 재능(才能)이다. 공자가 바라는 '군자'는 덕과 재능을 겸비해야 하나, 덕을 위주로 하였다.

'덕(德)'의 측면에 있어서는, 공자는 특히 귀, 천을 구별하는 예(禮), 범애(汎愛)의 '인(仁)'과 '추기급인(推己及人)'의 서도(恕道)를 파악하는 데 주의하였다. 범애의 '인'은 반드시 귀천을 구별하는 예의 기초위에 근거하였다. 마찬가지로 귀천(貴賤)을 구별하는 예도 범애의 인덕(仁德)을 무시할 수가 없다. 인(仁)은 실제적으로 예의 위에 머물러야 하며, 예(禮)는 인(仁)의 정신을 관철해야 한다. 인과 예는 상호 표리관계를 이루며, 각기 기능의 관계 중에서 바로 추기급인(推己及人)의 서도(恕道)는 중개의 역할을 맡는다.

282) 「論語」 '憲問' 45 : "子路問君子 子曰 脩己以敬 왈 如斯而已乎 曰 脩己而安人 曰 如斯而已乎 曰 脩己而安百姓 脩己而安百姓 堯舜 其猶病諸."

공자는 군자는 다음과 같은 세 가지 점을 반드시 장악해야 한다고 생각하였다.

즉 하나는 재능은 자기의 숭고한 이상에 충실해야 하며, 이 이상은 곧 내성외왕(內聖外王)의 도를 실현하는 것이다. 다음은 '군자는 학문을 하여 도를 구현 달성한다.'[283]는 것이고, 그 다음은 "굳게 믿어 배우기를 좋아하고, 죽음으로써 도를 높이다."[284] 이것은 즉 군자는 확고한 신앙과 호학(好學)의 정신을 당연히 가지고 있어야 하며, 생명을 다하여 진리를 탐구해야 하며, 이상을 실현하고 정의를 수호해야 한다는 것을 말해주고 있다.

"군자는 학문을 하여 도를 구현 달성한다."[285] "굳게 믿어 배우기를 좋아하고, 죽음으로써 도를 높여라."[286] 이러한 공자의 말들은 군자는 확고한 믿음과 배움을 좋아하는 정신을 가져야 하며 죽음을 아끼지 않고 진리를 구하고 이상을 실현하며 정의를 수호해야 한다는 것이다.

'재능'의 측면에 있어서는, 공자는 군자는 치국안민(治國安民)의 책략을 가지고 있어야 하는바, 일정한 재능과 지혜를 갖추어 '천승지국(千乘之國)'을 다스릴 수 있고, '천실지읍(千室之邑)'을 책임질 수 있어야 하고, '사방'에 사신으로 나가 왕명을 욕되지 않게' 할 수 있어야 한다.

공자는 '덕'과 '재능'의 양면에서 모두 학습을 요구했고, 학습은 정치참여의 준비를 위한 것이며, 이것은 참정(參政)하는 관리의 필수조건이었다. 관리가 되는 데는 반드시 학습을 거쳐야 한다.

---

283) 《論語》 '子張' 7 : "子夏曰 百工居肆 以成其事 君子學 以致其道."

284) 《論語》 '泰伯' 13 : "子曰 篤信好學 守死善道 危邦不入 亂邦不居 天下有道則見 無道則隱 邦有道 貧且賤焉 恥也 邦無道 富且貴焉 恥也."

285) 《論語》 '子張' 7 : "子夏曰 百工居肆 以成其事 君子學以致其道."

286) 《論語》 '泰伯' 13 : "子曰篤信好學 守死善道 危邦不入 亂邦不居 天下有道則見 無道則隱 邦有道 貧且賤焉 恥也 邦無道 富且貴焉 恥也."

한번은 자로가 자고(子羔)로 하여금 비(費; 季氏의 도읍)의 읍재(邑宰; 현장)로 삼으려고 천거하자, 공자는 "남의 자식을 해치려 드는구나."고 하였다. 이에 자로가 다시 "그곳에는 백성들도 있고 사직도 있습니다. 어찌 꼭 책을 읽어야만 배움이 된다고 하겠습니까?"라고 하자, 공자는 "그러기 때문에 저 말을 잘 둘러대는 것을 미워하느니라."[287] 고 말하였다. 이는 성급한 자로가 자고를 비의 현장을 시키고자 초조한 나머지 궤변을 농하다가 한바탕 야단을 맞은 경우를 말해준 장면이다.

그렇다면 대체적으로 학습한 사람들은 모두 관리가 될 수 있는가? 그건 아니었다. 공자는 오직 학습이 우수하고, 인품과 덕성 그리고 재능을 겸비한 현재(賢才)이어야 관리가 될 수 있고, 임관 후에도 여전히 학습을 견지해야 한다는 것이다. 한번은 공자가 "칠조개(漆雕開)에게 벼슬을 하라고 하자, 칠조개가 답하기를 '저는 아직 담당해내리라고 믿어지지 않습니다.' 이 말을 듣고 공자는 매우 기뻐하였다."[288]

이에서 보듯, 공자가 벼슬을 권할 정도로 지와 덕이 갖추어진 사람이 거만하지 않고, 겸손한 태도를 취할 때는, 그 지와 덕이 한층 빛나게 마련이다. 재주가 조금 있다고 하여 마구 날뛰고 다른 사람을 무시한다면 어떻게 되겠는가? 겸양의 미덕, 이것은 유능한 사람에게는 더욱더 그의 자질을 빛내주고, 훌륭한 사람에게는 더욱더 그의 인품을 높여 주는 것이 아니겠는가?

공자는 "먼저 예악(禮樂)을 학습한 후에, 벼슬하는 것은 초야에 묻혀 있는 야인이며, 먼저 벼슬하고 나서 후에 예악을 학습하는 것은 군자(귀족나리들을 가리킴)이다. 만일 내가 둘 중의 하나를 택

287) 《論語》 '先進' 24 : "子路使子羔 爲費宰 子曰 賊夫人之子 子路曰 有民人焉 有社稷焉 何必讀書然後爲學 子曰 是故 佞者."

288) 《論語》 '公冶長' 5 : "子使漆雕開 仕 對曰 吾斯之未能信 子說."

한다면, 먼저 예악을 학습한 사람을 좇으리라."[289]고 하였다. 그리고 자하는 "벼슬하면서 여유가 있으면 학문을 하고, 학문을 하고 나서 여유가 있으면 벼슬을 해야 하느니라."[290]고 하였다. 이 말은 자하의 입을 통해서 나온 말이지만, 확실히 이는 공자의 사상을 대표하고 있다. 이 말은 공자가 말한 "행하고도 여력이 있으면 학문을 익히라."[291]는 것에 근본을 두고 있는 것이다.

자하는 예(禮)를 강조하고 분별을 잘하니 지자(知者)의 유형에 속하는 사람으로 생각된다. 이러한 유형에 속하는 사람들의 사고 유형에서 보면 남과 나는 엄격히 구별되므로 경쟁할 수밖에 없는데, 경쟁은 투쟁으로 발전하기 때문에, 이를 억제할 수 있는 원리로서의 예(禮)와 억제하는 역할로서의 정치가 매우 중요한 것으로 부각된다. 그러므로 예를 배우는 것을 내용으로 하는 학문과 예를 실시하는 역할인 정치에 참여하는 것은 다 같이 중요한 것이다.

공자는 그의 제자들에게 간곡하게 훈계하였던바, "자리 없음을 걱정하지 말고, 나설 수 있는 능력을 걱정하라. 나를 몰라준다고 걱정하지 말고, 남에게 알려질 수 있는 일을 하고자 애써라."[292] 이것은 공자가 교육을 함은 참정의 인재를 육성하기 위한 것이며, 제자들이 그를 따라 학습하는 것은 임관의 자격을 취득하기 위한 것이라는 것을 설명해주고 있다.

그러므로 우리는 "학문을 하고 여유가 있으면 벼슬한다.(學而優則仕)"는 것은 공자의 교육목적이며 또는 공자의 학교설립 경영의 사상이라고 설명할 수 있을 것이다. 그것은 세습세록(世襲世祿)의

289) 《論語》 '先進' 1 : "子曰 先進於禮樂 野人也 後進於禮樂 君子也 如用之 則吾從先進."

290) 《論語》 '子張' 13 : "子夏曰 仕而優則學 學而優則仕."

291) 《論語》 '學而' 6 : "子曰 弟子入則孝 出則弟 謹以信 汎愛衆 而親仁 行有餘力 則以學文."

292) 《論語》 '里仁' 14 : "子曰 不患無位 患所以立 不患莫其知 求爲可知也."

제도에서 말하면, 하나의 대 비판이요, 대 진보이다. 왜냐하면 서주에 있어서는 관리가 되는 자격은 세습법에 의하여 확보된 것이기 때문이다. 당시 사람을 선발 임용하는 인재는 다량으로 “학문하지 않고 임용된다(不學而仕)” “임용되고 나서도 학문하지 않는다(仕而不學)”거나, “학문하고도 여유가 없다(學而不優)”는 그런 현상이 존재하였다. 귀족의 자제는 하교에 진학하기 전에 이미 당연한 관리후보격이었다.

당시에는 “학문하고도 여유가 있으면 임관한다.”는 요구는 존재하지 않았으며, 그들이 진학하는 것은 배운다는 한 점과 자기의 귀족 신분에 상응하는 지식을 배우는 데 불과하였다. “학문하지 않고 임관한다.”는 것은 세습제도의 고정적인 특징이며, 이것은 귀족정치가 필연적으로 부패하는 하나의 중요한 근원이 되었다.

“학문하고도 여유가 있으면 임관한다.(學而優則仕)”는 것은 학문하지 않았거나 또는 배웠더라도 우수하지 않으면 임관의 자격이 없다는 뜻을 함유하고 있다. 이와 같은 것에서 우리는 그것의 시대적 의의와 진보적인 작용을 읽을 수 있다. 그것은 세습제도와 상호 대립하는 원칙으로 계승되어 오면서 공자이후 이천 수백여 년의 학교교육과 수 · 당 이후의 과거제도가 출현하는 데 깊은 영향을 주었다. 그러나 한편으로는 “학문하고도 여유가 있으면 임관한다.(學而優則仕)”는 것도 부작용을 가져왔다. 그것은 구학(求學)의 유일한 목적이었던 것이 임관(任官)을 위한 것으로 되어 버렸다는 것이다.

4. 군자의 수신의 길

공자는 앞에서도 논한 바 있지만, 그의 교육목표를 ‘사인(士人)’의 양성에 두고, 그 표준은 ‘군자(君子)’로 정하였다. 그는 양성해 낸 군자가 덕정(德政)을 시행하고 예제(禮制)를 행함으로써 신흥 사회의 정치세력이 되어 사회 정치적 혁신을 추진하기를 기대하였다. 그렇다면 공자는 군자의 개인적인 품행 교양에 어떤 구체적인 기대가 있었을까?

우선 우리는 군자에 대한 자로와 공자의 세 번의 문답을 인식할 필요가 있다.

자로가 군자에 관하여 묻자, 공자는 "자기 수양을 하고 경건 성실해야 한다."고 하자, 자로는 그렇게만 하면 됩니까? 하고 다시 묻자, 공자는 "자기 수양을 하고 남을 안락하게 해주어야 한다." 고 했다. 마지막으로 자로는 그렇게만 하면 됩니까 하고 묻자, 공자는 "자기 수양을 하고 백성을 안락 편안하게 해주어야 한다. 자기 수양을 하고 백성을 안락 평안하게 해주기란 요 · 순도 실현하기 어려워 고심하였던 일이다."[293]고 일러 주었다.

우리는 군자에 대한 공자의 답변에서 세 가지 점에 유의할 필요가 있다. 즉 '수기(脩己;자기 수양)' 안인(安人;남을 안락하게 해주는 것) 그리고 '안백성(安百姓;백성을 안락 평안하게 해 주는 것)'이 그것이다. 우선 자기의 교양을 쌓고 나서 그다음 다른 사람, 백성을 편안하게 해야 한다는 논리이다. 결국 군자의 사명은 "자기 자신의 교양을 경건하고 성실하게 쌓아야 하며, 백성을 안락 평안하게 해야 한다는 것(脩己而安百姓)"이다. '안백성'하기 위해, 군자는 학문을 배우고, 덕행을 쌓아야 하는 것이다. 이 점은 현대 정치나 행정의 엘리트 투입에 있어서 극히 유념해야 할 일이다. 최근 고위 공직자 임용후보자 국회 청문회를 거칠 때나, 그렇게 청렴하다 하고 도덕성이 완고하던 임용 예정자들이 청문회를

293) 《論語》 '憲問' 45: "子路問君子 子曰 脩己以敬 曰 如斯而已乎 曰 脩己以安人 曰 如斯而已乎 曰 脩己以安百姓 脩己以安百姓 堯舜 其猶病諸."

거치면서 고개를 숙이고, 그 누구하나 반성의 태도가 보이지 않는 그 광경에서, 공직자의 정부의 고위 공무원 공직 담임 이전에 개인의 수양이 과연 어떠했고, 얼마나 중요한 것인가를 실감할 것이다.

신흥 정치적인 인재로서의 군자는 우선 반드시 바람직한 개인적 교양을 갖추어야 하는바, 자신을 명확히 인식할 수 있고, 파악할 수 있으며, 개선할 수 있고, 초월할 수 있어야 한다. 이렇게 하려면 반드시 '수기(修己)' 해야 하고, 몸가짐을 바르게 하여 좋은 품성과 건전한 인격을 형성해야 한다.

공자는 계강자(季康子)[294]의 정치에 관한 물음에 대하여, "정치는 바로 잡는 것입니다. 선생께서 솔선하여 바르게 나간다면 그 누가 감히 부정할 수 있겠습니까?"[295]라고 대답했다.

공자의 말처럼, 정치란 올바른 것이고 또한 정의(正義)이다. 정치는 악덕이 아니라 정의를 따라 실천하는 것이다. 그는 계강자에게 정도를 걷고 정의를 따른다면 그 누가 부정할 수 있겠느냐고 신랄하게 추궁했다. 또 그는 "위정자가 자신이 올바르면 명령을 내리지 않아도 만사가 이루어지고, 위정자가 자신이 올바르지 못하면 비록 호령해도 백성들이 따르지 아니한다."[296]고 하였다. 이 말은 공자가 상대 없이 한 말이나, 계강자에게 말한 것이나 같은 뜻일 것이다. 아름다운 정치는 위정자 자신이 몸가짐을 올바르게 해야 한다. 명령, 억압만으로는 심복시킬 수 없다. 위정자는 우선 자기부터 바르게 수덕(修德)하고 솔선수범해야 한다.

그렇다면 군자에게 있어서 수신(修身)의 도는 무엇일까? 군자는 어디서부터 마땅히 '수기' 해야 하는가?

---

294) 계강자는 당시 노(魯)나라의 정권을 농단하고 참월무도(僭越無道)했던 삼환씨(三桓氏)의 일족이다.

295) 《論語》 '顔淵' 17 : "季康子問政於孔子 孔子對曰 政者正也 子帥以正 孰敢不正."

296) 《論語》 '子路' 6 : "子曰 其身正 不令而行 其身不正 雖令不從."

공자는 “군자가 밟아 나갈 도가 셋이 있는바, 나는 그 하나도 제대로 못 하고 있다. 즉 인덕 있는 자는 근심하지 않고, 지혜로운 자는 미혹되지 않고, 용감한 자는 무서워하지 않는다.”고 말하자, 자공은 이 말을 듣고 말했다. “선생님께서는 겸손하시어 그렇게 말씀 하십니다.”[297]

이는 공자가 사람들에게 군자의 수신의 도는 ‘인(仁)’ ‘지(知, 智)’ ‘용(勇)’의 세 면이라고 말한 것이다. 이에 대하여 그는 이미 ‘자한(子罕)’ 편에서 말한 바 있다.[298]

위에서 보듯, 공자가 제시하고 있는 군자가 갖추어야 할 삼덕(三德)이 바로 ‘지’ ‘인’ ‘용’이다. 그는 이 세 가지를 대비하여 말한 것이다. ‘지(知)’는 총명한 판단, 정확한 인식이다. 확립된 주관으로써 세계를 이해하고, 우주의 이치에 통달하고 시비곡직(是非曲直)의 바탕을 통찰하는 지성(知性)을 가진 자라면 어찌 미혹하고 망설일 수 있겠는가? ‘인(仁)’은 인류애, 자애이다. 만인에 대한 박애(博愛)다. 사랑을 주는 마음은 항상 여유가 있고 즐겁다. 사욕을 버리고 베풀기를 즐기는 인자(仁者)는 세인(世人)이 모두 근심에 쌓여 침식을 잊어도 태연한 태도로 인(仁)의 덕으로써 그 근심을 이겨낼 수 있다. ‘용(勇)’은 판단성 있는 실천력이다. 겁낼 것이 없다.

오늘날 동서양을 막론하고 ‘지’ ‘덕’ ‘체’의 전면적 발전이 교육의 과제라면, 이천 수백 년 전의 공자의 이 말은 탁견이 아닐 수 없으며, 또한 오늘날 그 지 · 덕 · 체의 전면적 발전도 바로 이러한 문화전통을 계승한 인류의 보편적 정신일 것이다.

---

297)《論語》‘憲問’ 30 : “子曰 君子道者三 我無能焉 仁者不憂 知者不惑 勇者不懼 子貢曰 夫子自道也.”

298)《論語》‘子罕’ 28 : “子曰 知者不惑 仁者不憂 勇者不懼.”

《중용(中庸)》에서는 공자는 "배움을 좋아하는 것은 '지(知)'에 가깝고, 힘써 행하는 것은 '인(仁)'에 가깝고, 수치를 아는 것은 '용(勇)'에 가까운 것이라."고 말하였다. 이 세 가지를 아는 것은 곧 수신(修身)을 알게 되는 것이다."[299] 라고 하였다. 이 말의 뜻인 즉, 배우기를 즐기면 지(知者, 智者)와 비교적 가까워지는 것이고, 몸소 역행(力行)하는 것은 인자(仁者)와 가까워지는 것이며, 수치스러움을 알면 용자(勇者)와 가까워지는 것이다. 인 · 지 · 용 이 세 가지를 알면 어떻게 자신의 수양을 강화할 것 인가를 알게 된다는 것이다. 공자는 더 나아가 "이 세 가지를 알면 곧 사람을 다스리는 길을 알게 될 것이고, 사람을 다스리는 길을 알게 알면 곧 천하와 국가를 다스리는 길을 알게 될 것"[300]이라고 하였다. 공자가 이처럼 지 · 인 · 용은 천하의 달덕(達德; 널리 통용되는 덕)이라고 하였지만, 이는 도(道)[301]와 덕(德)이 정치의 바탕이 됨을 역설하고 있는 것이다. 이렇게 함으로써 이루어지는 정치가 곧 덕치주의(德治主義)인 것이다.

'인(仁)'은 군자의 핵심적인 자질이다. 공자는 "인덕이 있는 자는 근심하지 않는다."[302]고 했다. 왜 이 말을 했을까?

그것은, 그 하나는 인간과 인간의 관계에서 보면, "효제(孝弟)는

---

299) 《中庸》 "天下之達五道 所以行之者 三 日 君臣也 父子也 昆弟也 朋友之交也 五者 天下之達道也 知仁勇三者 天下之達德也 所以行知者 一也 或生而知之 或學而知之 或困而知之 及其知之 一也 或安而行之 或利而行之 或勉强而行之 及其成功一也 子日 好學 近乎知 力行 近好仁 知恥 近好勇 知斯三者則知所以脩身 知所以脩身則知所以治人 知所以治人 則知所以治天下國家矣."

300) 앞의 각주 참고.

301) 《중용》에서는 군신(君臣)과 부자(父子)와 부부(夫婦)와 형제(兄弟) 와 친구(朋友)의 사귐 이 다섯 가지를 천하지달도(天下之達道)라 하였다.

302) 《論語》 '子罕' 28 : "子曰 知者不惑 仁者不憂 勇者不懼."
'憲問' 30 : "子曰 君子道者三 我無能焉 仁者不憂 知者不惑 勇者不懼 子貢曰 夫子自道也."

바로 인(仁)을 이룩하는 근본이다."[303] "오로지 인자라야 사람을 사랑할 줄도 알고, 미워할 줄도 안다."[304]라고 했다. 인덕이 있는 사람은 충효인의(忠孝仁義)와 존비장유(尊卑長幼)를 알게 되며, 좋은 벗을 사귈 수 있고 비열한 소인배를 멀리 할 수 있다. 다시 말하면 이는 '인덕'을 구비 해야만 좋은 인연을 맺을 수 있으며, '좋은 사람'의 옹호와 도움을 받을 수 있어, 소인배들의 피해를 받지 않음으로써 우려와 번뇌 같은 것도 없을 것이기 때문이다.

또 하나는 인간과 일의 처리 관계에서 보면, 공자는 "군자는 천하에 넓게 처하면서, 어느 한 가지만을 옳다고 고집하지도 않고, 또 반면에 모든 것을 안 된다고 부정하지도 않고, 어디까지나 올바른 의리를 좇는다."고 하였다. 이 말의 뜻인즉, 군자는 사명을 지닌 역사적 존재다. 따라서 편파적인 선입관이나 감정에 사로잡히지 않고, 말하자면 자유무애, 중용의 도에서 진리를 구현해야 한다는 것이다. 따라서 군자는 주관적인 좋고 싫음을 취하지 않고 오로지 옳고 그름 즉 정의냐 불의냐를 따져 대의(大義)를 좇아 중용의 도를 편벽되지 않는 태도를 취해야 한다는 것이다. 그래야 우려와 번뇌를 피할 수 있다는 것이다.

셋째, 인간과 사물의 관계에서 보면, 공자는 "거친 밥을 먹고 물을 마시고, 팔을 굽혀 베개를 삼아도 즐거움은 그 가운데 있다. 의롭지 못하게 부(富)와 귀(貴)를 한들 내게는 뜬구름과 같으니라."[305]고 하였다. 이 말은 안빈낙도(安貧樂道)의 사상이 그대로 담긴 것이라 하겠다. 공자는 빈(貧)과 천(賤)을 덮어놓고 좋다고 한

303) 《論語》 '學而' 6 : "有子曰 其爲人也孝弟 而好犯上者 鮮矣 不好犯上 而好作亂者 未之有也 君子務本 本立而道生 孝弟也者 其爲仁之本與."

304) 《論語》 '里仁' 3 : "子曰 惟仁者 能好人 能惡人."

305) 《論語》 '述而' 15 : "子曰 飯疏食 飮水 曲肱而枕之 樂亦在其中矣 不意而富且貴 於我如浮雲."

것은 아니다. 청빈(淸貧)보다는 청부(淸富)를 바랐던 것이다. 문제는 "의롭지 못하게 부와 귀를 누리는 것"이다. 그래서 그는 의가 아닌 것을 좇아서 부귀를 누린다면, 그런 것들은 모두 자신에게 있어 뜬구름 같은 것이라고 했다. 아무리 가난하게 살아도, 인도(仁道)를 실천하고 있다면 인간으로서의 최고의 희열을 그 속에서 느낄 것이다. 이것이 바로 공자가 위에서 한 말의 뜻이다.

공자의 말은 현대에 있어서 더욱 절실하게 느껴진다. 서기 1910년 8월의 일을 잊었는가? 5백 년이나 지속되었던 조선이 지식은 많지만 지조가 없는 몇몇 타락과 명리에 눈이 먼 대신들의 종이 한 장에 싸인함으로 통째로 넘어가는 그 비참한 역사를 잊었는가? 타락은 불의의 명리 때문이다. 이것은 국가나 민족을 망치고, 팔아넘기고 말게 된다. 이처럼 인자는 우려와 번뇌가 없는 사람이다.

그렇다면 '인'의 경지에 도달하여 견지하기란 어떠한가?

공자는 '인'은 일종의 매우 원대한 도덕의 경지인바, 일반 사람들은 도달할 수 있는 것은 아니라고 보았다. 그의 제자들 가운데도 안연(顔淵)의 마음만이 지속적으로 '인덕'을 떠나지 않았고, 그 외의 제자들은 오랫동안 '인'과 함께 있기를 "실현하지 못하였던바, 다만 이따금씩 인덕을 행할 뿐이었다.[306] 그런데 동시에 '인'은 너무 멀리 있는 것도 아니었던바, 집요하게 추구하기만 하면 갖출 수 있는 것이다.

공자는 '인'은 멀리 떨어져 있는 것일까? 아니다. 내가 '인'을 바란다면 '인'은 바로 나를 따라오는 것이다."[307]이라고 하였다. '인'은 내가 얻고 싶은 마음만 있으면 내 나름대로의 '인'을

306) 《論語》 '雍也' 5 : "子曰 回也 其心 三月不違仁 其餘 則日月至焉已矣."(공자는 말하였다. "안회는 그 마음이 서너 달을 두고도 '인'을 어기지 않으나, 나머지 다른 사람은 하루나 한 달에 어쩌다 한 번 '인'에 달하고 말더라.")

307) 《論語》 '述而' 29: "子曰 仁遠乎哉 我欲仁 斯仁 至矣."

실현하게 된다는 것이다. 공자는 '인'은 인간이라면 누구나 각자의 행동으로 실현할 수 있는 것이다. 그는 항상 인간의 도덕적 능력을 강조하였다.

'지(知:智)'는 군자의 기본적인 자질이다. 공자가 말한 '지'는 지혜가 있는 사람에게 편중되어 있는바, 즉 인간의 인식능력과 사유능력에 치우쳐 있으므로, 오늘날 우리가 말하는 지육(智育)의 기준보다는 매우 좁은 개념이다. "지혜로운 자는 미혹되지 않는다."라고 공자가 말한 '지자(知者; 智者)'는 대개 오늘날 우리가 말하고 있는 '총명한 사람' '현명한 사람'일 것이다. 공자의 기준에 따라 이른바 '지자(知者)'란 반드시 '인'과 '예'를 알아야 할 뿐만 아니라 또한 마땅히 다음과 같은 세 가지 요구를 만족해야 한다는 것이다

첫째, 지천명(知天命) 즉 객관적 세계의 발전법칙을 알 수 있고, 파악할 수 있어야 한다. 공자는 "사계절이 바뀌어 가고, 만물이 철에 따라 자란다."[308] 사계절은 늘 이렇듯 천리(天理)의 법칙에 따라 운행하고, 만물은 이렇듯 생기가 넘친다. 이는 모두 자연법칙 아닌가? 자연법칙은 객관적인 존재인바, 인간의 의지에 따라 전이(轉移)되는 것이 아니므로, 반드시 이에 존중하고 따라야 하고, 자의적으로 무시하거나 위반해서도 안 된다는 것이다.

공자는 또 한 번은 위(衛)나라의 대부 왕손가(王孫賈)가 자기에게 "방 안에 아첨하는 것보다는 부엌에 아첨하라고 한 말은 무슨 뜻입니까?"하고 묻자, 공자는 "하늘에 죄를 지으면 빌 곳이 없는 법

308) 《論語》 '陽貨' 19 : "子曰 予欲無言 子貢曰 子如不言 則小子何述焉 子曰 天下言裁 四時行焉 百物生焉 天下言哉."

이다."[309]

왕손가와 공자의 대담은 당시의 시대적 배경을 모르면 이해하기 어려울 것이다. 왕손가는 위나라의 대부로서 군사권을 장악한 실력자이었다. 그때 공자는 무슨 뜻에서 인지 위나라에서 벼슬을 할 의사가 있음을 위나라 왕 령공(靈公)에게 알렸다. 그러자 이를 눈치챈 왕손가가 당시의 속담인 "안방에 아첨하느니 보다는 부엌에 아첨하라."는 말로써 공자에게 물었던 것이다. 이 말은 왕보다는 실력자인 자기 즉 부엌에 아첨하는 게 어떠냐고 했다. 이에 공자는 따끔하게 일침을 놓은 것이다. 하늘에 죄를 지으면(즉 무도하게 왕를 제치고 당신을 만나면) 그만이다. 다시는 빌 도리가 없다는 것이다. 이는 공자가 왕손가의 야망을 눈치채고 위에 하늘이 있음을 밝히고, 인간이 천리(天理)에 따라야 함을 말한 것이다. 즉 공자는 늘 깊이 '천명'에 귀의하여 덕(德)을 행한 인격자이었으므로 '천명'을 어기고 소인배와 야합할 수 없다는 뜻을 표명한 명언이다.

만약 천명을 어기고 자연법칙을 어기게 되면, 기도할 수도 없게 되므로 암암리 기도를 해도 소용이 없게 된다. 이렇게 되면 우리들에게 객관적 법칙을 이해하고 장악하도록 요구하게 된다. 공자는 군자는 '지천명(知天命)'하므로 천명을 외경하는 바, '소인들은 천명을 알지 못하므로 두려워하지 않으며, 높은 어른을 예사로 알고 존경하지 않으며 성인들의 글을 업신여긴다.'[310]고 했다. 공자는 자기 자신도 "쉰살에 천명을 알게 되었다."[311]고 하였다.

---

309) 《論語》 '八佾' 13 : "王孫賈問曰 與其媚於奧 寧媚於竈 何謂也 子曰 不然也 無所禱也."

310) 《論語》 '季氏' 8 : "孔子曰 君子有三畏 畏天命 畏大人 畏聖人之言 小人 不知天命而不畏也 狎大人 侮聖人之言."

311) 《論語》 '爲政' 4 : "子曰 吾十有五而志于學 三十而立 四十而 不惑 五十而知天命 六十而耳順 七十而從心所欲 不踰矩."

둘째, 지인(知人) 즉 사람을 관찰할 줄 알고 정확하게 평가할 줄 알아야 하는바, 좋은 사람과 나쁜 사람, 군자와 소인을 변별할 줄 알아야 한다.

번지가 '인'에 대하여 묻자, 공자는 답하기를 "사람을 사랑하는 것이다." 다시 '지(知)'에 대하여 묻자, "사람을 알아보는 것이다."[312]라고 했다. 또 공자는 "더불어 말할 수 있는 사람과 말을 하지 않으면 사람을 잃고, 더불어 말할 수 없는 사람과 말을 하면 말을 잃는다. 지혜로운 사람은 사람도 잃지 않고, 또 말도 잃지 않는다."[313]고 하였다. 인간관계에 있어서 서로 터놓고 이야기할 만한 지기(知己)를 얻는다는 것은 힘 드는 일이다. 공자는 바로 지기(知己)인 줄 알면서도 그와 더불어 이야기하지 않으면 그 사람을 잃고, 또 지기가 아닌데도 말을 하면 말을 잃게 된다고 위와 같이 말했다. 그리고 지혜로운 사람이라면 절대 사람이나 말, 그 어느 쪽도 잃지 않을 것이라고 말했다. 그러나 오늘날 우리는 각박한 생활 때문에 진정(眞情)을 토로할 수 있는 지기(知己)를 얻지 못하고 있다. 그러니 자연히 말마저 잃게 되고, 그러기에 이미 지인은 못 된다는 것이 요즈음 우리들의 상황 아닐까?

지자(智者)는 정확히 파악할 수 있고, 말실수를 하지 않으며, 벗을 잘 못 사귀지도 않는다. 공자는 "남을 대함에 있어, 그의 말을 듣고서도 그의 행실을 관찰하게 된다."[314]했다. 또한 그는 "행동을 보고, 연유를 살피고, 그 결과에 대해 만족하고 있나 없나를 관찰

312) 《論語》 '顔淵' 22 : "樊遲問仁 子曰 愛人 問知 子曰 知人…."

313) 《論語》 '衛靈公' 7 : "子曰 可與言而不與之言 失人 不可與言而與之言 失言 智者不失人 亦不失言."

314) 《論語》 '公冶長' 9 ; "宰予晝寢 子曰 朽(후)木 不可雕(조) 糞土之牆 不可朽也 於予與 何誅 子曰 始吾於人也 聽其言而信其行 今吾於人也 聽其言而觀其行 於與予 改是."

해 보면, 한 인간을 충분히 평가해 낼 수 있게 마련이다."[315]라고 했다.

한 사람이 하는 일에 그 목적과 동기, 그리고 원인을 잘 관찰 해 보면, 그 사람의 마음도 알 수 있는 것이다. 공자는 바로 이런 점을 잘 관찰하고 깊이 생각하여서 인간관계에 대한 조언을 해 준 것이다. 공자는 또 말하기를 "말을 모르면 남을 알 수 없다."[316]고 했다. 언론(言論)이야말로 인간의 문화를 전달하고, 인간과 인간이 뭉치는 절대적인 도구인 것이다. 그러므로 공자는 사람들의 언어에 대한 분석을 잘함으로써 진실과 허위를 분석할 줄 알아야 한다고 강조하였다. 만약 다른 사람들의 언어에 대해 분별할 줄 모르게 되면 한 사람을 완전히 투철하게 알고 진정으로 알기 어려울 것이다.

셋째, 지변(知變) 즉 시대와 환경의 변화를 아는 것이다, 바로 시국과 환경의 변화에 따라 끊임없이 자신을 조절해야 하는바, 시기에 따라 움직이고, 임기응변할 줄 알며, 지혜와 책략을 활용하여 절도 있게 행동함으로써 자신의 목적에 도달하는 것이다. 공자는 "인자(仁者)는 인(仁)에 안주하고, 지자(智者)는 인(仁)을 이용한다."[317]고 보았다. 인덕이 있는 사람은 '인'을 고수할 것이며, 총명한 사람은 임기응변과 인을 활용할 줄 안다. 그는 보다더 분명하게 해석하기를 "나라에 도가 있을 때는 말을 높게 하고, 행실을 높게 하며, 나라에 도가 없으면 행실은 높게 하고 말은 공손하게 한다."고 하였다. 이 말은 도가 행하여질 때와 행하여지지 않을 때

315) 《論語》 '爲政' 10 : "子曰 視其所以 觀其所由 察其所安 人焉廋哉 人焉廋哉."

316) 《論語》 '堯曰' 3 : "子曰 不知命 無以爲君子也 不知禮 無以立也 不知言 無以知人也."

317) 《論語》 '里仁' 2 : "子曰 不仁者 不可以久處約 不可以長處樂 仁者 安仁 知者利仁."

를 가려서 태도를 달리 하라는 군자에 대한 공자의 충고라 할 것이다.

그는 위나라의 대부인 영유(寧俞)[318]를 평가한 적이 있는데, "영무자(甯武子)는 나라에 도가 있으면 아는 척 했으나, 나라에 도가 없으면 그의 어리석은 척하는 품은 누구나 따를 수 없다."[319]고 했다.

영무자는 대체적으로 정치가 잘 될 때는 늘 자신의 총명함과 재질을 충분히 표현하여 활용할 수 있었으며, 정치가 어지러울 때는 바보처럼 어리석은 척하면서 위태로움으로부터 나라를 돕고, 왕도 구하고, 자기 자신도 구할 수가 있었다. 그가 총명과 재질을 보이는 이 부분은 다른 사람들도 할 수 있다. 그러나 어리석은 척하는 것은 다른 사람들이 할 수 없는 것이다. 공자는 이처럼 때에 따라 움직이고 임기응변할 줄 알며, 책략(전술)을 다지는 것이 곧 지(知;智)의 표현이라고 보았다.

용(勇)은 군자의 중요한 자질이다. 공자는 "용감한 사람은 두려움이 없다."[320] 또한 "의(義)를 보고도 실천하지 않는 것은 용기가 없는 것이다."[321] 라고 하였다.

---

318) 영무는 위나라의 대부로, 성이 '영'이요 이름은 유', 그의 시호는 '무'였다. 그는 위나라의 문공(文公)과 성공(成公)을 섬겼다. 그가 문공을 섬길 때는 나라의 정치가 순조로 어진 신하가 많았으며, 영무자가 가장 지혜로운 신하로 손꼽히고 있다. 그러나 성공 때는 나라의 정치가 차츰 어지러워지기 시작하였으므로 약삭빠른 신하들은 전부 물러나 피신하고, 영무자만은 어리석을 만큼 자리를 지키며 불의를 행하는 무리들과 맞섰던 것이다. 그렇게 하여, 그는 마침내 성공을 구해 냈고 자기 자신도 구할 수 있었다.

319) 《論語》 '泰伯' 13 : "子曰 甯武子 邦有道則知 邦無道則愚 其知可及也 其愚不可及也."

320) 《論語》 '子罕' 28 : "子曰 知者不惑 仁子不憂 勇者不懼."
'憲問' 30 : "子曰 君子道者三 我無能焉 仁者不憂 知者不惑 勇者不懼 子貢曰 夫子自道也."

321) 《論語》 '爲政' 24 : "子曰 非其鬼而祭之 諂 見義不爲 無勇也."

일의 기본 도리가 이미 나타나 마땅히 해야 함에도 불구하고 하지 않거나 또는 정의를 가릴 필요가 있는 상황임에도 강 건너 불 보듯 하여 나서지 못하면, 그것은 겁쟁이고 용감성이 없는 것이다. 그러나 용감한 것은 강한 척하거나 마음대로 하거나 또 내가 '천하의 제일이다.'는 식으로 하는 것도, 좌충우돌하는 것도, 마음대로 하는 것도 아니라고 했다. '용'은 반드시 '인' '의' '예' 기초 위에서 형성되는 것이다.

공자는 "덕 있는 사람은 반드시 올바른 말을 하지만, 올바른 말을 하는 사람이라고 모두 덕이 있는 것은 아니다. 인자(仁者)는 반드시 용감한 실천력이 있다. 그러나 용맹한 사람이라고 모두 인덕을 지닌 것은 아니다."[322]라고 말하였다. 이렇듯 덕이 있는 사람은 도리에 맞는 말을 한다. 그러나 그럴듯하게 말을 하는 사람이라고 해서 반드시 덕이 있는 사람이라고는 말할 수 없다. 마찬가지로 어진 사람은 용기가 있으나, 용기가 있는 사람이라고 해서 반드시 어진 마음을 가졌다고는 말할 수 없다. 인자의 '용'은 참다운 인식, 지성과 인애, 인간다움에서 나오는 것이다.

자로(子路)가 '용맹함을 높게 여기느냐?'는 질문에 공자는 "군자는 정의를 가장 으뜸으로 여긴다. 군자로서 용맹하기만 하고 정의감이 없으면 난을 일으키게 되고, 소인으로서 용맹하기만 하고 정의감이 없으면 도둑질을 하게 된다."[323]고 하였다. 여기서 군자란 덕이 높은 사람이라기보다는 단순히 지체가 높아 남의 위 자리에 있는 사람으로 보아야 하겠다. 사람에게 용기가 없으면 비겁하게 된다. 그러나 용기에는 반드시 정의감이 바탕에 깔려 있어야 하

322) 《論語》 '憲問' 5 : "子曰 有德者 必有言 有言者不必有德 仁者必有勇 勇者不必有仁."

323) 《論語》 '陽貨' 23 : "子路曰 君子 尙勇乎 子曰 君子 義爲上 君子 有勇而無義爲亂 小人 有勇而無義 爲盜."

지 그렇지 않으면 난동이나 도둑질의 요인이 된다는 것이다. 항상 용기가 넘쳐 있으나, 이성이 부족한 자에게 교훈을 준 말이다.

공자는 또 말하기를 "공손하되 예가 없으면 헛수고를 하게 되며(勞倦; 지치다), 신중하되 예가 없으면 두려워하게 되며(畏葸; 두려워하다), 용감하되 예가 없으면 난폭하게 되며(犯上;윗사람에게 반항하다), 정직하되 예가 없으면 강박하게 된다.(尖刻; 야박하다)"고 하였다. 이처럼 과감히 할 수 있다는 담력만으로, 용맹한 성격만으로는 '군자'라는 인재 표준에 도달할 수 없으며, 이와 같은 용맹함만 믿고 '인' '의' '예'가 없는 사람은 윗사람에게 반항하여 난을 피우거나 또는 강도 아니면 도둑으로 된다. 따라서 용감한 자는 반드시 '인'과 '예'의 요구에 따라 수련(修煉)을 해야 하며, 자신으로 하여금 '인'의 경지에 있어야 할 뿐만 아니라 또한 '예'의 규범에 부합되어야 한다. 이러한 용감한 자만이 진정으로 두려움이 없는 것이다.

군자는 지(知) · 인(仁) · 용(勇)의 면에서 자신의 수양을 강화하고 끊임없이 발전시켜 자신의 종합적인 자질을 향상시킴으로써 인격을 강화해야 한다. 공자의 교육목표는 바로 지 · 인 · 용 세 가지 중요한 요소를 모두 갖춘 '군자'를 양성하는 것이다. 그리하여 '군자'는 올바른 인식, 역사관, 세계관과 학문지식과 인, 인류애, '인간다움'을 가지고, 자기의 정의, 신념, 이념을 실천함으로써 구현해야 한다. 이 점은 예나 지금이나 마찬가지일 것이다.

오늘날 우리나라의 정치, 행정, 경제, 사회의 지도자급을 볼 때, 그 어느 때보다도 군자적인 소양을 갖춘 지도자의 요구가 필요한 때가 없는 것 같다. 자기들이 강하게 주장했던 하나의 원칙을 이제 와서는 또 그들의 필요에 따라 그 원칙마저 파기해버리며, 비근한 예로, 정책의 기조가 출발은 평등, 과정은 공정, 결과는 정의라던 구호가 현실적으로 불평등, 불공정, 불의로 변해버린 모습을 우리는 눈으로 보고 있지 않는가? 어찌 그것만인가? 국민의 통합보다는 자기들의 이익만을 앞세우는 진영논리에 도취한 도당(徒黨)을 지향하는 그런 부류가 세상을 어지럽히고, 국민의 통합을 깨는 정치인들을 우리는 눈으로 보고 있지 않는가? 오늘에도 군자적인 정치인이 그 어느 때 보다도 요구되고 있다. 이런 의미에서 공자가 말하는 군자의 이론은 탁견이 아닐 수 없다.

5. 군자의 정치적 포부와 정치적 재능

공자는 신흥 사회 정치세력으로서의 군자는 앞에서 논해 온 지 · 인 · 용이라는 기본적인 도덕의 품성을 갖추어야 할 뿐만 아니라, 반드시 원대한 정치적 포부와 현저한 정치적 재능을 갖추어야 한다고 했다. 따라서 그는 학생들의 정치적 이상 교육과 정치적 능력 양성에 대한 강화를 매우 중시하였으며, 학생들을 지도하여 '사람을 평안하게 하는 뜻(安人之志)'을 수립하고 '세상을 다스리는 기술(經世之術)'에 대해 깊이 연구하고 장악하도록 하였다.

우리는 기술한 바 있지만, 공자의 군자에 대한 자질적 기대는 첫째는 '수기(修己)', '정신(正身)'이며, 둘째는 '안인(安人)', '안백성(安百姓)'이다. 동시에 공자의 목표는 신흥 사회정치세력, 즉 '인애의 마음(仁愛之心)'을 갖춘 새로운 통치자를 양성하는 것이었으므로 '수기'는 단지 수단이고, '안인'이야말로 목적이었으며, '수기'는 '안인'을 위해 봉사하는 것이다. 공자의 인재 기준의 영역체계에서 '군자'의 개인의 도덕적 품성의 '지질'은 기초이며, '원대한 정치적 포부와 현저한 정치적 재능'이야 말로 교육의 핵심이었다.

그렇다면 공자는 군자가 마땅히 갖추어야 할 '안인(安人)' 이라는 자질 면에 대해 어떠한 구체적인 기대를 하였던가?

한편으로 공자는 군자는 "사람을 편안하게 하는 뜻(安人之志)이 있어야 한다고 강조하였다. 즉 원대한 정치적 이상과 포부를 확립하여야 하며, '도(道)' 와 '안인(安人)' 에 입지를 두어야 한다고 강조하였다."

노장학파(老莊學派)의 '무위(無爲)' 주장과 완전히 반대되는 것으로, 유가학파(儒家學派)는 '적극적으로 사회에 나아감(積極 入世)' 를 주장하였다. 공자는 그의 제자들에게 요구하기를, 적극적 태도, 충만된 열정으로 사회에 투신하여 정치에 참여하고 노력하여, 자신의 총명한 재능을 발휘함으로써 업적을 이루어야 한다고 했다. 원대한 목표가 없다면 정치적인 포부도 없을 것이며, '안인' 은 더더욱 더 말하기 어렵지 않는가?

진정으로 원대한 정치적 포부를 가지고 있는 사람, 진정한 '안인(安人)' 의 의미를 품고 있는 군자는 개인의 물질적 생활의 수요를 버리고, 필요한 경우 개인의 생명마저도 유감없이 희생할 수 있어야 한다. 공자는 "아침에 도를 들어 깨달으면, 저녁에 죽어도 좋다"고 했다. 여기에서 나타난 정신을 보더라도 그가 얼마나 지극한 정성과 굳센 신념으로 삶의 진리를 터득하려고 했었나를 잘 알 수 있을 것이다.

이렇듯, 진정 원대한 정치적 포부를 가진 사람, 진정 '안인(安人)' 의 입지를 굳힌 군자는 개인의 물질적 생활의 수요를 버리고, 심지어 개인의 생명마저 아끼지 않아야 한다. 공자가 말한 "아침에 진리를 깨닫고 저녁에 죽어도 좋다."는 것처럼, 아침에 진리를 깨닫고 '세상을 다스리는 도(治世之道)' 를 장악했다면 설령 그 날 저녁 죽었다 해도 후회할 것이 없다. 이것이야말로 포부가 원대하고 군자다운 행위가 아니겠는가?

공자는 오직 포부가 원대하고 확고하기만 하면 그 어떤 일이라도 성공 못할 것이 없다고 보았다. 그는 말하기를 "만약 하루라도 힘을 인(仁)을 위해 쓸 수 있다면, 그만큼 '인'이 실천됐을 것이다. 결국 나는 힘이 모자라 '인'을 실천 못했다는 사람은 보지 못했다. 아마 있을 법도 하나, 내가 본 바에는 없었다."[324]고 하였다. 이 말이 의미하는 것은, 그 어떤 일을 하더라도 모두 '힘'의 문제가 아니라, '마음'의 문제라는 것이다.

또한 공자는 "삼군(三軍)이라 할지라도 그 대장은 빼앗을 수 있으나, 한 사나이로부터 그의 뜻은 빼앗을 수는 없다."[325]고 하였다. 많은 군사로 호위된 삼군의 대장의 목숨은 빼앗을 수 있다. 그러나 다져진 한 사람의 마음을 빼앗을 수는 없다. 충절이 강한 사람의 목숨은 칼이나 창으로 쉽게 빼앗을 수는 있지만, 속에 품고 있는 뜻은 결코 빼앗을 수가 없다는 말이다.

우리는 주체의식(主體意識)이 확립되어야 한다. 악과 타협하지 않는 신념이 있어야 한다. 이렇듯 주체의식이 자신의 이상, 자신의 정의를 지키려고 결의만 한다면 비록 몸은 죽어도 뜻은 남게 되는 것이니, 아무리 필부의 뜻이라 하더라도 감히 누가 탈취할 수 있겠는가? 원대한 포부를 가진 군자는 더더욱 내 자신을 지키려는 주체의식이 확립되어 있어야 한다.

공자는 제자들이 원대한 정치적 포부를 수립하고, '안민' 안백성에 뜻을 세우도록 돕는데 힘을 다하였다. 그러기에 그는 늘 제자들과 함께 정치적 이상에 대하여 담론하곤 했다. 가장 전형적인 것

---

324) 《論語》 '里仁' 6 : "子曰 我未見乎仁者 惡不仁者 好仁者 無以尙之 惡不仁者其爲仁矣 不使不仁者 加好其身 有能一日 用其力於仁矣乎 我未見力不足者 蓋有之矣 我未之見也."

325) 《論語》 '子罕' 25 : "子曰 三軍 可奪帥也 匹夫不可奪志也."

은 다음과 같은 《논어》 '선진(先進)' 편에 보인 '자로(子路)', 증석(曾晳) 염유(冉有) 공서화(公西華)의 시자(侍座)[326]의 예일 것이다.

한번은 자로, 증석, 염유, 공서화 네 제자들이 공자와 담론을 하였다. 공자는 "내 약간 나이가 많다고 해서 어려워들 마라. 그대들은 항상 나를 "나를 몰라 준다."고 말하지만, 만약 그대들의 학덕을 알아준다면 알아서 어떻게 하겠느냐?"[327]고 하자, 이 들 네 제자들은 차례대로 자신들의 정치적 포부를 말하였는데 공자는 이에 대하여 일일이 평하여 주었다.

자로가 불쑥 나서며 자기의 이상은 "병차 천승(千乘)을 낼 수 있는 나라가 큰 나라 사이에 끼여서 곤란을 당하고(대군의 침입을 당하고), 더욱 또한 전란과 기근으로 허덕인다고 하더라도, 제가 나서서 다스리면 3년 내로 그 나라의 백성들을 용감하게 만들고, 또 올바른 길을 알려 주겠습니다."[328]는 것이었는데, 공자는 빙그레 웃었다. 이에서 보듯, 자로는 군비 강화에 초점을 맞추어 "백성들을 용감하게 만들고 나아갈 길을 알려주는" 강병치국을 기대하였다.

염유는 그의 정치적 이상으로 "사방 육 · 칠십리 또는 더 적은 오 · 륙 십리 쯤 되는 나라를 제가 맡아 다스린다면, 3년 정도로 백성들을 풍족하게 할 수 있을 겁니다. 그러나 예악은 제힘으로는 감당 못하니, 다른 군자를 기다리겠습니다."[329] 이에서 보듯, 염유는 경제발전에 초점을 두어 '국민이 풍족하면' 부국강병할 것이며, 예악에 관해서는 차후의 군자를 기다릴 수밖에 없는 일이라고 하였다.

---

326) 《論語》 '先進' 제 25장 참조.

327) 《論語》 '先進' 25 : "子曰 以吾一日長乎爾 毋吾以也 居則曰 吾不知也 如或知爾 則何以哉."

328) 《論語》 '先進' 25 : "(子路率爾對曰) 千乘之國 攝乎大國之間 加之以師旅 因之饑饉 由也爲之 比及三年 可使有勇 且知方也 夫子哂(신)之."

329) 《論語》 '先進' 25 : "(求 爾何如) 對曰 方六七十 如五六十 求也爲之 比及三年 可使足民 如其禮樂 以俟君子."

공서화는 그의 이상으로 “제가 할 수 있다는 뜻이 아니라, 배우고자 원하는 바를 말씀드리겠습니다. 종묘의 제사나 제후들의 회합 대에 검은 예복과 예관을 갖추어 차리고 군자의 예를 돕고 싶습니다.”고 말하였다. 그의 정치적 이상은 조정을 정숙히 하여, 예(禮)로써 나라를 다스리겠다는 것을 기대하였다.

증석은 그의 이상으로 “저는 다른 사람들의 생각과는 다릅니다. 저는 늦은 봄에 봄옷을 만들어 입고, 관을 쓴 벗 대여섯 명과 아이들 육, 칠명과 같이 기수(沂水)[330]에서 목욕하고, 기우제 드리는 곳에서 바람을 쐬고 노래나 읊으며 돌아오겠습니다.”고 하자, 공자는 찬탄하면서 “나도 너와 같다.”고 하였다.

세 사람이 나가고 증석만이 뒤에 처져서, 증석은 “세 사람의 의견의 의견에 대하여 어떻게 생각하느냐”[331]고 공자에 물었다. 그러자 공자는 “저마다의 뜻을 말했을 뿐이다.”라고 말하면서, 증석에게 세 사람에 대한 평을 말해 주었다.

우선 자로에 대한 평에 대하여, 증석이 ‘선생님, 왜 자로의 말을 듣고 웃으셨습니까?’[332]하고 묻자, 공자는 “나라를 예로써 다스려야 하는데, 그는 말하는 데로 겸양할 줄을 모르고 있으므로 웃었다.”[333]고 했다.

다음으로 염유에 대한 평은 공자는 “사방 육, 칠 십리 이건, 또는 오, 육 십리이건 역시 나라가 아니겠느냐?”[334] 작은 나라의 경제만을 잘하겠다고 한 것은 그가 겸손을 보인 것이다. 그러나 반경 육, 칠 십리 혹은 오, 륙 십리에 나라가 아니겠느냐?”는 뜻은

---

330) 노성(魯城) 동남방에 있는 강.
331) 《論語》 ‘先進’ 25 ; “夫三者之言何如.”
332) 《論語》 ‘先進’ : 위의 25 : “夫子何哂由也.”
333) 《論語》 ‘先進’ : 위의 25 : “曰 爲國以禮 其言不讓 是故 哂之.”
334) 《論語》 ‘先進’ 25 : “安見邦六十七十 如五六十而非邦也者.”

즉 한 나라는 그 나라의 제도가 있어야 한다. 한 나라를 다스리려면 단순히 경제를 발전시키는 것만으로는 부족한 것인데, 어떻게 예악 즉 제도 수립과 같은 중요한 일을 후세의 군자에게 남겨줄 수 있겠는가? 바로 그 말이다.

그 다음으로, 공서화에 대한 평은 공자는 "종묘에 제사를 드리는 일과, 제후들의 회동하는 일이 어찌 임금의 일이 아니겠느냐? 가장 큰 국가의 대사다. 적이 지나치게 겸손하여 소상(小相)으로 보좌나 하겠다고 말했지만, 그렇다면 그 누가 대상(大相)으로 큰일을 주재할 수 있겠느냐?"[335]라고 말했다. 종묘제사와 국가의 결합은 모두 제후가 참여하는 것 아닌가? 만약 공서화가 작은 관리만을 한다면, 누가 또 큰 관리를 할 수 있겠는가? 뜻인즉, 공서화의 재능은 절대로 이렇게 작지 않은 것, 그것은 그가 너무나도 겸손한 것이다.

그리고 마지막으로 증석에 대한 평은, 공자는 "(찬탄하면서) 나도 너와 같다."[336]고 하였다.

증석은 앞에서도 이야기한 바와 같이, 이는 보기에 치국안민의 정치적 이상과 아무런 관련이 없는 것 같은데, 공자는 왜 이렇듯 크게 칭송했을까? 그것은 증석은 그의 정치적 포부의 표현에서 매우 조화로운 정경을 묘사하였던바, 인간과 인간의 조화, 인간과 자연의 조화, 인간과 사회의 조화를 말했던 것이다. 이러한 조화는 정치가 밝고 경제가 발달하고 백성이 행복[337]하고 사회가 진보한 태평성세에서나 나타날 수밖에 없는 것이기 때문이다. 이와 같은 태평성세를 만드는 것이야 말로 '사람을 평안하게 하는 군자(安人之君子)'의 최고 이상과 최종적으로 추구하는 것 아닌가?

우리는 위에서 하나의 예이기는 하지만, 공자는 네 명의 제자들

335) 《論語》 '先進' 25 : "宗廟會同 非諸侯而何 赤也爲之小 孰能爲之大."
336) 《論語》 '先進' 25 : "夫子喟然歎曰 吾與點也."
337) 《論語》 '學而' 16 : "不患人之不知己 患不知人也."

의 정치적 포부를 듣고 짧막한 표현이지만 의미 있고 깊은 말로 제자들의 포부에 대하여 각각 평한 것을 살펴보았다. 이와 같은 사제지간의 담론과 평! 얼마나 자유스럽고 진지한가? 이러한 모습이 오늘의 지식위주, 입시위주의 삭막한 교육현장에서도 재현되면 얼마나 좋을까 하는 마음뿐이다.

다른 한편으로, 공자는 '경세지재(經世之才)'가 있어야 한다고 강조했던바, 즉 '치세안민(治世安民)' '경세제용(經世濟用)'의 지식과 능력을 연수하고 이에 정통해야 한다는 것이다.

공자는 "군자는 자기의 재능이 없음을 걱정할 뿐, 남이 자기를 알아주지 않음을 근심하지 않느니라."[338] 이는 "남들이 나를 몰라준다고 걱정할게 아니라, 내가 남을 모를 것을 걱정하라."[339]

"자리 없음을 걱정하지 말고, 나설 수 있는 능력을 걱정하라. 나를 몰라준다고 걱정하지 말고 알려질 만한 일을 하고자 애써라."[340]라고 하였다. 군자는 가장 두려운 것이 실제 재능이 없는 것인바, 그 재능을 알아볼 수 있는 사람이 없는 것을 두려워하지 말아야 한다. 진정한 재능과 실속 있는 학문은 반드시 그 재능을 발휘할 기회가 있을 것이다. 재능이 있는 인격자를 알아주지 않는 것은 도(道)가 서지 못 하고 사회가 혼탁하기 때문이다. 그대들의 잘못은 아니다. 천명(天命)을 기다려라. 이처럼 공자는 제자들에게 계속 노력할 것을 주문하였다.

공자는 군자는 경세의 재능이 있어야 한다고 강조했다. 그는 교육목표에 따라 교육내용에 대해 정성껏 선택하고, 설계하여 제자들에게 수신(修身), 양성(養性), 안인(安人), 치인(治人) 면의 유용한 지식을 배우도록 했다.

338) 《論語》 '衛靈公' 18 : "子曰 君子病無能焉 不病人知不己知也."
339) 《論語》 '學而' 16 : "子曰 不患人己 患不知人也."
340) 《論語》 '憲問' : "君子不患無位 患所以立 不患莫己知 求爲可知也."

제5장 교육내용

공자는 무엇으로 교육했는가? 이것은 교육의 내용이 말해 줄 것이다. 교육의 내용은 배우는 사람 쪽에서 보면 '학습의 내용'이 되겠지만, 교육의 내용이던 학습의 내용이던 간에, 그것은 교육의 목적 내지 목표를 실현하는 데 있어서 중요한 조건이 된다.

교육목표는 곧 피교육자를 학습을 통하여 바람직하지 못한 사람(不善之人)을 바람직한 인간(善人)으로 변화시키는 데 있다. 그러기 때문에 교육목적은 교육의 내용을 규정한다. 유가(儒家)에서 이러한 사상은 공자가 그 기초를 마련하였고, 그 후 중국사회에서 수천년 간 많은 영향을 주었다.

공자의 교육내용은 《논어》에 기재된 바에 의하면 각각 차이가 있다. 하나는 '사교(四教)' 즉 문(文), 행(行), 충(忠), 신(信)으로 학생들을 교육하였는바[341] 행, 충, 신은 모두 도덕적인 범주로서 몸소 행동으로 가르치는 것에 속하고, 문은 말로 가르치는 것이다. 즉 이것은 그 범위가 '육예' 보다도 더욱 넓으며 아주 기본적인 것이다. 둘은 예(禮), 악(樂), 사(射), 어(御), 서(書), 수(數)의 육예(六藝)로서 이것은 교육 입문의 필수 과정이며, 셋은 육경(六經) 즉 시(詩), 서(書), 예(禮), 악(樂), 역(易), 춘추(春秋) 등 6개 과목으로, 이것은 공자가 편집하여 기본교재로 사용한 것이다. 그리고 덕행(德行), 언어(言語), 정사(政事), 문학(文學) 등을 교육의 계통으로 교육의 구체적 내용을 제시하였다.[342]

341) 《論語》 '述而' 24 : "子以四教 文行忠信."

342) 《論語》 '先進' 2 : "子曰 從我於陳蔡者 皆不及門也 德行 顔淵 閔子騫 冉伯牛 仲弓 言語 宰我 子貢 政事 冉有 季路 文學 子游 子夏."

이외에도 이것은 모두가 군자적인 행동의 배양이나, 그 개선을 위한 것들이었다. 이 외에도 우리는 많은 것을 볼 수 있다.

총체적으로 본다면, 공자의 교육내용은 도덕교육, 문화지식 교육, 기능교육의 3개 부분을 포괄하고 있다. 공자는 행동 실천을 떠난 공리공담(空理空談)의 학문은 적극 배제했으니, 학문이란 행동 실천의 후차적인 순서[343]요, 설령 교육을 받지 않았다 할지라도 그 행동 우선을 강조했었다.

제1절 네 가지의 가르침(四教)

공자의 교육내용 즉 교육과정은 비교적 단일한바, 기본적으로는 인문과학, 사회과학의 범주에 속하고, 자연과학 기타의 영역은 거의 다루지 않았다. 《논어》 '술이(述而)' 편에서 "공자는 네 가지를 가르쳤다. 즉, 학문, 덕행, 충심, 신의였다."[344]고 말하고 있다. 이것은 바로 공자의 교육내용에 포함되는 네 가지의 측면이다. 이 같은 '사교' 즉 '네 가지 가르침'은 먼저 예 서적을 통하여 문학, 역사, 정치 등에 관해서 두루 가르치고, 다음에 예(禮)를 실행하는 것을 가르치며, 다음으로 예의 본질인 충(忠) 즉 진실성을 가르치고 신의를 가르치는 순으로 진행하였을 것이다. 사교는 바로 학문, 실천, 성실, 신의 즉 문(文) · 충(忠)은 정신적인 것으로서 개인적인 수양이며, 실천, 신의 즉 행(行)과 신(信)은 행동적인 것으로서 사회적인 미덕이다.

이 '네 가지의 가르침(四教)'는 역사상 공자의 사상을 연구하는 학자들이 극히 중시한 문제의 하나였다. 우리가 공자의 이 '네 가

343) 《論語》 '學而' 6 : "子曰 (弟子入則孝 出則弟 謹而信 汎愛衆 而親仁) 行有餘力 則以學文."

344) 《論語》 '述而' : "子以四教. 文 · 行 · 忠 · 信."

지의 가르침'을 이해함에 있어서는 공자가 살았던 당시의 시대적 배경, 문화 그리고 사회적 환경을 연계시켜 생각해야 하고 해석해야 할 것이다.

'문(文)'에는 당연히 역대 문헌을 포함시켜야 하거니와 따라서 시(詩), 서(書), 예(禮), 악(樂) 역시 포함되어야 할 것이다. '문'에 포함한 시, 서와 예, 악에는 그에 관련된 문헌 자료만이 아니라 시, 서와 예, 악에 관련된 조작적(操作的) 지식도 포함 되어야 할 것이다. 그러므로 공자가 학생을 교육한 '문(文)'에는 당연히 서적의 지식과 그에 상응한 조작적 또는 응용적인 지식과 기능적인 민족문화의 정수(精髓)를 포괄시켜야 할 것이다.

'행(行)'은 '수행' '궁행(躬行; 몸소 행함)' 등으로 그의 구체적 내용이라 말할 수 있다. 그러나 이것 역시 불충분한 것인바, 역시 개괄적인 정의에 설명이 필요하다. 우리는 '행(行)'과 '문(文)'은 상대적이라고 생각한다. '문'은 광의적인 문화지식을 가리키고, '행'은 문화 지식의 기초적인 행위를 가리킨다. '행'은 '문'과 상호 모순되는 것이 아니라 통일된 것이다.

예컨대《시(詩)》《서(書)》《예(禮)》《악(樂)》《역(易)》《춘추(春秋)》등 이러한 문헌 중의 지식과 그 정신의 실질이 이른바 '문'이다. 바로 '문'은 학습자의 일체이고 행위의 지도원칙이다.

환원하면, 학습자는 모두 이러한 '문'으로 학습하여 자기의 언행을 완전히 '문'의 원칙과 부합시켜야 할 것이다.《시》의 정신에 따라 행동하면, 행동거지가 문아(文雅)하고 절도가 있다.《예》의 정신에 따라 행동하면, 예절에 어긋나는 언행을 하지 않게 되며,《서》의 정신에 따르면, 역사의 경험을 받아드려 자기의 거동이 천의(天意)와 민심(民心)에 부합될 수 있다.《악》의 정신에 따르면, 행동할 때 심정이 유쾌하고 기색이 화기로 넘치게 되며, 《역》의 정신을 따르면 일거일동이 사물의 본래의 법칙에 부합되어 어리석은 일을 저지르지 않게 된다. 그리고 《춘추》의 정신을 따르게 되면, 역사상의 인물을 거울로 삼을 수 있어 바르지 않은 길을 가지 않게 되고, 역사상의 위대한 인물을 본보기로 할 수 있다. 한마디로 말하면, 공자가 말한 '행'도 '문'과 통합된 '행'이며 우수한 정신적 교양 지도하의 '행'이며, 고상한 사람이 되도록 하는 '행'이다.

'네 가지의 가르침' 중의 다른 두 가지의 교육인 '충(忠)'과 '신(信)'은 공자가 특히 강조했던 두 가지의 교양 정신이다. '문'을 배우는 '행'을 실천하는 과정에서 공자가 제자들에게 각별히 주의를 환기시켜 준 것이, 바로 '충'과 '신'이다. 공자가 본 충과 신은 사람이 갖추어야 할 기본적인 품성이며, '문'과 '행'의 중요한 보충이다.

'문'과 '행'에는 두 개의 방면이 포괄된다. 하나는 내재적 요구이며, 다른 하나는 외재적 요구이다. 이러한 두 가지 요구는 비교적 추상적이거나 막연한 것이다. 그러므로 반드시 '충'과 '신'에 관련된 구체적인 요구와 한정이 있어야 한다. 마찬가지로 '문'과 '행'의 학습에서 '충'과 '신'의 한정이 없다면 '문'과 '행'은 '문'의 정수(精髓)에서 일탈할 것이고, 하위적인 길로 나아갈 수 있다.

그러므로 공자의 '네 가지 가르침'에는 어느 하나가 없어도 완전한 체계를 이루지 못한다. 그것이 위대한 점은 바로 네 가지의 완전한 통합과 상호 제약에 있다고 해야 할 것이다. 그런 '충'과 '신'의 내포에 대하여 구체적으로 보기로 한다.

우리는 '충'은 성실하고 진실한 태도이며, '신'은 말하자면 말한 대로 하는 태도라고 생각된다. '문'을 배우던 '행'하던 반드시 이 두 가지 태도가 구비되어야 하며, 또한 이 두 가지 태도를 학습의 기본 원칙으로 삼아야 한다. 학습과정에 '충'과 '신'의 태도가 있어야 학습 후의 행동 중에서 여전히 배운 바의 충, 신의 태도를 따르게 된다.

'행(行)' '충(忠)' '신(信)'은 실천 중의 요구이자 또한 전문적으로 배워야 할 학습내용이다. 그러므로 그들은 '문'과 함께 '네 가지 가르침'으로 열거되어 공자가 제창한 교육내용으로 된 것이다. '문'은 학습해야 할 내용이자 또한 행동의 성격을 띠고 있는 학습이다. 그것은 공자가 말하는 '문'은 일종의 넓은 의미의 '문'으로서 거기에는 조작성과 응용적인 지식과 기능이 내재된 것이다. 그러므로 공자의 네 가지 가르침은 두 개의 뜻이 내포되어 있다. 하나는 학습해야 할 내용이고, 다른 하나는 실천하여 행동에 옮겨야 할 내용이다. 이것은 학습내용과 학습활동이 서로 유기적으로 통합된 학습사상이다. 오직 이러한 학습사상을 지도로 하여야 비로소 학습내용에 부합된 사람을 육성할 수 있다. 그렇지 않으면 학습은 학습대로, 행동은 행동대로 다르게 되고, 학습자는 자기도 모르게 허위적인 인생 태도를 기르게 된다. 그러므로 공자는 학(學)과 행(行)이 유리되는 것을 극구 반대하였다.

앞에서 말해온 공자의 '네 가지 가르침'에 대한 해석에서 우리들이 주의해야 할 문제의 한 가지는 성인(成人)을 가르치는 법과 제자를 가르치는 방법의 구별이다. 이것 역시 공자의 학습사상 중의 중요한 구성 부분으로서 즉 서로 다른 대상에 대하여 학습내용면에서 각각 다른 요구 또는 각각 다른 순서가 있다는 것이다.

제자에 대해서는 그들이 청소년인 까닭에 우선 중시한 것은 인격 품성의 배양 문제이다. 이러한 배양은 실제에 있어서는 일종의 사회교육이다. 즉 좋은 사회 환경에서 부모 형제 또는 연장자들로 부터 좋은 가르침(훈도)을 받아 부지부식 간에 좋은 인격 품성을 가진 사람으로 감화된 후 비로소 체계적인 '문'을 배워야 한다는 것이다. 이것은 바로 공자가 말한 바 있는 "제자는 들어와서는 효도하고 나가서는 공경하며 삼가고 미덥게 하며 널리 사람들을 사랑하되 어진 사람과 친해야 한다. 행하고서 남음이 있으면 글을 배워라."[345]는 것이 말해 주고 있다.

그러나 성인(成人)에 대해서는 그 교육내용과 교육순서가 제자의 경우와는 달리 곧 "문, 행, 충, 신" 등 네 가지 가르침이다. 제자의 품성은 자연스러운 감화를 통하여 형성된다면, 성인의 네 가지 가르침 학습은 그들로 하여금 자각적으로 배우게 하는 것이다. 만약 제자 시기에 이미 좋은 인격 품성이 형성되어 군자로 될 기본적 자질이 구비되었다면, 성인 단계의 '네 가지 가르침' 학습은 쉽게 이루게 될 것이다. 만약 제자 단계에 여러 가지 원인으로 좋은 감화를 받지 못하여 군자가 될 기본적인 자질을 갖추지 못했다면 성인 단계의 네 가지 가르침에 곤란이 많게 된다. 그러나 전혀 불가능한 것은 아니다. 사회의 성인들은 아주 좋은 환경에서만 생활하는 것은 아니므로 인격 면에서 여러 가지 폐단이 쉽게 배양되어 그들의 품성과 자질 면에 각종 약점이 나타나게 될 수도 있다. 그러므로 공자는 성인 단계의 학습에서 '문, 행, 충, 신' 이 네 가지를 병진시켜야 하며 그 중 어느 하나가 부족해도 안 된다고 강조하였다. 이것이 제자의 학습과 크게 다른 점이다. 제자들에 대하여 말하면 그들은 사회적 영향 하에서 비교적 좋은 인격과 품성을 배양할 수 있으므로, 그들의 학습에는 반드시 '충' '신'의 내용이 있어야 하거니와 더욱이 '행'을 강조하였다.

'문' '행' '충' '신'은 공자가 제창한 교육내용 중의 긍정적인 부

345) 《論語》 '學而' 2 : "子曰 弟子入則孝 出則弟 謹以信 汎愛衆 而親仁 行有餘力 則以學文."

분이다. 그는 또한 사람들이 교육에서 반드시 주의해야 할 부정적인 내용에 대해서도 지적하였다. 그것이 바로 사람들의 관념 중에 반영된 '괴(怪), 력(力), 난(亂), 신(神)' 의 사상이다. 이점에 대해서는 절을 바꾸어 이야기하기로 하겠다.

제2절 괴(愧) · 력(力) · 란(亂) · 신(神)

《논어》 '술이' 편에서는 "공자는 괴이한 것, 힘센 것, 어지러운 것, 신에 관한 것을 말하지 않았다."[346]고 기록하고 있다. 이에서 보듯, '괴이한 것' 은 비현실적인 일, 괴이한 일, 비이성적인 일, 비합리적인 일로, 이것을 말하는 것은 호기심을 자극하여 주목을 받으려는 것이고, '힘센 것' 은 무력, 주먹다짐이다. 비문화적인 것, 포악이다. 이에 대해서 말하는 것은 육체적인 요소를 강조하는 것이며, '어지러운 것' 은 난동이다. 질서와 인륜의 파괴다. 이를 말하는 것은 남의 잘못을 밝히려는 이기심의 발로이다. 그리고 신은 귀신같은 것, 미신적으로나 종교적으로 비인간적인 신령 같은 존재를 말한다. 신에 대해서 함부로 말하는 것은 혹세무민하게 되는 것이다. 그러기 때문에 공자는 이에 관에서 말하지 않은 것이다.

공자의 정치사상, 정치철학은 주공(周公)의 이성(理性), 인간성의 각성과 주공의 문물제도에 바탕을 둔 인문정신, 합리주의 실용철학이며 현실적인 것이었다. 은대(殷代)와 같이 점복(占卜)이나 무술(巫術)로 신의 뜻을 묻는 주술적(呪術的)인 것이 아니었다. 어디까지나 인간의 이성(理性), 지성(知性), 문화(文化)의 힘으로 현실사회를 합리적이고 평화적으로 발전 향상 시켜야 한다고 생각하였다.[347]

---

346) 《論語》 '述而' 20 : "孔子不語怪力亂神."

347) 張基槿 譯著, 新完譯 《論語》, 明文堂, 1985, 187~188면.

이 괴, 력, 난, 신에 대한 옛날 학자들의 해석은 대체적으로 일치하였으나 그에 대한 태도는 다소 차이가 있었다.[348)]

'괴도의 일(怪導之事)'에 대해서 주희(朱熹)는 그것이 '정도의 일(正道之事)'아니므로, 그것을 담론할 바가 아니라고 하였다. 그러나 류보남(劉寶楠)은 괴이한 것과 재변(灾變)은 서로 다른 것으로 괴이한 것에 대해서 공자가 말하지 않은 것이 아니라 대상을 보아 달리 했을 뿐이라고 하였다. 필요할 때에는 공자 역시 괴이한 일에 관하여 담론하였고 일식과 같은 재변에 대해서는 말했을 뿐만 아니라 더욱이 사서(史書)를 편집할 때에는 매우 관심을 갖는 문제 였다. '용력(勇力)'과 패란(悖亂) 같은 일에 대해서는 도의와 무관한 까닭에 담론하지 않았다고 하였다.

귀신의 일에 대해서 주희는 인정하기를 조화(造化)와 관련되는 대사이므로 그 중의 도리를 철저히 이해하지 못했다면 사람들에게 경솔하게 말하지 않았다. 설혹 알린다 해도 다른 사람들이 이해할 수 없으므로 함부로 논하지 않았다고 하였다. 어찌하여 '괴, 력, 란, 신'에 관하여 말하지 않았는가에 대하여 왕필(王弼)은 그것이 교화에 무익하기 때문이라고 하였다. 또한 다른 사람들은 공자가 이런 일들에 대하여 냉철하게 말할 수 없기 때문이라고 하였다.[349]

위에서 보듯, 옛날 학자들의 이러한 해석이나 견해가 공자의 교육사상에 결부시키지 못했기 때문에 사람들에게 구체적인 인상을

---

348) *朱熹, 《四書集注 · 論語集注》 卷四 : "怪導 勇力 悖亂之事 非理之正 固聖人所不語 鬼神 造化之迹 雖非不正 然非窮理之至 未有易明者 故亦不輕以語人也."
"聖人語常而不語怪 語德而不語力 語治而不語亂 語人而不語神."
*劉寶摛, 「論語正義」 : "王曰 怪 怪導也 力謂若蕩舟 鳥穫擧千鈞之屬 亂謂臣弑君 子弑父 神謂鬼神之事 或無益于敎化 或所不忍言 正義曰 不語 謂不稱道之也……書傳言夫子辨木石水上之怪 及防風氏骨節專車之屬 皆是因人問答之非 自爲語之也 至日食 地震 山崩之類 皆是灾變 與怪不同 故 春秋紀之獨詳 欲以深戒人君當修德力政 不諱言之矣."

349) 劉詔軍 저, 같은 책, 29면.

줄 수 없었다.

공자가 '괴, 력, 란, 신'의 문제를 말하지 않은 것을 만약 그의 교학사상 특히 교육내용과 관련시켜 생각한다면 더욱 의의가 있을 것이다. 공자가 교육 특히 학습을 강조한 것은 그의 사람들을 바람직한 인간 즉, 군자로 육성하기 위한 것이었다. 그는 사람들의 교양(문화)지식 교육에서 '충' '신'을 학습과 사람됨의 원칙으로 하여 자기 행동을 지도할 것을 요구하였다.

문화지식을 교육할 때, 괴, 력, 란, 신의 내용을 접하게 된다. 예지컨대 《시(詩)》《서(書)》《예(禮)》《악(樂)》《역(易)》《춘추(春秋)》 등에는 모두 괴, 력, 란, 신에 관련되는 내용이 있다.

공자는 현실론자로서 괴, 력, 란, 신에 대하여 우선 그 존재를 시인하였다. 이를 기어코 부인한다면 자기모순에 빠진다. 그는 옛것을 즐겨하였기 때문에 전통문화중의 괴, 력, 난, 신에 대하여 전혀 부인할 수는 없었다. 그렇지 않으면 전통문화를 학습해야 한다고 제창한 그의 사상에 부합되지 않았다. 동시에 고전문헌과 전통문화를 학습하는 과정에 반드시 괴, 력, 난, 신에 대하여 이해하고 파악해야 하거니와, 그것에 합리적인 해석을 하여야 했다. 그렇지 않으면 현실 생활 중에 유사한 문제에 직면했을 때, 어찌할 바를 모르게 되고, 발언권이 없게 되어 소극적인 입장에 처하게 된다. 그러므로 고대 문헌을 처리할 때, 그 중의 괴, 력, 난, 신의 내용에 대하여 정확하게 이해하려고 하였다. 예컨대, 《춘추》에서 일식(日蝕) 등 자연재해에 관한 설교 같은 것도 모두 공자가 괴, 력, 난, 신을 처리한 것의 예라 할 수 있다.

공자식 학습에서는 필연적으로 괴력난신의 내용에 접하게 되기 때문에 학생들이 그러한 문제들에 대하여 문의하지 않을 수 없었다. 공자의 태도는 "말하지 않았다.(不語)"는 것이다. 즉 서로가 이 문제를 담론하지 않았으나 그러한 내용을 전혀 모르는 척하지 않았다. 그것에 대하여 철저하고 세밀한 이해를 한 후, 그것을 중점으로 관심을 갖는 문제의 범위에서 배제했을 뿐이다. 이것이 바로 공자가 괴력난신에 대하여 "말하지 않았다."는 내제적인 뜻이다. 공자가 사실상 이러한 문제에 대하여 "말하지 않는다."는 태도를 취한 것은 이러한 일들로 인하여 주의력을 분산하지 않고, 품성 연마에 자기의 정력을 집중할 것을 바랐기 때문이다.

공자는 《시》《서》《예》《악》《춘추》 등을 정리할 때 그 중의 괴력난신의 내용에 대하여 삭제하는 태도를 취한 것이 아니라, 보존해 갔다. 이 점은 현존하는 '육경(六經)'을 보아도 알 수 있다. 괴력난신의 문제가 《좌전(左傳)》 중에 가장 많이 보존되어 있다. 그것은 역사적으로 존재하는 문제로서, 경시할 수 없는 객관적 존재이기 때문이다. 그러나 이미 앞에서 말하다시피, 공자가 제자들을 가르침에 있어서 제자들이 자신의 도덕성 측면에 힘써 군자가 되기를 바랐기 때문에, 그는 괴력난신 따위의 문제에 학생들이 주의력을 분산시키는 것을 바라지 않았다 할 것이다.

총체적으로 말하면, 공자는 주요하게 문, 행, 충, 신으로 가르쳤고, 현실생활과 고전문헌 중에서 괴력난신을 회피하지는 않았으나, 말하지 않는 태도를 취하였다. 그것은 괴력난신을 논의하여 학생들의 정력을 분산하는 것을 막아 자기의 품덕을 연마하는 데 정력을 집중을 바랐기 때문이다.

제3절 도(道)·덕(德)·인(仁)·예(禮)

공자의 교육내용을 문, 행, 충, 신 등으로만 설명한다면, 그것은 비교적 추상적인 것으로 될 수 있다. 그렇기 때문에 그는 또한

"정음(正音)[350]으로 읽는 것은 《시경》과 《서경》이었으며, 예(禮)를 집행할 때에도 언제나 정음을 썼다."[351]고 구체적으로 설명을 하였다.

공자가 말한 아언(雅言)의 내용은 바로 그가 학습한 내용이자 또한 그의 학생들이 학습할 내용이다. 《시》《서》《예》에 대해서는 이미 언급했지만, 《논어》에서는 《역》《춘추》《악》에 대해서 언급했다. 이러한 설명이 있어야 문, 행, 충, 신이 구체화 된다.

이른바 '아언'은 '충' '신' 두 가지 교육 및 '기, 력, 난, 신' 이러한 말과 서로 연계시켜 이해할 수 있다. 우리는 '아언'은 바로 '충' '신'의 원칙으로부터 출발하고, 괴, 력, 난, 신 등 잡다한 일에 말려들지 않으며, 《시》《서》《예》《악》《춘추》 등 고전문헌에 내포되어 있는 간단하면서고 심오한 대의로 말한 정신의 실질에 대하여 이해하고, 그로부터 학습자가 적극적인 교육을 받고 자신의 품성을 제고하여, 문질빈빈(文質彬彬; 외관과 내용면이 잘 조화를 이룬)의 군자로 될 수 있는 것으로 이해할 수 있다.

공자는 또 "시경에 있는 삼백 편의 시[352]는 한마디로 말로 대표할 수 있으니, '생각함에 거짓이 없다.'는 것이다."[353]고 말했는데, 이것은 바로 이른바 '아언(雅言)'이라고 하는 하나의 예증이

350) '雅音' …정음(正音)으로 말하다. 아(雅)는 중앙관부에서 쓰는 표준어격인 '정음'의 뜻.

351) 《論語》 '述而' 17 : "子所雅音 詩書 執禮 皆雅言也."

352) 《시경》에는 원래 311편이 있었으나, 그중 6편은 제명(題名)만 남아 있다. 따라서 현존하는 것은 305편이다. 지금 전해지고 있는 「시경」은 한 대(漢代) 모형(毛亨)이 전한 것으로 '毛詩'라고 한다. 《시경》의 시는 원래는 주대(周代)를 중심으로 한 민중시였는데, 공자가 3천여 편 중에서 311편을 추렸다. 공자는 시로서 인간의 성정(性情)을 순화시키고, 다시 예 · 악 즉 음악과 의식(儀式)에 맞추워 넣어 가지고 정치, 외교, 제전(祭典), 향연 등에 넓게 활용했다. 따라서 고대에 있어 정치에 참여하려는 지식인, 군주, 제후, 사대부 등은 「詩經」을 수덕(修德)의 필수과목으 삼았다.

353) 《論語》 '爲政' 2 : "子曰 詩三百 一言蔽之 曰思無邪." *'思無邪'는 《詩經》 '魯頌駉' 편의 마지막 부분에 나오는 말이다.

라 할 수 있다. 《시경》에는 남녀 애정의 내용이 많아 만약 어지러운 생각이 있으면 '충' '신'의 원칙을 떠나 학습에서 기로에 빠지게 되기 때문이다. 학습과 강론이 이렇게 된다면, 공자가 말하는 '아언'이 아니라 '부정스러운 말(邪亂之言)'이 되고 만다. 이렇게 본다면 하나의 《시경》을 배운다고 해도 두 가지의 다른 결과가 나타나게 된다. 그러므로 공자는 '생각함에 거짓이 없는(思無邪)' '아언'의 태도를 제창하여, 그 문(文)과 행(行)이 '충' '신'의 원칙을 따르도록 보증하였다. 이것이 또한 '문, 행, 충, 신'의 네 가지 가르침에서 공자가 '괴, 력, 란, 신을 말하지' 않은 원인의 하나라고 할 수 있다. 또한 이렇게 규정해 보면, 공자가 말한 '아언(雅言: 늘 하는 말, 바른 말)' 즉 사악함(어지러움)이 없는 말 또한 충·신의 말이라 할 수 있다.

'문, 행, 충, 신'은 공자가 학습자에 대한 최소한의 요구에 지나지 않는다. 물론 군자가 되려면 먼저 문헌을 배우고 그것을 행동에 옮겨 충, 신의 방향에서 노력해야 한다. 그러나 이것만으로는 부족하다. 공자는 학습자에게 더욱 높은 요구와 기대가 있었다. 그는 "도(道)에 뜻을 두고, 덕(德)에 근거하며, 인(仁)에 의하며, 육예(六藝)를 터득하라."고 하였다. 여기서 말하는 '도(道)' '덕(德)' '인(仁)' '예(藝)'는 보다 더 높은 차원의 교육(학습)내용이다. 만일 '문' '행' '충' '신'을 학습의 기본내용이라고 한다면, '도' '덕' '인' '예'는 교육(학습)에 있어서 보다더 높은 차원의 내용이라 할 수 있다.

위에서 보듯, 공자는 군자로서의 수도(修道)하는 방법을 적절히 표현하고 있다. 여기서 '도(道)'란 진리, 이념, 원리, 사상 같은 정신적인 절대선(絕大善)의 길이고, 이에 대비하여 그 정신적 절대선을 행동으로 표현하는 것이 덕(德)이라 하겠다. 따라서 인간은 정의 이념을 갖고, 이를 행동화해야 한다. 이것이 '도에 뜻을 두고(志於道)', '덕에 근거하는 것(據於德)'이다. 좀 더 구체적으로 말하면, 인간은 도(道) 즉, 진리의 길을 철저히 의식, 목적하고, 자기 행동을 도에 맞게 표현해야 한다. 도(道는) 바로 '인도(仁道)'이다. 따라서 인간은 인(仁) 즉 사람다움(사람노릇)에 의거하여, 모든 행동을 해야 하다. 이것이 바로 진리에 뜻하고, 진리를 행동화하고, 진리가 명하는 '절대선' 인(仁;사람다움)을 실천하는 길이다. 인간의 행동은 기능적이다. 행동의 미(美)와 효과, 선(善)을 위하여 육예(六藝)를 넓게 습득해야 한다. 그래야 인간은 진리, 인도(仁道)를 선미(善美)하게 행동으로 실천할 수 있다는 것이다.[354]

우리는 위에서 군자로서의 수도하는 방법을 교육학적으로 인식하면 다음과 같이 할 수 있다.

'지어도(志於道)'는 학습에서의 지향이 사람됨의 근본 도리를 파악 하는데 있다는 것을 말하며, '거어덕(據於德)'은 학습내용에서 당연히 덕성을 수양함을 근거 삼아야 한다는 것이고, '의어인(依於仁)'은 학습에서의 실천은 인(仁) 즉 사람다움으로 돌아가는데 있다는 것이다. 그리고 '유어예(游於藝)'는 육예를 연구하고 익히는 것을 자기의 생활내용으로 삼아야 한다는 것이다. 이들 네 가지는 역시 하나의 통합체로서 각각 분리하여 생각할 수는 없다.

'도(道)'는 교육(학습)의 최고 목표이다. 그 내용은 어떻게 고상한 군자로 될 것인가에 관한 근본 도리를 말한다. 그러므로 도(道)를 학습의 최고 목표로 삼는다는 것은 그러한 근본 도리를 학습의 근본 내용으로 삼는다는 것이다. 덕(德)은 도에 의하여 규정되고, 또한 덕은 인격 면에서 도의 구체화이다. 도 및 그 내용의 학습은 결국 각종의 덕에서 표현되어야 한다. 그러므로 덕에 관한 각종 견

354) 張基槿 譯著, 같은 책, 176면.

해 역시 학습의 중요한 내용으로 된다. 인(仁) 즉 사람다움은 덕의 구체적 항목의 하나이다. 공자는 인(仁)은 도(道)와 덕(德) 중의 가장 근본이 되는 조목으로 보았다. 그런 까닭에 그것을 단독으로 들어 중요한 학습내용의 하나로 삼았다.

공자는 인간의 덕성 문제에 대하여 약간의 개념을 제기했는데, 그것이 바로 도(道), 덕(德), 인(仁), 의(義), 신(信) 등등이다. 이러한 개념에는 또한 단계성 구분이 있다. 도(道)는 가장 근본적 개념이며, 그것은 모든 개념을 포괄하고 있다. '도' 개념 아래의 덕(德)은 인간의 덕성과 관련된 총체적 개념이고, 인(仁)은 속(屬)[355]의 하나이다. 또한 인(仁)과 '충', '신' 과의 관계를 보면, 인은 종(種)의 개념이고 '충', '신' 은 하나의 속 개념이다. 이러한 몇 개 내용의 단계성으로부터 보면, 공자의 교육(학습)사상이 극히 풍부하고 깊음을 알 수 있다.

'예(禮)' 는 구체적 교육(학습)내용이다. 그것은 모든 '문', '행', '충', '신', '도', '덕', '인' 등을 모두 구체화한 것이다. 다시 말하면 각양각색의 '예(禮)' 는 바로 앞의 각 항목을 조직화한 것이다. 그러므로 공자의 학습내용은 공자가 생존하던 당시 중국적으로 각양각색의 '예' 에 의하여 모두 구현되었다. 공자식의 학습에 있어서는 결국 구체적인 '예' 를 통하여 도, 덕, 인, 문, 충, 신 등의 사상이 설명되고 학습된다.

'예' 에 대하여 말할 때, 공자는 '유(游)' 라는 글자를 써서 그 특성을 잘 나타내고 있다. '유(游)' 자는 '놀다', '즐기다' 등의 여러 뜻이 있는 글자로, 이는 일종의 행동으로서 연습과 실천내용을 통하여 학습해야 할 전부의 내용을 점차적으로 습득하게 되는데, 이

355) '속(屬)' 은 같은 범주의 뜻이다. 생물학에서 생물 분류의 단위로 문(門), 강(綱), 목(目), 과(科), 속(屬), 종(種)의 순으로 세분화 되어 있다.

러한 학습은 활동화 된 실천으로써 유쾌한 활동이다. '유(游)'의 활동을 통하여 학습한 내용을 자기 인생의 모든 활동에 융합시켜야지, 그것을 생활과 유리시켜서는 안 된다. 공자는 학습내용이 인간의 본질과 서로 배치되는 것이 아니라, 양자는 본래 서로 부합되는 것이라고 인정하였다. 그러므로 이러한 학습은 고통스러운 것이 아니라, 오히려 유쾌한 것이다.

육예에 대하여 말하면, 그것을 학습하고 복습하고 연습하는 과정이 모두 흥미로 넘친다. 공자가 말한 "배우고 때에 익히니 기쁘지 아니한가!"[356] 바로 그와 같은 쾌락원칙의 설명이라 할 수 있다. 여기서 말하는 '때에 익히니(시습지;時習之)'가 바로 '유(游)'의 일종의 표현으로서, 그중에 즐거움이 자연히 따르게 되는 것이다.

'지어도(志於道)', '거어덕(據於德)', '의어인(依於仁)', '유어예(游於藝)'에서 '도', '덕', '인', '예'는 공자의 학습내용의 구체적인 설명이고, '지(志), 거(據), 의(依), 유(游)'는 바로 공자의 학습방법에 대한 설명이다. '도(道)'는 가장 근본이 되는 학습목표이자 내용이므로 도(道)는 자기학습의 지향으로 삼아야 하고, '덕(德)'과 '인(仁)'은 도(道)의 인성 표현이므로, 그것은 자기의 의거(依據)로 삼아야 한다. 예(禮)는 도(道)로부터 인(仁)에 이르러 결국 시달되기에 학습자는 자기 인생활동에 완전히 결합시켜 자기의 일거일동은 모두 예(禮)와 연계시켜야 한다. 즉 그것은 행동성을 강조하므로 '유(游)'라는 글자로 그것을 설명하였다.

이로부터 본다면, 공자의 교육(학습) 사상의 다단계성과 다면성을 알 수 있다. 이것은 공자사상의 다의성(多義性)의 가장 좋은 표현의 하나라 할 수 있다. 통일되고 일관되면서 풍부하고 다의적인

356) 《論語》 '學而' 1 : "子曰 學而時習之 不亦說乎 (有朋 自遠方來 不亦樂乎 人不知而不慍 不亦君子乎)."

사상으로부터 우리는 공자의 교육(학습)사상만이 아니라 사상가로서의 그의 지위와 깊이를 더욱 인식할 수 있다.

제4절 성(誠)과 천도(天道)

《논어》 '공야장(公冶長)' 편에서 자공은 "선생님의 문장(文章)에 관한 말씀은 누구나 얻어들을 수 있으나, 인간의 성(性)과 천도(天道)에 관한 말은 얻어들을 수 없다."[357] 고 하였다. 즉 문장은 구체적이고 가시적인 것이어서 들을 수 있으나, 성과 천도는 추상적이고 무형의 것이므로 들을 수 없다는 것이다.

문장은 들을 수 있는 것으로서 자연히 공자의 교육내용의 하나로 된다. 그렇다면 들을 수 없는 '성'과 '천도'는 공자의 교육내용에 포함되는가?

우선 '문장' 즉 문물에 대하여 논의하기로 하자. 여기서 말하는 '문장'이란 다만 글만을 가리키는 것이 아니고, 광의적인 개념으로서 문학, 문헌, 학술 등 구체적인 문화 지식 즉 문물(文物) 전반을 가리키고 있다. 이것은 공자가 그 제자들에게 학습하도록 요구한 중요한 내용이다. 자공이 공자의 문장을 들을 수 있다고 한 것은 공자가 제자들에게 해설한, 관련된 문장의 각종 지식을 말하므로 그들은 들을 수 있다는 것이다.

그러나 그들이 공자로부터 '성'과 '천도'를 들을 수 없다고 한 것은 결코 공자의 교학 중에 '성'과 '천도'의 사상이 포함되지 않는다는 것을 의미하는 것은 아니다. 그럼 무엇 때문에 자공 등이 공자로부터 '성'과 '천도'를 들을 수 없다고 하였는가? 이것을

357) 《論語》 '公冶長' 12 : "子貢曰 夫子之文章 可得而聞也 夫子之言性與天道不可得而聞也."

앞에서 기술한 바 있는 "도에 뜻을 두고, 덕에 근거하며, 인에 의하며, 예를 즐기라."는 이른바 '12자 강령'으로부터 이해할 필요가 있다.

이 말은 공자가 결국 '성'과 '천도'의 문제에 대하여 관심이 없는 것이 아님을 말해주고 있다. 이 네 마디 말에 대하여 참답게 생각해 본다면 그중에 포함된 이치를 명백히 알 수 있다. 공자는 문, 행, 충, 신 네 가지로 제자들을 교육하고, 또한 '예(藝)'를 체득하라고 요구하였다. 그 중의 '행(行;실천)'과 '예를 즐기다.(游於藝)'를 보기로 하자.

'행(行;실천)'과 '유(游;즐기다)'는 동일 유형의 개념이다. 그러나 '행'의 범위가 넓고 '유'는 다만 그중의 하나라는 점이다. 다시 말하면 '유'는 '행'의 일종의 형식이다. '유어예(游於藝;예를 즐겨라)'는 이른바 '육예(六藝)' 실천하는 내용이다. 그러나 생활 중의 '행'은 육예를 실행하는 것만이 아니라 또한 배운 바 있는 전반의 '도, 덕, 인, 의, 충, 신(道德仁義忠信)', 등 추상적인 개념은 공자의 강의 중에서 모두 볼 수 있는 형식으로 학생들에게 전수되므로 그들은 듣고 볼 수 있다. 이러한 형식의 도, 덕, 인, 의, 충, 신 등은 모두 구체적 표현 형식이고, 추상적 이치는 아니므로 자공 등은 그 '문장'은 들을 수 있어도 '성'과 '천도'는 들을 수 없었다. 이것은 하나의 표면적인 현상이다. 사실은 공자가 그들에게 들려준 형식 중에서 학생들은 보고 들을 수 있는 '성'과 '천도'를 점차적으로 터득하게 되는 것이다. 최초에 느낄 수 없다 하더라도 학습이 일정한 수준에 이르면 자연히 그것을 인식할 수 있고 느낄 수 있는 것이다. 그러므로 공자의 교육방법은 보고 들을 수 있는 내용을 통하여 학습자가 보고 들을 수 없는 내용을 터득하는 경지에 이르도록 하는 것이라 할 수 있다.

공자의 교육은 《시(詩)》《서(書)》《예(禮)》《악(樂)》《역(易)》《춘추(春秋)》 등 이른바 '육경(六經)'을 기본으로 삼았다.

이 중에서 추상적이고 고상한 도(道), 덕(德), 인(仁), 의(義), 충(忠), 신(信) 등의 도리가 있다. 공자는 이와 같은 공허하고 추상적인 대 이치만을 말하고, 학습자가 실천 중에서 어쩌 할 바를 몰라 하는 그러한 강의 방식을 주장하지는 않았다. 그는 학습자가 먼저 어떻게 할 것인가를 알도록 한 연후에, 그들이 그중에 '성(性)'과 '천도(天道)'에 관한 이치를 깨닫토록 하였다.

공자는 "사람의 천성은 서로 비슷하지만, 습관으로 서로 멀어진다."[358]라고 말하였는데, 사실 그가 인성(人性) 문제를 언급하지 않은 것은 아니다. 그러나 그가 더욱 중시한 것은 그 중의 '익히는 것, 되풀이하여 행함(習)'이었다. 그것은 배운 후에 익혀야만 비로소 진정으로 인성의 변화에 영향을 줄 수 있기 때문이다. 그러므로 공자의 학습내용 중에 반드시 '유(游;즐기다)', '행(行; 실천하다)'이 포함되어야 하는바, 이 양자는 모두 배운 후에 '익히는 것(習)'의 범주 내에 있다.

공자의 이러한 방법은 그후 유학자(儒學者)들에게 줄곧 계승되어, 그들이 학습문제를 담론할 때, 모두 일반적으로 어떻게 할 것인가를 말하고, 그저 공허한 대이치만은 말하지 않았다. 이러한 방법은 어느 정도 중국문화의 하나의 특징을 반영하였다. 즉 구체적인 조작성을 존중하고 추상적인 사변(思辨)을 말하지 않고, 추상적인 이치를 구체적인 현상 중에서 볼 수 있도록 하였다. 대이치만을 말하여 학습자가 실제로 시작할 수 없도록 한 것이 아니라 학습자가 시작부터 구체적으로 어떻게 할 것인가를 알도록 하였던바, 만약 그들이 그 중의 이치를 터득하지 못했다 하더라도 나쁜 결과는

358) 《論語》 '陽貨' 2 : "子曰 性相近也 習相遠也."

초래하지 않는다. 이것이 바로 그들의 방법의 직접적인 역할이라 할 것이다. 이러한 학습효과가 개인에 대해서나 사회에 대해서 이로울지언정 해롭지는 않다. 그러므로 통치자들에 의하여 더욱 격려되었는데, 후에 나타난 과거제(科擧制)는 바로 그러한 격려의 표현의 하나라 할 것이다.

이로부터 보면 '성'과 '천도'는 실제에 있어서 공자의 교육내용 중의 가장 근본이 되는 것이라 할 수 있다. 비록 최초에 학습자들이 보고 들을 수 없으나 최종적으로 도달하려는 목적이 바로 '성'과 '천도'를 터득케 하려는 것이었다. '예를 즐기다(游於藝)'든 '문','행','충','신'이든 모두 최종적인 성격의 학습내용이 아니라 다만 수단적 성격을 띤 학습내용이다. '성'과 '천도'와 "뜻은 도(道)에 두며 덕(德)에 근거하며, 인(仁)에 의거한다."는 이른바 '12자 강령'의 '도','덕','인'이든 그 실질에 있어서는 통합된 것이다. 그러므로 학습자가 종국적으로 느끼게 되는 '성'과 '천도'가 공자의 학습내용중의 근본인 것이고, 학습자들이 직접 보고 들을 수 있는 것은 도리어 공자의 학습내용 중의 지엽적인 것이라 할 것이다.

제5절 기타의 교육내용

우리는 이상에서 논의한 바와 같이, 공자의 교육내용을 들었지만, 이 외에도 또 다른 측면이 있다.

공자는 "(옛 것을) 전승(傳承)했을 뿐 짓지는 안 했으며, 옛것을 믿고 좋아했다. 나를 노팽(老彭)[359]에 견주노라."[360] 이 말은 교육

359) 《大戴禮記.》 '虞戴德' 篇의 기록에 의하면 노팽은 은대의 현명한 대부로 정치를 대부에게, 관직을 사(士)에게, 기술을 서민에게 가르쳤다고 한다.
360) 《論語》 '述而' 1 ; "子曰 述而不作 信而好古 竊此於我老彭."

내용의 시각에서 보면 '옛것'을 교육내용의 하나로 보고 있다고 할 수 있다. 이른 '옛것'이란 공자를 기준으로 볼 때, 고대이후의 전통문화를 말하는바, 공자가 사람들에게 배우도록한 《시(詩)》《서(書)》《예(禮)》《악(樂)》《역(易)》《춘추(春秋)》 등 이른바 '육경'은 예로부터 전해 내려오는 고전은 공자가 믿고 좋아한 교육(학습) 내용이다.

공자는 고대문화에 대하여 믿고 좋아하는 태도를 취하였다. 그가 말한 '전승(술;述)'은 계승으로서 그 중에 당연히 정리와 발췌가 있기는 하나, 그것은 어디까지나 자기 이해의 기초에서 진술이었고 계승 가운데의 발췌이었다. 그는 고대문화에 대하여 겨우 진술에 그치고 여태껏 누구 하나 고전 외 다른 것을 내놓지 않았다. 그들의 해석은 모두 공자식의 진술이었다. 이와 같이 전통적 방식을 받드는 진술의 토대 위에서 중국의 사상문화는 유구한 전통을 유지하였고, 또한 그러한 방식은 무의식 중에 고유의 방식으로 되었다. 그 중의 이해(利害)에 관해서는 물론 연구하고 분석해야 할 것이나, 부인할 수 없는 것은 그러한 방식이 중국 전통문화의 주도적 지위에 놓여 있었다 할 것이다.

'술이부작(述而不作;진술만하고 창작하지 않았다)'은 역사적으로 형성된 문화에 대한 인정과 계승을 말한다. 이것은 공자식 교육(학습)에서 역사와 전통을 그 기본내용으로 삼았다는 것을 표명한 것이다. 그들의 교육(학습)내용 중에 새로운 것이 없이 오직 옛것만이 있다. 그들은 이와같이 낡은 것에 대하여 학습하고, 해석하고 발췌하는 데 그쳤다. 이와 같이 고전적인 것이 공자식 학습내용의 주요한 요소이다. 공자는 교육내용에서 '박학(博學; 널리 글공부를 함)'을 주장했다. 그는 협애한 지식에 구애되는 것을 바라지 않는 해박한 교육내용 중에서 '인성'과 '천도'의 진리를 터득할 수 있기를 기대하였다. 그는 "(알지도 못하면서 행하는 사람이 있으나, 나는 그렇게 한 일이 없다.) 많이 들은 중에서 좋은 것을 택하여 좇았고, 많이 본 중에서 골라 기억한다. 이것이 슬기로서는 버금가는 것이니라."[361]라 하고, "군자는 글을 널리 배우고, 요약하기를 예로써 한다면, 또한 도에서 어긋나지 않을 것이다."[362]라고 말하였다. 자공이 공자에게 "공자께서는 그 어디서인지들 안 배우셨겠습니까?"[363]이나 자공이 공자의 학설에 따라 "널리 배워 뜻을 두텁게 하고"[364]라고 한 말이나, 달항의 마을 사람들이(達巷黨人) 말한 "참 위대하도다. 공자는! 박학하면서[365]도 이름을 내지 않았다."고 말한 것 등은 공자가 박학하다는 것을 설명해 주고 있다.

공자가 박학했던 것은 전적으로 그의 교육(학습)목표와 학습내용을 위해서이다. 공자는 학습에서 도(道)를 구하는 것을 근본적인 지향으로 하고, 도(道), 덕(德,) 인(仁), 문(文), 충(忠), 신(信) 등 추상적인 도리를 주요한 학습내용으로 삼았다. 이러한 추상적인 도리는 보편성을 띤 도리로서 각종 사물에 모두 구체화 되므로, 해박한 지식으로 그중에서 추상적인 도리를 깨달았다.

'육경'과 관련해서 말하면, 그중에 해박한 지식 내용이 언급되어 있어, 이러한 지식 내용을 전면적으로 파악하지 못하면 '육경'을 잘 가르칠 수도 없고 배울 수도 없다. 육경을 잘 학습하지 못하면 추상적인 도리를 깊고 정확하게 이해할 수 없다. 그러므로 공자는 학습내용이 지나치게 편협한 것보다 광범위하고 다방면으로 될 것을 주장하였다.

---

361) 《論語》 '述而' 27 : "子曰 蓋有不知而作之者 我無是也 多聞 擇其善者而從之 多見而識之 知之次也."

362) 《論語》 '雍也' 25 : "子曰 君子博學於文 約之以禮 亦可而不畔矣夫.

363) 《論語》 '子張' 22 ; "衛公孫朝問於子貢曰… …夫子焉不學…."

364) 《論語》 '子張' 6 : "子夏曰 博學而篤志 切問而近思 仁在其中矣.

365) 《論語》 '子罕' 2 : "達巷黨人曰 大哉孔子 博學而無所成名…."

공자는 우선 역사 지식 학습에 주시하였다. 《논어》 '위정' 편에서 "자장(子張)이 앞으로 십 대의 일을 알 수 있습니까?하고 묻자, 공자는 '은(殷)은 하(夏)의 예를 따랐으니 비교해 보면 못한 것 잘한 것을 알 수 있고, 주(周)는 은의 예를 따랐으니 비교해 보면 못한 것 잘한 것을 알 수 있다. 따라서 앞으로 주나라의 바른 문화전통을 계승만 한다면 백 대 앞의 일도 예측 못 할 바 없다.'고 하였다."[366)]

이것은 공자가 역사지식을 학습하고 역사의 사회제도의 연혁을 총화 하는 것을 학습내용의 하나로 삼았다는 것을 말해주고 있다. 이러한 지식의 학습은 당연히 '육경' 등 고대 문헌을 떠나서는 생각할 수 없는 것이다.

공자가 "하(夏)나라의 예(禮)를 내가 말할 수 있으나, 후손의 나라인 기(杞)에 실증할만한 사물이 부족하고, 은(殷)나라의 예(禮)도 내가 말할 수 있으나, 후손의 나라인 송(宋)에도 실증할 만한 사물이 부족하다. 문헌이 모자라는 탓이다. 문헌만 충분하다면 충분히 실증할 수 있다."[367)]고 말한 이 예(禮)는 넓은 의미에서 말하면 하나의 사회제도이다. 공자가 하나라나 은나라의 예제(禮制)에 대하여 가히 말할 수 있었다는 것은 이미 학습을 통하여 이 방면의 지식에 정통하고 있었다는 것이다. 그리고 그가 말한 "믿고 옛것을 좋아하고(信而好古)", "옛것을 좋아하여 부지런히 찾아 배워 알게 된 사람(好古 敏而求之者)"[368)] 등의 말은 공자가 역사 지식에 대하여 중요시하고 있다는 확실한 증거를 제공해 주고 있다.

---

366) 《論語》 '爲政' 23 : "子張問 十世可知也 子曰 殷因於夏禮 所損益可知也 周因於殷禮 所損益可知也 其或繼周者 雖百世可知也."

367) 《論語》 '八佾' 9 : "子曰 夏禮吾能言之 杞不足徵也 殷禮吾能言之 宋不足徵也 文獻不足故也 足則吾能徵之也."

368) 《論語》 '述而' 19 : "子曰 我非生而知之者 好古 敏而求之者也."

공자는 또한 《시(詩)》의 학습에 대하여 누차 담론하였다. 예컨대, 그는 "《시경》에 있는 삼백 편의 시는 한마디로 말해서 '생각함에 간사함이 없다."[369]고 하였고, 자하의 시에 "곱게 웃는 품 아름다우며, 아리따운 눈의 검은 동자, 흰 분에 더욱 빛나리."라고 하였는데, "이게 무슨 뜻입니까?"라는 질문에 공자는 "그림 그릴 때에 채색을 마치고, 흰 가루로 바탕을 칠하는 격이다."라고 대답하자, 자하가 다시 "예를 끝으로 인격을 완성한다는 뜻이겠군요."라고 반문했다. 이에 공자가 "나를 계발시켜 준 사람은 너 상(商)이로구나. 비로소 같이 《시》를 말할 수 있구나."[370]하였다.

《논어》 '태백'에서는 공자는 "시에서 (감정)을 흥기시키며, 예로써 행동규준을 세우고, 음악으로써 성정을 완성시킨다."[371]고 하였으며, '자한(子罕)' 편에서는 "공자는 말하였던바, 내가 위(衛)에서 노(魯)나라로 돌아온 후에 음악이 바로 잡혔고, 아(雅)[372]와 송(訟)이 제자리를 찾게 되었다."고 하였다.

'양화' 편에서는 공자는 "그대들은 왜 시를 공부하지 않는가? 시는 사람에게 감흥을 돋게 하고, 모든 사물을 보게 하며, 대중과 더불어 어울리고, 화락하게 하며, 또한 은근히 정치를 비판하게 하는 것이다. 가깝게는 어버이를 섬기고, 나아가서는 임금을 섬기는 도리를 시에서 배울 수 있으며, 또한 시로서 새나 짐승 풀 나무들의 이름도 많이 배우게 될 것이다."[373]고 말했고, 또 공자는 그의 아들

---

369) 《論語》 '爲政' 2 ; "子曰 詩三百 一言以蔽之 曰 則無邪."

370) 《論語》 '八佾' 8 : "子夏問曰 巧笑倩兮 美目盼兮 素以爲絢兮 何謂也 子曰 繪事後素 曰 禮後乎 子曰 起予者 商也 始可與言詩已矣."

371) 《論語》 '泰伯' 8 : "子曰 興於詩 立於禮 成於樂."

372) '아'는 시경 305편의 시중에서 '아'는 왕실과 귀족의 생활시라고 할 것인 바 105편의 시가 있다. 주의 왕실과 건국한조(祖)를 칭송한 종교시라고 할 송(頌)이 40편 있다.

373) 《論語》 '陽貨' 9 : "子曰 小子 何莫學夫詩 詩可以興 何以觀 何以羣 何以怨 邇之事父 遠之事君 多識於鳥禽獸草木之名."

백어(伯魚)에게 "너는 시경의 주남과 소남을 공부하였느냐? 사람으로서 주남과 소남[374]을 공부하지 않으면 마치 담장을 마주 보고서 있는 것과 같아서 더 나아가지 못함과 같으니라."라고 했다.[375]

또한 '계씨' 편에서 공자는 "그의 아들에게 '시를 배웠느냐?' 고 물으니, 그의 아들은 '아직 못 배웠습니다.' 하고 아뢰었더니 공자는 '시를 배우지 못했으면 남과 더불어 말할게 없느니라.'" 라고 하였으며, "예를 배우지 못했으면 나설 수 없느니라."[376]고 하였다. 위에서 보듯, 공자는 《시(詩)》를 가장 중요한 교육내용의 하나로 삼았다는 것을 말해주고 있다. 그는 '생각함에 간사함이 없다(思無邪)' 는 말 한마디로 《시경》을 학습함에 있어서, 그의 근본적 요구를 나타냈으며, 이것은 동시에 《시경》 삼백 편의 투철한 이해를 나타낸 것이기도 하였다.

사실상 《시경》과 '예', '악' 의 내재적 본질은 일치하고 있다. 만약 '예' 를 사회제도의 반영이라 한다면, '악' 은 '악' 에 조화되는 내용이다. 그리고 「시」와 「악」은 본래 고대에는 '삼위일체' 였다. 즉 「악」은 《시》의 음악적 상징이다. 그러므로 '시', '예', '악' 삼자는 불가분한 통일체이다. 바로 이 삼자가 통일된 문화원칙하에서 자기의 행동을 실천할 때 점차적으로 군자의 정신적 의의를 체득하고 훌륭한 성인이 된다는 것이다.

공자의 교육(학습)내용 중에 가장 근본이 되는 것은 '도(道)' 라고 할 수 있다. 전술한 바와 같이, 공자가 이미 '성' 과 '천도' 를 말했

374) '주남' 과 '소남' 은 시경의 편명으로 시경 중에서도 가장 중요한 부분이다. 시의 내용이 수신(修身)과 제가(齊家)인바 학습하기를 권한 편이다.

375) 《論語》 '陽貨' 10 : "子謂伯魚曰 女爲周南 召南矣乎 人而不爲周南 召南 其猶正牆面而立也與."

376) 《論語》 '季氏' 13 : "(陳亢問於 伯魚曰 予亦有異聞乎 對曰 未也 嘗獨立 鯉趨而過庭) 曰學詩乎 對曰未也 不學詩 無以言(鯉退而學詩 他日 又獨立 鯉趨而過庭) 曰學禮乎 對曰 未也) 不學禮 無以立…."

으나, 도리어 그의 제자들이 그것을 들을 수 없다고 말한 바 있다. 얼핏보면 공자가 마치 '도'에 대하여 무관심하고 깊은 '도(道)' 사상이 없는 것 같이 느낄 수 있다. 이것은 하나의 오해이다. 고대의 위대한 사상가로서의 공자가 가장 관심을 가진 것은 도리어 일체 사물에 관계되는 근본 도리인 '도'였다. 공자는 "군자는 자잘한 직능공 노릇(器)[377]을 아니한다."[378]라고 말하였는데, 고대에서 말하는 '기(器)'의 대립 면이 바로 '도(道)'이다. '기'는 구체적인 사물에 관한 지식과 기능을 말하고, '도'는 앞에서 말한 바와 같이 일체 사물에 관련되는 보편성을 띤 도리를 말한다. 공자는 "군자는 도를 구할 뿐 밥을 구하지 않는다. 군자는 도를 염려하되, 가난을 염려하지 않는다."[379] 또 공자는 "사람이 도를 넓히는 것이오, 도가 사람을 넓히는 것이 아니다."[380]라고 했다. 이러한 말 들은 공자가 '도'에 대한 추구와 그 중시하는 정도를 보여주고 있는 것이다. 공자는 다만 최저 수준의 물질적 수요에만 머무르지 않고 사회의 근본적인 문제에 대하여 사고하고, 그와 같은 근본과 보편적인 진리를 탐구하는 데 힘썼다.

보통 사람들은 근근히 개인들의 생존문제만 생각하는 까닭에 오직 일상적인 생활만 걱정하고 생활방도만을 강구하는 데만 급급해 하고 있다. 그들은 종래로 더욱 높은 차원의 문제는 고려치 않기 때문에 동물이나 다름없이 그저 쾌락적이고 이욕에만 매달리는 것이 일반적인 경향이었다. 이러한 보통사람들은 학습하여 일정한 지식을 갖는다 하더라도 근근히 '기(器)'적인 차원에 맴돌고 있을

377) 여기서 '기(器)'는 일기일예(一技一藝) 같은 특수한 기능자, 백관(百官), 부분적인 기술자를 뜻하고 있다.

378) 《論語》 '爲政' 12 : "子曰 君子不器."

379) 《論語》 '衛靈公' 31 : "子曰 君子謀道 不謀食(耕也 餒在其中矣 學也 祿在其中矣) 君子憂道 不憂貧"

380) 《論語》 '衛靈公' 28 : "子曰 人能弘道 非道弘人."

따름이다.

그러나 공자는 이와는 달리 종국적인 문제에 관심을 두는 사상가로서 최저 수준의 물질적 수요에만 머무르지 않고, 인류사회의 근본 문제에 대하여 사색하면서, 이러한 근본이고 보편적인 진리를 탐구하였다. 그가 모색하고 우려하는 것도 '도'이지 '기'가 아니다. '기'는 구체적인 지식이나 학습과 같은 것이어서 쉬우나, '도'를 탐구하는 것은 매우 어렵다. '기'는 눈앞의 구체적인 문제의 해결에 그치나, '도'는 영원하고 보편적인 문제를 해결한다. '도'가 이처럼 중요하기에 공자는 감탄하여 이르기를 앞에도 지적했지만, "아침에 도를 들어 깨달으면, 저녁에 죽어도 좋다."라고 했다.

공자가 이처럼 '도'를 숭상하기에 자연히 '도'가 그의 교육내용의 핵심으로 되었다는 것은 의심할 여지가 없다. 《논어》의 '자한(子罕)' 편에 "공자께서는 이익과 운명과 인에 대해서는 말씀하시는 일이 드물었다."[381]라고 한 것이나 공자가 "군자는 대의(大義)를 밝히고, 소인은 이(利)를 밝힌다."[382]고 한 것에서 그리고 또 그는 '도'와 '의'를 중히 여겨야 한다고 강조한 것에서 그것을 볼 수 있다.

'명(命)'의 문제에 관해서는 공자는 그것은 신비하여 인간의 힘으로는 해결하기 어려운 것이라고 생각하였다. 그러기 때문에 운명문제를 그의 학습내용에 넣지 않았다. 공자는 그저 "군자는 마음이 평정하고 넓고 너그러우며, 소인은 항상 겁내고 두려워한다."[383]는 말로써 운명문제를 태연자약하게 대했다고 할 수 있다.

---

381) 《論語》 '子罕' 1 : "子罕言利與命與仁."

382) 《論語》 '里仁」16 : "子曰 喻於義 小人喻於利."

383) 《論語》 '述而' 36 : "子曰 君子坦蕩蕩 小人長戚戚."

공자는 '위정' 편에서 "나는 열다섯 살에 학문에 뜻을 두었고, 서른 살에 독립했고, 마흔 살에 망설이지 않게 되었고, 쉰 살에 천명을 알게 되었고, 예순 살에 남의 말을 순순히 듣게 되었고, 일흔 살에 마음 내키는 대로 좇아도 법도를 넘어서지 않게 되었다."라고 말한 바 있다.

이것은 그가 장기간 게으름 없는 학습을 통하여 '입인성인(立人成人)' 의 경지에 도달했다는 것은 박학한 문화지식을 기본적으로 갖추고 또한 기본적으로 군자가 될 도덕품성을 구비하여 진정으로 '사람' 이라 칭할 수 있게 되었다는 것이다.

다음은 불혹(不惑)의 경지에 도달했다는 것인데, 이것은 각종 인생문제에서 명확하고 자신이 있는 이해를 가질 수 있었으며 또 타당한 결정을 내리고, 자신의 행동을 지도할 수 있어 불혹의 처지에서 해탈될 수 있다는 것이다.

그 다음은 천명을 알 수 있는 경지에 이르렀다는 것이다. 즉 천명에 관하여 알게 되었다는 것은 운명에 대하여 심각한 인식이 있게 되어, 더는 운명문제로 인하여 고뇌와 우려가 없었다는 것이다.

공자는 '계씨(季氏)' 편에서 "군자가 두려워 할 일이 셋이 있다. 천명을 두려워 하고, 높은 어른을 두려워 하고, 서인들의 글을 두려워 하는 것이다."[384]라고 한 말은 천명을 알기 전의 고뇌이다.

운명문제는 많은 사람들이 관심을 갖는 문제인데, 천명문제를 해결하고 고뇌에서 해탈되려면 다만 얼마간의 지식이나 기능만으로는 되지 않는다. 천명을 알 수 있는 경지에 도달하려면 장기간의 학습과 몸소 깨닫는 과정이 요구된다. 만약 학습에서 이록(利祿)만 관심을 갖고 명성만을 따른다면 아무리 배운다 해도 천명을 알 수

---

384) 《論語》 '季氏' 8 : "孔子曰 君子有三畏 畏天命 畏大人 畏聖人之言 (小人 不知天命而不畏也 狎大人侮聖人之言.)"

있는 경지에 이를 수 없다는 것이다. 오직 '도'를 추구하는 것을 목표로 하고, 군자가 되는 것을 종지로 하며, '충','신','인','의'를 원칙으로 해야만 비로소 인격을 제고하고 천명을 알 수 있는 경지에 이르게 된다는 것이다.

공자의 교육(학습)내용은 광범위하면서도 중점이 있었다. 광범위한 것은 공자의 학습이 인생과 사회문제에 직면하여 탐색하고 그에 대한 해답을 알아야 하기 때문이고, 학습에서 중점이 있었다는 것은 학습에 특정한 목표가 있었기 때문이다.

공자의 학습에는 또한 그로서의 지식체계가 있고 조리가 있고 일정한 단계가 있고 학습에서의 목표, 원칙, 경로가 있었다. 여기에서만으로도 공자의 뛰어난 지혜와 사상가로서의 위대함이 엿보인다고 할 수 있다.

우리는 이미 상술한 바 있지만, 보충적으로 이해를 돕기 위하여 '육예'와 '육서(경)'을 간단히 기술하고자 한다.

1. 육례(六藝)

'육예'는《사기(史記)》'공자전(孔子傳)'에 따르면, 예(禮)·악(樂)·사(射)·어(御)·서(書)·수(數)를 가리키며, 이것도 공자의 주요 교육내용으로 되었다.

'육예'는 하·은·주 삼대의 학교에서 이미 교육내용으로 수행되어 온 것이었으나, 공자는 이를 계승하여 제자들에게 가르친 것이다. 공자의 교학(教學)은 상술한 바와 있듯이 '육례'의 교(教)는 문무겸비와 조화발전의 특점을 가지고 있다. 그러나 문무겸비의 경우도 그는 춘추 말기에 생활했으므로 서주시대와 같이 '정치를 위한 상무(尙武)'와는 대단히 다르다. 한편 풍속과 민속이 변한 상황에 처하여 예악(禮樂)이 붕괴되고 인의(仁義)가 존재하지 아니하였던바, 이리하여 교학내용상에서 비록 육예의 교를 계승하였다하나 중대한 개혁을 하고 말았다.[385)]

2. 육서(六書)

'육서'는 공자가 편찬한 것으로 이는 중국의 제일 완비된 교과서이다. 순자(荀子)는 그의 '권학'편에서 공자의 《서(書)》를 '경(經)'으로 존경하였기에 그 이후 후세인들은 '육서'를 '육경'으로 불고 있다.

1) 시(詩)

'시'는 서주(西周)와 동주(東周)의 시가 선집으로, 이것은 공자가 수집, 정리, 교감한 것으로 현재 305편이 전해지고 있는바 오늘의 《시경(詩經)》이다. 이것은 '풍(風)', '아(雅)', '송(訟)'의 3부분으로 구성되어 있다. '국풍'은 당시 15개국의 민가(民歌)로서 지방의 음악이라고 할 수 있다. '아(雅)'는 궁정(宮廷)의 악(樂)이다. '송(頌)'은 주왕(周王)과 제후의 종묘(宗廟)의 악이다.

공자는 "시 3백 편을 한마디로 표현할 수 있으니 '생각함에 사악함이 없다'"[386)]고 하였다. 이의 뜻은 그 사상 내용이 모두 《주례(周禮)》의 준칙에 합치되고 있다는 것을 말해주고 있다.

공자는 '시'의 교육작용을 중시하여 "시를 배우지 못 배웠으면 남과 더불어 말할게 없느니라."[387)]고 했으며, 또 "너희들은 어찌하

---

385) 沈灌群 毛禮銳 主編, 孫培靑 韓達 編, 《中國教育家評傳》 (第一卷), 上海教育出版社, 1988, 99면.

386) 《論語》 '爲政' 2 : "子曰 詩三百 一言以蔽之 曰思無邪."

387) 《論語》 '季氏' 13 : "不學詩 無以言"

여 시를 배우지 않았느냐? 시는 뜻을 일으킬 수 있으며, 잘잘못을 살필 수 있으며, 무리를 지을 수 있으며 원망할 수 있으며, 가까이는 어버이를 섬길 수 있게 하며, 멀리는 임금을 섬길 수 있게 하고, 새와 짐승, 풀과 나무의 이름을 많이 알게 한다."[388]하였다. 공자는 이렇듯 '시'를 배움으로서 많은 작용이 있지만, 그중에서 가장 중요한 것은 도덕을 기르는 것이라고 하였다.

2) 서(書)

'서'는 공자가 춘추이전의 역대 관방의 정치 역사문건을 모아 편집한 책이다. 이는 즉 중국 고대의 성왕(聖王) 제요(帝堯)로부터 주(周)대에 이르기까지의 여러 제왕(帝王)의 정법상의 발언과 행위를 기록한 것으로 후세의 정치도의의 규범으로 일컬어지고 있다.

처음에는 단순히 '서'로만 불렀으나 한 대(漢代) 이후로는 《상서(尙書)》로 일컬어졌고, 송대(宋代) 이후에는 《서경(書經)》이라고 하고 있다. 현재에는 《상서》《서경》으로 통용되고 있다.

이 '서' 중에서 공자가 중시했던 것은 도덕과 정치사상을 포함하고 있다. 예컨대 그는 《서경》에 말하기를 "효도하며 형제간에 우애하여 정사에 베푼다고 하였으니, 이 또한 정사(政事)를 하는 것이다. 어찌하여 벼슬해서 정사하는 것만이 정사이겠는가?"[389]고 말한 점이다. 이에서 보듯, 공자가 중시한 것은 《서경》 중에 내포된 도덕 교훈이다. 또 《중용(中庸)》 '경문(經文)'에 "문왕 · 무왕의 정사가 전적(典籍)에 실려 있으니, 그 사람이 있으면 그 정사가

388) 《論語》 '陽貨' 9 : "子曰小子 何莫學婦詩 詩 可以興 可以觀 可異怨 邇之事負遠之事君 多識於鳥獸草木之名."

389) 《論語》 '爲政' 21: "子曰書云 孝乎 惟孝 友于兄弟 施於有政 是亦爲政 奚其爲爲政."

행해지고, 그 사람이 없으면 그 정사가 멸식(滅息)되느니라."[390]고 전하고 있다. 이의 뜻은 《서경》에 비추워 보면, 이러한 정치제도는 흥하고 불연이면 멸망할 수 있다는 것이다. 이로보아 《서경》은 구체적으로 봉건제 국가의 통치경험을 보존하고 있다는 것을 알 수 있다.

공자는 《서경》을 교재로 하여 역사교육을 중시하였다. 이 점은 우리들도 주의해야 할 가치가 있다고 본다.

3) '예(禮)'

여기서 '예'는 《주례(周禮)》를 가리키고 있다. 봉건국가는 바로 '예'로써 귀족의 등급세습제도, 도덕의 표준과 그에 상응한 예절을 규정하고 있다.

공자는 '예'를 중시하여 "예로써 나라를 다스린다."[391] 고 하였다. '예'는 공자의 교학에 있어서 중요한 내용이었다. 그는 "예를 배우지 않으면 설 수 없다."[392] 공자는 예에 대해서도 참으로 조예가 깊었다. 그는 "하(夏)의 예를 내가 말할 수 있으나, 후손의 나라인 기(杞)에 실증할 만한 사물이 부족하고, 은(殷)의 예도 내가 말할 수 있으나, 후손의 나라인 송(宋)에도 실증할만한 사물이 부족하다. 문헌이 부족한 탓이다. 문헌만 충분하다면 내 충분히 실증할 수 있다."[393]고 하였다. 공자는 일찍이 기(杞)나라에 가서 하례(夏禮)를 구했으나 오직 일부 하대의 역법(曆法)을 말한 책을 구했으며, 송(宋)나라에 가서는 은(殷)의 예를 구했으나 오직 일부 은

---

390) 《中庸》 '經文' 20 : "子曰 文武之政 布在方策 其人存則其政 擧 其人亡則其政息."
391) 《論語》 '顔淵' 爲國以禮.
392) 《論語》 '季氏' 13 : "不學禮 無以立."
393) 《論語》 '八佾' 9 : "子曰 夏禮吾能之 杞不足徵也 殷禮 吾能言之 宋不足徵也 文獻 不足故也 則吾能徵之矣."

대의 점복(占卜)을 말한 책만을 구했다. 그는 하, 은, 주 3대의 예를 일차로 비교 연구했던 바, 제자 자장(子張)[394]이 "열 세대 뒤를 알 수 있습니까?" 하고 묻자 그는 "은나라는 하나라의 예를 이어받았으니, 덜고 다한 것을 알 수 있으며, 주나라는 은나라의 예를 이어받았으니, 덜고 더한 것을 알 수 있다. 그러니 혹 주나라를 계승하는 나라가 있다면 비록 백 세대 뒤의 일이라도 알 수 있다."고 하였다. 공자는 주례(周禮)는 하(夏)·은(殷) 2대의 경험과 장점을 받아드린 것으로, 이는 비교적 완비한 것이라고 생각하였다. 그러기에 그는 "나는 주(周)를 따르겠다."[395]고 하였다.

'예'에는 《주례》《의례(儀禮)》《예기》 이른바 '삼예'가 있다. 《주례》는 전국시대 유가들의 손에 의하여 만들어진 것으로, 문헌과 상상(想像)에 의거하여 구성한 주(周)왕조의 관제에 관한 기록이다. 《예기》는 전국시대 말기 유가 및 서한(西漢) 초의 박사들의 손에 의하여 만들어진 것인데, 이는 제도나 예법 이외에 예에 관한 이론도 많이 기록되어 있어 사상사적, 사회사적, 법제사적으로 커다란 가치를 지니고 있는 문헌이다. 그리고 《의례》는 주로 사인(士人)계층에서 행하여졌다고 전해지는 여러 가지의 의례를 상세히 기록한 것으로, 대체적으로 주말로부터 한초에 걸쳐서의 관행사실의 기록이다. 이들 삼례 속에는 공자의 예에 관한 전술(傳述)이 많이 보존되어 있다.

---

394) 자장은 자이며, 이름은 전손자(전단할전) 孫師이다. 그는 진(陳)나라 출신으로 공문제자 가운데 자천(子賤; 복불제)와 함께 공자보다 49세의 연하로 초연소자였다. 위태로움을 보고는 목숨을 바치고 이로움을 보고는 대의(大義)를 생각해야 하며, 덕(德)을 널리 행하고 도(道)의 믿음을 독실히 해야 한다고 말하였다.

395) 《論語》 '八佾' 14 : "子曰 周監於二代 郁郁乎文哉 吾從周."(공자가 말하였다. "주(周)나라는 하(夏)와 은(殷) 두 대를 본떴으므로 문물제도가 빛난다. 나는 주를 따르겠다."

4) '악(樂)'

고대의 이른바 《악경(樂經)》은 이미 상실되었다고 한다. 음악은 공자가 아주 중시했을 뿐만 아니라, 특별히 좋아 했던 것이다. 《사기》 '공자세가'에 의하면, 공자는 이미 사양(師襄)에게서 북(鼓)과 거문고(琴)을 배웠으며, 《예기》 '악기(樂記)'에 의하면 장홍(萇弘)에게 음악에 대하여 물었다고 한다. 그는 거문고(琴), 큰 거문고(瑟) 경쇠(磬) 등 악기를 다루고 노래 부르기를 좋아 했다. 그는 "곡을 하는 날에는 노래하지 않았다."[396]고 한 것을 보면, 평일에는 노래를 불렀던 것을 알 수 있다. 또한 그는 '남'과 함께 노래를 부를 때 잘하면 반드시 다시 부르게 하고, 뒤에 화답 노래를 하였다."[397] 공자가 제(齊)나라에 있을 때 '소(韶)' 음악을 듣고 끝내는 3개월간이나 고기 맛을 알지 못하였다고 한다.

공자는 음악의 심미적(審美的) 가치를 중시했을 뿐만 아니라, 특히 음악의 도덕적 의의를 중시하였으니 이 역시 정치적 의미가 있다 할 것이다. 그는 "소(韶: 전하는 바에 의하면 순(舜)임금의 음악)을 평하여 '지극히 아름답고 지극히 선하다.'고 하였고, 무왕(武王)의 무악(武樂)에 대하여 평하기를 '지극히 아름답지만 지극히 선하지는 못 하다.'고 하였다."[398] 고대의 악교(樂敎)는 시교(詩敎)와는 떼어 놓을 수 없다. 《시경》에 있는 '시'를 찾아 모으면 고대에 있어서는 모두 노래를 부를 수 있는 것이었다. 악(樂)과 예(禮)는 또한 모두 상호 밀접하게 결부되어 있어 중요한 예의는 모두 그에 상응하는 음악에 따라 반주 되었다. 그리하여 그것은 사람들의 정서에 심화되어 공감(共感)을 불러일으켰다. 그러기에 공자

396) 《論語》 '述而' 9 ; "子於是日 哭則不歌."
397) 《論語》 '述而' 31 ; "子與人歌而善 必使反之 而後和之."
398) 《論語》 '八佾' 25 : "子謂韶 盡美矣 又盡善也 謂武 盡美矣 未盡善也."

는 "시에서 흥기하며, 예에서 서며, 악에서 이룬다."[399] 고 하였다. 이렇듯 공자는 교학에 있어서 시(詩), 예(禮), 악(樂)의 삼위일체성을 인정하였다. 따라서 악교(樂敎)의 중요성을 알 수 있고, 시교(詩敎), 예교(禮敎)와 악교(樂敎) 간의 상호간의 관계, 악교는 시교와 예교를 완성하는 최후의 수단임을 알 수 있다.

공자는 예교와 악교를 정치의 중요한 방법으로 간주하여, 그것을 정치와 형벌의 기초로 보았다. 이러한 인식하에 그는 "예악이 일어나지 못하면 형벌이 알맞지 못하고, 형벌이 알맞지 못하면 백성들이 손발을 둘 곳이 없어진다."[400]고 하였다. 그러나 예와 악의 작용은 구별되는 것이 있다. 예의 작용은 행위상으로 보면 사람을 규범화하는 것이며, 악의 작용은 감정적인 면에서 보면 사람을 도야하는 것이다. 이것은 바로 《예기》 '문왕세자'에서 볼 수 있는 "'음악에는 마음을 아름답게 하는 힘이 있고', '예에는 행실을 아름답게 하는 효력이 있다.' 그러므로 한 몸에 그 양자가 겸비되고 그 효력을 발휘하면 거기에서 쾌활하고, 예의바르고, 온화한 기상이 나타나는 것이다."[401]라는 것에서도 인식할 수 있다. 예교와 악교는 유가(儒家)의 교육상에서 쓰여지는 '밖으로 부터'와 '안으로 부터'의 두 가지 중요한 방법이다. 위에서 보듯, 유가에서는 예악 내외의 교호작용의 방법을 통하여 사람의 행위와 감정을 변화시킨다고 주장하고 있다.

---

399) 《論語》 '泰伯' 6 : "子曰 興於詩 立於禮 成於樂."

400) 《論語》 '子路' 3 : "…禮樂不興則刑罰不中 刑罰不中則民無所措手足…."

401) 《禮記》 '文王世子' "凡三王敎世子 必以禮樂 樂所以脩 內也 禮 所以脩外也 禮樂 交錯於中發形於外 是故 其成也 懌 恭敬而溫文." (무릇 삼대(하, 은, 주)의 성왕들이 세자들을 교육하는 데는 반드시 예악을 근본으로 하였다.
음악에는 마음을 아름답게 하는 힘이 있고, 예에는 행실을 아름답게 하는 효력이 있다. 그러므로 한 몸에 그 양자가 겸비되고 그 효력을 발휘하면 거기에서 쾌활하고, 예의 바르고, 온화한 기상이 나타나는 것이다.)

5) 역(易)

'역'은 《주역(周易)》 또는 《역경(易經)》이라고 부른다. 대체적으로 주역은 은 · 주시대에 형성되었던바, 64괘(卦) 및 그 괘사(卦辭), 효사(爻辭) 이 외로 부록으로 8괘도, 대극도(太極圖), 하도(河圖), 낙서(洛書) 등 도식, 점서(占筮)를 치는 방법 등이 포괄되었다.

공자는 《역경》을 매우 중시하여 《역(易)》 읽으면서 '서편삼절(書編三絕)' 즉 죽간(竹簡)을 차례로 이어 놓은 가죽끈이 세 번이나 닳아져 끊어졌다. 만년에 그는 이미 《역(易)》을 연구하고 "내게 두어 해를 빌려주어 마침내(50대 연수로써, 50년 동안을 더) 역을 배우게 한다면, 큰 허물(大過; 괘의 운수가)이 없을 것이다."[402]라고 하였다. 이는 모두 공자가 이미 《역》을 읽었고, 아울러 경전을 편찬하여 이미 그의 제자들에게 전수해 주었다는 것을 설명해 주고 있다.

이 외의 일부는 《역전(易傳)》이다. '전(傳)'은 '경(經)'을 해석한 것이며, 경의 주석과 논술한 것에 대한 것이다. 《역전》은 단사(彖辭; 역경의 각 괘의 뜻을 풀어 놓은 총론; 주의 문왕이 지었다 함), 상사(象辭), 계사(繫辭), 문언(文言), 서괘(序卦), 설괘(說卦), 잡괘(雜卦)의 편 그리고 단사, 상사, 계사는 또 가각 상 · 하편으로 나눔, 이와 같이 더하여 십 편이 되는데, 사람들은 이를 '십익(十翼)'이라고 부른다. 《역전》은 대체적으로 전국(戰國) 말기에 형성된 것인데 한 사람이 일시에 완성한 것이 아니며, 더욱이는 공자 일인에 의하여 쓰여진 것이 아니다. 그와 제자들이 전해 내려오는 부분에 대하여 보충한 것이라고 할 수 있다.

역(易)은 변역(變易)의 뜻을 함유하고 있는바, 일부는 음양의 변

402) 《論語》 '述而' 16 : "子曰 加我數年 五十以學易 可以無大過矣."

화를 추리하여 길흉화복을 미리 규명하는 점괘서(點卦書)이다. 그러나 이 책 중에서는 당시의 자연과학 예컨데 천문학, 고기상학(古氣象學), 고대 수학의 성취를 수용하고 있을 뿐만 아니라 이러한 현상에 대하여 또한 해석과 설명을 도형화하는데 힘쓰고 있다. 이리하여 역은 일부 종교 미신적인 기록으로 보일 수도 있으나, 풍부한 철학사상을 함유하고 있다.

6) 춘추(春秋)

《춘추》는 본시 노(魯)나라의 사관(史官)이 기록한 노나라의 일부 궁중에 관한 편년사(編年史)이다. 그 어의는 일년 사계절 중의 춘추(春秋) 두 자를 취하여 연대기를 표시하는 책의 이름으로 되었다. 통설에 의하면, 이 《춘추》의 경문(經文) 속에서는 사건이나 인물이 공자의 예절과 명분을 중시하는 정치이념 아래 비판되고 상벌(賞罰)되었다. 그리고 그 비판이 연대기라는 지극히 형식적이고 간결한 문장 속에서 독특하고 미묘한 필법을 가지고 표시되고 있다. 본서는 공자가 제자들에게 역사 교과서로 사용 되었다.

본서의 시간적 공간은 노나라의 은공(隱公) 원년(서기전 722년)으로부터 애공(哀公) 14년(서기전 481년)에 이르는 12공(公), 242년간이다. 이 기간의 국가적 대사를 간략하게 기록한 연대기에 불과한 《춘추》에 대하여 공자가 독자적인 역사의식과 가치관을 가지고 심혈을 기우려 미묘한 필법으로 첨삭을 가하였다는 것이다.

육경(六經) 즉, 시(詩), 서(書), 예(禮), 악(樂), 역(易), 춘추(春秋) 이들은 중국 춘추 이전의 문화 지식의 일체 영역을 대표하고 있으며, 역사재료를 이루고, 가치가 있는 것이다.

'육경(六經)'은 공자 사학(私學)의 주요한 교육과정으로, 《시》는 문학과, 《서》는 정치과, 《예》는 도덕윤리과, 《악》은 음악예술미

육과, 《역》은 철학과, 《춘추》는 역사과에 각각 상당한다고 할 수 있다.

공자의 교학내용 중 종교적 요소는 비교적 적다. 공자는 그의 제자 번지(樊遲)[403]가 지(知)에 대하여 묻자, "백성의 의리에 힘쓰고, 귀신을 공경하면서도 멀리하면 지(知)라고 말할 수 있을 것이다."[404]라고 일러 주었다. 이것은 도덕교육으로써 종교를 대체한 것이라고 설명해 주고 있다. 계로(季路)가 귀신을 섬기는 데 관하여 묻자, 공자는 "사람을 섬기지도 못한데, 어떻게 귀신을 섬기겠는가?"라고 말하자, 또 번지가 죽음에 대하여 묻자 "삶을 잘 알지도 못하는데 어떻게 죽음을 알겠는가?"라고 일러 주었다.[405]

이에서 보듯, '사람을 섬기는 것(事人)', '삶을 아는 것(知生)'은 도덕교육의 내용이며, '귀신을 섬기는 것(事鬼)', '죽음을 아는 것(知死)'는 종교교육차원의 내용이다. 공자는 귀신과 사후의 문제에 관하여 담론하는 것을 원치 않았으며, 종교에 대한 냉담한 태도를 나타내 보였다. 공자 이후 유가(儒家)들은 이러한 공자의 관점을 계승하여, 중국 전통교육의 하나의 특성을 형성하였다.

공자의 교학내용 중 자연에 대한 지식은 비교적 빈약하며, 생산기예의 보급과 이론적인 자연에 대한 지식의 연구와 전수 역시 비교적 적다. 그러기에 공자는 "군자는 자잘한 직능공 노릇을 아니한다."[406]고 하였다. 공자의 사상 중 자연(自然)은 오직 행위유추

---

403) 번지는 자이고 그의 이름은 번수(樊須)이다. 그는 공자의 36세 연하로 평범한 농부였다. 공자가 노날에 돌아온 후 사사하였다. 그는 인(仁)보다는 지(知)의 문제에 관하여 관심이 많았고, 농사에 관하여 묻다가 공자로부터 소인이라는 말을 들었다.

404) 《論語》 '雍也' 20 : "樊遲問知 子曰 務民之義 敬鬼神而遠之 可謂知矣."

405) 《論語》 '先進' 11 : "樊遲問事鬼神 子曰 未能事人 言能事귀 憾問死 曰 未知生 焉知死."

406) 《論語》 '爲政' 12 : "子曰 君子不器."

논리 중의 차유물이며, 연구의 대상으로 되는 것은 없다. 이 점은 중국 고대교육사에 대하여 깊고 넓은 영향을 주었다. 「예기」 '악기(樂記)' 에 이르기를 "학덕을 수업하여 군자가 된 자는 상위에 자리하고, 기예를 익혀 전문가가 되면 하위에 자리한다."[407]고 하였다. 중국 고대교육의 내용은 자연과 기예의 전통을 중시하지 않았으며, 교육과 과학기술이 관련성을 잃고, 교육내용과 시험내용이 모두 과학기술 지식을 중시하지 않았다. 바로 이러한 점으로 중국고대 자연과학의 발전이 매우 불리하게 되었다.

407) 《禮記》 '樂記' : "德成而上 藝成而下."

제6장 교육방법

공자는 어떻게 교육했을까? 그리고 그는 어떠한 원칙 하에서 교육했을까? 이러한 문제들은 교육방법론이 답해 줄 것이다.

교학활동은 인류의 특수한 인식활동으로서, 교육자의 지도하에 피교육자 개인의 인식과정이며 발전과정이다. 따라서 교학활동 중 어떻게 사람의 일반적인 인식 과정의 보편적 법칙을 준수하면서 또한 피교육자의 인식 경험과 인지 특징을 충분하게 존중하면서 교학 효과의 최적화를 추구하는 것, 어떻게 피교육자의 주체성, 자발성과 자주성을 시종일관함으로써 피교육자가 생기 있고 활발하게 발전하도록 하는가 하는 것 등은 교육과학에서 반드시 해결해야 할 핵심적인 이론 문제이자 중대한 실천적인 문제이다.

동서양을 막론하고 고대 교육에 있어서는 체계적인 교육의 과정에 관한 과학적 이론은 형성되지 못하였다. 그러나 필자가 알기로는 교육방법론에서 체계적인 교육방법론이 세계 최초로 제기된 것은 양촌 권근(陽村 權近: 서기 1352~1409) 선생이 고려 말 익주(益州; 현, 전북 익산군 금마)에서 유배생활 중 서기 1390년(공민왕 2년)에 저술한 《입학도설(入學圖說)》에서였다. 즉, 여기서 선 · 형 · 색 등을 조화롭게 구성하여, 중요한 요점과 전체의 관련 계통을 알 수 있도록 시각적으로 표현하였다는 점에서 세계 최초로 체계적인 교육방법이 제기되었다고 말하는 것이다. 또한 이 입학도설은 현대 서양 교육방법론에서 세계 최초라고 하는 17세기 감각적 실학주의 대표자 코메니우스(Comenius)의 《세계도회(Orbis Sensualiuns Pietus)》보다 268년이나 앞선다. 그런 의미에서 양촌의 「입학도설」은 세계교육사적 의의를 갖는다 하겠다.[408] 그러나 교육과학이 세계적으로 독립적인 학문으로서 체계적인 연구가 집중적으로 개시된 것은 코메니우스의 「대교수론」으로부터 비롯되었다.

그런데 기원전 5세기에 공자는 그 오랫동안의 교육의 실천 속에서 이미 교육과정의 기본원칙과 방법에 대해 적극적이고 유익한 탐구를 하였던 것이다. 그는 학습과정에서의 '흥미'의 적극적 의의를 매우 주목하였으며, 계발적 교수를 제창하고 학습 · 사고 · 행위의 결합을 주장하여 학생들의 학습흥미와 독립적 사고능력을 기르는데 주력하였다. 그는 사람의 개인차를 매우 중요시하여 인재에 따라 교육할 것을 주장하였으며, 발전의 능동적이고 적극적인 권리를 학생에게 넘겨주었다. 이러한 그의 모든 사상은 모두 중국 전통교육이론의 아주 귀한 보고이자 세계 인류의 교육유산의 원천이라 할 수 있을 것이다.

제1절 과정에 대한 주목과 흥미유발

1. 배움의 즐거움

'학습자의 학습 흥미유발(興味誘發)'은 공자의 교육사상에서 가장 중요한 교학원칙이다. 공자는 교육활동에 대한 입장은 지식의 전수에만 머물러서는 안 되며, 더욱이 중요한 것은 부담스럽지 않고 즐거운 학습 분위기를 조성하고, 즐길 줄 아는 학습흥미(學習興味)를 갖도록 해야 한다는 것이었다. 또한 그는 학습의 문제에 있어서 결과보다 과정을 중요시하였으므로, 평가기준에 있어서는 가

408) 김경식, 《韓民族教育文化史》, 교육과학사, 2008, 394면.

장 잘 학습한 사람보다도 배우기 좋아하는 사람만 있을 뿐이었다.

공자는 '배움을 즐기는 것(樂學)'을 주장하였다. 그는 학습과정에서의 학습자 내면의 즐거움과 의욕, 열정이 넘치는 정신적 상태에 적극적 의의를 부여하고 매우 중요시하였다. 그는 "배우고 때로 익히면 또한 기쁘지 않겠는가? 벗이 있어 먼 곳으로부터 찾아오면 또한 즐겁지 않겠는가? 남이 나를 알아주지 않더라도 노여워하지 않음은 어찌 군자의 도리가 아니겠는가?"[409]라고 말하였다.

여기서 공자는 일련의 비교법으로 세 가지 상황에서 당연히 갖추어야 할 세 단계의 정신적 상태를 나열하였다.

'배우고 때로 익히면'의 첫 번째 상황, 즉 먼저 깨달은 사람에게서 배우고 그 배운 것을 되풀이하여 익히고 행하는 동안에 자기도 모르게 즐거움을 느끼게 된다. 이러한 즐거움은 주로 지식 그 자체에서 오는 것이다. 지식 그 자체는 다채로운 세계를 반영하고 있으며, 무궁무진한 오묘함을 연출한다. '열(說)'은 '열(悅)'과 통하는 것으로서, 마음속으로부터 우러나오는 기쁨이다. 즉 사람이 '학(學)'과 '습(習; 복습, 연습)'의 과정에서 얻는 소득, 깨달음, 획득이 있어 목표가 보임으로써 마음 깊은 곳에 늘 성취, 의젓함, 즐거움이 느껴지는 것을 말한다.

'벗이 있어 먼 곳으로부터 찾아오는' 두 번째 상황, 즉 집단학습의 장면으로 학문을 배우고 익히게 되면, 가까운 곳에 있는 사람은 물론이거니와 먼 곳에서까지 학문을 배우러 찾아올 것이다. 이렇게 되면 자연히 뜻이 맞고 의기가 상통하는 친구가 많아지고, 따라서 자기의 마음도 즐겁게 된다. 이러한 '즐거움'은 단체학습의 분위기에서 오는 것이다. 일부 벗들은 지향과 취미, 목표가 같아 함

---

409) 《論語》學而' 1 : "子曰 學而時習之 不亦說乎 有朋 自遠方來 不亦樂乎 人不知而不慍 不亦君子乎."

께 공부하고 논의하면서 서로 계발하고 의지하면 각자 얻는 것이 있으므로 함께 즐거움을 나누게 될 것이다.

다른 사람이 나를 모르거나 이해하지 못하여 나와 함께 즐겁게 학습하지 못한다 해도 나는 화내지 않고 여전히 즐거운 심정을 유지해야 한다. 이러한 '즐거움'은 앞의 두 가지 감성의 기초위에서 이성으로 발전 승화되는 것이다. 그것은 반드시 학습자 개인의 우수한 품성의 기초 위에서 형성되어야 하며 학습자의 학습목표에 대한 인식과 추구는 전체적으로 형성되어야 한다.

학습은 외모를 화려하게 하여 사람들의 총애를 받고자 하는 것이 아니므로 공자는 다른 사람들이 모르는 상황하에서 화를 내지 말아야 한다고 했다. 자기 자신이 학습목표에 대한 추구는 당연히 확고히 하여 쉽게 변하지 않는 것으로, 타인의 정서에 의해 영향을 받거나 변경해서는 안 된다. 이렇게 해야만 진정으로 '군자'의 경지에 이르렀다고 할 수 있다. 이는 우리가 학습을 이해하는 최고의 정신상태이다.

여기서 우리가 쉽게 발견할 수 있는 것은, 바로 공자의 '배움의 즐거움(樂學)'의 관점에 들어 있는 매우 중요한 사상인바, 그가 '학습과정'에 대한 고도의 중시와 주목했다는 점이다. 학습문제에 있어서 공자는 결과보다도 '과정'을 중시하였다. 위에서 본 세 가지의 상황하의 학습의 결과가 과연 어떠한지 공자는 그것이 중요치 않다고 생각했으며, 깊이 주목할 필요도 없다고 보았다. 오히려 그는 '학습'이라는 과정에 더욱 주목하였고, 학습의 과정속에서 즐거운 느낌(감정)의 체험과 정서적인 표현에 더욱 주목하였다. 공자가 보기에 제자들은 그 어떤 환경이든 모두 즐거움을 느끼는 정신상태와 진취적 학습 정서를 시종일관해야 한다고 했다. 이는 학습효율 극대화의 가장 중요한 전제이다.

그는 더 나아가 말하기를 "알기만 하는 사람은 좋아하는 사람만 못 하고, 좋아하는 사람은 즐기는 사람만 못 하다."[410]라고 말하였다.

이 구절은 도(道)를 알고 있어서만은 안 되고, 알고 있는 것을 실천하는데 그 뜻이 있음을 말해주고 있다. 또한 여기서는 지(知; 아는 것) · 호(好; 좋아하는 것) · 락(樂; 즐거움)을 단계적으로 높이 보고 있다. '낙(樂)'은 정신적으로 내면적으로나 기뻐하는 '열(悅)'의 상태를 넘어 외부의 대상이 내면에까지 즐겁게 일치한 상태를 말하고 있을 것이다. '지지(知之; 도를 아는 것)'는 결과, '호지(好之; 좋아하는 것)'과 '낙지(樂之 ; 즐거워하는 것)'는 모두 일종의 과정이다. 여기서는 특히 '과정'에 주목한다는 견해를 더욱 명쾌하고도 충분하게 표현하고 있다.

공자가 제창한 '낙학(樂學; 배움의 즐거움)'은 '호학(好學;배움을 좋아함)'과 밀접하게 연계되어 있다. '낙학'은 하나의 현실적인 정서적 표현이고, '호학'은 하나의 정신적 상태인 바 잠재적인 정신적 추진력이다. '호학'은 하나의 강렬하고 강한 학습흥미이다. 만약 강한 학습흥미가 없다면 학습과정에서 즐거운 감정 체험이 생길 수도 없는 것이다.

오늘날 우리의 교육은 서구적인 근현대 교육이론의 배경 하에서 어쩌면 그의 모방에 따라 진행되는 듯하고 있다. 그러나 우리는 풍토적 생활유형을 같이 하는 중국의 유교의 그늘에서 진행되고 영향을 받아 왔지만, 정작 그것은 외면해 왔음은 물론 그것이 주입식 교육이라고 비판해 왔다. 이 점에 대해서 우리는 강한 자아반성을 해야 할 것이다. 우선 이 절에서 보듯, 공자는 오늘날 그렇게 중요시 하는 흥미유발이니 동기 유발의 차원을 뛰어넘어 학습의 즐거움을 말하고, 집단학습을 교육방법의 첫 머리에서 이야기 하고, 또

---

410) 「論語」 '雍也' 18 : "子曰 知之者 不如好之者 好之者 不如樂之者."

한 학습은 결과보다도 과정이 중요하다는 것을 말하고 있지 않는가?

2. 흥미(興味)

우선 "흥미(興味)는 가장 좋은 교사이다." 강한 학습흥미만 있다면 하나의 학구적 갈망이 있는 것이다. 그렇다면 고갈된 것도 생동해질 것이며, 추상적인 것도 형상적인 것으로 될 것이며, 단조로운 것도 다채로워질 것이다.

다음으로 흥미는 또한 하나의 힘(역량)이다. 강한 학습흥미가 있어야만 자발적인 내적 동력을 가지게 되며, 학습을 즐거움으로 연결 지어 즐길 수 있을 것이다. 이렇게 되면 미지의 영역을 정복할 수 있는 자신감과 용기를 형성시킬 수 있게 되며, 따라서 학습자로 하여금 한결 가볍고 자발적이며 효율적으로 될 수 있다.

그 다음으로는 흥미는 또한 하나의 깨달음이다. 흥미가 있으면 깨달음도 있고 마음의 깨달음이 있게 되며, 학습에서 획득이 있게 된다. 소득, 획득이 있어 그것을 즐기게 되면 진정으로 성취의 희열과 기쁨을 느낄 수 있다.

따라서 공자는 교육활동은 단지 지식의 전수에만 머물 것이 아니라, 좀 더 학생들의 학습정서와 학습흥미를 주목해야 한다고 했다. 교사의 역할은 학생들에게 얼마나 많은 기존의 지식을 가르치는데 있는 것이 아니라, 가장 중요한 것은 부담스럽지 않는 '배움을 즐기는' 분위기를 만들어 준다거나 학생들의 강열 하고도 강한 학습흥미를 유발 하느냐 길러 주느냐에 달려 있다는 것이다.

어떻게 하면 학생들의 학습흥미를 유발을 시키고 또한 학습흥미를 길러 줄 수 없을까?

첫째, 공자는 '목표 격려(고무, 장려법)'을 활용하였다.

공자는 학생들에게 정확한 학습목표를 수립할 것을 요구하였으며, 동시에 교육내용을 세심하게 선택함으로써 학생들의 학습목표에 대한 인식과 탐구를 부단히 강화하였다.

공자의 본래 의도하는 뜻은 신흥 사회 정치세력을 양성하는 것이었으므로, 그는 '배움을 즐길 것을' 외치는 외에 더욱이 원대한 정치적 이상을 수립할 것을 강조하였다. 그리하여 학생들이 매우 이성적으로 그 어떤 정치적 목표를 중심으로 하여, 의지 있는 정서와 고양된 정신으로 학습에 전념하도록 요망하였다.

공자는 "군자로서 배부르게 먹기를 바라지 않고, 편안하게 거처(居處)하는 것을 구하지 않으며, 일을 민첩히 하고 말을 신중히 하며, 도를 좇아 바르게 나아가야만 배우기 좋아하는 사람이라 할 수 있다."[411]고 하였다. 그는 또 매우 직설적으로 "군자는 도(道)를 구할 뿐, 밥을 구하지 않는다. 농사를 지어도 굶주릴 수도 있으나, 배우면 저절로 녹을 얻을 수 있다. 군자는 도를 염려하되, 가난을 염려하지 않는다."[412]고 하였다. 이 구절의 뜻은 군자는 돈과 밥을 얻기보다 도(道)를 얻기 위해서 노력하고 걱정해야 한다는 것이다. 이러한 것을 망각하고, 덮어 놓고 농경만 해도 흉년으로 굶주릴 때가 있다. 군자는 그보다는 학덕을 쌓아 사회봉사를 하라는 것이다. 도(道)가 문제지 빈(貧)은 걱정하지 말라는 것이다. 이 구절을 보면 공자는 실업(實業)을 경시한 것도 같지만 그건 아니다. 원래 공자는 당시 상황에서 당면한 문제로 우선순위에 있어서 '치국 안민(治國 安民)'할 수 있는 신흥 정치세력으로서 '군자'의 양성에 초

---

411) 《論語》 '學而' 14 : "子曰 君子食無求飽 居無求安 敏於事以愼於言 就有道而正言 可謂好學也."

412) 《論語》 '衛靈公' 31 : "子曰 君子謀道 不謀食 耕也 餒(뇌)在其中矣 學也 祿在其中矣 君子憂道 不憂貧."

점을 두었기 때문에, 우선은 '군자' 양성에 힘을 주어 교육을 전개한 것이지, 실업을 경시한 것이 아니다.

위의 구절에서 보아도 공자는 학생들의 학습흥미를 정치적 이상을 추구하는 쪽으로 유도하는데 심혈을 기우렸다. 동시에 그는 교육목표에 비교적 접근하여 있다. 그리하여 학생들이 보편적으로 흥미를 느끼는 사회의 열렬한 화제를 주의 깊게 선정하여 교학내용으로 선정함으로써 학생들로 하여금 반복적으로 '문인(問仁)' '문효(問孝)' '학예(學禮)' '학우록(學于祿)' 등 하도록 유도하였다. 이로써 학생들의 학습목표를 부단히 확고히 하고 학생들의 학습흥미를 강화하여, 학생들의 학습의 적극성을 충분히 끌어올렸다.

둘째, 공자는 교학기술을 강조하였던바, 교학의 유인력을 제고함으로써 학생들의 강한 학습흥미를 유발시키기에 노력하였다.

공자는 "가까운 것을 취해 남의 입장을 비겨 안는 것."[413] 교학언어의 직관성(直觀性), 구체화(具體化)를 강조했다. 그는 늘 '송백(松柏)으로써 절개를 비유하였고,'[414] '북신(北辰)으로 덕정(德政)을 비유하였으며,'[415] '지나가는 것들은 흐르는 물과 같구나!

---

413) 《論語》 '雍也' 28 : "子貢曰 如有博施於民 而能濟衆 何如 可謂 仁乎 子曰 何事於仁 必也聖乎 堯舜 其猶病諸 夫仁者 己欲立而立人 己欲達而達人 能近取譬 可謂仁之方也已."

414) 《論語》 '子罕' 27 : "子曰 歲寒然後 知松柏之後彫也.

415) 《論語》 '爲政' 1 : "子曰 爲政以德 譬如北辰 居其所 而衆星共之."(공자는 "덕으로써 나라를 다스림은 마치 북극성이 제자리에 있으되 이런 별들이 한결같이 절하고 좇음과 같으니라"고 말하였다.)
정치는 탄압이나 강요로 되어서는 안 된다. 이는 패도(覇道)의 폭정이다. 덕치(德治)의 인정(仁政)은 그런 것이 아니다. 정신적 이념인 도(道)와 그 인도(仁道)를 구현, 행동화한 덕(德)으로써 백성들로 하여금 심복하고 스스로 따르게 해야 한다. 이것을 밤하늘의 북극성을 중심으로 한 별들의 관계에 비유했다. 이름다운 시와 같은 말이다. 법치, 무단, 포악만이 활개를 치는 춘추 말 난세를 밤의 어둠으로 보고 그 속에서 반짝이는 별들을 들어 왕도정치(王道政治)의 정치적 이상으로 상징한 공자는 위대한 예술가이기도 하다.

밤낮없이 쉬지 않는구나!'[416]라고 한 것처럼 세간의 만물이 지속되는 객관적 법칙을 해석하기도 했다. 그런가 하면 공자는 "썩은 나무에는 조각할 수 없고, 더러운 흙으로 쌓은 담장은 흙손으로 다져 가꿀 수 없다."[417]는 표현으로 한가하게 낮잠 자는 학생들을 질책하기도 했다.

공자의 비유는 구체적이면서도 적절한 표현이었고, 그의 교학은 깊으면서도 생동적이었다. 이는 그의 학생들에게 예술적인 향수를 가져다주었다.

공자의 사랑을 가장 많이 받은 제자인 안연은 공자의 학문과 도를 찬탄하여 "선생님의 덕은 우러러 보면 높게 보이고, 뚫고 들어갈수록 파면 더욱 견고하고, 앞에 보인 듯하다가 홀연히 뒤에 있는 듯하다. 선생님께서는 차근차근 순차적으로 사람을 잘 유도해 계발시키신다. 학문으로 나를 넓게 해주시고, 예로써 나의 행동을 기틀 잡아주신다. 그만 배우려 해도 그만둘 수 없게 잘 가르쳐 주시므로 나도 모르게 나의 재능을 다 해서 좇아가 배우나, 그래도 또한 앞에 우뚝 새로운 지표를 새워 놓으신다. 자꾸 좇아가지만 끝내 좇아갈 길이 없도다."라고 평하였다. 공자의 우수한 교학 기술에 대하여 그의 제자들은 시종 "욕파불능(欲罷不能)"[418] "학문은 뒤좇지 못하는 듯 서둘러 해라. 그래도 혹 놓칠까 겁이 난다."[419]는 공자의 말과 같이 강한 흥미를 유지했던 바, 포기하고 싶어도 그럴 수가 없고 다만 따라가지 못할까 고민하였고 잃을까 또한 고민하였다.

---

416)《論語》'子罕' 16: "子在川上曰 逝者如斯夫 不舍晝夜."

417)《論語》'公冶長' 9 : "宰予晝寢 子曰 朽(후)木 不可雕(조)也 糞土之牆 不可杇野 於予與 何誅."

418) 일정한 일을 마치거나 그만 두고자 하여도 그럴 수가 없음.

419)《論語》'泰伯' 17 : "子曰 學如不及 猶恐失之."

셋째, 공자는 학생들이 풍부하고 넓고 즐거운 학습활동을 할 수 있는 학습환경을 조성하는 것을 매우 중시하였다.

그는 음악을 중심으로 하는 예술 교학을 특히 중시 하였다. 그리하여 공자는 학생들에게 "도(道)에 뜻을 두고, 덕(德)을 지키고, 인(仁)에 의지하고, 육예(六藝)를 체득하라."[420]는 것을 요구하여, 정치도덕과 오락유희를 모두 배워 광범위한 취미를 가져 다재, 다예하기를 요망하였다. 이 말은 군자로서 수도(修道)하는 방법을 적절히 표현한 것이라 하겠다. 바로 이는 학문을 하는 태도를 말한 것이라고 하겠다. 그가 뜻하는 학문이라 함은 단순히 지(知)에서 그치는 것이 아니라, 그 지(知)에서 얻은 것을 실생활에서 옮기는 것에 뜻을 두고 있다. 그렇기 때문에 그 학문하는 태도는 곧 삶의 태도라고 할 수 있다.

여기서 '도(道)'란 진리, 이념, 원리, 사상 같은 정신적인 절대선(絶對善)의 길이고, 이에 대비하여 그 정신적 절대선을 행동으로 표현한 것이 덕(德)이라 하겠다. 따라서 인간은 정의의 이념을 갖고, 이를 행동해야 한다. 이것이 "도에 뜻을 두고 덕을 지키는 것(志於道 據於德)"이다. 좀 더 구체적으로 말하면, 인간은 도(道), 즉 진리의 길을 철저히 의식, 목적하고, 자기행동을 도에 맞게 표현해야 한다.

도(道)는 바로 인도(仁道)이다. 따라서 인간은 인(仁) 즉 '인간다움'에 의거하여, 모든 행동을 해야 한다. 이것이 바로 진리를 뜻하고, 진리를 행동화하고, 진리가 명하는 절대선 · 인(仁) · 인간다음을 실천하는 것이다. 인간의 행동은 기능(技能)이다. 행동의 미와 효와, 선을 위하여 육예(六藝)를 넓게 습득해야 한다. 그래야 우리는 진리, 인도(仁道)를 선미하게 행동으로 실천할 수 있다. 이로

420) 《論語》 '述而' 6 : "子曰 志於道 據於德 依於仁 游於藝."

보면 그 학문하는 태도는 곧 삶의 태도가 아니겠는가?

우리는 앞장에서 군자의 정치적 포부를 이야기할 때, 든 예이지만 한번은 공자가 그의 제자들인 자로, 증석, 염유, 공서화 등과 함께 정치적 이상에 관한 문제를 논의한 바 있었다. 증석은 여전히 자신과 상관없다는 듯 '거문고만을 타고 있었는데' 공자가 불러서야 천천히 멈추고 서서 자신의 정치적 이상을 말했다.[421] 이로 보아 공자는 학생들의 광범위한 예술적 흥미와 애호함을 지지하고 고무하고 있었으며, 그의 교학의 과정은 부담 없고, 다채로우며 즐거운 것이었다.

넷째, 공자는 정면으로 인도하고 모범을 수립하여, 그 힘으로 기타 학생들에게 영향을 주어 학생들의 학습흥미를 강화하였다.

공자가 가장 만족스러워 하는 호학(好學)의 전형은 안회(顏回)이다. 한번은 애공(哀公)이 "제자로서 누가 배우기를 좋아합니까?" 하고 묻자, 공자는 "안회(顏回)라는 사람이 배우기를 좋아합니다. 노여움을 옮기지 않고, 과실을 두 번 거듭하지 않았습니다. 불행히도 단명으로 죽어 지금은 없습니다. 그 후로는 배우기를 좋아하는 사람이 누군지 들은 바 없습니다."고 대답하였다.

공자의 제자는 약 3천 명, 그중 육예(六藝)에 통한 자만도 72명이라고 한다. 그중에서도 안회가 제일인자였다. 《논어》에서도 공자가 그를 여러모로 칭찬하고 있는데, 여기서 노여움을 옮기지 않는다든가, 과실을 저지르지 않는 것, 이러한 수양을 학문이라고 했다. 그는 몇 줄의 글만 읽고 마음에도 없는 말을 마구 떠들어대는 것은 한낱 글재주에 지나지 않는다고 생각했다. 학문을 행동으로 실천하는 안회를 최고로 높이고, 그와 비길 사람이 없음을 "배움을 좋아하는 사람이 누군지 들은 바 없다고."라고 한 것이다.

---

421) 《論語》 '先進' 25 : "子路 曾晳 冉有 公西華侍座…." 참조.

그는 또 “참으로 회(回)는 어질도다! 한 그릇 밥과, 한 쪽박 물을 먹으며 누추한 거리에 살고 보면, 남들은 그 괴로움을 참지 못하거늘, 회는 그의 즐거움이 변치 않으니, 참으로 회는 어질도다.”[422] 라고 하였다. 가난하고 누추한 곳에 살며 밥을 굶어도 학문에 마음을 두어 고통 속에서 즐거움을 찾는 것은 참으로 어려운 일이 아닌가?

공자는 또 “말해 준 것을 게을리 하지 않는 사람은 안회뿐일 것이다.”[423]고 안회를 칭찬하였다. 그리고 “내가 안회와 종일토록 말을 해도 한 마디의 반대도 없어 마치 어리석은 사람 같다. 그러나 물러나 그의 사생활 하는 품을 살피면, 그는 나의 말을 충분히 행동으로 실천해 내더라. 안회는 어리석지 않는 사람이다.”[424]라고 했다.

위에서 보듯, 공자는 제자들에게 그를 따라 배우라고 반복하여 호소했는데, ‘배움을 좋아하고(好學)’, ‘배움을 즐기는(樂學)’ 인문적 환경을 조성하여 학생들의 학습흥미를 부단히 강화하였다.

다섯째, 공자는 정확한 평가기준으로 제자들을 유도하였다.

교(敎)와 학(學)의 과정은 인류의 특수한 인식 과정이다. 이 과정에서 공자는 제자들이 배운 것이 어떠한 것인가는 제자들이 기존의 지식을 얼마나 정복하였는가에 있는 것이 아니라 바람직한 학습습관을 길렀는지, 또는 자율적으로 지식을 획득하는 방법을 정복하였는지, 배움이 부담되지 않고 즐겁고 자발적이고 효율적인지 등의 사정을 보아야 한다고 하였다.

---

422) 《論語》 ‘雍也’ 9 : “子曰 賢哉 回也 一簞食 一瓢飮 在陋巷 人不堪其憂 回也不改其樂 賢哉 回也.”

423) 《論語》 ‘子罕’ 19 : “子曰 語之而不惰者 其回也與.

424) 《論語》 ‘爲政’ 9 : “子曰 吾與回言終日 不違如愚 退而省其私 亦足以發 回也不愚.”

오늘날의 시각으로 보면, '가르치는 것(教)'은 '가르치지 않기(不教)' 위한 것인바, 학생들의 현재의 발전만을 주목해서는 안 되며, 학생들의 지속적인 발전을 촉진해야 한다. 이것이야말로 교학의 진리이다. 공자의 이러한 과정의 인식과 파악에 대하여 우리는 학습과 거울로 삼을 만하다. 우리는 공자의 평가 기준에는 가장 잘 배운 사람은 없고, '배우기를 좋아하는 사람', '학습을 가장 잘할 줄 아는 사람'만 있다는 것은 이미 말한 바 있다. 그는 앞에서 예를 들었지만, 여러 차례 안회의 '배움을 좋아하는 것(好學)'을 칭찬했는데 "안회라는 사람이 배우기를 좋아했습니다. 노여움을 옮기지 않고, 과실을 두 번 거듭하지 않았습니다."[425]라고 하였다. 그는 또 자공(子貢)의 '잘 배우는 것(會學)'을 칭찬하였는데, "사(賜;자공)야! 비로소 너와 함께 《시경(詩經)》을 논할 수 있구나! 과거를 말해주면 미래를 아니!"[426]라고 하였다. 그런데 공자는 그 어느 학생이 잘 배웠다고 칭찬한 적이 없다.

우리는 지금까지의 서술한 바에서 인식할 수 있겠지만, '배움을 좋아하는 것(好學)', '잘 배우는 것(會學)', '배움을 즐기는 것(樂學)'에 관한 공자의 주장은 그가 제자들의 주체적인 지위를 존중하고, 인간의 발전에 주목하는 선진적 교육이념을 충분히 구현하였다고 할 것인바, 이것은 중국 전통교육의 보고 중에서 확실히 영구 불멸할 것이라고 할 것이다. 아울러 이와 같은 공자의 학습지도 방법을 인식하여, 오늘날 대학입시교육이라는 지식위주, 주입식위주와 특히 고교 3년 교육과정을 현실적으로 수능시험 이전에 미리 끝내버리는 한국교육의 현실은 깊이 자기반성해야 할 것이며, 오

---

425) 《論語》 '雍也' 2 : "哀公問 弟子孰爲好學 孔子對曰 有顏回者好學 不遷怒 不貳過 不幸短命死矣 今也則亡 未聞好學者也."

426) 《論語》 '學而' 15 : "子貢曰 詩云 如切如磋 如琢如磨 其斯之謂與 子曰 賜也 始可與言詩已矣 告諸往而知來."

늘날 발달된 현대교육의 공간이지만 2천 수 백년 전 벌어졌던 고대의 공간에서 그 실천에 힘을 기우렸던 공자의 학습지도방법도 겸허히 수용해야 할 것이다.

제2절 사유의 계발과 창조성의 격려

공자의 사상에 있어서 "사유를 계발하고 창조성을 격려하는 것"은 중요한 교학원칙의 하나이다.

공자는 학습활동은 항상 사유 활동과 밀접하게 관련되어, 학습의 과정은 사실상 교사의 조직과 인도 하에 학생 개인의 적극적 사유 활동의 과정이며, 적극적이고 탐구적인 사유 활동을 떠서는 학습 성과를 기대할 수 없으며, 이와 같이 적극적인 사유 계발이 없으면 심지어 전반적인 학습의 과정이 이로 인해 의미를 잃을 것이라고 보았다. 따라서 교사에 있어서 교학의 중점은 지식의 전수에만 둘 것이 아니라, 학생들의 심리적인 세계로 들어가 학생들로 하여금 적극적으로 사유하도록 계발하고 훈련해야 한다고 보았다.

1. 적극적 탐구의 사유 활동

공자는 적극적 탐구의 사유 활동은 학습활동 유효성의 기본적인 보증이라고 하였다. 사유 활동 없이는 학습은 무효인 것이므로 교사에 있어서 교학의 중점은 당연히 학생들의 사유 계발에 두어야 한다는 것이다.

공자는 "어찌하나? 어찌하나? 하고 깊이 생각하지 않는 사람은 나도 어찌할 수가 없다."[427]고 하였다. 이 글의 뜻은 무슨 일에 대

427) 《論語》 '衛靈公' ; " 子曰 不曰 如之何 如之何者 吾未之何也已矣."

해서든지 "어찌할까? 어찌할까"하고 반복적으로 사고하며 심사숙고해야 한다는 것이다. 자기가 처리해야 할 일에 대하여 신중한 태도로 고심하며 심사숙고할 줄 모르는 사람은 아무리 교도(敎導)하여도 자발적으로 노력할 의욕이 없으므로 성과를 기대할 수 없다는 것이다. 위와 같은 공자의 말씀은 남을 의존하려는 제자들에게 자기 문제는 자기 자신이 스스로 해결해야 한다는 것을 일깨워 준 말씀이라 하겠다.

위의 공자의 말씀에서 보듯, 공자는 학습과정에서의 적극적 탐구 사유 활동의 중요한 의미를 강조하였다. 학습의 과정 자체가 바로 하나의 적극적 사유 활동이다. 이 과정에서 인지(認知), 이해(理解), 기억(記憶), 응용(應用)은 모두 반드시 사유의 적극적 참여가 있어야 한다. 인간은 항상 분석, 비교를 통해 사물의 본질적 특징 및 그 표현 방식을 인식하며, 분석, 실험, 추론을 통해 사물 간의 상호관계 및 사물의 발전 변화의 일반 법칙을 탐구하며, 종합(綜合) · 정리(整理) · 귀납(歸納)으로 그 대상을 전체적으로 파악하게 된다. 이러한 분석, 판단, 비교, 귀납은 바로 사유의 활동 형식이다.

학습자 본인의 사유의 적극성, 자발성은 학습효과의 내적 요인인바, 이는 그 어떤 외적 요인으로도 대체할 수 없는 것이다. 만약 학습자의 사유가 나타내고 또한 머리를 써 사색, 탐구하지 않으려고 한다면, 전체 학습과정은 완성될 수 없으며, 그 학습자는 학습을 통해 성취할 수 없는 것이다. 공자는 더욱이 자신은 이렇게 '내적 요인'이 작용을 못 하는 전제하에서는 가르치고 싶지 않다고 했다.

공자는 장기적인 교학 실천 속에서 적극적 탐구 사유 활동의 중요한 의미에 대해 매우 깊은 인식을 하였다. 그는 학생들이 적극적으로 사유하도록 꾸준히 격려하고 지도하였으며, 학생들의 적극적 사유를 계발하는 성공적인 경험을 많이 쌓았다.

공자는 "알지 못해 분발하지 않으면 계발해 주지 않고, 표현하지 못해 더듬거리지 않으면 말을 일러 주지 않는다. 한 모퉁이를 가르치면 세 모퉁이를 알 만큼 반응하지 않으면 더는 가르치지 않는다."[428]고 했다.

여기서 주희(朱熹)의 해석에 따르면 "'분(憤)'은 알고 싶으나 알지 못하여 화가 나 속을 끓이는 것을 말하는바, 지식욕에 넘쳐 가슴이 설레이는 경우이고. '비(悱)'는 하고 싶은 말을 표현할 줄 몰라 더둠거리는 품인데, 이러기 때문에 계발해야 한다."고 설명하고 있다. 이렇듯 '분(憤)'과 '비(悱)'의 경우처럼 그러한 상태에서 하고자 하는 바를 행하지 못하는 것은 공자는 학생들이 적극적으로 사유하는 정서적 표현이라고 보아 바로 이러한 시점에 교사가 적기에 계발, 인도해 주어야만 의도하는 효과를 가져 올 수 있다는 것이다. 만일 이러한 상태에 도달하지 못했다면, 교사는 다음의 교수내용을 진일보하게 강의해서는 안 된다는 것이다. 그것은 교사가 이때 가르친다고 하더라도 그 어떤 효과를 볼 수 없으며, 아무런 의미도 없을 것이기 때문이다.

공자는 교학은 학생들에게 사고하고 탐구할 시간과 공간을 남겨 주어야 하며, 반드시 인내를 가지고 학생들이 독립적으로 적극적 사유과정을 마칠 때까지 기다려야 한다고 했다. 따라서 급하게 성취하기를 기대해서 안되고, 더욱이 뛰어넘어 '교(敎)'로써 '학(學)'을 대신하고, '계(啓)'로써 '발(發)'을 대신해서도 안 되며, 교사의 강의로 학생들의 '사유'를 대신해서도 안 된다는 것이다. 반드시 학생들의 적극적 사유를 자극하여, 그들의 사유를 통해 '자발적'으로 지식을 획득, 그 원리를 탐구토록 해야 한다는 것이다.

---

428) 《論語》'述而':"子曰 不憤 不啓 不悱 不發 擧一隅 不以三隅反 則不復也."

여기서 우리가 특히 지적해야 할 것은, 앞에서 말한바 있는 공자의 "알지 못해 분발하지 않으면 계발해 주지 않고, 표현하지 못해 더듬거리지 않으면 말을 일러 주지 않는다. 한 모퉁이를 가르치면 세 모퉁이를 알 만큼 반응하지 않으면 더는 가르치지 않는다."는 주장은 매우 책임성 있는 교학 태도로서 심오하고 특이한 과학적 함의를 가지고 있다는 점이다. 동시에 그것은 공자는 인간의 가치, 인간의 창조적 잠재능력, 인간의 주관적 의식의 능동성에 대한 존중을 십분 구현하였고, 또한 그는 '인본주의' 교육사상을 구현하였다는 점일 것이다.

2. 신사(愼思: 신중히 생각함)

어떠한 품성을 기를 것인가에 관해 공자는 '신사(愼思)' 즉 '신중히 생각'하는 품성을 기를 것을 주장하였는바, 학생들의 '독립적 사고'를 고무(격려), 사유의 신중함, 치밀함을 추구하고, 마음대로 생각하고 함부로 지껄이(허풍치는)는 등 이러한 사유의 동요가 있는 것을 반대하였다.

공자는 그의 제자들에게 바라기를 학습과정에서 부지런히 사고하고, 과감하게 탐구해야 할 뿐만 아니라, 사고할 줄 알고 바람직한 사유의 품성을 가져야 한다고 했다.

우선 공자는 사유의 독립성, 독특성을 강조, 사유를 통해 자신의 독특한(독창적인) 견해를 형성할 것을 주문하여, 책 내용대로 또는 사람들이 말하는 대로 따르는 것을 반대하였다.

앞에서도 말한 바 있지만, 그는 "내가 안회와 종일토록 말을 해도 한 마디의 반대도 없어 마치 어리석은 사람 같다. 그러나 물러나 그의 사생활 하는 품을 살펴보면 그는 나의 말을 충분히 행동

으로 실천해 내더라(亦足以發).[429] 안회는 어리석지 않는 사람이다."라고 말하였다.[430]

제자 안회는 공자의 강의를 들을 때, 공자가 아무리 말을 많이 해도 그는 늘 다른 견해를 발표하지 않았다. 공자는 그가 모두 듣고 모두 수용하여 무지하고 우매한 것처럼 보인다고 했다. 그런데 공자는 은밀히 관찰한 결과, 안회는 집에 돌아가 혼자 지식을 소화할 때는 선생님이 강의한 지식에 대해 교정, 보완, 유발, 확대하고 있었다. 안회는 선생님이 전수한 지식에 대해 그냥 삼켜버리고 그 해답을 원하지 않은 것이 아니라, 혼자 소화함으로써 계발을 원했던 것이다. 공자의 이른바 "충분히 나타내다(亦足以發)"는 학생이 교사가 강의한 기초 위에 얻은 지식의 깨달음, 자기 발휘를 가리키는 것으로 하나의 개인적인 창의성이다. 안회의 이러한 독립성, 독특성, 창의성의 사유품성을 갖고, 경솔하지 않고, 막연히 따르지 않는 학습태도와 진리를 탐구하는 정신은 공자의 전적인 긍정과 찬양을 받았다.

둘째, 공자는 사유의 엄밀함, 치밀함을 강조, 심사숙고를 통해 요점을 들고 번잡한 것을 추려내며, 허위를 버리고 진실을 남길 것을 요망하였다.

한 번은 자장(子張)이 녹(祿)을 구하는 방법을 묻자, 공자는 "많이 듣되, 의아스러운 것을 빼놓고, 나머지를 신중히 말하면 허물이 적을 것이다. 또 많이 보되, 확고하지 못한 것을 빼 넣고 나머지만을 실천하면 뉘우침이 적을 것이다. 말에 허물이 적고, 행동에 뉘우칠

---

429) '발(發)' : 공자가 한 말의 깊은 뜻이나 도리를 발명해 내다. 명석하게 언행으로써 표현해 내다.

430) 《論語》 '爲政' : "子曰 吾與回言從日 不違如愚 退而省其私 亦足以發 回也不愚."

바가 적으면, 녹은 스스로 있게 마련이다."[431]라고 일러 주었다.

이 말의 뜻인즉, 많이 들으면 들은 내용 중 의심 가는 부분을 잠시 제처 놓고 신중하게 완전히 의혹이 없는 부분을 말할 수 있으므로, 이렇게 하면 사람들의 불만을 줄일 수 있다. 많이 본다면 본 내용 중 의심되는 부분을 제쳐 놓고, 완전히 의혹이 없는 일을 신중히 실행할 수 있어 자신의 후회를 줄일 수 있다. 언어의 잘 못이 적고, 행동하고 나서 후회가 적으면 관직과 봉급은 자연히 그 가운데 있다는 것 이다.

이 말의 주지는 학생들에게 지식 견문을 정확히 바라보는 과학적 태도, 엄밀하고 치밀한 사유방식과 사유 습관을 기르도록 주문한 가르침이다.

옛말에 "헛소리는 지자(智者)에게는 멈춘다."라는 말이 있다. 공자는 "길가에서 듣고 그것을 길가에서 말하는 것은 덕(德)을 버리는 짓이다."[432]라고 말했다. 학문과 사색과 실천을 겸해야 군자라 할 수 있다. 사람들의 견문 가운데는 당연히 가상, 오류, 소문 등이 있게 마련이다. 길에서 듣고, 그것을 사색, 음미하지 않고 떠들기만 하는 것은 귀에서 입으로 돌아 나올 뿐으로, 도(道)를 실천할 수 없을 뿐만 아니라 덕을 파기하는 행동이라고 가르친 말이다. 진지한 사고를 거쳐 모든 견문에 대해 분석, 감별, 선택, 추리 판단을 거쳐야만 조잡한 것을 버리고 정교한 것을 취할 수 있으며 허위를 버리고 진실을 남갈 수 있는 것이며, 사람에게는 즉 '허물이 적고(寡尤)', '뉘우칠 바가 적게(寡悔)' 할 수 있는 것이다.

---

431) 《論語》'爲政':"子張學干祿 子曰 多聞闕疑 愼言其餘 則寡尤 多聞闕殆 愼行其餘 則寡悔 言寡尤 行寡悔 祿在其中矣."

432) 《論語》'陽貨':"子曰 道聽而塗說 德之棄也."

3. 연상(聯想)

공자는 '연상(聯想)'[433]을 제창하였던바, 학생들을 격려하여 이쪽으로부터 저쪽을 생각할 수 있고, 하나를 들면 셋을 말할 수 있으며, 하나를 들으면 열을 알 수 있고, 비슷한 유형을 보면 통할 수 있도록 민첩한 사유의 품성을 형성시켜야 한다고 했다.

'연상'은 사실상 하나의 '깨달음'이다. 교학의 과정에서 공자가 가장 중시했던 것은 학생들의 '깨달음(覺醒)'이다. 학생들에게 "한 모퉁이를 가르치면 나머지 세 모퉁이를 알 만큼 반응" 할 수 있도록 요망하였다. 이것은 교사가 학생들에게 사물의 일부분을 해석해 주면, 학생은 이로부터 연상하여 기타 세 부분 또는 여러 부분의 상황을 상상, 추리, 판단해 낼 수 있어야 한다는 뜻이다. 인간이 객관적 사물을 인식할 때는 늘 여기서 저기까지, 가까이서 멀리로, 곁에서 안으로, 부분에서 전체로, 간단한 것에서 복잡한 것으로, 특수한 것에서 일반적인 것으로, 구체적인 것에서 추상적인 사유의 과정을 거쳐야 한다. 이 과정에서 연상과 추리는 매우 중요한 것이다.

공자는 학생들의 연상과 추리능력을 제고하여 민첩한 사유의 품성이 형성되도록 교육할 것을 특히 주의하였다. 이 방면에서 안회에 대한 표현은 출중하였다.

공자는 자공에게 "너와 안회는 누가 더 나으냐?"고 물었다. 이에 자공이 "제가 어찌 감히 안회를 넘볼 수 있겠습니까? 안회는 하나를 알면 열을 알지만, 저는 하나를 듣고 두 개를 알 따름입니다." 이에 공자가 "안회만 못하리라. 나와 네가 다 같이 그만 못하다."고 말하였다. 이와 같은 대담은 구변이 좋고 돈벌이를 잘하

433) 어떤 사물을 보거나 듣거나 생각할 때 그와 관련된 다른 사물이 머리에 떠 오르는 일.

는 현실주의자 자공에게 공자가 자공을 끌어다 대고 '누가 나으냐?' 하자, 말 잘하는 자공답게 '하나를 들으면 열을 안다.' '하나를 들으면 둘을 안다.'라 하여 안회와는 자기가 비교될 수 없음을 자인했다. 이에서 보듯, 공자는 안회를 본보기로 하여 자공을 스스로 반성하게 하였다. 이에 자공이 "저는 안회와는 비교가 안 됩니다."고 항복했는데도 공자는 더 나아가 자공에게 '너만이 아니다. 안회에게는 나도 못 좇아간다.'며 자공에 대한 공격을 멈추지 않았다. 공자의 제자 중 사유가 민첩한 사람은 안회 외에 자공 등이 있는데 그들은 모두 "과거를 말해주면 미래를 아는 자"[434)]라 할 수 있는데, 이는 공자가 교학의 과정 중에서 사유를 계발하고 사유 훈련을 중시한 것과는 떼어 놓을 수 없는 것이다.

4. 박학(博學)

공자는 적극적이고 탐구적인 사유 활동은 '박학'을 기초로 한 것이라고 보았다. 그는 불합리한 것, 말에 두서가 없는 것, 공상 등을 반대하고 학습으로써 사유를 촉진하고, 학습과 사유를 결합해야 한다고 주장하였다.

공자는 학생들에게 머리를 쓰고 적극적으로 사유하라고 요구하였다. 그러나 동시에 그는 또 사유는 '박학(博學)'을 기초로 해야 한다고 특히 강조하였다. 배우지 않으면 안 된다. 견고하고 넓고 깊이 있는 지식의 바탕이 없다면 적극적이고 탐구적인 사유 활동이 있을 수 없다. 무작정 생각만 한다면 그것은 공상, 난상으로 추호의 의미도 없다. 그는 학생들에게 자신의 학습경험을 소개할 때 "내가 전에 종일토록 먹지도 않고, 밤새도록 자지 않고 사색해 보았으나 유

434) 《論語》 '學而' : "子貢曰 詩云 如切如磋 如琢如磨 其斯之謂與 子曰 賜也 詩可與言詩已矣 告諸往而知來者."

익함이 없고, 배우는 것만 못 하더라."[435]라고 한 바 있다. 학습과 사유를 병행하고 또 이를 결합해야 한다고 주장했다. 이는 "독단적으로 사색만 하고 배우지 않으면 바탕이 굳지 못한다."[436]는 것을 다른 말로 표현한 것이다. 학습해야 사유도 바르고 깊어지며, 나아가서는 창조(創造)도 이루어진다는 것이다.

사실 공자의 사유계발, 창조의 격려 등의 교학원칙은 지금껏 여전히 매우 중요한 현실적 의의가 있다고 해야 할 것이다. 인간의 성장 발달에 있어서 학교교육 역시 인간의 전체적인 성장 발달과정 중의 일부분이다. 학교교육 중에서 사람들이 지식을 획득하는 것은 아무리 많더라도 제한되어 있다. 지식경험의 끝없는 획득, 끝없는 갱신은 우리들의 전 생애 과정에 연결되어 있지 않는가?

바람직한 사유 습관, 바람직한 사유 품성이야말로 인간의 일생 중 한없이 활용될 수 있는 것이다. 바람직한 사유 습관과 사유 품성이 없다면 우리는 사회생활 속에서 부단히 지식을 발견, 경험을 누적할 수 없으며, 타인의 지식 경험을 자신의 것으로 전환 시키고, 서적 속의 사장된 지식을 현실적으로 생동적인 능력으로 전환시킬 수는 없을 것이며, 창조적인 것도 불가능한 일일 것이다.

창조적인 정신은 한 민족은 물론 전 인류의 영혼이다. 지식경제 시대에 있어서도 창조적 정신을 제창하는 것은 매우 중요한 일이다. 창조적인 정신을 제창한다 하더라도 그것이 악의적인 방향으로 나아간다면 인류의 불행을 자처할 것이요, 그것이 선의적인 방향으로 나아간다면 인류는 번영과 행복을 가져올 것이다. 따라서 우리는 공자의 인간 존엄의 인본주의 사상을 토대로 사유 훈련을 중시하는 교학경험을 수용하여, 학생들의 사유 훈련과 바람직한

435) 《論語》 '衛靈公' : "子曰 吾嘗終日不食 終夜不寢 以思 無益 不如學也."
436) 《論語》 '爲政' : "子曰 學而不思 則罔 思而不學 則殆."

사유 품성의 배양을 강화함으로써 새로운 세대의 창조적인 인재의 튼튼한 성장을 촉진해야 할 것이다.

오늘날 성적(지식)의 1등급만을 은연 중에 기대하는 학부모의 바램과 입시교육을 위한 주입식 교육을 배제할 수 없는 교육의 풍토에 젖어 있는 한국교육은 양천년대라는 현대교육에 자만하지 말고, 더구나 2천수백 년 전 중국 고대사회에서의 주장이라 일축하지 말고, 제발 위에서와 같은 대목의 공자의 주장을 겸허히 수용해야 할 것이다.

한 예로서, 중학교 교육과정에서 창의성 교육을 의식한 것은 서기 2009년도의 일로, 이것이 서기 2013년에 전 학교 급으로 확산되었다.[437] 그러나 공자는 2천 수백년전에 자기가 창설한 사학에서 이미 창의성 교육을 실시하지 않았는가? 우리는 풍토적 생활유형이 다른 서구라는 먼 곳의 교육이론과 경험만을 받아드릴 것이 아니라, 가까운 우리의 생활유형의 전통에서 하나의 지혜를 찾는 자세도 중요한 일일 것이다.

제3절 학습범주의 인식[438]

1. '학습(學習)'의 교육에 대한 논리적 필요성

우리들은 흔히들 가르친다는 것과 배운다는 것에 있어서 "언제나 가르치는 것이 선행(先行)한다."고 이해하고 있다. 그러나 '교육'과 '학습', 그 본래의 논리와 그 역사적 관계의 면에서 보면, "언제나 학습이 선행(先行: 먼저) 한다."는 것을 발견할 수 있다.

어떠한 형식의 교육이든지, 모두 가르치는 자, 학습자, 학습 내

437) 교육부, 2015 개정 교육과정 총론 해설,(중학교), 28면.

438) 본 절은 杜成憲, 「早期儒家學習範疇」, 臺灣; 文律出版社 印行, 中華民國 83,을 臺本으로 하여 첨삭하고 필자의 의견을 보충하여 작성한 것임.

용, 이 세 가지의 기본적 요소가 포함되어 있다, 이 3자 중 가장 기본으로 되는 것은 학습자(學習者)이며, 중요한 지위를 차지한다. 학습은 가르치는 것이 없을 수도 있으나, 가르치는 것은 오히려 배우는 것이 없이는 되지 않기 때문이다.

학습(學習)은 교육활동 중의 가장 기본적이고 직접적인 존재이다. 따라서 교육은 학습과 분리할 수는 없다. 그것은 바로 인간은 학습할 수 있기 때문에 교육이 가능하고 필요한 것이다. 이러한 의미에서 본다면, 교육의 역할은 바로 학생이 효과적으로 학습할 수 있도록 도와주는 것일 것이다. 인류의 학습 배경으로부터 본다면, 먼저 학습자 및 그 학습활동이 존재한 후에 교육이 발생 출현된 것이다. 그러므로 "학습은 교육보다 먼저", "먼저 학생이 되고, 다시 선생이 된다."는 명제가 존재할 수 있는 것이다.

2. 중국 고대 교육사상은 곧 학습사상으로 볼 수 있다.

선진(先秦)[439]의 교육사상은 결국 일종의 '학습사상'이라 할 수 있다. 갑골문자(甲骨文字)[440]의 연구 분석 결과에 의하면, '교(敎)'자 속에 가장 간단한 '학(學)'인 즉 '효(爻)'가 포함되어 있다. '교(敎)'와 '학(學)'의 두 글자 구성을 비교해 보면, '교(敎)'자의 출처는 '학(學)'자에 있다고 할 수 있다. 또는 '敎(교, 가르침)'의 개념은 '學(학; 배움)'의 규정성 중에 다시 하나의 규

439) 선진(先秦)은 일반적으로 춘추전국시대를 가리킨다.

440) 일명 '은허문자(殷墟文字)', 은허복사(殷墟卜辭), '복사(卜辭)'라고 한다. 귀갑(龜甲)과 수골(獸骨)에 새겨진 중국 최고의 상형문자. 서기 1899년 고대 은나라 왕도인 은허에서 왕의영(王懿榮), 유악(劉鶚) 등에 의해 저음 발견되었다. 출토 장소는 지금의 안양현(安陽縣) 소둔촌(小屯村)이다. 내용이 주로 복점(卜占)에 관계된 것이므로, 복사 또는 은허복사라 불린다. 지금까지 발견된 갑골편의 총 수량은 약 17만 조각, 문자의 수는 약 4,000자이며 해득된 것은 1,700자 가량이다. 서기전 11세기 이전에 사용된 것으로 추정된다.

정성이 첨가된 것이라 할 수 있다.[441] 하나의 '學'자가 '敎'자 속에 포함되어 '敎'자의 주요한 구성 부분이 되었다는 이 하나의 사실은 '학습'은 교육의 전제이고, 교육의 '내포'라는 것을 증명해 준다고 말할 수 있다.

선진(先秦)의 교육가들은 거의 모두가 "어떻게 학습할 것인가를 연구한 후에 학습으로부터 교육을 논했다."[442]

공자의 언행을 기록한 《논어》의 첫 마디가 "배우고 때에 익히니 기쁘지 아니한가?"[443]라고 하고 있는바, 바로 이는 '학습'을 말하고 있다. 《논어》를 편찬한 제자들이 공자의 이 말을 첫 문장으로 선택한 것은 결코 우연한 일은 아닐 것이다. 그것은 공자의 일생은 주요하게 교육에 있고, 공자의 교육은 주요하게 학습에 있었기 때문일 것이다. 《논어》에는 '學(학)'자가 무려 64차에 걸쳐 나오고 있으나, '敎(교)'자는 겨우 7차 밖에 나오지 않고 있다. 이와 같은 '學(학)'과 '敎(교)'의 숫자상의 현저한 차이는 공자의 교육사상의 착안점의 소재를 반영해 주고 있다 할 것이다.

선진(先秦) 학술사상의 집대성자인 순자(荀子)[444]의 '권학(勸

441) 朱啓新, '從甲骨文看殷商時期的敎育', 《敎育硏究》, 1982, 第11期.

442) 毛禮銳 主編, 《中國敎育史簡編》, 敎育科學出版社, 1984, 247면.

443) 《論語》 '學而' "子曰 學而時習之 不亦說乎.(有朋 自遠方來 不亦樂乎 人不知而不慍 不亦君子乎)"

444) 순자(약 서기전 313년~238년). 전국시대 후기의 사상가. 유가의 대표적 인물. 이름은 황(況), 순경(荀卿), 손경(孫卿)으로도 불라운다. 조(趙)나라 사람. 제(齊)나라 양왕(襄王)을 섬겨 직하하궁(直下學宮)에서 강학(講學)에 종사하면서 제주(祭酒)를 세 번이나 역임했다. 조나라로 가서는 효성왕(孝成王)과 병법을 논했다. 만년에는 초나라에서 난릉(蘭陵)의 현령이 되었다. 관직을 잃은 후 저술활동에 전념하여 수백편의 책을 썼다. 그는 사상적 기초를 유가(儒家)에 두었지만 당시의 진보적 사상을 받아드려 유가의 학설을 일부 변경했으며, 맹자의 성설설과 반대되는 성악설을 주장했다. 인간의 본성은 악하여 각종 욕망이 생겨나므로 이를 억제하기 위해 예의를 배우고 실천해야 한다는 것 이다. 이 밖에 법을 둥시하여 예(禮)와 의(義)와 법(法)이 병행되어야 왕도(王道)가 실현된다고 하였다. 그와 그의 제자들이 엮은 「《자(荀子)》 32편이 현존한다.

學)' 편은 오로지 교육문제를 논한 것인바, 그 전반에 걸쳐 논술한 것은 학습문제이다. 그와 같은 예는 또한 《예기(禮記)》 '학기(學記)' 에서도 볼 수 있다. 고대 '교육학의 모형' 이라 할 수 있는 '학기' 는 그 명칭이 '學(학)' '記(기)' 일 뿐만 아니라 '학' 과 '교' 의 출현 회수 비율이 43대 18이다. 이것은 당시 사람들의 학습으로 교육을 논한 사유 습관과 특징만이 아니라, 교육 중에서 학습 문제의 지위를 여실히 반영해 주는 것이라 하겠다.

교육효과 여하는 완전히 학습자의 행동과 노력에 따른다는 것이다. 이로부터 공자의 사상 중의 교육은 그것이 어떠한 내용과 형식으로 나타나던 결국에는 모두 '학습' 에 귀결되고 있음을 알 수 있다.

3. 선진(先秦) 학습의 또 다른 의미

사실상 선진의 학습 범주는 그 내포가 매우 복잡하고, 또한 그 범위가 매우 광범위하다. 우선 그것은 학습자의 학습과 지식의 학습을 가리킨다. 예컨대 '학문(學文; 글을 배움)', '학사(學射; 활 쏘는 법을 배움)' 등이다. 그리고 사람들의 도덕적 실천을 가리키기도 한다. 그 예로 "도를 좇아 바르게 고치면, 배우기 좋아하는 사람이라 할 수 있다."[445]는 것과 같은 것이다.

또는 정치에 참여하는 것을 가리키기도 한다. 공자의 '학(學; 배우다)' 과 '사(仕; 벼슬하다.)' 를 논한 것이 바로 그것이다. 또한 인류의 학습 일반을 가리키기도 한다. 예컨대 "배워서 아는 것(學而知之)[446]"의 '學(배워서)' 이 그러하다.

이렇듯 제자(諸子)의 '학(學)' 을 논한 것은 단순히 교육적 의미

445) 《論語》 '學而' : "(子曰 君子食無求飽 居無求安 敏於事而愼於言) 就有道而正焉 可謂好學也已."

446) 《論語》 '季氏' : "(孔子曰 生而知之者 上也) 學而知之者 次也…."

로만은 이해할 수는 없다. 그러므로 선진시기의 학습이 내포하고 있는 풍부성과 그 구조의 복잡성은 반드시 이해해야 할 것이다.

4. 공자의 학습범주의 인식

일반적으로 말하는 한자(漢字)에서 '학습(學習)'이라는 용어의 유래는 앞에서 언급했듯이 《논어》 '학이' 편 중의 '學而時習之 不亦說乎(배우고 때에 익히니 기쁘지 않겠는가?)'란 말에서 왔다고 인식하고 있다. 이것은 '學(학)'과 '習(습)' 두 자를 연관시켜 사용한 첫 사례이기 때문이다.

우리가 논의할 '공자의 학습범주' 중의 '학습'은 실제로 그 개념이 '학이시습(學而時習)'에서 말하는 '학(學)', '습(習)'과 완전히 같은 것은 아니다. 기본적으로는 공자가 《논어》 중에서 자주 언급한 '學(학)' 자에 상당한다. 때문에 여기서 논의되는 것은 《논어》 중의 '學(학)'의 범주이다. 이는 《맹자(孟子)》[447)]나 《순자(荀子)》 그리고 《예기(禮記)》 중의 '學記(학기)'에도 그대로 적용되고 있다.

공자가 학습을 논의한 횟수가 상당히 많다는 것은 이미 언급한 바 있다. 따라서 《논어》 중의 학습 범주가 내포하고 있는 뜻은 매우 풍부하고, 그 구조 역시 매우 복잡하다. 그 내포하고 있는 것을 넓은 의미에서 본다면, 학습은 인류에 대한 개조를 의미하고, 좁은 의미에

447) 맹자(서기전 372~289) 전국시대의 사상가. 유가의 대표적인 인물. 이름은 가(軻). 자는 자여(子輿). 성인(聖人)의 다음 서열인 아성(亞聖)으로 추앙되고 있다. 노나라 부근 추(鄒)에서 출생. 어려서 모친의 이른바 맹모삼천지교(孟母三遷之敎)를 받고 자라 후에 공자의 손자인 자사(子思)의 문인이 되었다. 여러 나라를 돌아다니면서 관직을 구했지만 뜻을 이루지 못하고, 만년에 문인들과 시(詩) 서(書)등을 강론했다. 공자의 학풍을 계승하여 왕도정치(王道政治)에 의한 이상세계 실현을 주장했다. 성선설(性善說)에 입각하여 인간의 본성을 탐구하였다. 저서에 《孟子》 7편이 있다.

서 본다면 구체적 지식의 획득 또는 어떤 학습형식을 가리킨다.

공자의 학습과정을 학(學;배움)－사(思;사고)－행(行; 실천) 이 세 가지 단계로 개괄할 수 있다. 그중 학(學文;글을 배움), 문(聞; 들음), 견(見; 관찰), 문(問; 물음), 식(識;알다)의 '학(學)'이 모두 학습과정의 기점이 되고, 가장 기본적인 것이 된다. 이것은 공자 사상의 실제에 부합하기도 한다.

공자가 말한 학습과정인 학(學), 사(思), 행(行) 이 3자를 비교해 보면, 두말할 것 없이 '학(學)'이 가장 기본적인 것이 된다. '사(思)'는 반드시 '학(學)'에 의존해야만 하는 바, 학(學)에서 얻은 감성(感性) 재료의 기초에서 자신의 활동을 전개하게 된다. 만약 학습하지 않고 사고만 한다면 그것은 행방이 없는 환상이 되고 만다. 공자 자신도 "내가 전에 종일토록 먹지도 않고, 밤새도록 자지도 않고, 사색해 보았으나 유익함이 없고, 배우는 것만 못 하더라."[448]라 하지 않았던가?

'行(행; 실천)'에 대해서 말하면, 반드시 '知(지; 지식)'의 전제하에서만 시작할 수 있다. '知(지)'의 출처는 두말할 나위 없이 '學(학)'과 '思(사)'에서 온다. '안 연후에 실천한다.(知而後行)'은 바로 공자의 일관된 주장이다. 그는 "천명(天命)을 알지 못하면 군자(君子)가 될 수 없고, 예(禮)를 알지 못하면, 세상에 나설 수 없고, 말(言)을 모르면 남을 알 수 없다."[449]고 하였는데, '천명을 아는 것(知命)', '예를 아는 것(知禮)'는 사람의 사회생활의 규범이다. 만약 도덕과 사회 실천 중에서 자각적으로 행동하려면 자연과 사회와 인간에 대한 인식을 떠날 수는 없다. 때문에 '학(學;배움)'이 없는 '사(思;사고)'는 학습활동의 하나로 될 수 없거나 또는 전혀 의의

448) 《論語》 '衛靈公' : "子曰 吾嘗終日不食 從夜不寢 以思無益 不如學也."
449) 《論語》 '堯曰 : "子曰 不知天命 無以爲君子也 不知禮 無以立也 不知言 無以知人也."

가 없는 활동으로 된다. 또한 '학(學)'과 '사(思)'가 없는 '행(行; 행동)' 역시 하나의 학습활동으로 되지 않거니와 심지어는 행할 방법이 전혀 없게 된다. 그러므로 '학(學)'은 '사(思)'의 전제이고, '학(學)'과 '사(思)'는 '행(行)'의 전제로서, '사(思)'와 '행(行)'은 모두 '학(學)'과 유리될 수는 없다. 이와는 반대로 '학(學)'은 완전히 '사(思)'와 '행(行)'에 의존하지 않고 하나의 독립적인 학습활동으로 존재할 수 있다. 그러나 반드시 지적해 둘 것은 '사(思)'와 '행(行)'과 유리된 '학(行)'은 수준이 높지 못하거나, 계속적으로 제고할 수 있는 '학'으로 될 수는 없다는 것이다.

위에서 볼 수 있는 바, 《논어》 중에 내포된 학(學; 學文), 문견(聞見), '문(問), 식(識; 깨달아 앎)'의 학(學)은 학습범주의 논의의 기점으로 삼는 것은 결코 논리적 분석의 결과뿐만이 아니라 또한 사상사적 근거를 찾을 수 있는 것이다.

공자만의 학습과정만이 아니라 그 후 《순자(荀子)》의 "군자의 학문하는 것을 보면, 옛 성현의 말씀이 귀에 들어오면, 이것을 마음에 새겨 온몸에 퍼지게 되고 행동으로 나타난다. 그리하여 일거일동이 모두 다 그대로 법칙이 되는 것이다."[450]라는 것 및 《中庸(중용)》에서 저자가 공자의 말을 빌어 꺼낸 "널리 그것을 배우며, 자세히 그것을 물으며, 신중히 그것을 생각하며, 밝게 그것을 분별하며, 두터이 그것을 생각해야 한다."[451] 것에서도 모두 같은 의미의 학습을 학습과정의 기점으로 지적하고 있다는 것을 알 수 있다.

《논어》에서 공자의 학습범주는 네 가지의 서로 다른 단계로 나타난다.

---

450) 「荀子」 '勸學' : "君子之學也 入乎耳 箸乎心 布乎四體 形乎動靜 端而言(연; 虫耎)而 · 動 一可而 爲法則."

451) 「中庸》 '誠與中庸' : " (凡事豫則立 不豫則廢… …誠者天之道야 誠之者 人之道也….) 博學之 審問之 愼思之 明辨之 篤行之."

첫째, 학(學), 사(思), '행(行)'을 포괄한 학습, 둘째, 행(行)에 상응되는 학습, 셋째, 행(行)에 대응되는 학습, 넷째, 문(聞;듣고), 견(見;보고), 문(問;묻고), 식(識;아는)에 대응되는 학습이다. 이 네 개 수준의 학(學)은 하나가 다른 하나를 포함하면서 더욱 구체적 순서로 나타난다. 비록 우리가 사(思)와 행(行)에 대응되는 학(學)을 기점으로 하나, 그것 역시 매우 한정적인 것이다.

5. 공자의 학습범주 과정의 순서

1) 공자의 학습범주의 도표 및 그 의의

공자의 학습범주는 하나의 과정이며 체계이다. 그것은 단계성과 순서적 배열의 결합으로 표현되고 있다.

'사(思)'에 비하여 '학(學)'은 '학(學;학문:學文)' '문견(聞見)' '문(問)' '식(識)'과 '습(習)'을 포괄하고 있으며, '행(行)'에 비하면 '학(學)'은 또한 진일보 하게 '사(思)'를 포괄하고 하며, 기타의 교육 범주에 비하면 예컨데, 성(性), 교(敎), 학(學) 등보다 행(行)을 더 포괄한다.

이를 도시하면 다음과 같다.

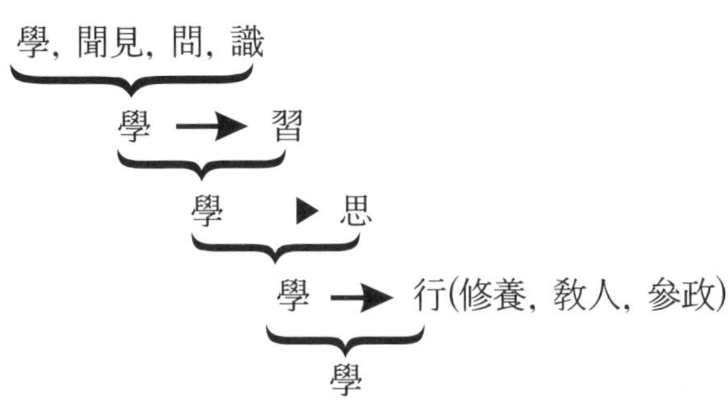

[도표 1] 학습범주의 도표

위의 표에서 화살표 방향은 밑 1급의 학습범주가 높은 1급 학습범주로의 발전을 표시하고 ( )안은 같지 않는 요소가 하나의 새로운 학습범주를 구성하고 있음을 표시한다. 또한 이러한 과정은 크기가 다른 동심원(同心圓)으로 나타낼 수 있다.

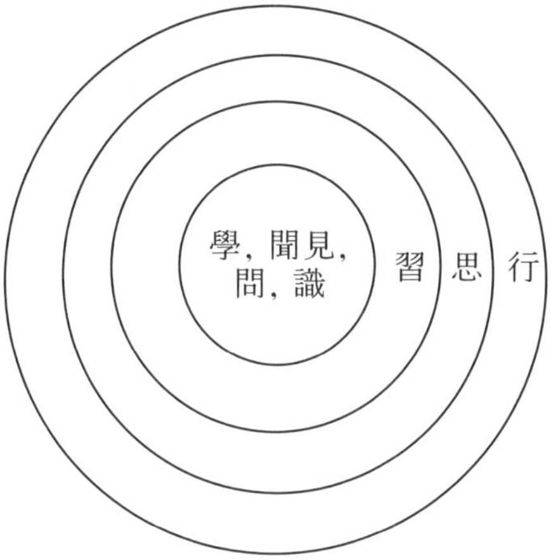

[도표 2] 공자의 학습범주

위에서 보듯, 공자의 네 개 학습범주의 전체의 뜻을 표시하며, 하나하나를 포함하는 원은 동일하지 않는 수준의 학습범주를 나타내고 있다. 그 중 '행(行)'은 가장 구체적이다. 그것은 그 원내의 전부의 규정성을 포함하기 때문이다. 제일 중심의 원으로부터 가장 외연의 원에 이르기까지는 학습범주가 추상적인 것으로부터 구체적인 것으로의 발전을 나타내고 있다.

공자의 이러한 학습 범주와 그 사상은 인문적 색채가 농후한 중국문화의 토양에서 발생되어, 심원한 영향을 주었다. 또한 공자의 사상은 후세의 학습사상과 학습 범주의 발전유형을 결정하였다.

6. 공자의 학습 범주 구성의 근거

공자의 학습 범주의 서열, 이것은 공자의 학습과정에 관한 자료에 의하여 구성한 것이다.

도(道)에 뜻을 두고, 덕(德)을 지키고, 인(仁)에 의지하고, 육예(六藝)를 체득하라.[452)]

여기서 말하는 '도(道)'란 진리, 이념, 원리, 사상 같은 정신적인 절대선(絕對善)의 길이고, 이에 대비하여 그 정신적 절대선(絕對善)을 행동으로 표현한 것이 덕(德)이라 하겠다. 따라서 인간은 정의의 이념을 갖고, 이를 행동화해야 한다. 이것이 '도덕에 뜻을 두고(志於道:지어도)' 덕을 지키고(據於德; 거어덕)' 이다. 좀 더 구체적으로 말하면, 인간은 도(道), 즉 진리의 길을 철저히 의식, 목적하고, 자기의 행동을 도(道)에 맞게 표현해야 한다. 도는 바로 인도(仁道)를 말하고 있다. 따라서 인간은 인(仁) 즉 '인간다움' 에 의거하여 모든 행동을 해야 한다. 이것이 바로 진리에 뜻하고, 진리를 행동화하고, 진리가 명하는 절대선 · 인(仁 ; 인간다움)을 실천하는 길이다. 인간의 행동은 기능(技能)이다. 행동의 미와 효과, 선을 위하여 육예(六藝)를 넓게 체득해야 한다. 그래야 우리는 진리, 인도(仁道)를 선미하게 행동으로 실천할 수 있다. 이것은 공자가 그의 제자들에게 덕업(德業)을 연수하는 것을 가르치는 것을 설명하는 것으로 하나의 학습 과정을 제시한 것이다.

우리들은 추상적인 것으로부터 구제적인 것으로 상승하였다. 그러나 공자의 '지어도(志於道; 도에 뜻을 둠)' 는 가장 구체적인 것이고, '유어예(游於藝); 육예를 체득함)' 는 가장 추상적인 것이다.

---

452) 《論語》 '述而' : "子曰 志於道 據於德 依於仁 游於禮."

사제간에 있어서 학습활동은 공자가 말한 것과 같은 주도적 의의의 학습 순서보다 우리가 말하는 기층적인(최하부) 의의로부터 순서를 정한다. 그러므로 앞에서 말한 공자의 네 가지의 서술은 거꾸로 이해하는 것이 학습활동에서 준수하는 순서가 된다.

앞에서도 말했지만, 일찍이 공자는 "나는 열다섯 살에 학문에 뜻을 두었고, 서른 살에 독립했고, 마흔 살에 망설이지 않게 되었고, 쉰 살에 천명을 알게 되었고, 예순 살에 남의 말을 순수하게 듣게 되었고, 일흔 살에 마음 내키는 대로 좇아도 법도를 넘어서지 않게 되었다."[453]고 말한 바 있다. 이것은 공자가 자기 일생의 학습과정에 대한 총화이다. 그러나 (이러한 과정 중에 전개하였던) 그의 학습 · 학문연구 – 교육에 종사 – 청치 참여의 순서가 우리가 말하는 순서와 일치한다 하겠다.

제4절 '학(學)' '행(行)'의 결합

'학(學)' '행(行)'을 결합하고 실천을 중시하는 것은 공자의 교육사상에 있어서 또 하나의 중요한 교학 원칙이다. 공자는 학습의 목적은 응용에 있으므로 교학활동은 반드시 사회 실제와 연계되어야 한다고 보고, 사회 지식을 활용하여 교학내용을 풍부하게 해야 하며, 반드시 실천을 중시하고 학생들로 하여금 배운 지식을 사회생활의 실천 속에서 적용할 수 있도록 지도, 학생들의 분석, 실제 문제해결 능력을 제고하도록 지도하여야 한다고 했다.

최초의 교육은 실제적으로 하나의 생산기술, 생활경험의 전승이다. 그것은 인류 초기의 교육 형식은 생활 자체가 교육의 장이었기

453) 《論語》 爲政' : "子曰 吾十有五而志學 三十立 四十而不惑 五十而知天命 六十而耳順 七十而從心所欲不踰矩."

때문이다. 따라서 교육활동의 실천성은 교육의 시작과 함께한 하나의 기본적 특징이다.

어떤 사람은 공자의 인식론 중에 반영된 합리적 요소는 모두 선험론(先驗論)[454]의 전제하에 있는 것으로, '학(學)', '문(問)', '온(溫)', '지(知)'의 내용이든 방법이든 간에 모두 사회적 실천을 배척하는 것으로, 시종 유심주의(唯心主義)[455]의 선험론의 범위를 벗어나지 못하고 있다고 한다, 그러나 사실은 그렇지 않다.

《논어》에서 보이는 여러 자료들을 분석해 보면, 우리는 공자가 장기적인 교육, 교학 실천 중에서 '실천'이 교학활동 중에서 중요한 의의를 매우 중시하고 있음을 어렵지 않게 발견할 수 있다. 그는 학생들에게 사회의 실제적 수요에 초첨을 두어 '경세치용(經世致用)'의 지식을 학습하라고 요구하였음은 물론 '인식'과 함께 '실천'을 강조하고, 학습과정 중의 실천부분을 파악할 것을 강조하였다. 그리고 학생들에게 학습과 적용을 결합하도록 조언하였고, 실제 문제에 대한 분석, 해결능력을 제고할 것을 요구하였다.

우선, 공자는 독서는 바로 지식경험을 획득하는 중요한 수단이지만, 그것이 유일한 것은 아니라고 보았다. 사실 사회적 실천 역시 도덕 품성을 기르고 지식 경험을 획득하는 또 다른 매우 중요한 수단이다. 따라서 그는 실천을 강화하여 실천 속에서 학습, 사회 실천 속에서 지식 경험을 획득하여 자신의 품덕 의지를 훈련, 바람직한 행동 습관을 기르는 것이 가장 중요한 것이라고 하였다.

공자는 "제자는 안에서는 효도하고 나아가서는 자애로우며, 근직하고 신의를 지키며, 넓게 여러 사람을 사랑하되 더욱 어진 이

454) 경험에 앞서 인식을 규정하는 바탕이 되는 원리론.

455) 우주의 본체를 정신으로 보고, 자연계를 정신적 존재의 형상이라 주장한다. 물질은 정신에서 산출되는 일종의 정신으로, 정신에서 파생되거나 또는 정신에 예속되는 현상이라 한다.

(仁者)를 가까이 할 것 이니라. 이렇게 하고도 여력이 있으면 글을 배워라."[456]라고 하였다. 공자는 한 사람이 바람직한 도덕수양을 연마하고, 행위능력을 제고하기 위해서는 그 관건은 실천에 있으며, 그 관건은 '행하는 것(行)'이라고 하였다. 학문하고 독서하는 것은 "행하고도 여력이 있으면(行有餘力)"이라는 전제하에서 고려할 일이다.

공자의 제자 자하(子夏)는 다른 측면에서 공자의 위와 같은 사상을 더욱 명확히, 더욱 직접적으로 해석하였다. 그는 "어진 사람을 어질게 여겨 섬기되 미색(美色)을 좋아하듯 좋아하며, 부모를 섬김에 힘을 다할 줄 알며, 임금을 섬김에 제 몸을 바칠 줄 알며, 벗과 사귀되 말에 믿음이 있으면, 상대방이 비록 글을 배우지 않았다 하더라도 나는 반드시 그를 가리켜 학문이 있는 사람이라 하겠다."[457]라고 했다.

유교는 생활철학이지만 초인적인 성자(聖者)의 철학이 아니다. 평범한 인간, 만인이 다 같이 올라갈 수 있는 인간철학이다. 위에서 보인 자하의 말은 너무나도 평범하고 속(俗)되고 현실적인 말이다. 자하가 말한 요지는 인덕(仁德)을 실천할 수 있는 자는 반드시 심오한 학문을 한 자만이 아니다. 비근(卑近)한 일상생활에서 누구나가 실천할 수 있는 도(道)를 밟아 나가면 그 결과는 바로 학문을 한 사람의 경지와 같은 것이다. 자하는 여기에서 언행일치라는 궁행실천(躬行實踐)의 중요성을 강조하였다. 그리고 배운다는 것의 범위를 단지 이기적인 것에 국한하지 않고, 미덥고 보다 바람직한 선의 실천에 큰 비중을 두었다.

---

456) 《論語》 '學而' : "子曰 弟子入則孝 出則弟 謹而信 汎愛衆 而親仁 行有餘力 以學文."

457) 《論語》 '學而' : "子夏曰 賢賢 易色 事父母 能竭其力 事君 能致其身 與朋友交 言而有信 雖曰未學 吾必謂之學矣."

앞에서 보듯, 공자는 “행하고도 남음이 있으면 글을 배우라(行有餘力 則以學文)”는 것을 주장했는데 물론 이는 편협한 것이 아니다. 그러나 그는 실천 속에서 배울 것, 사회의 실천 속에 들어가 지식 경험을 획득할 것을 강조하였는데, 이는 아주 중요한 의미를 갖는 것이라 할 것이다.

둘째, 공자는 학습 과정 중이라 할지라도 ‘실천’이라는 하나의 중요한 부분을 이탈해서는 안 된다고 보았다. 학습과정 중의 실천 부분은 학습자를 도와 기억력을 높여주고, 지식을 견고히 할 수 있으며, 또한 학습자를 도와 지식에 대한 이해와 파악을 더욱 깊이 하게 하며, 학습자를 도와 지식을 현실적인 행위능력으로 전환하도록 한다. 따라서 책 속의 지식에 대한 학습은 반드시 실천과 결합해야 하며, 학습하면서 실천해야 하는바, 이렇게 해야만 ‘학습할 줄 안다고 할 수 있다.’고 할 수 있다.

《논어》 서두에서 “배우고 때로 익히니 기쁘지 아니하겠는가?”라 했고 《설문해자(說文解字)》에서는 “‘습(習 : 익히다.)’은 새가 여러 번 나르는 것이다.(習 鳥之數飛也.)”라고 했는데, 이것은 ‘습(習)’의 본래의 의미가 바로 새들이 날으는 훈련이라고 했다. ‘새가 날으는 것’은 타인이 가르쳐서 된 것이 아니라, 자신이 연습하여 된 것인바, 마치 사람들이 수영을 배울 때, 반드시 본인이 물속에 들어가 연습해야 하는 것과 같다.

‘습(習)’의 본래 의미에는 이미 연습과 실천의 의미를 담고 있다. 우리가 평소에 말하는 ‘학습(學習)’은 사실상 ‘학(學)’과 ‘습(習)’, 즉 인지와 연습이 두 가지의 중요한 단계를 모두 포함하고 있는 것이다. 중국 고전 속에 나오는 ‘습사(習射)’와 ‘습어(習御)’ 그리고 ‘습예악(習禮樂)’은 바로 연습, 실천으로 해석된다. 공자가 말하는 ‘배우고 때에 따라 익히다.(學而時習之)’는 바로 배우면서 행동하는 것, 인지하면서 실천하는 것을 강조하는 것으로 '실천'이라는 없어서는 안 될 중요한 단계에서 지식을 획득하고 확고히 하며 넓혀야 한다는 것이다.

공자는 실천 의의에 대한 충분한 인식에 기초를 두었기 때문에 교학과정에서 '실천성'을 매우 중시하였다. 그는 교학이 사회 실제와의 이탈을 극력 반대하였고, 무에서 무로, 이론에서 이론으로, 책에서 책으로의 교학방식을 반대하였으며, 이론과 실천을 결합하고, 경세치용, 배워서 실제에 응용하는 것(學以致用), 학용결합(學用結合), 실제 문제에 대한 분석과 해결능력의 제고를 강조하였다.

공자는 머리를 싸매고 열심히 공부한다거나 고생스럽게 생각하는 것, '밖의 일에 전혀 관심 없이 오로지 책만 읽는' 것을 반대하였다. 그는 사회의 현실적 생활을 중요한 교학 내용으로 하여 학생들에게 사회의 현실문제에 관심을 갖도록 유도하고, 사회현실문제에 대한 토론과 분석을 통해 학생들의 인식능력과 행위능력을 제고할 것을 주장하였다.

그는 학생들을 이끌고 각국을 순회한 바 있는데, 학생에게 이러한 교학방식 자체가 바로 실제에 깊숙이 들어가는 것으로, 각지의 정치와 외교, 경제문화, 민속풍경을 실제적으로 고찰하는 종합적인 실천 활동이라고 할 수 있다. 이 과정에서 "선생께서 이 나라에 이르시사, 반드시 나라의 정치를 물으시었으며"[458] '공자가 대묘(大廟)에 들어가 제사를 지낼 때, 일일이 물었다."[459]고 했던 바, 공자는 언어로 전수하고 몸으로 가르쳐 학생들로 하여금 사회 현실문제에 주목하도록 유도하고 지도하였다. 그는 또 학생들에게 각국의 정치경제 상황의 차이를 비교 분석하도록 인도하였다.

---

458) 《論語》 '學而': "子禽問於子貢曰 夫子 至於是邦也 必聞其政 求之與 抑與之與."
459) 《論語》 '八佾': "子入大廟 每事問 或曰 孰謂鄹人之子 入大廟 每事 問 子聞之 曰 是禮也."

그는 "노나라와 위나라의 정치는 형제지간과 같다."[460]고 하였다. 이 구절은 공자의 본의가 어디에 있는지 완전히 파악할 수 없는 여운을 남기는 부분이다. 노(魯)나라는 주(周)왕조 창업에 최대 역할을 한 주공(周公)의 후손이 군주가 된 나라이며, 위(衛)나라는 주공의 동생 강숙(康叔)이 군임한 나라라는 점을 상기한다면, 주공을 이상적으로 존경하고 있는 공자로서는 이렇듯 형제의 나라가 그의 생존 시기에 와서는 비슷하게 정치가 쇠퇴했음을 개탄한 것으로 생각된다.

공자는 학생들에게 하(夏)·은(殷)·주(周) 3대의 사회예제제도의 발전사를 분석하게 함은 물론 춘추시기 각 제후국의 사회정치 변혁의 현실 상황을 분석하게 함으로써 미래의 사회발전의 기본 추세를 예측하게 하였다. 그는 자장(子張) "이 십대의 일을 가히 알 수 있습니까?" 하고 묻자 "은(殷)은 하(夏)의 예(禮)를 따랐으니, 비교해 보면 못한 것 잘한 것을 알 수 있고, 주는 은의 예를 따랐으니 비교해 보면 못한 것, 잘한 것을 알 수 있다. 따라서 앞으로 주의 바른 문화전통을 계승만 한다면 백대의 앞일도 예측하지 못할 바 없다."[461]고 일러주었다.

역사는 문화 전통 위에서 바르게 발전하기 마련이다. 그렇다면 앞으로 백세 후라 예측할 수 있다. 이것이 인간사회의 진화발전의 원칙이다. 무(無)에서 유(有)가 나오는 것은 아니다. '온고이지신(溫故而知新; 옛것을 익히고 새로운 것을 아는 것)' 도 이러한 것을 두고 한 말이다. 공자는 이렇듯 역사 문화의 연속성 및 문화 전통의 옹호와 계승과 발전을 중대시했다. 그렇다고 그는 절대로 완고한 보수주의자가 아니라 전통주의자라 하겠다. 전통 없이 참다운

---

460)《論語》'子路'; "子曰 魯衛之政 兄弟也."

461)《論語》'爲政': "子張 問 十世 可知也 子曰 殷因於夏禮 所損益可知也 周因於殷禮 所損益可知也 其或繼周者 雖百世可知也."

문화 창조란 있을 수 없는 것 아닌가? 그렇다면 오늘날 정치, 경제나 교육의 경우, 우리의 문화의 기본을 이루며 지금도 숨 쉬고 있는 전통(傳統)은 생각지도 않으며 무조건 새것이라고 하여 외국의 입법례만 찾고 모방하려는 지도층의 태도를 보면 퍽 짜증스럽기만 하다.

공자는 또한 "제(齊)나라를 일변시키면 노(魯)나라와 같이 될 것이며, 노나라를 일변시키면 도(道)에 맞는 나라가 될 것이다."[462]라고 하였다. 그는 관중이 제환공을 보좌하여 정치개혁을 실시한 것에 대해 높이 평가했는데, 제나라의 이러한 개혁은 노나라와 접근하며, 노나라가 다시 개혁하면 비교적 정도에 접근할 것이라는 공자의 희망론이라 할 수 있다.

공자는 설령 지식을 전수하는 과정이라 할지라도 개념에서 개념으로, 끝없이 공리공담적으로 큰 도리나 개념을 이야기하지는 않았다. 그는 항상 기본적이고 이성적인 관점을 주입하는 동시에 수많은 현실 사회 속의 생생한 사례를 들어, 이성적 관점에 대해 실증과 설명을 하여, 자신의 관점이 완전히 사회 현실생활이라는 토양에 뿌리를 내리도록 하였다.

그는 고대의 인물들은 물론 당대의 인물들도 교학의 현실적인 교재로 응용하였다. 그가 택했던 인물이란 예컨대 고대에서는 제왕으로 요 · 순 · 우 그리고 주공, 현철(賢哲)로서는 백이(伯夷) · 숙제(叔齊) 등, 당대의 경대부, 지명인사로는 관중(管仲; 제나라의 중신) · 영유(寧俞; 위나라의 대부) · 공문자(孔文子; 위나라의 대부) · 안영(晏嬰; 제나라의 대부) · 영문자문(令尹子文; 초나라의 대신) · 장문중(臧文仲; 노나라의 대부) 등이었다. 그는 자신의 제자들을 유도하여 이러한 인물들의 정치적 배경과 개인적 소양을

462)《論語》'雍也' : "子曰 齊一變 至於魯 魯變 至於道."

분석하게 하고, 또한 그들의 성패 득실, 경험과 교훈 등을 분석하게 하였다. 이러한 인물들에게서 그의 제자들은 쉽사리 도덕적 수양이 인생의 발전에 미치는 중요한 의미를 깨닫게 되며 어떻게 수신할 것이며, 어떻게 일을 처리할 것인가 등 구체적으로 학습을 하게 되었던 것이다.

셋째, 공자는 책을 읽는 것은 지식을 배우는 것이며, 그 근본 목적은 실천을 지도하고 행위능력을 지도하기 위한 것이라고 하였다. 지식의 존재 의미는 응용에 있다. 학습효과를 평가하는 기준은 주로 배운 지식을 활용하여 실제문제를 해결하는 능력을 보는 것이었다. 만약 배운 지식으로 실천을 지도하지 못하고, 사회 현실생활 속에서 나타나는 실제 문제를 인식, 분석, 처리 그리고 해결을 하지 못한다면, 이러한 지식은 이미 죽은 지식으로 아무리 많아도 의미가 없는 것이다. 학습의 근본 목적은 바로 '지식'으로부터 '능력'으로의 전환을 의미한다.

공자는 "《시경(詩經)》 삼백 편을 외우되, 정사를 맡아 처리하지 못하고 사방에 사신(使臣)으로 파견되어 혼자서 응대하지 못한다면, 외운 시(詩)가 많은들 무슨 소용이 있겠는가?"[463]라고 했다. 이 구절의 뜻은 《시경》에 있는 총 305편의 시를 모두 학습하여 암송하였다 하더라도 학식을 활용하고 맡은 바 정치나 외교활동을 실수 없이 완수해야 그 보람이 있다는 것이다. 즉 《시경》에서 인간의 정성(情性)의 기미(機微)를 터득하고 표현함에 있어서 온후돈독(溫厚敦篤)함을 배우고, 그것을 자기의 덕(德)으로 소화시켜 정치적으로 활용해야 한다는 것이다. 오늘날 이데올로기로 도당(徒黨)에 매몰되고, 문학, 철학이 모자라는 편향된 우리나라의 일부 정치

463) 《論語》 '子路' : "子曰 誦詩三百 授之以政 不達 使於四方 不能專對 雖多 亦奚以爲."

인들에게 깨우쳐 주는 바 크다.

공자의 인도 하에 그의 제자들은 대부분 독서에 주력하고 실제를 이탈한 학습방법을 택하기 보다는 점차적으로 사회현실 생활 속에서 문제를 발견, 문제를 제기하고, 문제를 분석하며 문제를 해결하는 과학적 태도와 좋은 습관을 기르게 되었다.

한번은 자장이 공자에게 "영윤(令尹; 재상과 같음) 자문(子文)[464]은 세 차례나 출사하여 영윤이 되어도 기뻐하는 빛이 없었고, 세 차례나 그만 두어도 노여워 하는 빛이 없었으며, 또한 자리를 물릴 때에는 전임 영유의 정사를 반드시 신임 영윤에게 일러 주었으니, 그는 어떻습니까?"하고 물었다. 이에 공자는 "충성스럽다."고 하자, 자장은 "인(仁)이라 하겠습니까?"하고 되물으니 공자는 "아직 지혜롭지는 못하니, 어찌 인(仁)을 얻었다고 하겠는가?"라고 일러 주었다. 자장이 또 "최자(崔子)[465]가 제나라의 임금 장공(莊公)을 시역(弑逆)하자, 진문자(陳文子)[466]는 십승(十乘)[467]의 말을 버리고 제나라를 떠나 다른 나라로 갔으나, 거기서도 역시 '우리나라의 최자와 같다.'하고 떠났으며, 또 다른 날에 가서도 역시 '우리나라의 최자 같다.'하고 떠났으니, "그는 어떻습니까?"하고 물으니 공자는 "그는 청백하다."고 말하니, 자장이 "인(仁)이라 하겠습니까?"하고 묻자, 공자는 "지혜롭지 못하니, 어찌 인(仁)을 얻었다 하겠느냐?"[468]고 말하였다.

---

464) 초나라의 대부, 성은 '투(鬪)', 이름은 곡(穀), 자문(子文)은 그의 호이다.

465) 최자는 제나라의 대부, 서은 최(崔),이름은 저(杼), 「좌전」에는 최무자(崔武子)라고 했다.

466) 진문자는 제나라의 대부, 성은 진(陳), 이름은 수무(須無), 시호는 문(文)이었다.

467) 마십승(馬十乘): 일승(一乘)의 전차는 사두마(四頭馬)가 끌었다. 따라서 말 40필.

468) 《論語》 '公冶長': "子張 問曰 令尹子文 三仕爲令尹 無喜色 三已之 無慍色 舊令尹之政 必以告新尹令 何如 子曰 忠矣 曰 仁矣乎 曰 未知 焉得仁 崔子弑齊君 陳文子有馬十乘 棄而違之 至於他邦 則曰 猶吾大夫崔子也 違之 之一邦 則又曰 猶吾大夫崔子也 違之 何如 子曰 淸矣 曰 仁矣乎 曰 未知 焉得仁."

인(仁)은 부분적인 덕(德)만으로는 충분하지 못하다. 인은 우선 역사 · 세계 · 인류 · 도(道)에 대한 참다운 인식-지(知)가 있어야 한다. 위의 대담에서 보듯 자문(子文)은 충실했다. 그리고 진문자(陳文子)는 결백했다. 그러나 공자는 "잘 모르지만 어찌 인(仁)을 얻었다 하겠느냐?"라고 하면서 부정했다. 이렇듯 당시의 사회현실 속의 시사적인 일에 대해 공자와 그의 제자들은 모두 극히 주목하였으며, 사생(師生) 간에 늘 토론을 벌여 사리(事理)를 밝혔다. 이는 학생들의 사회실제 문제를 분석, 해결하는 능력을 키우는데 확실히 매우 이로운 것이었다.

우리는 지금까지의 서술한 바를 종합하여 보면, '실천'을 중시하는 것은 공자의 중요한 교학원칙 중의 하나이며, 공자가 우리에게 남겨 놓은 중요한 교학 경험이라는 것을 또한 우리는 확신할 수 있다.

오늘날 우리의 교육개혁은 여전히 교육의 실천성 문제에 부딪치고 있다. 교육이 사회 실제에서 이탈하여 교실 안의 공리공담적으로 흐름은 물론 형식적인 체험만으로 흐르는 잘못된 경향을 어떻게 극복하여, 교학활동의 실천성을 증진 시키고, 학생들의 종합적인 실천 능력을 제고하느냐 하는 것을 인식할 때, 우리는 공자의 교학 실천에서 많은 유익한 시사점을 얻을 수 있을 것이다.

제5절 개성(個性)의 존중과 인재시교(人材施敎)

'인재시교(人材施敎)'는 공자 교육사상의 가장 중요한 교육내용의 하나이다. 공자는 학생의 개인차는 객관적으로 존재하는 것이므로, 교학은 반드시 개인차를 무시해서는 안 된다는 것이다. 따라서 교학에서는 반드시 이러한 개인차를 똑바로 보고 개인차에 따라 다양한 교육을 실시함으로써 학생마다 모두 각자의 최근 발전

영역 내에서 최고의 발전을 가져와야 한다는 것이다.

우리는 앞에서 서술한 바 있듯이, 공자의 교육목표는 단 하나다. 그것은 바로 원대한 정치적 포부와 현저한 정치적 재능을 가진 '군자' 즉 당시로서는 새로운 정치적 인재를 육성하는 것이었다.

공자에게 있어서는 이중 또는 다중의 목표란 없으며, 따라서 다중의 기준 역시 없다. 공자가 학생들을 교육할 때의 내용은 통일된(일치된) 것이며, 내용 역시 통일적인(일치된) 것이다. 그는 보편적으로 그의 제자들에게 모두 《시경》, 《예기》를 배우고, '수기(修己)'와 '안인(安人)'을 해야 하며, 정치무대에 진출하여 '인정(仁政)'을 베풀고, '예교(禮敎)를 행하는' 정치적 주장을 실천하고, 정치적인 혁신 중 공훈과 업적을 세워야 한다고 했다. 이러한 통일된 교육목표와 교학 요구하에 공자는 학생의 개인차에 따라 '인재시교'하여 학생들을 도와 각자의 지식 경험과 개인의 특성에서 출발하여 '수기' '안인'이라는 동일한 목표를 향해 발전하도록 한다고 주장하였다.

'인재시교(人材施敎)'는 위에서도 말했지만, 공자의 교육사상 중 매우 중요한 하나의 교학원칙이다. 《논어》에서는 이러한 교학의 실례가 매우 다채롭다.

한번은 자로가 "좋은 말을 들으면 즉시 행해야 합니까?" 하자, 이에 공자는 "부형이 계시는데 어떻게 네 판단만으로 행할 것이냐?" 그러자 염유가 있다가 "좋은 말을 들으면 즉시 행해야 합니까?"하고 묻자, 이번에는 공자는 "들은 즉시 행하라."고 일러주었다. 이에 공서화가 유가 '들은 즉시 행할까요?'하고 물을 때는 '부모가 계신데'하더니, 구가 '들은 즉시 행할까요?'하고 물을 때는 '들은 즉시 행하라'고 하시니 저는 망설여집니다. 감히 그 이유를 여쭈어 보고자 합니다."고 아뢰니, 공자는 이에 "구는 소극적이니 적극적으로 나서서 행하라 했고, 유는 지나치게 적극적이고 행동적이니 좀 뒤로 물러서게 한 것이다."[469]라고 말하였다.

위에서 보듯, 공자와 그의 제자들과의 문답에서 "좋은 말을 들으면 즉시 행하여야 하느냐?"는 동일한 문제로 질문한 제자들에게 대한 공자의 답은 내용이 완전히 달랐으며, 어조 또한 구별이 있었음을 인식할 수 있다. 이렇듯 공자는 한가지의 윤리를 외골수로 누구에게나 똑같이 획일적으로 실천하라고 강요하는 고루한 그러한 교조주의자는 아니었다. 때와 장소와 상대에 따라 그의 가르침을 적절히 달리하였다. 소극적인 사람에게는 적극적으로 밀고 나가게 해 주고, 지나친 자에게는 누르게 했다. 그래야 지덕(至德)인 중용(中庸)의 덕(德)을 얻을 수 있기 때문이었다.

또 한 번은 자공과 자로가 각각 공자에게 "어떻게 하면 선비(士人)라고 할 수 있습니까?"라는 문제를 제기하였다. 공자는 역시 상대성 있는 답변을 하였다.

자공에 대한 공자의 답변은 "언제나 수치심을 가지고 자기의 언행을 욕되게 하지 않고, 사방에 외교사절로 나가면 임금이 명한바 사명을 다하여 왕명을 욕되게 하지 않으면 선비라 할 수 있다."고 일러주자, 자공이 또 "감히 묻겠습니다만, 그다음 가는 사람은 어떻습니까?"하고 묻자, 공자는 "일가 친척들로부터 효자라는 칭찬을 받고, 온 마을 사람들로부터 우애롭다고 칭찬을 받을 수 있는 사람이다."라고 일러주니, 자공이 또 "감히 묻겠습니다만 그 다음 가는 사람은 어떻습니까?"하고 묻자, 공자는 이에 대하여 "말하면 반드시 실행하고, 실행하면 반드시 성과를 거두면, 딱딱하고 강직만 하여 소인이라 하겠으나, 그래도 그다음 쯤은 갈 수 있는 사

469) 《論語》 '先進' : "子路問 問斯行諸 子曰 有父兄在 如之何其聞斯行之 冉由問 聞斯行諸 子曰 問斯行之 公西華曰 由也問 聞斯行諸 子曰 有父兄在 求也問 聞斯行諸 子曰 聞斯行之 赤也惑 敢問 子曰 求也退 故 進之 由也兼人 故 退之."

람이다."고 일러 주었다. 그러자 자공이 다시 "오늘날 정치를 맡고 있는 사람은 어떻습니까?"하고 묻자, 공자는 "아! 말(斗)들이 밖에 안 되는 조그마한 기량을 가진 사람이야 논할 바 못 된다."고 일러 주었다.[470]

위에서 보듯, 이는 선비의 등급을 논한 담론이다. 공자는 대답하는 분야의 우선순위에서 국가, 친족과 마을, 개인 순으로 일러주었고, 마지막으로 위정자들에 평을 하였다,

자로에 대한 답변은 자공의 질문과 같은 동일한 질문에 대하여 공자는 "간곡히 서로 선(善)을 권하고, 잘못을 고치도록 노력하고 또한 화락하면 선비라 할 수 있다. 즉 친구에게는 간곡히 서로 선(善)을 권하고, 잘못을 고치도록 노력하고, 형제간에는 부드럽게 화목하라고."[471]일러 주었다. 자로에 대한 답변하는 우선순위는 친구간, 형제간의 순위로 일러 주었다.

위에서 보듯, 이러한 예는 공자의 교학활동 중 비일비재한 것이다. 예를 들면, '문정(問政; 정치에 관한 물음)'에 관해 《논어》에 여러 곳의 구절이 있으며, '자로(子路)'편의 경우만 하더라도 전형적인 것이 세 곳이 있는 바, 이 경우 공자가 대답한 것이 모두 다르다.

자하가 '정치의 요체'에 대하여 물었을 때, 공자는 "급히 서둘지 말고, 적은 이득을 꾀하지 마라. 급히 서둘면 충분하게 통달하

---

470) 《論語》 '子路' : "子貢問曰 何如斯可謂之士矣 子曰 行己有恥 使於四方 不辱君命 可謂士矣 曰敢問其次 曰 宗族稱孝焉 鄕黨稱弟焉 曰 敢問其次 曰 言必信 行必果 硜硜(갱갱)然小人哉 抑亦可以爲次矣 曰 今之從政者 何與 子曰 噫 斗筲之人 何足算也." *갱갱(硜硜); 닥딱하고 강직하다. *하족산야(何族算也); 그까짓 것 아무것도 아니다.

471) 《論語》 '子路' : "子路問曰 何如斯可謂之士矣. 子曰 切切偲偲怡怡如也 可謂士矣 朋友切切偲偲 兄弟怡怡."
* 절절(切切); 간곡히 선을 권하고 잘 못을 책하다. * 시시(偲偲); 노력하다.
* 이이(怡怡); 和悅하는 모습.

지 못하고, 적은 이득을 보고자 꾀하면 큰일을 이루지 못한다."[472] 고 일러주었다. 이것은 서두르면 원대한 목적을 달성하기 어렵고, 조그마한 이익을 보고자 초조하면 큰일을 이룰 수 없다는 것으로, 급하게 일을 성사시키려고 하기보다 전체적인 목표에 착안하여 점진적인 발전을 견지하여야 한다고 타이른 가르침이다.

자로가 정치에 관하여 묻자 공자는 "백성들에게 앞서서 일하고, 백성들을 위로하라." 이에 자로가 좀 더 자세히 말해 도라 하자, 공자는 "지치고 게을리 해서는 안 된다."고 일러주었다.[473] 이것은 백성들에게 모범적인 역할을 해야 할 뿐만 아니라 백성들을 위로하고, 끝까지 지치지 말고, 시종일관하라고 가르친 말이다.

중궁(仲弓)이 정치에 관하여 묻자, 공자는 "먼저 적절히 밑의 관원들에게 일을 맡겨 처리케 하고, 작은 잘못은 관대히 용서해 주고, 현명한 재사를 등용해 쓰라."고 하자, 중궁은 다시 "어떻게 현명한 재사인지 알고 그를 등용해 씁니까?"하고 묻자, 공자는 "네가 잘 아는 현명한 재사를 먼저 등용하라. 그리하면 네가 모르는 인재는 남들이 그대로 버려두겠느냐?"(남들이 천거해 줄 것이니 자연히 알게 될 것이다.)

위에서 보듯, 자하, 자로, 중궁 세 제자는 모두 정치에 관하여 동일한 질문을 했지만 공자의 대답은 다 달랐다. 《논어》에서 공자의 제자들이 '문인(問仁)', '문지(問知)' '문효(問孝)' '문정(問政)'의 경우, 공자는 늘 제자에 따라 달리 대답했는바, 묻는 제자의 성격, 특징 면의 차이에 따라 완전히 다른 대답을 해 줌으로써 그들이 각자 필요에 따라 해답을 얻게 하였다.

공자는 동일한 문제로 학생들이 제각기 물었을 때, 그의 대답이

---

472) 《論語》 '子路' : "子夏爲筥(거)父宰 問政 子曰 無欲速 無見小利 欲速則不達 見小利則大事不成."

473) 《論語》 '子路' : "子路問政 子曰 先之勞之 請益 曰 無倦."

달랐다는 것은 '당연히 생각한 것', 또는 '자기의 뜻대로 하거나 아무렇게나 하는 것'이 아니었다. 그가 이렇게 구별하여 대한 것은 공자의 교학은 강한 대상성을 가지고 있다는 것을 반영한 것이다. 이렇게 인재시교 하는 것은 완전히 공자의 학생에 대한 개인차를 십분 인식하고, 정확히 파악한 기초 위에서 수립된 것이다.

공자에 있어서 교육의 대상은 기본적으로 '사인(士人;선비)'라는 계층에 속하는 사람들이지만, 그 성격이 복잡하고 불균형적이며 천차만별이다. 그것은 하나는 연령별의 차이인데, 안로(顔路)와 안연(顔淵), 증석과 증삼(曾參)의 나이는 부자간의 나이처럼 현저하다. 둘째는 지역, 풍습 차이인데, 공자의 제자들은 각각 노(魯), 송(宋), 위(衛), 진(陳), 초(楚), 제(齊), 진(秦), 오(吳)나라 등의 출신으로 서로 다른 국적, 종족, 씨족을 가지고 있어 지역적 풍습이 상당히 복잡하였다. 오늘날의 예를 든다면, 미국의 유명한 대학에 세계 각국에서 모인 학생들의 모습과 같았다. 셋째는 지위, 출신의 차이인바, 어떤 이는 명문의 가문으로 대대로 공경(公卿)의 위치에 있었던바, 맹의자(孟懿子) 같은 경우이고, 어떤 이는 누추한 골목에 살고 있으면서 의식이 문제되는 사람도 있었다. 안연(顔淵) 같은 경우가 그 경우이다. 개성상의 특징 면에 있어서는 더욱 복잡하였다.

공자는 교학방법에 있어서 다양한 방법을 통해 학생들의 개성상의 특성을 자세하게 알아보았다. 때로는 "그의 말을 듣고서도 그의 행실을 살피게 되었으며"[474] 또는 "물러나 그의 사생활을 하는 품을 살피거나"[475]하였으며, 때로는 학생들과 담론하거나 문제를

474) 《論語》 '公冶長' : "子曰 始吾於人也 聽其言而信其行 今吾於人也 聽其言而觀其行 於予與 改是."

475) 《論語》 '爲政' : "子曰 吾與回言終 終日不違如愚 退而省其私 亦足以發 回也不愚."

놓고 토론하였다. 그는 학생들의 개인차에 대해 심도 있게 치밀한 활동을 통해 알게 되었던바, 특히 그들의 성격 면의 개성의 특성에 아주 투철하게 알고 있었다. 그는 고도의 개괄적인 언어로 단번에 많은 학생들의 개성상의 특성을 말할 수 있었는데, 예컨대 "유(由)는 과단하니", "사(賜)는 통달했으니", "구(求)는 재간이 많으니"[476] 또한 "시(柴)는 우직하고", "삼(參)은 둔하고", "사(師)는 형식적이고", "유(由)는 거칠다."[477] "신정(申棖)은 욕심이 많다. 어찌 강직할 수 있겠는가?"[478] 등으로 제자들을 평했다. 이렇게 보면 공자는 제자들의 개성을 세심하게 파악하고 교육에 임했다 할 것이다.

공자는 성격이 다르면 심리적 욕구 또한 다르고, 인식, 사유방식과 과정 또한 구별이 있다는 것을 인식하였다. 교수하는 사람으로서 학생의 개인적 특성에 대해 좌시할 수 없으며, 오히려 이러한 차이점에 출발하여 구별 있고 맞춤형의 교육을 실시하여야 한다고 하였다. 이렇듯 공자의 교학은 학생의 개성 특징을 충분히 존중하

---

476) 《論語》'雍也' : "季康子問 仲由 可使從政也與 子曰 由也果 於從政乎 何有 曰 賜也 可使從政也與 賜也達 於從政乎 何有 曰 求也 可使從政也與 曰 求也藝 於從政乎 何有." 계강자가 물었다. "중유(仲由)는 정치에 종사시킬 수 있을까요?" 공자께서 대답하였다. "유(由)는 과단하니 정치에 종사해도 아무 걱정이 없습니다." 계강자가 "자공(子貢)을 정치에 종사시킬 수 있을까요?" 공자는 "자공 사(賜)는 통달했으니 정치에 종사해도 아무 걱정이 없습니다." 계강자가 "염구를 정치에 종사시킬 수 있습니까?" 공자는 "구(求)는 재간이 많으니 정치에 종사해도 아무 걱정이 없습니다." *何有; '어찌 있으리오.' 라는 뜻으로 아무 상관 없음, 아무 힘들 것도 없음, 자기로서는 아무것도 아닌 쉬운 일임을 강하게 이르는 반어(反語).

477) 《論語》'先進' : "柴也愚 參也魯 師也辟 由也喭." *시(柴)는 공자의 제자로 성은 高, 이름은 시(柴), 자는 자고(子羔)이다. * 삼(參) 역시 공자의 제자로 증자(曾子)의 이름이다. *사(師)는 자장(子張유)의 이름이다.*(由)는 자로(子路)의 이름이다. *언(喭)은 속되고 조잡하다는 것을 의미. *노(魯)는 둔하다는 뜻도 있다.

478) 《論語》: "子曰 吾未見剛者 或 對曰 申棖 子曰 棖也 慾 焉得剛."(공자가 "나는 아직 강직한 사람을 보지 못 했다." 라고 하자, 어떤 사람이 "그는 신장입니다." 라고 답하였다. 이에 공자가 말 하였다. "신장은 욕심이 많다. 어찌 강직할 수 있겠는가?")

였고, 학생들의 각기 다른 요구에 부응하여 그 욕구를 만족시켜 주었으며, 병에 따라 처방하듯 인재시교에 꼭 알맞게 잘 처리하였다.

공자는 앞에서 지적했듯이, 학생들의 개성 특성에 따라 인재시교하였던바, 공자 교육사상 중의 '인간을 근본으로 하고 인간의 발전을 기본'으로 하는 핵심적인 가치 방향을 집중적으로 반영하였다. 그리하여 그는 인간에 대한 존중, 인간의 개성 특성에 대한 존중, 인간에게 요구되는 개인차에 대한 존중과 면》을 완전히 구현하였다. 이렇듯 공자는 교학에 있어서 개성이 넘치는 맞춤형의 교학기술을 반영하였다.

공자는 앞에서 누누이 말한 학생의 개인차에 따라 인재시교 하였는데, 이는 공자의 학생관, 교육관 등의 면에서 아주 소중한 과학적 정신을 갖추고 있음을 충분히 표현하였다. 그의 교학 역시 하나의 책임 있는 교학태도와 개성이 넘치는 맞춤형의 교학 기술을 반영한 것이다.

공자는 학생의 성격 특징 면의 개인차를 매우 존중하였던 바, 학생 중 한 학생만을 두둔하거나 옹호하지는 않았다. 그는 "젊은 후배들을 두려워야 한다. 장래의 그들이 오늘의 우리만 못 하리라고 할 수 있겠는가? 그러나 4 · 50이 되어도 이름이 나지 않으면 역시 두려울 것이 없다."[479]라고 하였다. 이렇듯 공자는 젊은이들에 대한 강한 기대와 신념을 가졌던 것이다.

사회는 항상 부단히 진보하는 것이며 사물 역시 항상 변하고 인간도 늘 변하지 않는가? 그러니 젊은이들의 미래의 발전은 어림할 수 없는 것이다. 젊은이들은 노인을 능가하고, 차세대는 윗세대를 능가할 것인바, 이는 사회발전의 필연적인 법칙이다. 인간의 성

---

479) 《論語》 '子罕' : "子曰 後生可畏 焉知來者之不如今也 四十五十而無聞焉 斯亦不足畏也已."

장 발달과정에서 나타나는 개인차는 객관적으로 존재하는 것이다. 인재시교는 바로 실재에서 출발하여 학생의 개인차라는 이 객관적 사실을 존중하여 현실에 따라 인도하는 교육을 실행해야 하며, 그들을 도와 자신의 최근의 발전 영역과 최적의 발전 영역을 찾도록 하는데 그 의미가 있다 할 것이다.

《예기》 '학기'에는 '인재시교'라는 중요한 원칙에 대하여 다음과 같이 분명하게 진술하고 있다. "배우는 자에게는 네 가지 과오가 있는데, 가르치는 자는 이것을 알아두어야 한다. 즉 사람이 사물을 배움에 있어서는 그 일에 관련해서 지나치게 많은 일에 손을 벌리면 모두 산만한 지식이 되고, 범위를 너무 좁게 하면 지식이 빈약해지며, 눈앞의 변화에만 이끌리면 무엇 하나 완전한 지식을 얻을 수 없고, 반대로 좁은 범위로 하면 지식은 편협해진다. 이 네 가지의 과오는 각각 서로 틀리는 심리에서 발생하는 것이지만, 가르치는 자는 그 심정을 각각 잘 살려야만 그 과오를 고쳐줄 수가 있는 것이다. 교육은 사람의 장점을 조장(助長)해 주고, 단점을 억제하도록 지도하는 것이다."[480] 이 구절이 의미하는 바는, 사람이 학습과정에서 네 가지 면의 과오가 나타날 수 있다. 어떤 이는 배운 것이 너무 많아 소화해 내지 못하고, 어떤 이는 배운 것이 너무 적어 가장 큰 효과와 이익을 얻지 못하였고, 어떤 이는 학습목표를 전이시켰기 때문이며, 어떤 이는 끝가지 견지하지 못 하였기 때문이다. 이 네 가지 과오는 모두 그들의 개성적인 심리적 특성과 관련되는 것이다. 교사로서 그 기본적 요구는 바로 학생들의 최대의 진보를 촉진하여 그들을 도와 과오를 벗어나는 길이다.

실증한 바로 공자의 인재시교는 확실히 학생들의 개성을 살리고

480) 《論語》 '學記' : "學者 有四失 敎者 必知之 人之學也 或失則多 或失則寡 혹失則易 或失則止 此四者 心之莫同也 知其心 然後 能救其失也 敎也者 長善而敎其失者也."

학생들이 과오를 범할 수 있는 면을 모면하여 학생으로 하여금 자기의 기초 위에서 충분히 발전할 수 있도록 하였다. 그의 제자 가운데 어떤 이는 '덕행(德行)'에 능하고, 어떤 이는 '언어(言語)'에 능하며, 어떤 이는 '정사(政事)'에 능하고 어떤 이는 '문학(文學)'에 능하였다.[481] 최종적으로 공자의 인재시교를 통해 심혈을 기우려 육성한 제자들은 대부분 하고자 하는 일은 물론 인생을 성취하였으며, 설사 일부 개성이 다른 사람이라 할지라도 모두 동일한 '애인(愛人)', '안인(安人)', '양민(養民)', '치민(治民)' 등의 정사(政事)에 종사하였다.[482] 그들은 정치에, 교육에, 상업에 각각 종사하여 모두 춘추시대 말기라는 역사의 무대에서 활약했던 인물이었다. 이는 공자의 인재시교의 교육성과를 십분 분명하게 나타내 보인 것이라고 할 수 있다.

제6절 교사와 학생의 교호작용(交互作用)·교학상장(敎學相長)

'교사와 학생의 교호작용·교학상장'은 공자의 교육사상 중 가장 중요한 교학원칙이다. 공자는 교학활동을 하나의 쌍방활동으로 보고, 일방적인 적극성을 인정하지 않았다. 그것은 교사와 학생의

---

481) 《論語》 '先進' : "德行: 顔淵, 閔子騫, 冉伯牛, 仲弓, 言語: 宰我, 子貢, 政事: 冉有, 季路, 文學: 子游, 子夏."

482) 《論語》 '雍也' : "季康者問 仲由 可使從政也與 子曰 由也果 於從政乎 何有 曰 賜也 可使從政也與 曰 賜也達 於從政乎 何有 曰 求也 可使從政也與 曰 求也藝 於從政乎 何有" (계강자가 물었다. "중유를 정치에 종사시킬 수 있을까요?" 공자가 대답하였다. "유는 과단하니 정치에 종사해도 아무 걱정이 없습니다."고 하자 계강자가 "자공을 정치에 종사시킬 수 있을까요?" 묻자 공자가 "자공 사는 통달했으니 정치에 종사해도 아무 걱정이 없습니다." 했다. 이에 계강자가 "염구를 정치에 종사시킬 수 있습니까?"하고 묻자 공자가 "구는 재간이 많으니 정치에 종사해도 아무 걱정이 없습니다."고 하였다.

공동참여, 대등교류와 협력이 필요한 것이다. 교호작용은 교학 활동의 기본적인 요구이다. 사생 간의 적극적 사유, 상호계발, 상호교류, 공동논의를 해야만 교학상장의 목표에 도달할 수 있다.

이른바 '교학(教學)'이라는 것은 문자 그대로 교사라는 '교(教)'와 학생이라는 '학(學)'의 두 면을 포함하는 것이다. 따라서 교학활동은 종래부터 상호활동이었으며, 교사와 학생의 공동참여가 필요한 것이었다. 이 활동 중에서 만약 일방적인 적극성만 있다면, 그것은 한쪽으로만 치우치는 것으로 바람직하지 못하다. 따라서 사생 양쪽 모두 적극적으로 사유, 대등교류, 상호계발, 공동탐구로 토론해야 한다. 이렇게 해야만 학생들이 획득이 있는 동시에 교사 역시 상응한 제고를 가져올 수 있는데, 이것이 바로 '교학상장(教學相長)'이다. 이 점을 유의한다면, 현대교육에 있어서 과거의 교사중심주의 교육을 심하게 비판하는 것도 잘못이고, 오늘날 아동중심주의 교육을 과분하게 옹호하는 것도 잘못이다. 따라서 교사중심주의와 아동중시주의 교육의 지양과 통합이 바로 '교학상장'이다. 이 점은 현대교육이 재인식하고 지향해야 할 과제라고 생각한다. 그렇다면 현대교육은 공자에게서 교학방법의 한 수를 배워야 할 것이다.

공자는 장기적인 교학 실천 속에서 교사와 학생은 '도(道)', 진리의 추구에 있어서 지위적으로는 대등한 것이라고 주장하였다.

그는 "인(仁)을 행함에 있어서는 스승에게도 양보하지 않느니라."[483]고 말하였다. 이는 이(仁)을 실천함에 있어서는 선배나 선각자나 선사(先師)할지라도 사양할 필요가 없다는 것이다. 선과 정의, 인도(仁道)를 강력하게 밀고 나가는 사람이 보다 가치 있는 사람이라는 것이다.

483) 《論語》 '衛靈公' : "子曰 當仁 不讓於師."

우리는 진리에 대한 문제의 접근에서 모두 평등한 것이며, 학생 역시 교사 앞에서 구속받거나 양보하면서 무작정 교사의 말만을 들을 필요는 없다.

또 그는 "세 사람이 같이 길을 가면, 그중에는 반드시 나의 스승이 될 만한 사람이 있다. 그중에서 좋은 점을 골라서 내가 따르고, 좋지 못한 점은 거울삼아 고치도록 한다."[484]고 하였다. 이는 몇 사람이 함께 걸을 때 걷는 사람마다 각자의 장점과 단점이 있는 법이나 그 중 꼭 배울만한 사람이 있다는 것이다. 우리는 마땅히 그들의 장점을 택하여 학습하고, 그들의 단점을 비교하여 예방, 개선해야 한다. "세 사람이 같이 걸어가면 그중에 반드시 나의 스승이 있다."는 것을 인식한다면 학생은 교사보다 뛰어난 점이 있다는 것이다. 진리 앞에서는 사람마다 평등하고 "인(仁)을 행함에 있어서는 스승에게도 양보하지 않는다."는 것을 주장하였던바, 이것이 바로 공자에 있어서 교학의 민주적, 교학상장의 교육사상을 위해 중요한 철학적 기초를 마련하였다.

바로 이러한 인식을 기초로 공자는 장기적인 교학활동의 전개과정에서 사생(師生)간의 교호작용을 제창하고, 사생이 함께 머리를 쓰고, 상호 협동하여 상호 논의, 계발, 협력함으로써 동일한 목표에서 협력하여, 사생간의 마음의 공감과 교학의 효과가 있기를 기대했던 것이다.

한번은 자하가 공자에게 《시경》에 나오는 "곱게 웃는 품 아름다우며, 아리따운 눈의 검은 눈동자, 흰 분에 더욱 빛나리."라는 구절의 함의를 물었다. 공자는 "그림 그릴 때에 채색을 마치고 흰 가루로 바탕을 칠하는 격이다."라고 대답했다. 그러자 자하가 다시 그럼 그 뜻은 무엇입니까? 옛적에 사람들은 회화를 할 때 늘 먼

484) 《論語》 '述而' : "子曰 三人行 必有我師焉 擇其善者而從之 其不善者而改之."

저 오색의 색체를 바탕색으로 하고, 소박한 색으로 윤곽을 그리고 그림을 그렸다. 그래서 한 폭의 아름다운 그림은 왕왕 그 바탕색이 잘 되어서이다. 공자의 뜻인즉 《시경》의 이 시구에 대한 매우 중요한 도리를 해석했는데, 그것이 바로 회화는 반드시 바탕색을 열심히 잘해야 한다는 것, 겉모습이 아름다운 물건은 늘 그 내재적인 것이 원래 아름답기 때문이라는 것이다.

자하(子夏)는 공자의 말에서 홀연히 '예(禮)'를 연상하여 말하기를 "예(禮)를 끝으로 인격을 완성한다는 뜻이겠군요!"하고 반문했다. "예를 끝으로 인격을 완성한다는 뜻이겠군요!"의 뜻인즉 다시 '예'의 중요한 함의에로 확대할 수 있는 것 아닌가? 즉 '예악(禮樂)'은 '인의(仁義)'의 뒤에 형성될 수도 있는 것 아닌가? 혹은 '예악'은 다만 외재적 형식의 요구이고, 충신인의(忠信仁義)야 말로 내재적 기본 자질이 아닌가? 공자는 듣고 매우 기뻐하면서 서둘러 칭찬하기를 "나를 계발시켜준 사람은 너 상(商;자하의 이름)이로구나. 비로소 같이 《시경》을 말할 수 있구나."라고 하였다. 이 말은 나의 견해를 기초로 발전시킬 수 있는 것은 바로 자하 너로구나! 앞으로는 내가 너와 함께 「시경」을 논의할 수 있게 되었구나![485]의 뜻이다.

위에서의 자하와 공자의 교학활동에서 보듯, 사생 간의 협동, 교호작용, 협력은 얼마나 사생간의 조화롭고 묵계(默契)되었으며, 또한 사생간의 사유적 동향성, 공진성(共振性; 파급성)은 얼마나 구체적으로 표현되었는가? 앞에서도 말한 "곱게 웃는 품 아름다우며, 아릿다운 눈의 검은 눈동자, 흰 분에 더욱 빛나리." 이는 《시

485) 《論語》 '八佾' : "子夏問曰 巧笑倩(천)兮 美目盼兮 素以爲絢(현)兮 何謂也 子曰 繪事後素 曰 禮後乎 子曰 起予者 商也 詩可與言詩已矣."

경》 '국풍(國風)[486] · 위(衛)'의 시구이다. '국풍'의 취지는 바로 '교화(敎化)'에 있는바, 집권자들은 바로 이러한 시구를 통해 민중을 교화하였으며, 민중 역시 이러한 시구를 통해 집권자들을 풍자하였다. 그러므로 '국풍' 중의 시구는 왕왕 말은 여기에 있으나 뜻은 저쪽에 있는 것이며, 우화적 의미가 깊다. 이로 보아 자하가 그의 스승 공자에게 《시경》의 몇 마디 시구(詩句)를 묻는 것은 그것의 교화적인 면의 함의를 이해하고자 함인바, 그러기에 공자는 '교화(敎化)'라는 사유 방향에 따라 내재적 미와 외재적 미의 관계상의 문제 즉 "그림 그릴 때에 채색을 마치고 흰 가루로 바탕을 칠하는 것이다."를 논의한 것이다. 그러나 자하는 여기서 끝내는 것이 아니라 이른바 심미관(審美觀)의 문제에 머므른 것이 아니다. 그는 "그림 그릴 때 채색을 마치고 흰 가루로 바탕을 칠한 것이다."라는 것의 이해로부터 더 나아가 '예(禮)'의 핵심적 의미를 깨달았으며, 나아가 "예를 끝으로 인격을 완성한다는 뜻이겠군요!"라고 문제를 제기했는데, 이는 벌써 교수자인 스승 공자의 당시의 사유의 정도를 크게 뛰어넘어 이미 '도덕관(道德觀)'이라는 단계에 깊이 들어갔다. 이는 스승인 공자가 미처 생각하지 못했던 것으로 공자는 매우 기뻐했다. 이 교학활동에서 교수자인 공자는 그의 제자 자하를 계발하였고, 제자인 자하는 교수자인 공자를 계발 하였으며, 사생 간에는 심적인 공진(共振), 공감이 생성되어 교사나 학생 양쪽은 모두 마음으로부터 얻는 것이 있음으로 진정한 교학상장(敎學相長)을 실현한 셈이다. 따라서 공자는 "나를 계

486) '풍(風)'은 각 지방의 민간 가요로서 사람의 희노애락의 감정을 표현함으로써 자연히 일국의 일을 노래한 것이다. 「毛詩大序」에 의하면 '풍(風)'은 바람이며, '교(敎; 가르침)'이다. 바람이 움직이고 교(敎)는 화(化)하는 것이다. 위에서 바람이 불면 아래에서는 화(化)하게 된다. 그러나 바람이 아래에서 불면 하극상이 일어난다고 이야기 해주고 있다.

발시켜 준 사람은 바로 너 상(商)이로구나. 비로소 같이 《시경》을 말할 수 있구나."라고 감탄했지 않는가?

교학활동 중 공자는 사생간의 상호협력, 공동논쟁, 상호계발, 사유의 동향성, 공감성의 유지 등을 요구했을 뿐만 아니라 또한 학생들의 역방향, 다른 사유를 발전시킬 것을 고무하였으며, 교사의 관점에 대한 질문을 고무하였고 학생들이 대담하게 반대의견을 제기하도록 고무하였다. 만약 맹목적으로 교사를 믿지 않고 계속 교사를 공경만 하고 아부하면서 전전긍긍하고 교사의 일부 잘못 된 관점에 대해 비판적 의견을 제기하지 못한다면 아무리 학습에 열심히 한다 할지라도 공자는 기뻐하지 않았다. 이 때문에 그는 자신의 가장 아끼는 제자 안연(顔淵)에 대하여 평하기를 "회는 나에게 도움을 주는 사람이 아니었다. 그는 내 말에 대하여 무엇이나 모두 이해하고 기뻐했다."고 하였다. 공자는 비록 "그의 사생활[487]하는 품을 살피면 그는 나의 말을 충분히 행동으로 실천해 내더라. 안회는 어리석지 않는 사람이다."라고 했지만 안연이 독자적으로 이러한 지식들을 소화할 때 공자가 전수한 지식에 대해 많은 교정, 확충, 유발하였지만 그는 여전히 교학활동 중에서 안연과 같은 "나의 말에 기뻐하지 않는 바가 없다."고 하는 것과 같은 방식은 여전히 제창하지 말아야 하고 또한 법으로도 채택하지도 말아야 한다.

이와 반대로 만일 교학활동 중 어느 학생이 그의 말에 이의 또는 비평을 시작했을 때, 공자는 매우 기뻐했으며 전적으로 긍정하였다. 때로는 공자는 가끔 고의적으로 잘못된 관점을 말하기도 했는데, 이로써 학생들의 의문과 논쟁을 불러일으켰다. 공자 일행이 무성(武城)에 가서 예악이 울리는 소리를 듣고 빙그레 웃으며 "닭을 잡는데 어찌 소잡는 큰 칼을 쓰느냐?"하고 묻자, 이에 무성의

487) 《論語》 '爲政' : "子曰 吾與回言終日 불위여愚 退而省其私 亦足以發 回也不愚."

현장으로 있는 자유가 대답하기를 "전에 제가 선생님께서 들었습니다. '군자가 도를 배우면 백성을 사랑하고, 소인이 도를 배우면 부리기 쉽다'고 하셨습니다." 그러나 다시 공자가 "애들아! 언(자유의 이름)의 말이 옳다. 아까한 말은 농담이었다."[488)]

서주(西周)와 춘추시기(春秋時期) '시(詩)', '가(歌)'는 교화(敎化)를 실시하는 하나의 수단이었다. 공자는 '시', '가'의 교화역할을 매우 중시하였다. 그는 요순시대의 고악(古樂)인 '소(韶)'[489)]를 평가한 적이 있는데, "미의 극치를 이루었을 뿐만 아니라 선의 극치를 이루었다."[490)]라고 하였고, 주(周)나라 무왕(武王)시대의 '무(武)'[491)]를 비평함에 있어서는 "미의 극치를 이루었지만 선의 극치를 이루지 못 하였느니라."[492)]라 하였고, 공자는 "제(齊)나라에서 '소(韶)'라고 하는 음악을 석 달이나 듣고 배움에 고기 맛까지 잊었다. 그는 '음악이 이렇게까지 훌륭한 경지에 이르리라고는 생각도 못 했다.'고 하였다."[493)] 그 자신은 자신이 '소(韶)'라는 음악을 감상함에 있어 심지어 이렇게 까지 도취되는 경지에 이르게 될 것이라는 것을 몰랐다. "공자는 남과 같이 노래를 부를 때, 남이 잘 부르면 반드시 그로 하여금 반복시킨 후에 그와 맞추어 불렀다."[494)] 고 한다.

---

488) 《論語》 '陽貨' : "子之武城 聞弦歌之聲 夫子莞爾而笑曰 割鷄 焉用牛刀 子游對曰 昔者偃也 聞諸夫子 曰 君子學道 則愛人 小人學道 則易使也 子曰 二三子 偃之言 是也 前言戱之耳."

489) '소(韶)'는 순(舜)임금이 제작한 무악(舞樂) 수임금은 성인이라 그의 무악도 이상적이며 진선진미했다.

490) 《論語》 '八佾' : "子謂韶 盡美矣 又盡善野.謂武 盡美矣 未盡善也."

491) '무(武)'는 주나라 무와(武王)의 무악(舞樂). 무왕은 무력으로 천하를 장악하였으므로 그의 무악은 장대(壯大)한 미는 있어도 평화로운 선(善)은 부족하였다.

492) 앞의 장 참조.

493) 《論語》 '述而' : "子在齊聞韶 三月不知肉味 日 不圖爲樂之至於斯也."

494) 《論語》 '述而' : "子與人歌而善 必使反之 而後和之."

공자는 매번 다른 사람들이 교육적 의미가 있는 노래를 할 때마다 늘 다시 되돌아와 한 번 더 부르게 했는데 자신도 따라 불렀다. 이렇게 볼 때 공자는 음악을 매우 좋아했으며 음악교육을 중시했다는 것을 인식할 수 있다. 음악에 대해 그는 매우 잘 알고 있었는데, 아주 열심히 노(魯)나라의 대사(大師)에게 음악지식을 전수한 적이 있다.[495] 그는 좋은 음악을 빌어 매체로 민중들을 가르쳐 선(善)에 이르게 하는 목적에 달성하고자 했다. 따라서 한번은 공자가 무성(武城)이라는 작은 읍성(그의 제자 자유(子游)가 재직하였던 곳)에 다다랐을 때 음악을 연주하는 소리를 듣고 미소를 지으면서 "닭을 잡는데 하필 소를 잡는 칼을 쓰느냐?" 고 했는데 이는 확실히 공자의 '한 가지 원리로 이루어 졌다.(一以貫之)' 는 태도로 음악의 교화역할을 중시하는 기본적인 주장에는 부합되지 않는다. 그가 이렇게 말한 것은 대개 이로써 학생들의 질의를 유발하고자 했던 것 같다. 결과적으로 그의 제자 자유는 공자가 '닭을 잡는데 소 잡는 칼을 쓴다.' 는 지적은 과거 자신들을 가르치는 것과 모순된다고 질의하였다. 이에 공자는 "너희들은 참으로…"라고 하였다. 자유의 말은 정확한 것이고 내가 방금 한 말은 다만 농담이었을 뿐이었다고 했다. 이로보아 학생들의 질의를 유발하기 위해 공자는 참으로 고심하고 고심하였던 것이다.

'사생 교호작용, 교학상장' 은 공자가 매우 성공적으로 활용한 교학원칙이며 또한 공자의 교육사상중에서 강한 생명력 있는 교학원칙의 하나이기도 하다. 만일 전통교육시기 학생이 다만 교사와 교과서에 의존해서 이성적 지식을 획득하는 것이라고 한다면, 시대

495) 《論語》 '八佾' : "子語魯大師樂 日 樂 其可知也 始作 翕(흡)如也 從之 純如也 皦(교)如也 以成." (공자가 노(魯)나라의 악관(樂官)에게 말하였다. "음악은 잘 알 수 있다. 연주를 시작할 때는 잘 맞고, 이어서 잘 조화되고, 그러면서도 각 음이 뚜렷하고, 끝까지 부드럽게 이어져 나감으로써 완성되는 것이다."

가 '정보화'로 발전한 오늘날 학생들의 앞에는 하나의 거대한 용량의 지식의 무대가 증가되고 있는데, 그것이 바로 네트 워크(net work)가 아니겠는가?

교육이 정보화, 네트 워크화한 시대에 들어선 이후 학생들은 인터넷을 빌어 시공의 제한을 뛰어넘어, 사생간의 지식경험의 차이를 초원하여 발전할 수 있다. '교학(教學)'의 근본적인 내재적 함의 역시 조용히 거대한 변화를 일으켜 가고 있다. 전통적 의미에서의 교사의 '교(教)', 학생의 '학(學)', 교사의 '전(傳; 전수)' 학생의 '수(受; 받다)'는 정보화, 인터넷 앞에서 이렇게 나약 무력해지고 시기에도 맞지 않게 되었다. 이러한 상황 하에 교사 자신의 가속적인 발전, 교사 자신의 역할의 새로운 자리매김은 모두 매우 중요하고도 절박한 것으로 보인다. 교육의 정보화에 대응하여 교사, 학생 모두 가속적인 발전을 실현하려면 반드시 교학의 '민주화'를 제창하여, 사생관계를 협력 동반자의 관계로 발전시켜야 하고, 교학과정을 사생간의 평등적 교류, 상호계발, 협력하는 과정으로 전환시켜야 할 것이다. 따라서 공자의 "사생 교호작용(師生教互作用), 교학상장(教學相長)"의 교학원칙은 교학영역의 개혁을 보다 더 심화시키고, 교학과정과 교수모형을 다시 구축하도록 지도함에 있어 매우 중요한 현대적, 현실적 의미를 지닌다고 하겠다.

제7장 도덕교육

교육이란 무엇인가? 이에 대해서는 답을 하는 사람만큼 그 의미도 많을 것이다. 그러나 우리는 다음과 같은 두 가지의 책에 나타나는 말에 유의할 필요가 있다.

《설문해자(說文解字)》에서 말하는 것처럼 "가르치는 것(教)은 모방하는 것으로, 위 사람이 베푸는 것이며 아랫사람은 본받는 것이다. 기르는 것은(育)은 자식을 선하게 하는 것이다."[496] 여기서 '상(上)'은 교자(教者), '시(施)'는 교도(教導), '하(下)'는 수교자(受教者), '효(效)'는 학습을 지칭하고 있다. 이로 보아 '교(教)'가 함유하고 있는 뜻은 교자와 수교자의 쌍방의 활동과정이 포함되고 있다. '육(育)'에 관해서는 "육(育)이라는 것은 자식을 길러 선하게 만드는 것이다."라 하였다. 여기서 '양(養)'은 도야(陶冶)로서 기질을 선하게 하는 것을 지칭한다, '자(子)'는 수교자(受教者)를 지칭한다. 이로 보아 '육(育)'이 함유하고 있는 뜻에는 인격의 감화와 정신의 정화의 작용이 포함되고 있음을 알 수 있다.[497]

또 하나는 《중용(中庸)》에서 보듯 "도(道)를 닦는 것을 수(修)를 '교(教)'라 한다."[498]이고 여기에서 말하는 '도(道)'는 '원리'가 아니라 지선(至善)한 원리(原理)에 순종된 '덕의 본체'인 것이다. 따라서 '도(道)'를 닦는 것은 바로 '덕(德)'을 닦고 편다는 말로도 풀이할 수 있는 것이다.

공자는 《논어》에서 "사람이 도를 넓히는 것이지, 도(道)가 사람을

496) 《說文解字》 : "教者效也 上所施 下所效也. 育養子使作善也."
497) 김경식, 개정판 교육학개론, 교육과학사, 2003, 17면.
498) 《中庸》 : "天命之謂性 率性之謂道 修道之謂教."

넓히는 것은 아니다."[499]라고 하였다. "도를 넓히는 것은 곧 '도를 닦는 것이요' 덕을 닦고 펴는 것이다." 이러한 '수도(修道)'를 통해서 '교(敎)'가 이루어지는 것이다. 따라서 '교육'이란 바로 자기의 덕을 닦고 그것을 세상에 널리 펴는 것이 된다. 사람이 살아가자면 도(道)로부터 잠시라도 떨어질 수 없는 것이다, 유가에 있어서 도(道)는 사람이 능히 지킬 수 있고 또 지켜야 할 도인 것이다.

우리는 위에서 보듯, 중국 고대의 교육이론 속에서 교육의 본질적 요구는 두 방면으로 요약되고 있다. 하나는 인류문화의 성과, 지식 경험의 전승, 즉 '上所施 下所效'이고, 다른 하나는 인간의 도덕 품성의 양성과 수립, 즉 '修道, 養子使作善'이다.

학생의 도덕 품성의 육성과 수립, 즉 도덕교육은 학교교육에서 매우 중요한 위치를 차지하는바, 동서고금이 마찬가지다. 그러나 학교 도덕교육의 내용과 형식은 늘 한 민족, 한 시대의 핵심적 가치 관념을 반영하고 있다.

공자가 창설한 유가(儒家)학설의 핵심은 바로 인간의 도덕수양에 관한 것이다. 오랜 기간의 교육 실천 속에서 공자는 도덕교육을 매우 중시하였다. 그는 낮은 시각 단계. 높은 목표, '인(仁)'과 '예(禮)'를 둘러싼 두 가지의 정치 목표를 견지하였던바, 제자들에게 인성(人性), 인륜(人倫)을 포함한 민족 전통문화교육을 실시함으로써 '정치적 이상'과 '도덕적 행위' 두 측면의 교육이 조화 통합되도록 하였다. 그는 특히 '자기 성찰', '자기통제', '자율'을 강조하여 "예로써 단속하고"[500] "어진 이를 보면, 그와 같이 되기를

499) 《論語》 '衛靈公' : "人能弘道 非道弘人."

500) 《論語》 '雍也' 25 : "子曰 君子博學於文 約之以禮 亦可以弗畔矣夫."(공자가 말하였다. 군자는 글을 널리 배우고, 예로써 단속해야 비로소 도에서 어긋나지 않을 것이다."

생각하고, 어질지 못한 자를 보면 내 스스로 깊이 반성한다."[501]고 강조하였는바, 인간의 자아의식을 통해 도덕수양의 수준을 끊임없이 제고하기를 바랐다. 공자의 이러한 경험은 당시로서는 새로운 시기의 도덕교육에 일정한 거울로 삼는 의미를 갖고 있다.

제1절 기본의 중시 ; "효제(孝悌)는 인(仁)의 근본을 이룬다."

공자는 유가학설의 특징인 인륜(人倫)의 중시에서 출발하여 '효제(孝悌)'를 도덕교육의 기초 내용으로 하였다. 그는 제자들에게 부모에게 효도하고 친구와의 우애로부터 나아가 "넓게 여러 사람을 사랑하되, 더욱 인지를 가까이 할 것이니라."[502] 신변의 모든 사람을 보살펴야 한다고 하였다. 그는 인륜의 윤리 관념을 사회 예제(禮制)관념으로 승화시켜, 사회 존비 등급 제도의 건립을 바랐으며, 부권(父權) 강화를 통해 군권(君權)의 유지 및 그 보호를 하고자 했다.

공자가 창설한 유가학파의 핵심 구조는 윤리도덕학설이다. '효제(孝悌)'는 유가의 중요한 윤리사상이다. 《논어》에서 공자가 '효제'의 문제를 주제로 다룬 내용은 무려 십여 곳에 이른다. 이처럼 공자는 '효제'의 관념의 양성을 기르는 것을 제자들에게 일상적으로 가르치는 도덕교육의 중요한 내용으로 선정하였다.

공자가 제자들에게 행한 '효제' 교육에 대해, 어떻게 전면적으로 이해할 것인가에 관해 우리는 다음과 같은 세 가지의 측면을 파악해야 할 것이다.

---

501) 《論語》 '里仁' 17 : "子曰 見賢思齊焉 見不賢而内自省也."

502) 《論語》 '學而' 6 : "汎愛衆 以親仁."

1. 효제(孝悌)는 사람됨의 기본, 최저의 도덕 기준

공자는 혈연, 친정(親情;친척)에서 출발하여 '효제'는 사람됨이 최저의 요구이고, 또 모든 선행의 기초임을 강조했다. 인간의 도덕적 수양은 부모에게 효도, 형제간의 우애로부터 시작하여 나아가 "넓게 여러 사람을 사랑하되 더욱 인자(仁者)를 가까이 할 것."[503] 즉 신변의 모든 사람을 선하게 대하고 사랑해야 한다고 했다.

공자는 말하기를 "제자는 안에서는 효도하고, 나아가서는 자애로우며, 근직하고 신의를 지키며, 넓게 여러 사람을 사랑하되 더욱 인자를 가까이 해야 할 것이니, 이렇게 하고도 여력이 있으면 비로소 선왕의 글을 배워라."[504]라고 하였다. 주자는 해석하기를 "부모에 효도를 잘 하면 효(孝)이고, 형제와 우애하면 제(悌)이다." 이로 보아 '효제'는 인륜도덕의 범주에 속하는 것인바, 사람의 혈연, 친정관계를 기초로 사람됨의 근본, 최저의 도덕적 기준이다.

'효제'는 풍토적 생활유형에서 농경(農耕) 생활문화를 같이 하는 동방에서 더욱이나 유교(儒敎)를 숭상하는 문화권에서는 한족(漢族)은 물론 우리 민족에 있어서는 우수한 도덕적 전통이다. 부모에게 효도하고, 형제간에 우애하는 것은 사람됨의 최소한의 도덕적 요구이다. 사람은 누구나 부모가 있고 형제자매가 있다. 사람과 사람의 관계에서 가장 기초적이고 원시적인 관계는 혈연관계, 친척관계이다.

인간관계 속에서 일부는 회피할 수 있으며, 일부는 변경할 수도

---

503) 《論語》 '學而' 6 : "子曰 弟子入則孝 出則弟 謹而信 汎愛衆 而親仁 行有餘力 則而學文."(공자께서 말하였다. 제자는 안에서는 효도하고 나아가서는 자애로우며, 근직하고 신의를 지키며, 넓게 여러 사람을 사랑하되 더욱 인자를 가까이 할 것이니라. 이렇게 하고도 여력이 있으면 선황의 글을 배워라)

504) 앞의 주, 참조.

있지만 유일하게 혈연, 혈육 간의 정 관계만은 회피할 수도, 변경할 수도, 선택할 수도 없는 것이다. 따라서 부모에게 효도하고 형제간에 우애하는 것은 인간의 일상적인 행위에서 가장 쉽게 볼 수 있고, 가장 보편적이며, 가장 최소한의 도덕적 행위의 요구이다. '들어서서는' 즉 효(孝), '나아가서는' 즉 제(弟), 일상생활에서 집에 드나들고, 집 밖에 또는 집안에서 사람의 행위는 모두 '효제' 규범에 부합되어야 한다는 것이다.

동시에 '효제'는 인간의 선행(善行의 기초이다. 집에서 부모에게 효도하고 밖에서 형제와 우애하는 이 점을 실천할 수 있다면, 점차적으로 한 사람의 '사랑하는 마음', '선행'을 기를 수 있어 보편적으로 타인, 대중에게 관심을 주고 인덕(人德)을 갖춘 사람들과 가까이 하게 된다. 타인을 우대하려면 우선 자신과 혈연관계, 혈육의 정이 있는 사람들을 우대하여야 하는바, 이는 인간 본연의 속성이기 때문에 회피할 수도, 덮어 감출 수도 없는 것이다.

생각건대 자신의 부모에게 효도하지 못하는 사람이 어떻게 타인을 존경할 것이며, 자기의 형제자매와도 화목하지 못한 사람이 어떻게 주위의 다른 사람들과 좋은 관계를 맺을 수 있는가? 만일에 부모에게 불효하면서, 형제자매와 불목하면서 다른 사람에게 잘하는 것은 일종의 가식행위요, 그 사람의 마음의 저변에는 필연코 계획된 어떤 개인의 이익적인 음모가 깔려 있을 것이다. 부모에게 효도하고 형제자매와 우애해야만이 다른 사람을 존중할 수도, 관심을 가질 수도, 도와 줄 수도 있는 것이다. 따라서 공자는 자신의 제자들에게 바라기를 우선 자신의 부모를 사랑하고, 형제를 사랑하고 나아가 '범애중(汎愛衆)' 즉 주위의 모든 사람을 우대하고 관심을 가지라고 했다. '사랑하는 마음'은 모든 우수한 도덕 문화의 핵심이다. 오직 '사랑하는 마음'이 있어야만 '범애중'할 수 있으며, 주위의 모든 사람을 우대, 관심을 가질 수 있고, '친인(親仁)' 즉 인덕 있는 사람들과 가까이 할 수 있는바, 이러한 사람들이야말로 도덕적으로 고상한 사람이라 할 것이다.

공자는 부모가 자녀에 대한 관심은 우선 자녀의 도덕적 품성에 주의해야 한다고 주장했다. 따라서 자신의 도덕 수양을 강화함으로써 도덕이 고상한 사람으로 되어 부모의 이러한 가장 큰 근심을 덜어주는 것이 바로 '효제' 관념의 중요한 표현이다. 한번은 맹무백(孟武伯)이 '효'에 대하여 묻자, 공자는 "부모는 오로지 자식의 질병을 걱정하시니라."[505]고 대답해 주었다. 이는 만약 덕으로 수신을 견지한다면, 부모는 자녀가 입신양명의 과정에서 도덕 품질면의 문제가 생길 것을 걱정하지 않는다는 말이다. 오직 부모로 하여금 기타 근심이 없게 하여 다만 자녀의 건강만을 걱정한다면 역시 '효'를 한 것이라는 것이다.

2. 효제의 본질로 명확히 논술

공자는 '효제'의 본질적 요구에 대해 기술하기를 다만 '능양(能養;공양하는 것)' 할 것만이 아니라, 관건은 '무위(無違;어기지 말라.)' 하는 것이라고 했던바, 그 목적은 바로 도덕적 품성의 양성과 정치사상의 교육을 결합시켜 제자들을 인도하여 '행예제(行禮制; 예제를 행하는 것)' 라는 정치적 주장을 실천하기 위함이었다.

한번은 자유(子游)가 공자에게 묻기를, 어떻게 하면 '효'라 할 수 있습니까? 하고 묻자, 이에 대하여 공자는 "근자에는 효를 공양하는 것이라고만 생각하나, 개와 말도 키움을 받을 수 있다. 부

---

505) 《論語》 '爲政' 6 : "孟武伯問孝 子曰 父母 唯其疾之憂."

모를 존경하지 않으면, 무엇이 다르겠는가?"[506]라고 대답해 주었다. 뜻인즉, '효'가 인간의 육친애를 바탕으로 한 인륜의 기본임은 말할 필요가 없다. 따라서 효는 참다운 애정과 공경심에서 우러나와야 한다. 물질적인 봉사나 공양만으로는 불충분하다. 인간이 동물보다 뛰어나다는 것도 바로 정신적 우월에 있는 것이라는 것을 말해 주고 있다.

또 한 번은 자하(子夏)가 역시 효의 문제에 대하여 물었는데, 공자는 자신의 상술한 관점을 다시 한번 정리하여 좀 더 나아가 설명하기를 "언제나 즐거운 낯으로 부모를 섬기기가 어렵다. 일이 있으면 젊은이들이 수고를 맡고, 술이나 음식이 있으면 어른께 드린다. 그러나 이것만으로 효라 할 수 있겠느냐?"[507] 이는 부모와 자식 간에는 말이나 행동을 초월한 미묘한 감정을 표정, 안색에서 살피고 서로 사랑해야 할 것이란 점에서는 동일하다. 이러한 경지에 들기가 어렵다는 뜻일 것이다. 노력을 대신하고 술과 음식을 먼저 바치는 것은 부모, 자식 사이만이 아니라, 사제지간, 선후배간에도 존중되어야 하는 것이다. 그것만으로는 효라 할 수 있겠느냐? 공자는 사람에 따라 효에 대한 대답이 같지않는 것은 능력과 처지를 보아 적절히 훈육한 공자의 교육방법을 보여주고 있다.

다만 부모를 봉양할 수 있어 물질생활에서 부모에 관심을 갖고, 돌봐줌으로써 다만 '봉양하고' '일이 있으면 젊은이들이 수고를 맡고' '술이나 음식이 있으면 어른께 드린다.'고 한다면 '효제'의 주요 요구와는 아주 거리가 먼 것이다. 그렇다면 이 외에 '효제'의 기본 요지(要旨), 본질적 요구는 무엇일까?

---

506) 《論語》 '爲政' 7 : "子游問孝 子曰 今之孝者 是謂能養 至於犬馬 皆能有養 不敬 何以別乎."

507) 《論語》 '爲政' 8 : "子夏問孝 子曰 色難 有事 弟子服其勞 有酒食 先生饌 曾是以爲孝乎."

「논어」 '위정' 편에 보면, "맹의자(孟懿子)가 효(孝)를 물었는데, 공자가 대답하기를 '어기지 말라.' 고 대답하였다. 번지(樊遲)가 수레를 몰았다. 공자가 그에게 말하였다. 맹손(孟孫)이 나에게 효를 묻기에, 내가 '어기지 말라고 대답했다.' 이에 번지가 '무슨 뜻입니까?' 하고 묻자, 공자는 말하였다. '부모가 살아 있을 때는 예로써 섬기고, 죽어 장사 지낼 때도 예로써 모시고, 제사도 예로써 지내야 한다.' "[508]고 하였다. 공자는 '효제' 의 기본적 요구는 어버이와 자식간, 어른과 어린 사람 간의 규범과 예의를 지키는 것인바, 이러한 규범과 예의를 위반해서는 안 된다고 보았다.

앞에서 보았듯이, 부모가 살아 계실 때는 부자간의 규범과 예의에 따라 공양해야 하며, 부모가 돌아가신 뒤에는 이러한 규범과 예의에 따라 장례를 치르고, 제사를 모셔야 한다. 그는 '효제' 의 요지를 상하지간(上下之間), 장유지간(長幼之間)의 규범과 예의로 정의하였으며, 또한 이러한 규범과 예의의 수립은 단지 혈연, 혈육의 정이 있는 관계 뿐만 아니라 사회 전체에 확대해야 한다고 주장했다. 그는 더 나아가 '임금은 임금 다워야 하며, 신하는 신하 다워야 하고, 에비는 에비 다워야 하며, 자식은 자식 다워야 한다.' 고 하였던바, 이는 사회에 있어서 직분(職分) 관계를 말해 주고 있지만, 임금, 신하, 에비, 자식 모두 각자의 규법, 예의를 지킴으로써 사회생활의 질서를 촉진해야한다고 주장했다.

공자의 제자 유자(有子)는 공자의 주장을 기초로 진일보하게 설명하기를 "사람됨이 효제로우면서 어른을 침범하는 자는 적다. 윗사람을 침범하지 않으면서 난을 일으키는 자는 있어 본 일이 없다. 군자는 근본을 세우고자 애쓴다. 근본이 서면 나갈 길이 생긴다.

---

508) 《論語》 '爲政' 5 : "孟懿子問孝 子曰 無違 樊遲御 子告之曰 孟孫 問孝於我 我對曰 無違 樊遲曰 何謂也 子曰 生事之以禮 死葬之以禮 祭之以禮."

효제는 바로 인(仁)을 이룩하는 근본이니라."[509]라고 하였다. 즉 도덕성이 고상한 사람이 노력해야 하는 일은 늘 근본적인 문제이다. 왜냐하면 근본적인 문제를 확립, 해결하면 기타의 일을 하는 규범이 나오기 때문이다. 효제(孝悌)는 아마도 '인애(仁愛)'의 근본일 것이다. 만약 모든 사람이 부모에게 효도하고, 형제간에 우애한다면 전체 사회생활 속에서 상하, 존비, 장유의 등급의 도가 형성될 수 있을 것이다. 사람들이 모두 각자의 규범, 예의를 준수한다면 누가 '윗사람을 범(犯上)'하고, '누가 난을 일으키겠는가(作亂)?'

이처럼 공자의 제자들에게 효제교육을 한 것은 바로 '효제'의 '인'과 '애'를 통합하기 위함이며, 중국의 전통적인 미덕(美德) 교육과 봉건주의 정치사상 교육을 통합시키고, 인륜의 윤리관념을 사회의 예제(禮制) 관념으로 승화시키기 위함이었다. 그는 효제를 제창하여, 나아가 사회 존비 등급제도를 건립하고자 했던 것이다.

3. 봉건적 문제의 반영

당시의 시대적 상황과 계급의 한계성으로 인해, 공자는 제자들에게 효제교육을 할 때 봉건적 문제들이 많이 반영되었다.

공자의 도덕교육은 '저중심(低重心)'의 원칙을 견지했다고 볼 수 있다. 효제라는 기초적인 도덕품성의 교육과 그 양성에 관한 중시는 중국의 우수한 도덕적 전통을 발양 하는데 매우 중요한 의미가 있다. 인륜(人倫)이라는 윤리에 주목하고 가정의 책임을 핵심으로 하는 가정관(家庭觀)을 강조하는 것은 중국의 전통적 도덕문화

509) 《論語》 學而' 2 : "有子曰 其爲人也孝弟 而好犯上者 鮮矣 不好犯上 而好作亂者 未之有也 君子務本 本立而道生 孝弟也者 其爲仁之本與."

의 중요한 특징이다.

부모에게 효도하고 형제간에 우애하는 것은 모든 선행의 기초이다. 장유유서, 가정화목, 타인에 대한 우대, 타인에 대한 사랑 등은 인간의 존엄성이 물질의 포로가 되고 사리사욕에 눈이 멀어 가는 오늘의 상황 속에서도 반드시 준수해야 하고 노력해야 할 기본적인 도덕규범들이다. '효제'라는 인륜을 떠난 사회복지가 무슨 필요가 있겠는가?

그러나 특히 지적해야 할 것은 시대적 한계성으로 말미암아 공자가 제창한 효제는 봉건적 윤리의 기초 위에서 건립된 것이며, 봉건적 사회정치제도와 관련되는 것이었다. 따라서 오랜 기간 중국의 역대 봉건적 통치계층은 효제의 제창을 충신(忠臣) 양성의 수단으로 간주하여, 효제의 도덕을 이용하여 가족제도를 튼튼히 하였고, 나아가 사회의 존비(尊卑)등급제도를 수립하고, 부권(父權)과 가장(家長)의 권한에 대한 강화를 통해 봉건적 군권(君權)의 끊임없는 강화의 목적에 도달했던 것 이다. 공자가 제창한 효제(孝悌)의 문화는 2천여 년 중국의 봉건적 통치를 유지 시킨 중요한 요소이다. 동시에 공자는 '효제'를 해석할 때 많은 문제점을 반영하기도 했다.

우선, 이러한 효제문화는 부자지간, 장유(長幼)지간의 규범과 예의를 지나치게 번거롭고 융통성 없이 판에 박힌 듯 딱딱하게 규정하였다. 그런데 공자는 이러한 규범을 반드시 준수하고, 추호의 변동이 있어서는 안 된다고 반복적으로 강조하였다. 예컨대 부모가 죽으면 꼭 3년 복(服)을 입어야 한다고 했다. 당시 제자 제아(宰我)는 이에 대한 이의를 제기하였던바, 그는 부모를 위해 기년(朞年服; 喪期 1년 복)을 입으면 된다고 하였다. 재아의 관점은 하나의 이유가 있던 것인데, 공자는 삼년상(三年喪)이라는 고대의 일반적

인 '통상(通喪)'을 완고하게 고집하였다.[510)]

다음으로, 공자는 자녀를 부모의 소유라고 여겨 자녀는 반드시 부모에게 무조건 복종, 공손해야 한다고 강조하였다. 그리하여 자녀의 인격의 독립성을 말살하였다. 공자는 "부친이 살아 계시면 어른의 뜻을 살피고, 돌아가셨으면 생존 시의 행적을 살펴라. 삼년간을 두고 선친의 도를 고치지 않아야 비로소 효라 할 수 있다."고 하였다.

이는 부모가 살아 계실 때는 자녀는 독립하지 못하고, 부모가 죽은 후에도 자녀는 부모의 생전 염원에 따라 부모가 생전에 확정해 놓은 규범에 따라 일을 처리해야 하며, 그 어떤 변경도 있어서는 안 된다는 것이다. 적어도 인간의 존엄성을 인정하는 것은 천부인권적인 것으로, 인간의 존엄성을 인정한다면 자연히 인격의 독립성을 인정해야 할 것이고, 인격의 독립성을 인정한다면 당연히 사고의 자유와 행동의 자유도 인정해야 할 것이다. 그러한 현대의 논리에서 본다면 공자의 위에서 한 말은 분명이 잘못된 것이라 할

510) 《論語》 '陽貨' 21 : "宰我問 三年之喪 期已久矣."(재아가 물었다. "삼년의 상은 기한이 너무 오래입니다.") 君子三年 不爲禮 禮必壞.(군자가 삼 년이나 예를 지키지 못하면 예가 망쳐질 것이고,) 三年不爲樂 樂必崩.(삼년이나 음악을 못 하면 음악이 쇠퇴해질 것입니다.) 舊穀旣沒 新穀旣升.(그러니 이미 묵은 곡식이 없어지고 새 곡식이 났으며) 鑽燧改火 期可已矣.(불씨를 일으킨 바에는 수나무를 바꾸어 뚫어, 새 불씨를 일으킨 바에야 기년상도 일년으로 끝내는 것이 좋을 것입니다.) 子曰 食夫稻 衣夫錦 於女安乎(공자께서 재아에게 되물었다. "일년만에 쌀밥을 먹고 비단옷을 입는 것이 네 마음에 편하냐?") 曰 安(네, 편합니다.) 女安則爲之(네 마음이 편하거든 그렇게 해라.) 夫君子之居喪 食旨不甘 聞樂不樂 居處不安 故 不爲也 今女安 則爲之(원래 군자란 상중에 있을 때는 맛 있는 것을 먹어도 달지 않고, 음악을 들어도 즐겁지 않고, 편히 처해 있어도 편하지 않기 때문에 그렇게 하지 않는 것이다. 그러나 이제 네 마음이 편하다면 그렇게 해라.) 宰我出 子曰 予之不仁也 子生三年然後 免於父母之懷 夫三年之喪 天下之通喪也 予也 有三年之愛於其父母乎.(재아가 나가자 공자께서 말씀하였다. "여는 참으로 인애롭지 못하다. 자식은 나서 삼년이 되어야 비로소 부모의 품에서 벗어나듯 부모의 상을 삼년 모시는 것은 천하의 공통된 상례법이다. 여도 자기 부모로부터 삼년동안 사랑을 받았을 터인데!"

것이다.

그 다음으로, 공자는 '직도불외인정(直道不外人情)'을 인정하였는데, 이는 친척관념으로 시비관념을 충격 내지는 대신하고 '인정(人情)'으로 '천리(天理)'를 대신하자는 것이다.

「논어」 '자로편'에서 보면 섭공(葉公이) 공자에게 "우리 마을에 궁(躬)이라는 강직한 사람이 있는데, 그는 자기 아버지가 양을 훔친 것을 증언했소."라고 하자, 이에 공자가 "우리들이 말하는 '강직'이란 그런 것이 아니요. 어버이는 자식을 위해 숨기고, 자식은 어버이를 위해 숨겨줍니다. 강직은 그렇게 부자간의 애정 속에 있어야 하는 것입니다."라고 대답하였다.[511)]

위와 같은 섭공과 공자의 대담은 대강 이렇다. 초나라의 대부 영윤대부(令尹大夫) 섭공이 예전에 공자에게 말하기를 우리 주변에 경직(耿直;정직하고 솔직함)된 사람이 한 명 있는데, 자기 아버지가 다른 집의 양을 훔쳤으므로 아들로서 아버지를 신고하였다. 섭공이 말한 그 아들은 확실히 사리사욕을 따지지 않는 정직한 군자이다.

그러나 공자는 높이 평가하지 않을 뿐만 아니라, 오히려 말하기를 우리가 이른바 말하는 '경직(耿直)'이라는 것은 당신이 말한 기준과는 완전히 다른 것이다. 아버지라는 사람은 아들을 위해 악행을 감추고, 아들은 부친을 위해 악행을 감추어야 한다. 이른바 '경직'이란 이런 문제에 반영된다.

법에 있어서는 당연히 사적인 감정은 반드시 공적인 이치에 복종해야 한다는 것은 동서고금의 사회생활 속에서 반드시 준수해야 하는 기본원칙이다. 이것은 중국 고대에 있어서는 법치주의가 옹

511) 《論語》 '子路' 18 : "葉公語孔子曰 吾黨有直躬者 其父攘羊 而子證之 孔子曰 吾黨之直者 而於是 父爲子隱 子爲父隱 直在其中矣."

호한 것이며, 공맹의 효제와 인정을 기초로 하는 덕치주의는 공자의 주장을 옹호한다.

이러한 논리는 현대의 우리의 남북대치 상황에서도 논의된다. 북한의 일당 일족 독재정치 하에서는 해당(害黨) 행위나 국가에 대한 범죄에 있어서는 가족에서도 불고지죄(不告知罪)가 성립하고, 우리의 경우 반공법(反共法)이나 국가보안법(國家保安法)에서 불고지의 성립을 인정하고 있다, 이로 보아 북한의 독재국가 체제와 우리의 남북대치 상황에서 간첩을 척결하기 위한 불가피한 선택이겠지만, 불고지죄는 말하자면 앞에서 말한 섭공(葉公)의 주장영역에 속한다.

법치주의는 법의 집행에 있어서 '법 앞의 만인의 평등'이란 원칙이 지배하고 있기 때문에 섭공의 논리라든가, 불고지죄도 다 당연한 논리라 할 것이나, 그러나 공자는 부자지간의 상호 감추어 주는 것을 일종의 '경직(耿直)'이라고 생각했다. 이것은 '인정'과 '효제'에 힘을 준 사고라 할 것이다. 공자는 육친애(肉親愛)를 인(仁)의 바탕으로 생각하고 있기 때문이다.

이렇듯 섭공과 공자의 논리는 충분히 각각 타탕성이 있다. 우리는 섭공과 공자의 논리 어느 편에 가담하느냐는 그 사람의 인생관이나 세계관에 달려 있다.

공자의 논리도 수긍이 가면서 부당한 면도 없지 않다. 그러나 적어도 우리가 생각해야 할 것은 인륜(人倫)을 의식한다면, 부모의 어떤 범죄행위에 대한 직접 고발보다는, 자식으로서는 부모에게 그 잘 못을 간(諫)하여 부모로 하여금 스스로 잘 못을 인식하게 할 따름이며, 부모로서는 자식의 간(諫)에 따라 자기의 범죄행위에 대한 잘 못을 깨닫고, 스스로 자수하는 자세가 피차의 고발 이전에 우선 인식해야 할 일이 아니겠는가?

제2절 안빈낙도(安貧樂道)와 박시우민이제중(博施于民而濟衆)의 기대

공자는 유가학파의 '안빈락도(安貧樂道)'[512]의 중요한 주장에서 출발하여 제자들에게 '재물에 대한 관념'의 교육을 하였다. 그는 재물(財物)은 사람들이 갖는 욕심이라는 것을 일단 인정하였다. 그러나 제자들에게 '가난한 생활 속에서도 평안한 마음으로 도(道)를 즐기고(安貧樂道)' 물질적 욕망에 의해 유혹되지 않아야 한다고 요구하였다.

공자는 "군자는 대의(大義)를 밝히고 소인은 이(利)를 밝힌다."[513]고 강조하였다. 그리고 인덕(仁德)이 있는 사람은 "씀씀이를 절제하여 사람을 사랑(節用而愛人)"하고 "백성들에게 널리 베풀어 모든 사람을 도와야 한다."(博施于民而濟衆) 그리고는 더 나아가 재물에 대한 관념을 인생관, 가치관 문제로 승화시켜야 한다고 하였다.

재물(財物)을 어떻게 보고 빈부, 귀천을 어떻게 보는가 하는 것은 한 사람의 도덕적 품성을 반영하는 가장 좋은 기준일 것이다. '재물'에 대한 관념의 교육을 강화하는 것은 도덕교육에서 피할 수 없는 중요한 문제이다. 품성이 고상한 군자를 양성하려면 반드시 재물에 대한 관념을 잘 넘겨야 한다. 따라서 공자는 제자들의 재물관에 대한 교육을 매우 중시하였다.

첫째, 공자는 인성(人性)에서 출발하여 재물욕은 사람이 갖는 욕심임을 솔직히 인정하고, 부(富)를 추구하는 것은 인간의 본성에 의해 결정되는 것이라고 하였다. 그러나 그가 그의 제자들에게 물

---

512) 가난한 생활 속에서도 편안한 마음으로 도를 즐기다.

513) 《論語》 '里仁' 16 : "子曰 君子喻於義 小人喻於利."

질적 욕망에 매혹되지 말라고 가르친 것은 청빈함에 만족하고 정도(正道)를 고수하여 '안빈낙도'의 군자로서 성장하기를 위함이었다.

공자에 있어서 교육의 대상의 주체적 성격은 '사인(士人)'이었다. 우리는 제1장에서도 이야기한 바 있듯이 춘추 말기 사인계층은 주대(周代) 이전의 것과는 달리 신흥 상공 내지 지주계층의 대표로 당시 마침 중산계층으로의 계층 상승이동의 단계에 놓여 있었다. 그들은 특히 정치적 지위의 상승을 절박하게 갈망하고 있었을 뿐만 아니라, 사유재산을 신속히 확대 하여 경제적 지위와 물질적 생산 수준의 향상을 갈구하고 있었다. 공자는 자신의 제자들의 이와 같은 사상적 경향에 대하여 손금 보듯 뻔히 알고 있었다. 그는 재물에 대한 관념을 정확히 수립하여 진정으로 '안빈낙도'를 실천함으로써 물질적 요구에 매혹되지 않는 것은 공자 문하의 제자들에게 있어서 아주 중요한 것이라는 것을 매우 뚜렷하게 인식하고 있었다.

공자는 "재물을 구해 가져도 무관한 것이라면, 그것을 위해 채찍을 들고 외치는 천한 직(賤職)이라도 내 하겠거니와, 구해 가져서 부당한 것이라면 내 즐기는 바를 좇아 살겠다."[514]고 하였다. 그는 솔직히 말하기를 부(富)를 얻을 수 있다면 바로 손에 채찍을 들고 사람을 위해 마차를 모는 사람이라도 할 것이라고 했다. 이는 아주 솔직한 말이다. 부를 바라는 것은 공자 한 사람이 갖는 특수한 심리현상도 아니다. 그것은 보편적인 심리현상으로 인성에 의해 결정된다는 것이다. 따라서 부는 인간이 모두 바라는 것임을 인정하는 것이야말로 인간의 본성에 접근하는 것이며, 인지상정에 부합되어 제자들이 쉽게 받아드릴 수

514) 《論語》 '述而' 11: "子曰 富而可求也 雖執鞭之士 吾亦爲之 如不可求 從吾所好."

있었다.

빈곤함에 대해, 빈곤한 상황하의 어려움과 막연함은 공자 자신이 경험한 바 있다. 한번은 공자가 그의 제자들을 거느리고 여러 나라를 돌면서 강학(講學)을 하던 중 진(陳)나라에 이르렀다. 양식이 다 떨어지고, 따라갔던 제자들이 병들어 일어나지 못하게 되었다. 이에 자로는 화가 나서 공자를 뵙고 "군자도 이렇듯 쪼달려야 합니까?"하고 묻자 공자는 "군자는 원래 쪼달리기 마련이다. 소인배는 쪼달리면, 넘나는 짓을 하느니라."고 일러 주었다. 곤란한 상황 하에서는 두 가지의 정반대되는 인간의 태도가 나타난다. 하나는 곤란한 경우라도 빈천함에 흔들리지 않고 정도를 고수하는 것이요, 다른 하나는 이로 인해 방탕하게 나쁜 일을 하는 것이다. 이것이 바로 군자와 소인의 구별이다.[515)]

한번은 자공이 공자에게 "가난해도 아첨하지 않고, 부유해도 교만하지 않으면 어떻겠습니까?"하고 물었다. 공자는 이에 "괜찮다. 그러나 가난하면서 도를 즐기고, 부유하면서 예를 좋아하는 사람만은 못 하다."고 일러주었다.[516)] 빈궁하고 궁핍한 생활환경에서 비천하게 다른 사람에게 아부하는 것이 아니라, 도리어 여전히 활달한 심정을 유지할 수 있고 생활이 우월하고 풍족한 상황에서 교만하고 방탕한 것이 아니라, 도리어 여전히 겸허하고 예의가 있다면 이것이야 말로 물질적 궁핍의 상황에서 벗어난 것이며, 물질적 부에 대한 정확한 태도라고 할 수 있다. 공자는 제자들을 군자가 되도록 교육했는데 그 말인즉, 그 어떤 물질적 환경은 물론이고 늘

515)《論語》'衛靈公' 1 : "衛靈公問陳於孔子… …在陳絶糧 從者病 莫能興 子路慍見曰 君子亦有窮乎 子曰 君子固窮 小人窮斯濫矣."

516)《論語》'學而' 15 : "子貢曰 貧而無諂 富而無驕 何如 子曰 可也 未若貧而樂富而好禮者也 子貢 曰 詩云 如切如蹉 如琢如磨 其斯之謂與 子曰 賜也 始可與言詩已矣 告諸往而知來者."

담담한 심정을 유지함으로써 질적 욕망에 동요되지 않으면서 "빈곤하나 도를 즐기고 부유하면서 예를 좋아 하는" 사람이 되도록 교육했다는 뜻이다.

공자는 일정한 방법을 통해 물질적 재부(財富)를 획득함으로써 물질적인 생활조건을 개선하는 것까지 부정하지는 않았다. 그러나 물질적인 재부를 획득함에 있어서는 반드시 정도를 굳게 준수해야 한다고 제자들을 가르쳤다. 그는 "이익만을 바라보고 행동하면 원망을 많이 산다."[517]고 한 바 있다. 이는 만약 자기의 이익만을 바라보고 행동하면 타인과 상충하기 마련이다. 따라서 소인들의 세계에는 분쟁이 그칠 날이 없다는 것이다. 자기의 사리사욕에 눈이 멀어서 잔인하게 남을 밀어내고 나만이 잘 살겠다는 강식약육(强食弱肉)의 행동양식은 개인이나 인류에게 있어서 참으로 비애(悲哀)스러운 일이다. 공자는 "이득을 보면 도의를 생각하라."[518]했고, 맹자는 "(임금께서 다른 방책을 생각하지 않고) 어찌 꼭 이익을 말합니까?"[519]라고 하지 않았던가?

공자는 또 말하기를 " 부와 귀는 누구나 탐내는 바이지만, 정도

517) 《論語》 '里仁' 12 : "子曰 放於利而行 多怨."

518) 《論語》 '憲問' 13 : "子路問成人(자로가 인간 완성에 대하여 묻자) 子曰(공자가 말했다.) 若臧武仲之知(장무중과 같은 지혜와) 公綽之不欲(공맹작과 같은 청렴함과) 卞莊子之勇(변장자 같은 용맹함과) 冉求之藝(염구와 같은 재주를 갖춘데다가) 文之以禮樂(예악으로서 문화적 세련을 가하면) 亦可以爲成人矣(인간완성이라 할 수 있다.) 曰(공자께서 말을 다시 이어) 今之成人者 何必然(그러나 오늘의 인간 완성은 반드시 이렇게까지 되어야 할 게 무엇이냐?) 見利思義(이익을 보면 도의를 생각하고) 見危授命(위태로움을 보면 생명을 바칠 줄 알고) 久要不忘平生之言(오랜 약속일지라도 전날의 자기의 말을 잊지 않고 실천한다면) 亦可以爲成人矣(역시 인간 완성이라 할 수 있다.)"

519) 《孟子》 '양혜왕장구상' 1 : "孟子見梁惠王(맹자가 양혜왕을 만났다.) 王曰 叟不遠千里而來 亦將有以利吾國乎(왕이 말하기를 어르신께서 머나먼 길을 멀다 않고 찾아왔으니 역시 장차 내 나라를 이롭게 함이 있겠지요?) 孟子對曰 王 何必曰利 亦有仁義而已矣.(맹자가 이에 대하여 말하기를 임금께서 하필이면 이로움을 말합니까? 오직 인의라는 것이 있을 뿐입니다.)"

(正道)로써 얻는 것이 아니면 누리지 말고, 빈천은 누구나 싫어하는 바이지만 세상이 나빠 내가 빈천에 처하게 되었다면 구태여 빈천을 버리지 말고 감수하라."[520]고 말하였다. 이처럼 부와 귀는 누구나 원하는 바다. 공자는 "재물을 구해 가져도 무관한 것이라면, 그것을 위해 채찍을 들고 외치는 천한 직이라도 내 하겠거니와, 구해 가져서 부당한 것이라면 내 즐기는 바를 좇아 살겠다."[521]고 했다.

문제는 부귀 빈천에 앞서는 것이 있다. 바로 도(道)다. 양심을 팔고 협잡을 하며 국가와 민족을 팔고 부귀를 누리면 안 된다. 말하자면 종이 한 장에 날인으로 오백년된 나라를 망하게 하여 일제 강점을 가져오게 한 을사오적(乙巳五賊)이라든지 또는 일제에 동조하여 이 민족과 국가를 배반하여 치부(致富)를 누렸던 자들처럼 되어서는 안 된다는 것이다. 반대로 도리 아닌 빈천하게 되었다면 즉 내가 인도(仁道)를 가지고 사회를 위해 일했으니까 그만큼 보수를 받는 것은 도리인데, 그러지 못하고 도리에 어긋나게 빈천하게 되었다면 이는 사회가 잘못이다. 그렇다면 구태여 빈천에서 도망갈 필요가 없다. 또한 빈천을 겁낼 필요도 없다. 바로 안빈락도(安貧樂道)함이 인간의 바른 자세가 아니겠는가? 만일 이익이 지혜를 혼돈케 하고, 수단을 가리지 않는다면 군자의 행위가 아니다. 그러기에 공자는 "군자는 대의를 밝히고, 소인은 이를 밝힌다."[522]고 하였다. 즉, 군자가 중히 여기는 것은 진리, 대의인 반면 소인이 중히 여기는 것은 눈앞의 물질적 이익뿐이다. 따라서 군자에 대해 도리를 알아야 하고, 도의, 의리로써 그들을 설득하고 격려해야

---

520) 《論語》 '里仁' : "子曰 富與貴 是人之所欲야 不以其道得之 不處也 貧與賤 是人之所惡也 不以其道得之不去也."

521) 《論語》 '述而' 11 : "富而可求也 雖執鞭之士 吾亦爲之 如不可求 從吾所好."

522) 《論語》 '里仁' 16: "子曰 君子喻於義 小人喻於利."

하는 반면 소인에 대해서는 이익을 사용하고 물질적 이익으로 그들을 자극해야 한다. 따라서 공자는 "선비로서 도에 뜻을 두고 나쁜 옷 나쁜 음식을 창피해 여기면, 같이 이야기할 자격이 없다."[523] 고 하였다. 그는 제자들에게 군자가 되고 소인이 되지 말며, 일부러 물질적인 생활여건을 추구하지 말고, 청빈함에 만족하고 정도를 고수하고 안일함을 자연스럽게 맞이하고, 의지를 담담하게 하라고 타일렀다.

공자의 제자 중에서 안회와 자로가 바로 '빈이락(貧而樂)'의 전형적인 인물이다. 공자는 안회에 대해서는 "참으로 회(回)는 어질도다! 한 그릇 밥과, 한 쪽박의 물을 먹으며 누추한 거리에 살고 보면, 남들은 그 괴로움을 참지 못 하거늘, 회는 그의 즐거움을 변치 않으니, 참으로 회는 어질도다."라고 칭찬하였다. 그리고 자로에 대서는 "다 떨어진 수삼옷을 입고서도 여우나 담비 털옷을 입은 사람과 함께 서 있어도 부끄러워하지 않는 사람은 유(由)일 것이다!"라고 칭찬하였다. 이들은 다 현실적인 생활고를 초연한 태도로 임하고, 진리에 사는 즐거움에 안주할 수 있었다. 평범한 사람은 현실이나 욕심에 넘어가 타락하고 양심을 팔기 일쑤이다. 그러나 안회나 자로는 이것을 초월할 수 있었다. 인도(仁道)를 참답게 인식하고 행동으로 실천했다. 이것이 바로 참다운 지(知)요 현(賢)아니겠는가? '안빈낙도(安貧樂道) 그거야 말로 군자가 지녀야 할 태도가 아니겠는가?'

둘째, 공자는 재부(財富)관에 대한 문제를 인생관, 가치관 문제로 승화시켜 "재물을 집에 저장하기보다는 세상에 덕(德)을 이루라"고 가르쳤다. 최선을 다해 빈곤을 구제하여 절박하게 도움이

523) 《論語》 '里仁' 9 : "子曰 士志於道 而恥惡衣惡食者 未足與議也."

필요한 사람들을 구제하라고 가르쳤다.

공자는 정신과 물질의 관계에서 정신이 우선이라고 보았다. 인간은 늘 정신을 이야기만 해야 한다. 재부는 사실 그리 중요한 것이 아니며, 문제는 인간의 덕행(德行)인데 군자로서 가장 중요한 것은 재부를 모으는 것이 아니라 덕행을 쌓는(수련) 것이다.

그는 "제(齊)나라 경공(景公)은 말 4천 필을 가졌으나 그가 죽을 때에 백성들은 그를 후덕하다고 칭송하지 않았다. 백이(伯夷) · 숙제(叔齊)는 수양산 아래서 굶어 죽었음에도 사람들은 지금껏 그들의 현덕(賢德)함을 칭송하곤 한다. 《시경》의 이런 말은 이를 두고 한 말일게다."고 하였다. 부(富)가 곧 덕(德)일 수는 없다.

불의의 부는 오히려 악이다. 의를 위해 굶어 죽는 것은 곧 의(義)이니 후세에 빛 날 것이라는 것을 공자는 말해주고 있는 것이다. 따라서 재부관에 대한 문제는 실질적으로 한 사람의 가치 지향성을 나타내고 있는바, 이것은 현대적으로 표현한다면 인생관, 세계관의 문제이다.

우리가 살면서 물질적 추구만을 할 수는 없다. 이외에도 더욱 의의가 있는 일들이 우리로 하여금 추구하도록 한다. 즉 인생은 빵만으로는 살 수 없다. 공자는 제나라 경공처럼 그렇게 "재물을 집에 저장할 것"이라면 차라리 백이 · 수제처럼 '덕을 세우라."고 제자들을 가르쳤다.

공자는 제자들을 "덕을 세워라."고 교육하기 위해 빈곤을 구제하여 절박하게 구제를 원하는 사람들을 도와줄 것을 주장하였다. 《논어》 '옹야' 편에는 다음과 두 가지 이야기를 소개하고 있다.

하나는 "원사가 제날의 지방 장관으로 있을 때, 그에게 곡식 9백 석을 주니 사양하므로, 공자는 사양하지 말라고 하였다. 이웃이나 마을 사람들한테 나누어 주면 되지 않겠는가?"[524]라고 한 이야기이고, 또 하나는 "자화가 사신이 되어 제나라로 떠나자, 염자가 자화의 모친을 위해 곡식을 드리자고 말했다. 공자께서 '자화의 모친께 여섯 말 네 되만 갖다드리라' 하자, 이에 염자가 '더 드렸으면 합니다.' 고 하자, 이에 공자께서 말하기를 '열 여섯 말을 갖다 드려라.' 고 했는데, 염자는 80가마니의 곡식을 갖다주었다. 이에 공자께서 말하기를 '적(赤)이 제나라로 갈 때 살찐 말을 타고 가벼운 털옷을 입었다지.' 내가 들은 바로는 군자는 다급한 사람을 도와주지 부유한 사람에게 더 보내주지는 않는다더라."[525]라는 이야기다.

우리는 위의 두 가지 이야기에서, 공자가 경제적 빈부를 무조건 무시하지 않았지만, 여기서는 경제도 도리에 맞아야 한다는 것을 실증해 주고 있다. 부한 적(赤)에게 더 주는 것은 불의(不義)의 이(利)를 주는 것이고, 응당 받을 녹(祿)을 안받은 원사(原思)는 청렴함이 지나친 것이다. 역시 중정(中正), 중용(中庸)이 필요한 것이다. 동시에 재물은 필요한 곳에 잘 활용시켜야 한다는 것을 공자는 여기에서 말해주고 있다 할 것이다.

공자의 교육과 영향하에 제자들은 솔직히 말한다면 "좋은 말과

---

524) 《論語》 '雍也' 3 ; "子華使於齊(자화가 사신이 되어 제나라로 떠나자) 冉子爲其母 請粟 (염자가 모친을 위해 곡식을 드리자고 했다.) 子曰(공자께서 말했다.) 與之釜(자화의 모친에게 열 여섯 말을 갖다 드려라.) 請益(더 드렸으면 합니다.) 曰(이에 공자께서 말하기를) 與之庾(열여섯 말을 갖다 드려라. 했는데) 冉子與之粟五秉(염자는 80가마니의 곡식을 갖다 주었다.) 子曰(이에 공자께서 말했다.) 赤之適齊也(적이 제나라로 갈 때) 乘肥馬(살찐 말을 타고) 衣輕裘(가벼운 털옷을 입었다.) 吾聞之也(내가 들은 바로는) 君子周急(군자는 다급한 사람을 도와주지) 不繼富(부유한 사람에게 더 보태주지 않는다더라.) 原思爲之宰 (원사가 제나라의 지방장관으로 있을 때)與之粟九百(그에게 곡식 9백석을 주니) 辭(사양하므로) 子曰(공자가 말해주었다.) 毋(사양하지 말라.) 以與爾鄰里鄉黨乎.(이웃이나 마을 사람들 한테 나누어 주면 되지 않겠는가?)"

*부(釜)는 엿말 너되(六斗四升) 유(庾)는 열 여섯말, 병(秉)은 16곡(斛).

525) 앞의 각주 참조.

수레와 가벼운 털옷을 얻어가지고 벗들과 같이 나눠 쓰다가 헐어 못쓰게 되어도 유감을 생각하지 않는" 그런 유의 사람들이었다.

셋째, 공자는 재부를 '정치적 생태'와 연결시켜 "다 같이 빈곤함이 없고(均無貧) 적음이 없고(無寡), 안무경(安無傾)의 정치적 이상을 제기하였다." 그는 제자들에게 "안민(安民)", "혜민(惠民)", "절용이애민(節用而濟衆)" 등 민생을 주시함으로써 "널리 백성들에게 베풀어 민중을 구제"하는 숭고한 경지에 이르라고 가르쳤다.

공자는 "나라에 도가 있는데 가난하고 미천하면 부끄러운 노릇이요, 나라에 도가 없는데도 부하고 고귀하면 부끄러운 노릇이다."[526]라고 했다.

공자는 유도(有道)와 무도(無道)에 따라 부귀와 빈천을 논한 바가 많다.[527]

여기서도 역시 그러하였다. 위태로운 나라나 문란한 나라에서는 정도를 지키기 어렵다. 맑고 바른 사회와 정치는 생산력을 자유롭게 가져올 수 있고, 많은 사람으로 하여금 물질적 생활에 일정한 개선을 가져올 수 있다. 따라서 정치가 맑고 바를 때 빈천은 일종의 치욕인데, 이는 근면한 노동을 하지 않고 또 진보를 추구하지 않아 생긴 결과이다. 정치가 어지러울 때 부귀는 치욕인바 그것은 아마도 탐욕스럽고 수단방법을 가리지 않고 얻은 것이기 때문일

526) 《論語》 '泰伯' 13 : "子曰 篤信好學 守死善道 危邦不入 亂邦不居 天下有道則見 無道則隱 邦有道 貧且賤焉 恥也 邦無道 富且貴焉 恥也."

527) 《論語》 '里仁' 5 : "子曰 富與貴 是人之所欲也 不以其道得之 不處也 貧與賤是人之所惡也 不以其道得之 不去也…."(공자는 말하였다. "부귀는 누구나 탐내는 바이지만, 정도로써 얻은 것이 아니면 누리지 말고, 빈천은 누구나 싫어하는 바지만 세상이 나빠 빈천에 처하게 되었다면 구태여 빈천을 가리지 말고 감수하라.")
《論語》 '述而' 15 : "子曰 飯疏食 飮水 曲肱而枕之 樂亦在其中矣 不義而富且貴於我如浮雲."(공자가 말했다. "거친 밥을 먹고 물을 마시고, 팔을 굽혀 베개 사망도 즐거움은 그 가운데 있다. 의롭지 못하게 부하고 귀한들 내개는 뜬 구름과 같다.

것이다. 공자가 위에서 한 말은 매우 의미 있는 것이라 하겠다.

한편으로 공자는 '천하 무도함'을 반대하고 소수 통치집단이 탐욕스럽게 사회의 재부를 독점하여 사회의 빈부 불균형을 초래한 것을 매우 반대하였다. 《논어》 '계씨' 편에 따르면 한번은 노나라의 계씨 집단[528]이 노나라의 속국인 전유(顓叟)를 치려고 준비하고 있었다. 계씨는 노군(주공)보다 더 부(富)했다. 그런데 염구가 그를 위하여 무거운 세금을 부과하고 심하게 거둬들임으로써 그의 재산을 더욱 많게 해 주었다. "이렇게 하게 된 것은 염구는 부유하면 적국을 이길 수 있으며 탐욕스럽고 작은 것을 기만하고 약한 자를 깔보며 패권주의를 추진하여 군사적 확장을 주장하여도 괜찮다고 생각하였다.

그러나 공자는 분개하여 염유를 질책하기를 "그는 나의 제자가 아니다. 자네들은 전고를 울려 그를 공격해도 좋다."라고 하였다. 그 이유는 염유는 당시 계씨의 총무인데 계씨가 전유를 벌하는 것을 막지 않았다는 데에 대한 질책이라 할 것이다. 공자는 계속하여 "구야! 그것은 바로 너의 잘못이 아니겠느냐?"[529]라고 했다. 즉, 염유야! 너는 계씨의 총무인데 계씨가 전유를 벌하는 것을 막지 않았는데, 너를 질책해 마땅치 않느냐? 그는 계속하여 "구야! 내 들은 바로는 국가를 맡아 다스리는 사람은 백성이 적음을 걱정하지 않고 고르지 못함을 걱정하며, 가난을 걱정하지 않고 불

528) 계씨(季氏)… 계손씨(계손씨(季孫氏), 노나라(魯)의 참월(僭越)한 대부 삼환(三桓) 중에서도 가장 세도가였으며 재산이 전국의 반을 차지하였다.

529) 《論語》 '季氏' 1 : "季氏將伐顓臾 冉有 季路見於孔子曰 季氏將有事於顓臾 孔子曰 求 無乃爾過與 夫顓臾 昔者先王以爲東蒙主 且在邦域之中矣 是社稷之臣也 何以伐爲" (계씨가 전유를 치려고 했다. 이에 (계씨 밑에서 벼슬하던) 염유와 개로가 공자께 "계씨가 전유를 치려고 합니다."라고 말하자 공자가 말하였다. "구야! 그것은 바로 너의 잘못이 아니겠느냐? 무릇 전유는 옛날 주나라의 선왕께서 그를 동쪽 몽산 밑에 봉하고 그를 몽산의 제주로 삼은 나라이다. 그리고 전유는 노나라 경역 안에 있으며 또 그는 바로 노나라의 부용국으로 노나라의 제사를 지내는 신하인 나라이다. 그를 어찌 함부로 치겠느냐?)

안함을 걱정한다 했다. 대개 고르면 가난하지 않고, 화락하면 백성이 적지 않을 것이고, 평안하면 기울지 않을 것이다. 그러므로 먼데 사람(필자 주: 변방의 소수민족)이 복종하지 않으면 문화적인 덕치로써 교화시켜 저절로 오게 할 것이고, 오면 이들을 편안케 해주어야 한다."[530]

공자는 물질적 재부는 다소에 있는 것이 아니라 관건적인 문제는 균형적으로 분배하느냐의 여부에 있다고 보았다. 그는 소수의 통치 집단이 수단 방법을 가리지 않고 사회의 물질적 재부를 독점하여 많은 민중들이 기아에 허덕이도록 하는 것을 반대하였다. 이러한 '불균(不均; 고르지 않음)'은 바로 정치의 암흑에서 비롯된 것이며 이거야 말로 국가의 가장 큰 위기와 우환이라고 했다.

공자는 주지하다시피 춘추말기에 생존하였다. 당시 사회생산력은 아주 낙후되어 있었고, 사회 물질적인 재부 역시 아주 제한되어 있어 사람들의 물질적 수준이 보편적으로 저하되었음은 물론 제한된 사회 물질 재부라고 하더라도 대부분 대귀족 통치계층이 독점하고 있었다. 또한 당시 노동을 담당한 계층도 곧바로 노예적 신분으로 전환되어 토지와 기타 생산재를 가지지 못하고 있어 경제적으로 심한 곤란에 처해 있었다. 거기에 더하여 제후국간이 계속되는 겸병 전쟁으로 말미암아 사람들의 부담은 날로 과중 해갔고 매우 어려운 상황에 처해 있었다.

공자는 앞에서 말한 바 있지만, "백성의 적음을 걱정하지 않고, 고르지 못함을 걱정하며, 가난함을 걱정하지 않고 불안함을 걱정하며", "대개 고르면 가난하지 않고, 환락하면 백성이 적지 않을 것이고, 평안하면 기울지 않을 것이다."[531]라는 주장을 제기하였는

530) 위의 책, '季氏' 1 : "… 求也문 有國有家者 不患寡而患不均 不患貧而患不安 蓋均無貧 和無寡 安無傾 夫如是 故遠人不服 則修文德以來之 旣來之則安之.

531) 위의 책 참조.

데, 이것은 당시 사회의 빈부, 불균(不均)의 문제에 대한 그의 깊은 관심과 정치적 고민을 반영한 것이라 하겠다.

또 한편으로 공자는 정치적 혁신으로 사회생산력의 발전을 추진할 것을 주장하였다. 그는 군자로서 '애민(愛民)', '양민(養民)', '혜민(惠民)' 해야 하며 민중과 이익을 다투어서는 안 되며, 민중으로 하여금 물질적 재부를 얻게 하고, 생활조건을 개선케 하여, 이로써 생산을 발전시켜 사회적 재부를 증가시켜야 한다고 했다.

"나라에 도가 있는데 가난하고 미천하면 부끄러운 노릇이다."[532] 정치가 통하고 사람들이 화목한 사회에 있어서는 사람들의 물질적 생활은 개선과 제고를 가져올 수 있는 것이다. 정치만 혁신한다면 생산력을 해방할 수 있고 사회적 재부를 증가시킬 수 있으며, 사람들로 하여금 부유한 생활을 할 수 있게 한다. 따라서 공자는 주장하기를 집권자는 반드시 "절약하여 사람을 사랑하라.(節用愛人:〈學而〉)", "백성들에게 널리 베풀고, 많은 사람을 구제해야 한다.(博施於民 而能濟衆):〈雍也〉"고 주장하였다. 즉 자신이 소박한 생활을 하여 절약한 돈을 국가의 대사나 백성을 '두루 구제' 하는데 힘써야 한다고 주장했다.

또 공자는 "우(禹)에 대해서는 나는 비난할 수 없다. 그는 음식을 간략하게 먹으면서 귀신을 정성껏 모셨고, 옷을 검소하게 입었으나 제복인 불면[533]은 더없이 아름답게 했고, 궁실은 조촐하게 했으나, 전답의 물도랑에는 힘을 들였다. 우에 대해서는 비난할 수 없다"[534]고 하였다.

그러므로 공자는 제자들에게 '재부관(財富觀)' 교육을 함에 있

---

532) 《論語》 '泰伯' : "邦有道 貧且賤焉 恥也 邦無道 富且貴焉 恥也."

533) 불면(黻冕) : 黻은 가죽으로 된 무릎 덮개, 冕은 관(冠), 둘 다 제복(祭服)이다.

534) 《論語》 '泰伯' 21 : "子日 禹 吾無間然矣 菲飮食 而致孝乎鬼神 惡衣服 而致美乎발冕 卑宮室 而盡力乎溝洫(혁) 禹 吾無間然矣."

어, 재부관의 문제를 인생관, 가치관의 문제로 승화시켜 "절약하여 사람을 사랑하라," "백성들에게 널리 베풀어 민중을 구제한다."고 주장했는데, 이는 확실히 매우 중요한 역사적 진보의 의의를 갖는다 하겠다.

제3절 성실하고 신의를 지킴(誠實守信) "군자는 두루 통하면서도 편당적이지 아니한다." (君子周而不比)

공자의 유가학파는 '적극적으로 사회에 진출'하는 중요한 주장에서 출발하여 제자들에게 인간 문제에 대한 교육과 수련을 진행하였다.

공자는 "군자(君子)는 두루 통하면서도 편당적이 아니지만, 소인(小人)은 편당적일 뿐 두루 통하지 못한다."[535]고 강조하였다. 그는 인간관계에서 '인덕(仁德)'을 기본으로 하여야 하며, 성실하고 신의를 지켜야 하고, "긍지를 갖고 다투지 않으며, 어울려도 편당하지 않으며,"[536] 사람됨의 '정도(正道)'를 고수하여, 고상한 품성으로 주위 사람들 나아가 전체사회의 적극적인 영향을 형성해야 한다고 하였다.

유가학설의 뚜렷한 특징은 적극적인 사회의 진출을 주장하는 데 있다. 이른바 '적극적인 사회의 진출'이란 그 기본적인 요구가 바로 자신을 폐쇄, 격리, 고립시키지 않고, 광범위하게 벗을 사귀며 의욕적으로 사회활동에 참여하여, 자기 자신과 주위의 사람들 그리고 주위환경 더 나아가 전체의 사회로 하여금 혼연일체가 되도

535)《論語》'爲政' 14 : "子曰 君子 周而不比 小人 比而不周."
536)《論語》'衛靈公' 21 : "君子矜而不爭 群而不黨."

록 해야 하며, 광범위한 사회활동 속에서 자신의 정치적 주장을 선전하고, 자신의 총명한 재능을 발휘하여, 자기 자신의 인생의 가치를 실현해야 한다는 것이다.

유가학설을 창시한 공자는 '벗과 교류를 맺어', '벗 상호 간의 의논하고 익힘'을 도덕교육의 중요한 내용의 하나로 하였다. 그는 "좋아하는 일 중에 유익한 것이 셋이고, 해로운 것이 셋이다. 예악의 절도를 맞추기를 좋아하거나, 남의 착한 일을 말을 좋아하거나, 현명한 벗을 존중하고 많이 갖기를 좋아하는 일은 유익하며, 교만한 쾌락에 빠지기를 좋아하거나, 일은 하지 않고 안락하기만을 좋아하거나, 주색의 쾌락을 좋아하는 일은 해롭다."[537]고 하였다.

사람의 마음이 끌리고 좋아한다고 하여 모두 좋기만 한 것은 아니다. 나쁜 것도 있다. 평범한 사람은 요구라든지 좋아하는 것 중에서 나쁜 것은 경계하고, 좋은 것은 좇아야 할 것이다. 사람은 좋아함 중에서도 유익한 것을 택해야 한다. 즉 예악(禮樂)을 올바르게 분별하여 과불급이 없도록 조절함을 즐기면 화락하고, 경건하며 중절(中節)을 얻어 인덕(仁德)에 가까워지므로 유익하고, 남의 착한 점을 들어 칭찬하기를 즐기면 원망이 없어지고 인화할 수 있으며, 자기 자신도 선(善)에 가까워지므로 유익하고, 어질고 덕(德) 많은 벗 갖기를 좋아하는 사람이면 선한 분위기 속에서 자기 자신도 선해질 것이니 유익할 것이다. 교만하고 향락을 일삼으며 안일주의자로 향락에 빠진 소인배들과 사귀면 해로울 뿐 소득이 없을 것이다. 이렇듯 벗과의 교류 속에서 자기 자신의 도덕성을 견지해 간다는 것이다. 이에서 보듯, 그는 교우라는 화제를 빌어 적절하게 제자들을 어떻게 정확히 사람들과 사귀고 교류하여 정상적

537) 《論語》 '季氏' 5 : "孔子曰 益者三樂 損者三樂 樂節禮樂 樂道人之善 樂多賢友 益矣 樂驕樂 樂佚遊 樂宴樂 損矣."

이고 바람직한 인간관계를 수립할 것인가를 가르쳤다.

그런데 우선 문제 되는 것은, 어떤 벗을 사귈 것인가이다. 공자는 "인(仁)을 택할 것"을 주장했다. 즉 인덕을 갖춘 사람을 택하여 벗으로 사귀라는 것이다. 말하자면 군자만 사귀고 소인을 사귀지 말라는 것이다. 이렇게 해야만 인적인 환경(인맥의 환경)이 인간의 도덕적 행위에 미치는 부정적 영향을 예방 및 극복할 수 있다는 것이다.

공자는 제자들에게 충고하기를 어떤 친구가 유익한 친구이고, 어떤 친구가 해로울 것인가 교우관계에서 조심하지 않으면 자칫 자기 자신에게 손해를 가져올 것이라고 했다. 그는 "유익한 벗이 셋이고, 해로운 벗도 셋이다. 정직한 사람과 벗하고, 성실한 사람과 벗하고, 박학다식한 사람과 벗하면 유익하나, 편벽한 사람과 벗하거나 굽실거리기 잘하는 사람과 벗하거나, 빈말 잘하는 사람과 벗하면 해롭다."[538]고 하였다. 예나 지금이나 변함없는 교훈이라 할 것이다. 강직, 성실, 박학한 벗은 이롭다. 그 반대로 안일과 편의만을 좇아 거짓말과 아양을 부리거나, 가식을 남의 환심을 사려고 꾸미는 자나 입만 잘 놀리는 사기꾼 같은 인간들과 사귀면 해로울 뿐이다.

이러한 기초 위에서, 공자는 더 나아가 구체적으로 다음과 같은 세 가지 부류의 사람은 사귀지 말아야 할 것이라고 했다.

첫째, 간사한 사람과 사귀지 말아야 한다.

그는 "겉으로 말을 꾸미고, 낯 빛을 부드럽게 하고, 지나치게 공손한 척하는 태도를, 좌구명(左丘明)[539]이 창피하게 여겼거니와, 나도 창피하게 여긴다. 또 속의 원한을 숨기고, 친한 척하는 것을 좌

538) 《論語》 '季氏' 4 : "孔子曰 益者三友 損者三友 友直 友諒 友多聞 益矣 友便벽 友善柔 友便佞 損矣."

539) 좌구명(左丘明) : 성이 左丘이고 이름은 明이다. 孔安國은 노나라의 大史라고 했으나 알 수 없다.

구명이 창피하게 여겼는데, 나도 창치하게 여긴다."[540]고 하였다.

이에서 보듯, 아첨하기 위한 위장된 애교를 부리고 지나치게 공손한 태도를 취하여, 자신을 위장하는 것도 나쁘거니와, 속에 있는 원한을 없는 척하는 태도는 더욱 무섭다. 전자를 얻어먹기 위한 가식(假飾)이라 한다면, 후자는 보복을 하기 위한 음모(陰謀)라고 할 수 있다. 이중인격(二重人格)은 인간으로서의 수치스러운 노릇 아니겠는가? 이러한 사람들과는 교제할 가치가 없다는 것이다. 이러한 경우는 오늘에도 더욱 요청되는 가르침이 아닐 수 없다.

둘째 인덕(仁德)을 구비하지 못한 사람과는 사귀지 말 것이다.

공자는 "인덕이 없는 사람은 곤궁에 오래 처해 있지 못하고, 또한 안락에도 오래 처해 있지 못한다. 인자(仁者)는 인(仁)에 안주하고, 지자(智者)는 인(仁)을 이용한다."[541]고 하였다. 인덕이 없는 사람은 생각이 늘 바뀌고, 시작은 있으나 끝이 없다. 그리하여 역경에 처하면 타락하고, 부귀를 한 몸에 지니면 오만무례하기 쉽다. 이는 모두 참다운 인류의 평화라든지 인류 행복을 위해 공헌하겠다는 신념이 없는 탓이다. 그러니 이러한 인덕이 없는 사람과는 사귀지 말아야 한다. 원래 인덕이 있는 사람은 인류의 평화와 행복을 위해 공헌하겠다는 신념이 있는 사람이다. 인자는 절대선(絕對善)인 '인(仁)'에 안주할 뿐이다. 빈궁도 부귀도 그를 인(仁)으로부터 흔들어 낼 수는 없다. 참다운 인자에는 이르지 못하였어도, 참다운 인식과 지성을 지니고 인(仁)을 이용하여 정치나 사회가 잘 되게 해야 할 것이다.

셋째, 기본적인 주장이 다른 사람, 사상적인 관념이 일치하지 않는

---

540) 《論語》 '公冶長' : "子曰 巧言 令色 足恭 左丘明 恥之 丘亦恥之 匿怨而友其人 左丘明恥之 丘亦恥之."

541) 《論語》 '里仁' 2 : "子曰 不仁者 不可以久處約 不可以長處樂 仁者 安仁 智者 利仁."

사람은 교제하기에 불편하다.

공자는 "지켜나갈 도가 같지 않으면, 서로 모의하지 않는다."[542]고 하였다. 공자의 근본 사상은 모든 인간은 서로 협조하고 대의를 위해 함께 나가자는 것일 것이다. 그러나 인간의 사상, 욕구, 방책 등은 서로 같지 않은 것이 현실이다. 이러한 현실적인 차이를 점진적으로 교화하고, 선의 길로 이끌어 대의를 위해 인도를 밝히도록 가르치고자 한 것이 공자의 학문 정신이기도 할 것이다. 그러나 현실적인 문제로서 이상이나 방식이 같지 않는 경우, 서로 어울려 일을 꾸미고, 함께 행동할 수 없는 노릇이다. 이런 점을 생각하여 공자는 그렇게 말한 것이다.

공자는 "인(仁)에 사는 것이 아름답다. 스스로 인에 머물기를 마다한다면 어찌 지혜롭다고 하겠는가?"하고 생각했다. 이것은 어질게 살아야 만물을 새롭게 알게 된다는 것이다. 창조적인 인간이야말로 '득지(得知;지혜로움을 얻는 것)'의 인간이다. 그러므로 창조의 시대일수록 어질게 살아야 할 것이다. 따라서 인덕이 있는 곳에 머물기를 선택하지 않는다면, 어떻게 지혜로운 사람이라고 할 수 있겠는가?

그는 또 "오로지 인자라야 사람을 사랑할 줄도 알고 미워할 줄도 안다."고 하였다. 아주 평범한 말이지만 심각한 뜻이 있다. 인덕을 갖춘 사람이야말로 명확한 시비 기준을 갖출 수 있으며, 좋은 사람 나쁜 사람, 군자와 소인을 구별할 수 있고, 선택성이 있게 사람들과 사귈 수 있으므로 좋은 사람, 군자와 접근하고, 나쁜 사람 소인을 멀리하여 자기 자신으로 하여금 바람직한 인간관계를 갖도록 한다는 것이다.

만일 선택성이 없이 착해도 그만, 나빠도 그만이면 사회정의가

542) 《論語》 '衛靈公' 39 : " 子曰 道不同 不相爲謀."

서지 못한다. 시비선악이 분명치 못하면 가치가 전도(顚倒)되기 일수다. 이것은 난세의 시초다. 그러기에 그는 선은 선, 악은 악으로 분명히 식별하고, 악을 미워하고 악을 물리쳐야 한다는 것을 공자는 위와 같은 말로 제자들을 환기 시켰을 것이다.

공자는 "인을 택하여" 머물기를 반복하여 강조하였으며 인덕이 있는 사람과 교유하라고 했고 간교한 소인과 교유하지 말고 군자만 사귀고 소인과 교유하지 말라고 주장했다. 이는 공자가 주로 저속한 안맥의 환경이 사람의 도덕적 행위에 미치는 소극적이고 부정적인 영향을 걱정하여 주장한 것이다.

실로 도덕적 품성은 상대적인 안정성을 가지고 있다. 공자는 일종의 고상한 품성이 일단 형성되면 쉽게 변하지 않는 것이며, 늘 "아무리 갈아도 닳지 않고." "아무리 물들여도 검어지지 않는다."[543]는 것이다. 그러나 공자는 필경 뛰어난 교육가인 바, 사람은 모두 사회 속의 사람이므로 벗을 사귀지 않을 수 없다는 것을 잘 알고 있었다.

사회환경 특히 인맥 환경이 사람에게 미치는 영향력은 거대한 것이다. 공자는 "사람의 과실에는 저마다의 유별이 있다. 따라서 과실을 보면 인자(仁者)인가 아닌가를 알 수 있다."[544] 한 사람을 고찰하기 위해서는, 우선 그 사람의 사회에서의 교제 범위와 관련되는 것이다. 그 사람이 교제하고 있는 사람이 어떤 사람이며, 어떤 사람과 자주 교제하는지 알게 되면 대개 그 사람이 어떤 사람이라는 것을 알 수 있다. 이렇듯 사람은 자기와 교제하는 인맥의 환경이 도덕

543) 《論語》 '陽貨' 7 : "子曰 然 有是言也 不曰堅乎 磨而不磷 不曰 白乎 涅而不緇 吾豈匏瓜也哉 焉能繫而不食." (공자께서 말해 주었다. "맞다." 그런 말을 했었다. 견고하다 말하지 않겠는가! 아무리 갈아도 닳지 않으니 희다고 말하지 않겠느냐! 아무리 물들여도 검어지지 않으니 내 어찌 조롱박 같겠는가. 어찌 줄거리에 매달려 쓸모없는 것이 되겠는가?)

544) 《論語》 '里仁' 7 : "子曰 人之過也 各於其黨 觀過 斯知仁矣."

적 품성에 대해 많은 영향을 주고 있다는 것을 부인할 수는 없다.

넷째, 어떻게 벗을 사귀는가 하는 문제이다.

공자는 그의 제자들에게 "군자는 두루 통하면서도 편당적이 아니지만, 소인은 편당적일 뿐 두루 통하지 못한다."[545]고 가르쳤던 바, 정확한 태도, 정당한 방법으로 사람들과 사귐으로써 정상적인 인맥 환경을 수립해야 한다고 했다.

공자는 사귀는 대상을 반드시 신중하게 선택해야 하는 외에 교우(交友)의 방식 또한 정당해야 한다고 주장했다. 그는 "군자는 긍지를 갖고 다투지 않으며, 어울려도 편당하지 않는다."[546]고 하였다. 또한 그는 품행이 고상한 사람으로서 마땅히 단정하고 중후감(重厚感)이 있어야 하며, 사람들과 장점이나 단점을 논하지 말아야 하며, 단합함을 즐기고 파벌을 조장하는 짓을 말아야 한다고 했다. 그는 또 위에서 지적한 바와 같이 "군자는 두루 통하면서도 편당적이 아니지만, 소인은 편당적일 뿐 두루 통하지 못한다."라고 했다. 여기서 '두루(周)'는 '친화'의 뜻이고, '편당'은 파당 또는 도당(徒黨)을 말하고 있다. 공자는 그의 제자들에게 품행이 고상한 군자는 늘 진심으로 사람을 대하고, 사람과 우호적이며 자기 자신의 친화력으로써 친구를 벗을 사귐으로써 바람직한 인간관계를 수립하며, 품행이 저속한 소인일 경우 늘 부당한 수단으로 끌어들이거나 아부하고 하면서 부당한 소집단을 꾸미게 된다고 했다.

공자는 자기 자신의 도덕적 품행은 교우(交友)의 성공, 바람직한 인맥 환경 수립의 전제조건이라고 했다. 그는 "덕(德)은 외롭지 않다. 반드시 이웃이 있다."[547]고 했다. 중국의 문화적 전통은 '선(善)'을 강조한다. 선을 향하는 것은 중국인의 주류의식이며 전통

545) 《論語》 '爲政' 14 : "子曰 周而不比 小人 比而不周."
546) 《論語》 '衛靈公' 21 ; "子曰 君子矜而不爭 羣而不黨."
547) 《論語》 '里仁' 25 : "子曰 德不孤 必有鄰."

적 도덕의 기본적 특징이기도 했다. 따라서 우수한 도덕적 품행을 갖춘 사람은 영원히 고립되지 않으며, 그의 주변에는 반드시 높이 평가하는 사람과 옹호하는 사람, 그리고 따르게 되는 사람이 많게 된다. 그러므로 공자에게 있어서 관건적인 문제는 자신의 덕행을 수련하여 자기 자신의 소양을 제고 하는 것인바, 자기 자신이 바람직한 도덕적 품행을 구비하기만 하면 좋은 벗을 사귈 수 없을까 걱정하지 않아도 되며, 자기 자신이 바람직한 인맥 환경이 없을까 걱정할 필요는 없다고 했다.

공자는 바람직하게 벗과 사귀기 위해서는 자기 자신의 덕행을 수련하고, 자신의 소양을 제고 해야 하는 것 외로 다음과 같은 두 가지의 점을 주의해야 한다고 했다.

하나는 '충(忠)' 해야 한다. 즉 성실, 충실해야 한다. 또 하나는 '신(信)' 즉 신의를 지켜야 한다. 그러기에 공자는 "성실과 신의를 지켜라"[548]고 하지 않았던가? 그는 또한 사람과 교제할 때 충실, 성실해야 하며 진심으로 사람에게 관심을 기울이고, 사람을 좋아하고 도와주어야 한다고 강조하였다. 그는 "군자는 남의 좋은 점을 도와 이루게 하고, 남의 사악한 일은 선도하여 이루지 못하게 한다. 그러나 소인은 이와 반대다."[549]고 했다. 품행이 고상한 사람은 늘 타인의 좋은 일을 적극적으로 이루어지게 하지 나쁜 이를 이루지 않게 하고, 늘 타인의 장점을 강조하지 잘못을 추기지 않는다. 벗과 교제할 때도 정의로움을 지켜야 하며, 정도를 지켜야 하는바, 서로 관심을 갖고 사랑과 도움을 줌으로써 공동적으로 발전해야 한다는 것이다.

---

548) 《論語》 '子罕' 24 : "子曰 主忠信 毋不知己者 過則勿憚改." (공자는 말했다. "성실과 신의를 지켜라. 나만 못한 자를 벗 삼지 말 것이며, 잘 못이 있거든 꺼리지 말고 고쳐라.")

549) 《論語》 '顏淵' 14 : "子曰 君子成人之美 不成人之惡 小人反是."

동시에 공자는 정상적인 교제 역시 일정한 분수를 지켜야 하며 적당한 거리를 유지해야 한다고 했다. 한번은 제자인 자공이 벗과의 관계를 어떻게 해야 할 지에 관하여 묻자 이에 공자는 "충고하여 좋게 인도하지만, 말을 듣지 않으면 그만두어라. 지나친 충고로 도리어 욕을 당하는 일이 없게 하라."[550]고 일러 주었다.

공자는 사람과의 교제에서는 신용을 지키며, 신용 있고, 성실함이 매우 중요하다는 것을 강조했다. 크게는 국가는 "백성들이 믿지 않으면 존립할 수 없다고"[551] 했다.

이렇듯 민심을 얻지 못하면 나라를 잘 다스리지 못한다. 적게는 개인에게까지 "사람이면서 신의가 없다면 그 사람됨을 알 수 없다. 큰 수레에 멍에가 없거나 작은 수레에 멍에가 없다면 어떻게 수레를 끌고 갈 수 있겠는가?"[552]라고 말하였다. 이에서 보듯, 인간의 말이란 신의가 있어야 한다. 또 남에게 하는 말은 실천을 전제해야 한다. 믿음이 없으면 인간사회는 믿을 수가 없고, 따라서 존립할 수도 없다. 믿음은 인간과 인간이 사회적으로 존립하는 도덕의 기본이다. 믿음은 바로 공자의 네 가지 가르침(四敎) 즉, 문(文)·행(行)·충(忠)·신(信)의 하나이다.

공자는 사람과 사람의 사귐의 과정은 사실상 하나의 서로 영향을 주는 과정이라고 했다. 이 과정에서 정확하고 고상한 것은 늘 그릇되고 저속한 것을 이길 수 있는 것이다.

그는 자주 형상적인 비유를 했다. "군자의 덕은 바람과 같고, 소인의 바람은 풀과 같은 것이라, 풀은 바람이 불면 반드시 이리 흔들리고 저리 흔들리어 바람에 쏠리어 따르게 마련이다."[553] 정확한

550) 《論語》 '顏淵' 23 : "子貢問友 子曰 忠告而善道之 不可則止 無自辱焉."
551) 《論語》 '顏淵' 7 : "…民無信不立."
552) 《論語》 '爲政' 22 : "民而無信 不知其可也 大車無輗 小車無軏 其何以行之哉."
553) 《論語》 '顏淵' 19 : "…君子之德風 小人之德草 草尚之風必偃."

것, 고상한 도덕적 행위는 마치도 바람과 같고, 그릇되고 저속한 도덕적인 행위는 풀과 같은데, 풀은 늘 바람 따라 이리 흔들리고 저리 흔들린다. 이처럼 공자는 그의 제자들에게 인덕을 발양하고 정도를 고수하면서, 자신의 고상한 도덕적 지조로써 타인을 교육 및 영향을 주어야 하며 정확하고 고상한 도덕적 지조로 하여금 거대한 사회적 영향력으로 형성되어, 주위의 사람들 나아가서는 전체의 사회를 적극적이고 건전한 방향으로 이끌어야 한다고 가르쳤다.

믿음(信) 즉 신뢰는 개인이나 사회나 국가의 존립의 기초이다. 신뢰가 없으면 개인은 사회로부터 고립되고, 사회는 혼란만 있기 마련이며, 국가는 국제사회로부터 고립되기 마련이며, 결국 망한다는 것을 예측할 수 있는 것이다. 이럴진대, 하물며 자기가 설정한 정책마저 스스로 뒤엎는 정권이 어찌 그 예외가 될 수 있겠는가? 개인도 개인이려니와 위정자는 특히 명심해야 할 대목이다.

제4절 예로써 행동의 기틀을 잡음(約之以禮) "자기의 말이 행동보다 지나치는 것을 부끄러워 한다." (恥其言而過其行)

공자는 제자들의 일상적인 행위규범에 대한 교육을 매우 엄격히 하였다. 그는 사람의 도덕적 수양은 다만 인지(認知)라는 차원에서만 머물러 있는 것이 아니라, 반드시 좋은 일상적인 행동습관의 기초 위에 형성되어야 한다고 했다. 그는 "모든 처사를 단단히 조이고 단속함으로써 실패한 일은 거의 없다."[554]고 강조하였다. 반드시 '예'의 요구로 자신의 언행을 단속하고, "일을 민첩히 하고 말을 신중히"[555]할 수 있고, 언행일치하면서 예의를 차리도록 해야

554) 《論語》 '里仁' 23 : "子曰 以約失之者 鮮矣."
555) 《論語》 '學而' 14 : "子曰 …敏於事而愼於言…."

한다고 했다. 공자가 제자들에게 도덕교육을 진행한 하나의 뚜렷한 특징은 사람의 도덕적 수양을 일상적인 행위 습관 위에 실천하도록 특히 강조한 점이었다.

공자는 '지(知)'도 매우 중요시 하는 동시에 더욱 각별히 '역행(力行)'을 강조하였다. '지(知)'의 목적은 '행(行)'에 있다. 그는 사람의 도덕적 품성과 그의 행위 사이에는 하나의 필연적인 인과관계가 존재한다고 보았다. 사람의 내재적 소질에는 그 사람의 도덕적 품성과 문화적 소양이 포함되며, 이는 늘 그의 언행에 반영된다. 따라서 사람의 일상적 행위에는 일거수일투족 즉 신체적 행동은 별로 크게 중요치 않는 사소한 부분이며, 그보다는 오히려 사람의 내재적 도덕적 소양이 진실한 반영이 중요한 것이다. 공자는 "군자는 마음이 평정하고 넓고 너그러우며, 소인은 항상 겁내고 두려워한다."[556]고 하였다. 이에서 보듯, 군자는 영원한 진리, 광대 무궁한 이(仁)에 살고, 현실적 명리를 초월하므로 "마음이 평정하고 넓고 너그러우며" 소인은 항상 사리와 욕심에 집착하고 현실적 명리를 얻으려고 하며 살므로, "항상 겁내고 두려워 한다." 인자는 전 인류를 사랑하지만, 소인은 모든 인간이 나의 명리를 빼앗아가는 적으로 보일 것이다. 그러므로 사람의 품성은 그것이 좋던 나쁘던 모두 행위에 반영되고 있으므로, 기실 품성은 도덕적 행위에 아주 중요하다고 아니할 수 없다.

바로 이러한 인식으로 인하여 공자는 제자들에게 좋은 일상적인 행위 습관에 대한 교육과 훈련을 하는데 매우 엄격하였다.

공자의 제자들의 일상적인 행위에 대한 전체적인 요구로 "예로써 행동의 기틀을 잡는 것(約之以禮)." 즉, '예'의 요구에 따라 자신을 절제하고, '예'로써 제자들의 일거수일투족과 언행을 규범

556) 《論語》 '述而' 35 : "子曰 君子 坦蕩蕩 小人 長戚戚."

화하고자 하였다.

'예(禮)'는 공자의 사상에 있어서 중요한 부분이다. 공자는 '예를 알고' '예를 좋아하기로' 유명하다. 그는 "예로써 다지고(齊之以禮),"[557] "자기를 억제하고 예로 돌아갈 것(克己復禮)"을 거듭 강조하였다. 이는 바로 '예'로써 사람들을 교육하여 모두가 자각적으로 자신을 절제하여 '예'의 요구에 부합되게 함으로써 '예를 알고' '예를 좋아하며' 예로써 움직이도록 되어야 한다는 것이다.

또한 공자는 말하기를 "군자는 글을 널리 배우고, 예로써 단속해야 비로소 도에서 어긋나지 않을 것이다."[558] "모든 처사를 단단히 조이고 단속함으로써 실패한 일은 거의 없다."[559]고 하였다. 이에서 보듯 그는 광범위하게 학문을 닦고 '예'로써 자기의 언행을 절제한다면 경우와 도리에 어긋나는 일이 없을 것이라고 하였다. 이렇듯 사람들은 만약 예의 규범을 준수하고, 자기 절제, 자기 단속에 유의한다면 말과 행동에 있어서 잘 못을 범하는 일은 아주 적을 것이다.

여기서 당연히 지적할 것은 공자의 "예로써 행동의 기틀을 잡는 것(約之以禮)"의 주장 속에는 자각성, 자신을 파악하고 자각적이고 적극적으로 자신의 언행을 규범화하는 것을 강조하는 것 이외 또한 '극욕', '금욕'의 의사도 포함되어 있다. 공자는 제자 신정(申棖)을 평가한 바 있는데 "신정은 욕심이 많다. 어찌 강직할 수 있겠는가?"[560]라고 하였다. 이러한 공자의 평가는 바로 현실적인

557) 《論語》 '爲政' 3 : "子曰 道之以政 齊之以刑 民免而無恥 道之以德 齊之以禮 有恥且格."(공자는 말하였다. 법으로 이끌고 형벌로 다지면 백성들이 빠져나가되 염치를 안 느낀다. 그러나 덕으로 이끌고 예로써 다지면 염치를 느끼고 또한 착하게 된다.

558) 《論語》 '雍也' : "子曰 君子博學於文 約之以禮 亦可以弗畔矣夫."

559) 《論語》 '里仁' 23 : "子曰 以約失之者 鮮矣."

560) 《論語》 '公冶長' 11: "子曰 吾未見剛者 或對曰 申棖 子曰 棖也 慾 焉得剛."(공자가 "나는 강직한 사람을 못 보았다." 라고 하자 어떤 사람이 "그는 신정입니다."라고 대답하자 공자는 이에 대하여 "신정은 욕심이 많다. 어찌 강직할 수 있겠는가?")

욕심을 초월하여 영원한 진리와 이상을 바라보고 당당이 걸어가는 대장부만이 진정한 강자가 될 수 있다는 것을 암시해 주고 있다.

우리는 《논어》 '헌문' 편에 나오는 공자와 제자 헌문간의 대화에 유의할 필요가 있다. "(헌문이 다음과 같이 물었다.) 남에게 이기기를 좋아하고, 자기의 공을 내세워 자랑하고, 남을 원한하고, 끝없이 탐욕하는 이 네 가지를 억제하고, 행하지 않으면 인(仁)이라 하겠습니까?" 이에 대하여 공자는 "그렇게 할 수 있기란 퍽 어렵지만, 인(仁)인지 어떤지는 잘 모르겠다."고 대답하였다.

이로 보아, '극욕(克欲)', '금욕(禁欲)'은 인(仁)의 제일보일 뿐이며, 인자(仁者)는 반드시 극욕 해야지만, 또한 욕망이 없다 하여 반드시 인(仁)한 것은 아니다. 공자는 '욕'과 '강', '욕'과 '인'을 대립시켰는데, 그 '욕(欲)'이 건전한지, 합리적인지의 여부를 막론하고 당연히 모두 자각적으로 반대하고 자제해야 한다는 것이다. 심지어 그는 "예가 아니면 보지 말고, 예가 아니면 듣지 말고, 예가 아니면 말하지 말고, 예가 아니면 움직이지 말라."[561] 고 하였다. 이는 즉 예의 규범 요구에 부합되지 않는 것은 행위를 하지 말아야 한다는 것이다. 이처럼 공자는 보고, 듣고, 말하고, 움직이는 것까지도 예를 전제로 해야 한다고 하여, 예를 극히 중시하였다. 그러나 현대적인 시각에서 본다면, 이점은 개성(個性)을 속박하고 있다는 일면의 비판을 가져올 수도 있으나, 그 진의는 당

561) 《論語》 '顔淵' 1 : "顔淵問仁 子曰 克己復禮爲仁 一日克己復禮 天下歸仁焉 爲仁由己 而由人乎哉 顔淵曰 請問其目 子曰 非禮勿視 非禮勿聽 非禮勿言 非禮勿動 顔淵曰 回雖不敏 請事斯語矣." (안연이 인(仁)을 묻자 공자가 대답하였다. "자기를 억제하고 예로 돌아감이 인이다. 하루라도 자기를 억제하고 예로 돌아가면 천하가 인으로 돌아갈 것이다. 인을 이룩함은 나로부터 비롯함이니라. 남에게 의존되는 것일까 보냐." 안연이 "그 세목을 가르쳐 주십시요"라고 하자 공자는 "예가 아니면 보지 말며, 예가 아니면 듣지 말며, 예가 아니면 말하지 말며, 예가 아니면 움직이지 말라."고 하여다. 이에 안연이 마라였다. "제가 비록 약빠르지 못하고 불민하지만 말씀대로 실천하고자 합니다."

대 규범에 따라 행동해야 한다는 의미에 있을 것이다.

공자는 "예로써 행동의 기틀을 잡는다.(約之以禮)"라는 전체적인 요구하에, "일을 민첩히 하고, 말을 신중히 해야 한다."[562]고 주장하였으며, 그는 언행일치, 적게 말하고 많이 행할 것을 강조하였다.

공자에 있어서는 '행(行)'과 '언(言)'을 비교할 때, 그래도 군자가 가장 중히 여겨야 하는 것은 '행(行)'이다. 그는 "군자는 말은 과묵해도, 행동은 재빠르고자 한다."[563] 이것은 사람이란 본래 말이 앞서기 쉽고, 행동은 느려 마땅히 해야 할 일도 게을리하기 때문에 공자는 말보다 실천(행)하라고 주장한 것이다. 또 언어에 뛰어난 자공이 군자에 대하여 묻자, 공자는 "먼저 그 말한 것을 실행하고, 그 뒤에 그가 한 말을 좇아 따른다."[564]고 하였다. 사람은 자칫하면 말이 앞서기 일수다. 공자는 '언행일치'하라고 가르치지 않고 '먼저 그 말하는 바를 행하라.'라고 가르쳤던 바, 그의 의도하는 바를 알 만하다. 이렇듯, 공자는 상대를 분별하여 적절하게 가르쳤다.

우리는 위에서 공자에 있어서 '언'과 '행'의 상관적인 것에 대하여 살펴보았지만, 공자는 주장하기를 군자의 말은 좀 적어야 하고 천천히 해야 하며 근신해야 하는데 반하여, 행동(실천)은 조금 더 빨리, 민첩해야 한다고 했다. 하지 못할 일은 말하지 말아야 하고, 이미 한 말은 반드시 해야 하며, 말함에 있어서는 적게 말하고 행동을 먼저하고 후에 말해야 한다. 군자는 일언(一言)이면 중천금이라, 내뱉은 말은 걷어드릴 수는 없는 것이다. 다만 잘 못 했을 때는 그것에 대한 '잘못에 대한 사과한다'라는 부전지(附箋紙)만

562) 《論語》 '학이' 14 : "子曰 君子食無求飽 居無求安 敏於事而愼於言 就有道而正焉 可謂好學也."(공자가 말하였다. "군자로서 배불리 먹기를 구하지 않고, 편히 있기를 구하지 않고, 일을 민첩히 하고 말을 신중히 하며, 도를 좇아 바르게 고치면, 배우기 좋아하는 사람이라 할 수 있다.")

563) 《論語》 '里仁' 24 : "子曰 君子欲訥於言 而敏於行."

564) 《論語》 '爲政' 13 : "子貢 問君子 子曰 先行其言 而後從之."

을 부칠 수밖에 없는 것이다. 따라서 말을 할 때는 반드시 조심해야 하고, 근신해야 하며, 잘 생각하고 말해야 한다. 그는 또 말하기를 "옛사람이 말을 함부로 하지 않는 것은 몸을 실천함이 따르지 못할까 두려워했기 때문이니라."[565]고 했다. 따라서 그는 "군자는 자기의 말이 행동보다 지나치는 것을 부끄러워한다."[566]라고 했다. 즉 말은 쉽고 이를 실천하기란 어렵다. 그러므로 예부터 군자는 말과 실천이 일치하기에 힘썼고, 그렇지 못함을 부끄럽게 생각하였다.

공자는 '말을 삼가는 것(愼言)'을 하나의 우수한 도덕적 품성으로 보았다. 그는 "강직하고 과감하고 질박(質樸)하고 말이 무거운 사람은 인도(人道)에 가까우니라."[567]고 하였다. 강직, 과감, 절박, 말이 무거운 것, 이 네 가지 품덕은 인덕(仁德)에 가까운 것이다. 이 점은 허풍만이 판을 치는 오늘날에도 크게 받아드려야 할 가르침일 것이다. 공자는 "반드시 말로 전달되게 할 것이며, 말로서 전달된 이상 반드시 실천되어야 한다, 군자는 말에 있어 조금이라도 소홀한 바가 있어서는 안 된다."[568]고 하지 않았던가?

우리는 이에 또 공자와 그의 제자 사마우(司馬牛)[569]와의 언행에 관한 문답에 주목할 필요가 있다. 말이 많고 경솔한 사마우가 인(仁)에 대하여 묻자, 공자는 "인자는 말하기를 어려워한다."고 일러주자, 사마우는 또 "말하기를 어려워하는 것은 바로 인(仁)이라 하겠습니까?"하고 다시 묻자, 공자는 "실천하기가 어려우니, 말

565) 《論語》 '里仁' 22 : "子曰 古者 言之不出 恥躬之不逮也."

566) 《論語》 '憲問' 29 : "子曰 君子恥其言 而過其行."

567) 《論語》 '자로' 27 : "子曰 剛毅木訥近仁."

568) 《論語》 '자로' 3 : "… 故君子名之 必可言也 言之 必可行也 君子於其言 無所苟而已矣." (이름을 붙일 때에는 반드시 말로서도 순조롭게 전달되게 할 것이며, 말로서 남에게 전달된 이상 반드시 실행되어야 한다. 군자는 말에 있어 조금이라도 소홀한 바가 있어서는 안된다.)

569) 사마우(司馬牛); 성은 司馬, 이름은 耕, 자는 子牛이다. 宋나라 가람이었다. 공자의 문인으로 수선장이었으나 경솔했다.

하기가 어렵지 않을 수 있겠느냐?"고 대답해 주었다. 공자는 말보다도 실천을 중시했고, 말한 것은 반드시 실행하는 신의가 있는, 언행일치를 생활의 바탕으로 삼아왔다. 따라서 사마우에게 행동 실천을 염두에 두고 말을 함부로 하지 말라고 주서일렀다. 이점은《사기》'제자열전'에 보면, 사마우가 말이 많고 경망한 사람이라 공자가 이와 같이 타일렀다고 한다. 이로 보면, 공자는 인덕을 구비한 사람이라면 그들은 절대로 경솔하게 언담을 하지 않으며, 늘 심사숙고하여 언어가 비교적 적은 것으로 보았다.

공자는 '말을 삼가함'을 주장하기 위해 심지어는 "언변이 좋은 것"도 높이 평가하지도 않고, 긍정하지도 않는 태도를 보였다. 여기서 우리는《논어》'공야장(公冶長)'편에 나오는 공자의 말을 인식할 필요가 있다. 어떤 사람이 "옹(雍)[570]은 인덕(仁德)은 있으나 구변이 없군요."라고 하자, 공자는 "어찌 말 잘할 필요가 있겠는가! 남을 대할 때에, 말 재치만을 부리면, 흔히 남에게 미움을 받는다. 내가 옹의 인덕은 잘 모르겠으나 어찌 말 잘할 필요가 있겠는가?"고 하였다. 이에서 보듯, 공자는 지나친 말 재치를 부리는 것을 좋아하지 않았다. 공자는 "예로써 행동의 기틀을 잡음(約之以禮)"이라는 전체적인 요구하에 그의 제자들이 자중, 절제, 그리고 "온화, 선량, 공경, 검박, 검양"[571]할 수 있기를 바랬고, 행동거지가 대범하고 체면에 맞으며 단정하고 엄숙하여 예의가 바르기를 기대하였다.

위에서 보듯, 자공이 그의 선생님을 평가한 바 있는데, 공자는 '온

570) 옹(雍)은 공자의 제자. 성은 염(冉), 이름은 옹(雍). 자는 중궁(仲弓)으로 노나라 사람이다. 인덕이 높았다.

571)《論語》'學而' 10 : "子貢曰 夫子 溫良恭儉讓以得之 夫子之求之也 其諸異乎人之求之與."(자공이 말했다. "선생께서는 온화, 선량, 공경, 검박, 검양의 오덕을 갖추심으로써 정사를 들으신 것입니다. 따라서 선생께서 듣고자 원하셨다 하더라도 다른 사람이 자청한 품과는 틀립니다.")

화, 선량, 공경, 검박, 겸양'의 뜻인즉 성정이 온화하고 마음이 선량하며 거동이 단정하고 행위가 절제되었으며 태도가 겸손하였다. 공자는 바로 이처럼 몸으로 시범을 보여 그의 제자들에게 자중, 자진(自珍), 자애, 자율하여 온화하고 선량하며, 단정하고 엄수하며, 겸허하고 근신하도록 교육하였다. 공자의 안목으로는 군자의 행동거지는 반드시 단정하고 중후하였으며 대범하나 경박이라든가 저속해서는 안 되었다. 그 자신은 이 방면에서 아주 따지는 편이었다. 이 점은 《논어》 '술이' 편에서 "공자는 온순하시되 엄숙하고, 위엄이 있되 무섭지 않고, 공손하되 안도감을 주신다."[572]고 기술하고 있는 바에서도 인식할 수 있다.

공자는 "(계강자 당신이) 백성들 앞에 임할 때 장중하게 하면 경건해지고, 효도와 자비로 일하면 충성스러워지고, 선인을 등용하고 부족한 사람을 가르쳐 주면 선행을 권면할 것이오."[573]라 하였다. 그는 또 "군자는 무겁지 않으면 위엄이 없다, 배워야 고루하지 않다. 성심과 신의를 지켜라. 나만 못한 자를 벗 하지 말라. 잘못이 있으면 즉시 꺼리지 말고 고쳐라."[574]라고 하였다. 만약 엄숙하지 않고 검소하지 않고 후덕하지 않으면 위엄을 잃어 사람들에게 존경받을 수 없다. 공자가 말하는 위엄이라는 것은 자존(自尊)과 자애(自愛)의 의미를 포함한 것이지 빈 소리만 하고 모양만 의미심장하게 만드는 것이 아니다.

---

572) 《論語》 '述而' 37 : "子 溫而厲 威而不猛 恭而安."

573) 《論語》 '爲政' 20 : "季康子問 使民敬忠以勸 如之何 子曰 臨之以莊則敬 孝慈則忠 擧善而敎不能則勸." (계강자가 물었다. "백성들로 하여금 경건 충성스럽게 하고 선행을 권면하려면 어떻게 하면 되겠소." 공자가 말하였다. "당신이 백성들 앞에 임할 때 장중하게 하면 경건해지고, 효도와 자비로 일하면 충성스러워지고, 선인을 등용하고 부족한 사람을 가르쳐주시면 선행을 권면하는 것이오."

574) 《論語》 '學而' 8 : "子曰 君子不重則不威 學則不固 主忠信 無友不如己者 過則勿憚改."

공자가 "근절하였던 네 가지는 자의(恣意)가 없고, 기필(期必: 억지를 무릅쓰고 관철하는 것)이 없고, 고집이 없고, 독존(獨尊: 자기만을 내세우는 것)이 없는 것"[575]이었다. 인격은 원만해야 한다. 이에 든 네 가지는 절대로 금해야 한다. 따라서 이 네 가지는 공자가 네 가지 사(私)를 완전히 없앴다는 말이다. 여기서 '사'란 남의 생각을 지레짐작으로 추측하여 주관적인 아의(我意)대로 처리하는 것, 꼭 그렇게 되리라, 그렇게 되어야 한다고 우기면서 기대하는 것, 선입관을 내세워 타인의 새로운 의견을 받아들이지 않는 것, 사욕, 이 네 가지는 모두 사(私)라 할 수 있다. 이 네 가지 사(私)를 끊는 것이 공자의 수덕(修德) 목표요 학문의 과정이었다. 그러기에 공자는 제자들에게 이 네 가지의 사를 없애도록 모범을 보여 교육하였다.

또한 여기서 지적해야 할 것은 제자들에게 좋은 행동 습관의 교육과 훈련을 진행하는 과정에서, 공자는 이러한 행동 훈련의 과학성과 효과성을 매우 따지는 편이었다. 그는 장기적인 진지한 관찰, 분석에 의해 사람들의 외재적 행동 표현과 그 생리적 심리적 현상 사이에는 어떻한 필연적이고 내재적인 관련을 갖고 있다는 것을 발견하였다.

그는 "군자가 경계해야 할 일이 세 가지 있다. 소년기에는 혈기가 안정되지 않았으므로 색을 경계해야 하며, 장년기가 되면 혈기가 바야흐로 굳세므로 싸움을 경계해야 하며, 노년기가 되면 혈기가 쇠잔해진 고로 탐욕함을 경계해야 한다."[576]고 했다. 이는 군자만이 아니라 일반인에 대한 충고라 해도 적용되는 말이다. 이에서 보듯, 공자는 사람의 일생을 세 단계로 나누었는데, 각 단계 마다 건전하지 못한 생리적, 심리적 현상이 나타날 수 있으니 마땅히

575) 《論語》 '子罕' 4 : "子四絕 毋意 毋必 毋固 毋我."

576) 《論語》 '季氏' 7 : "孔子曰 君子有三戒 少之時 血氣未定 戒之在色 急機壯也 血氣方剛 戒之在鬪 及其老也 血氣旣衰 戒之在得."

그 예방에 주의해야 한다고 했다. 젊었을 때는 혈기가 아직 안정되지 않았기 때문에 눈앞에 왔다 갔다 하는 이성을 좇지 말고 원대한 희망, 이상, 진리, '인', 휴머니즘, 인류의 구제에 뜻을 두어야 한다, 중년에 들어선 후에는 혈기가 왕성하고 강하여 혈기만 믿고 오만하며 남을 지배, 억압하려고 한다. 주먹만이 아니라 학식으로도 그렇다. 그러니 이들에 대한 경쟁심리 등을 잘 다스려야 한다. 그리고 노년기가 되면 탐욕 해지기 쉽다. 앞이 막혔으므로, 현시점에서 긁어모으자는 것이겠다. 그러나 천하는 위공(爲公)이다.

위에서 인식할 수 있듯이, 공자는 인간의 생리적, 심리적 기능은 늘 연령의 증가와 함께 어떤 변화를 가져와 일정한 연령 단계에서는 혹 건전하지 못한 생리적 심리적 현상이 나타날 수 있다고 보았다. 만약 이러한 생리적 심리적 상황에 대해 자아 조정을 하지 않고, 예의 요구에 따라 자아 절제를 하지 않는다면 그 어떤 나쁜 행동 표현이 나타날 수 있다는 것이다. 그러기에 공자는 그의 제자들에게 일상 행위규범에 관한 교육과 훈련을 할 때, 사람이 각 연령 단계에서 행동을 절제해야 할 중점을 아주 세밀하게 총화하였다. 이와 같은 적극적으로 책임을 지는 교학 태도와 진지하게 탐구하는 과학정신은 정말로 귀중한 것이라 할 것이다.

제5절 자기 성찰의 강조 ;
"도를 좇아 바르게 고치다."(就有道而正焉)

공자는 '인덕(仁德)', '충서忠恕)'와 서로 연결되게 제자들에게 덕육(德育) 교육을 진행할 때, '자기 성찰', '자율'을 강조하여 그의 제자들에게 자각적으로 자신을 성찰하고, 자신을 정확히 인식하며 자신에게 존재하는 단점과 잘못을 발견하고, 철저하게 수정하여 점진적으로 도덕이 고상한 사람으로 되도록 요구하였다.

공자의 자율(自律)과 자성(自省)의 주장은 그의 "사람은 완전한 사람이 없다", "사람들은 모두 완벽하지 못한 면이 있다"는 기본적인 주장의 기초 위에서 형성된 것이다.

공자는 사람은 누구든 모두 단점과 잘못이 있을 수 있다고 주장하면서 현실적인 생활 속에서 지성(至聖) 지선(至善)의 완전무결한 사람은 존재하지 않는다고 했다. 그는 "성인(聖人)을 만나 볼 수 없다. 군자라도 만나 볼 수 있으면 좋겠다." 그리고 그는 또 말하였다. "선인(善人)을 만나 볼 수 없다. 한결 같은 사람이라도 만나 볼 수 있으면 좋겠다. 없어도 있는 듯하고, 비어도 찬듯하고, 가난해도 태연해야 하나니, 참으로 한결 같기란 어렵다."[577] 공자가 보기에는 성인, 선인이라 할지라도 완벽하지 못한 면이 있으며, 단점과 잘 못도 있다. 요 · 순 · 우는 공자가 각별히 추대하는 고대 성인이다. 그는 "크도다! 요의 임금노릇 하심이여! 위대하도다. 오직 하늘만이 그토록 클 수 있나니 요는 큰 하늘을 따라 본받았도다.! 넓도다 백성들이 이름 짓지 못할 만큼! 위대하도다. 요의 공적! 빛나도다. 그의 문물제도."[578] "참으로 위대하도다. 순(舜)과 우(禹)는 천하를 차지하자 현인들에게 내어 맡기셨다."[579] 이처럼 요 · 순 · 우 같은 지고무상한 성인을 찬미하였다면 그들은 바로 선(善)과 미(美)에 미친 것이 아닐까? 공자는 말하기를 아니! 요순 역시 완미하지 못한 면이 있는데 예를 들면 그들 역시 "백성들에게 널리 베풀고, 많은 사람을 구제해 줄 수 있고"[580]

577) 《論語》 '述而' 25 : "子曰 聖人 吾不得而見之矣 得見君子者 斯可矣 子曰 善人 吾不得而見之矣 得見有恒者 斯可矣 亡而爲矣 虛而爲盈 約而爲泰 難乎有恒矣."

578) 《論語》 '泰伯' 19 : "子曰 大哉 堯之爲君也 巍巍乎 唯天 爲大 唯堯則之 蕩湯乎 民無能名焉 巍巍乎 其有成功也 煥乎 其有文章."

579) 위의 장 "子曰 巍巍乎 舜禹之有天下也 而不與焉."

580) 《論語》 '雍也' 28 : "子貢曰 如有博施於民 而能濟衆 可謂仁乎."

"자기 수양을 하고 남을 안락하게 해 주기란 요, 순도 실현하기 어려워 고심했던 일이다."[581] 따라서 그들 역시 완벽한 사람은 아니다. 성인, 선인들조차도 이러한데 하물며 우리와 같은 평범한 사람들은 어떠하겠는가?

공자는 자기 성찰, 자유의 주장은 또한 그의 "인간의 본성은 선(善)을 향한다."는 기본적 주장의 기초 위에 형성된 것이다. 공자는 '성선론(性善論)'을 주장하여 인간의 본성은 선하고, 인간의 기본방향은 선(善)으로 향하는 것이라고 주장하였다. '성설론'은 유가의 모든 도덕 수양이 주장하는 기본적 출발점이다.

그는 바로 이러한 성선론의 이론적 틀 속에서 '교민(教民)'을 주장했고, "백성들을 가르치지 않고 죽이는 것은 잔학(殘虐)이라 하고, 미리 훈계시키지 않고 잘못된 결과만을 따지는 것은 포악(暴惡)이라 하고, 법령을 엉성하게 하고 실천의 기한만을 조이는 것은 적해(賊害)라 한다."[582]고 주장했는데, 수많은 민중은 교육을 통해 "예로서 다진다."[583]는 것에 도달할 수 있다고 보았다. 마찬가지로 그가 보기에 도덕이 고상한 군자에게 있어 설사 완미하지 못한 면이 있고, 또 이러저러한 단점과 잘못이 있다 하더라도, 그들은 외부적 환경이나 제약적 조건이 전혀 필요 없이 자성과 자율을 통해 자신에게 존재하는 단점과 잘못을 발견할 수 있으며, 자아의식을 통해 부단히 자아를 완벽하게 하고 자신의 도덕적 수양을 높일 수 있다.

공자가 제기한 '자성-자율'의 주장한 인간이 도덕적 수양 측면의 다음과 같은 네 가지 중요한 부분의 기본적 요구를 포함한다.

---

581) 《論語》 '憲問' 44: "脩己而安百姓 堯舜 其猶病諸."

582) 《論語》 '堯曰' 2 : "…子曰 不教而殺 謂之虐 不戒視成 謂之暴 慢令致期 謂之賊…."

583) 《論語》 '爲政' : "子曰 道之以政 齊之而刑 民免而無恥 道之以德 齊之以禮 有恥且格."

첫째 부분은 자성, 즉 자기 성찰 즉, 자기반성이다. 자기성찰을 통해 자신에게 존재하는 단점과 잘 못을 적시에 발견하는 것이다.

공자의 제자 증자(曾子)는 "나는 하루에 세 차례씩 자신을 반성한다. 남을 위해 일을 꾸미되 불충하지 않았는가? 벗과 사귐에 신의를 잃은 바 없는가? 전수받은 바를 익히지 않은 바 있는가?"고 말하였다. 이는 오늘에도 우리에게 많은 수양의 지침을 제공해 주고 있다. 그러나 공자는 이도 부족하다고 생각하여, 일에 부딛치면 반드시 자기 성찰하고, 수시로 자기반성을 해야 한다고 주장했다.

그는 "군자는 생각하는 바에 아홉 가지가 있다. ① 볼 때는 밝기를 생각하고, ② 들을 때는 총명하기를 생각하고, ③ 안색은 온화하고자 생각하고, ④ 태도는 공손하고자 생각하고, ⑤ 말은 성실하고자 생각하고, ⑥ 말을 할 때에는 신중하고, ⑦ 성실하고자 생각하고, ⑧ 일을 할 때는 물어서 밝히고자 생각하고, ⑨ 분이 날 때는 잘못하여 환난을 부모에게 끼치지 않을까 생각하고, 이득을 보면 의로운가를 생각한다."[584]고 하였다.

이에서 보듯, 사람이 사물을 접할 때는 신중히 생각하고 행동해야 한다. 말과 행동만이 아니라 표정이나 안색도 항상 전아(典雅)하게 갖고, 일 처리에는 성심껏 하고 모르는 것은 솔직히 묻고, 분노를 참고, 특히 이득을 앞에보면 반드시 의(義)에 맞나 안 맞나를 생각해야 한다. 이러듯 공자가 이상적 인간형으로 희구하는 전인적 인격자가 바로 '9가지 생각하는 바가 있는 자'라 하겠다.

이러한 '9가지를 생각하는 바가 있는 자'의 기초 위에서, 공자는 "속으로 반성하여 허물이 없거늘, 어찌 두려워하며, 어찌 겁내겠느냐?"고 하였다. 공자는 품성이 고상한 사람은 자기 성찰을

584) 《論語》 '季氏' 10 : "孔子曰 君子有九思 視思明 聽思聽 色思溫 貌思恭 言思忠 事思敬 疑思問 忿思難 見得思義."

할 수 있으며, 자기 성찰을 통해 자신에게 존재하는 단점과 잘못을 분명히 볼 수 있으며, 자신이 완벽하지 못하는 일면을 인식할 수 있다는 것이다. 만일 자기 성찰을 통해 자기 자신이 허물과 불안한 점이 없다면 그 어떤 우려와 두려움이 있겠는가?

둘째 부분은 '자송(自訟)' 즉 자책인데, 자아비판을 통해 자신에게 존재하는 단점, 잘못의 근원을 찾아내는 것이다.

공자는 자성(自省)과 자송(自訟)을 통합시켜, 그의 제자들에게 요구하기를 수시로 자기 성찰을 해야 할 뿐만이 아니라, 사상, 언어, 정서, 행동이 실수한 것이 없는지 반성하고, 또한 자신의 단점과 잘 못을 과감하게 극복해야 한다고 하였다. 그는 "다 되었구나! 나는 여태껏 자기의 잘 못을 보고 스스로 마음속으로 자책할 수 있는 사람을 보지 못했다."[585]고 하였다. 이는 자기의 잘못에 대하여 자기 마음속으로 꾸짖으라는 얼마나 준엄한 말인가? 포악을 포악으로 대하며, 난세를 난세로 되풀이하고도 자성 각성하지 못하는 인간들을 앞에 두고, 공자는 절망에 빠질 때가 있었다. 인간들은 잘 못을 깨닫지 못하고 되풀이할 때 절망과 암흑 속에 있게 된다. 이들에게 공자는 빛을 주고자 했다. 그러므로 공자는 "배우기에 물리지 않고, 남을 깨우치기에 지치지 않는다."[586] 고함으로써 언젠가는 빛날 때가 있을 것이라고 믿었다. 공자의 위대성은 포악의 암흑 속에서 인도(仁道)의 광명을 밝히고자 끝없이 노력하는 교육적 실천에 있었다.

공자의 제자 자하(子夏)도 "소인들은 잘 못을 하면, 겉으로 꾸며

585) 《論語》 '公冶長' 27 : "子曰 己矣乎 吾未見能見其過 而內自訟者也."

586) 《論語》 '述而' 2 : "子曰 默而識之 學而不厭 誨人不倦 何有於我哉."(공자가 말하였다. 묵묵히 새겨두고, 배우기에 물리지 않고, 남을 깨우치기에 지치지 않는다. 이런 일들은 나에게는 쉬운 일이다.)

얼버무려 속이려고 한다."[587] 이러듯 품성이 저속한 사람들은 설사 자기의 잘 못을 안다 해도 절대로 자기 자신을 책망하지 않고 모든 방법을 동원하여 그 잘 못을 은폐하여 다른 사람들의 비판을 모면하려고 한다, 그러기에 소인들은 자기의 잘 못을 시인하지 않고 늘 말 바꾸기에 정신이 없다. 우리는 부정을 저지른 사람들에게서 그런 현상을 자주 볼 수 있지 않는가?

공자는 또 사람은 자신의 언행과 거동이 잘 못 됐음을 발견하였을 때 두 가지의 태도가 있다고 하였다. 즉, "군자는 자신을 책하고, 소인은 남을 책한다."[588]고 말하였다. 이렇듯 품성이 고상한 군자는 자기의 모든 책임을 자기에게 돌리고, 자기의 행동에서 전체의 이상을 추구하려고 한다. 또 자기의 노력으로 남과 전체가 행복하게 되기를 바란다. 품성이 낮은 소인은 이와는 정반대다. 남에게 책임을 돌리고, 나로부터 불로소득을 하고자 한다. 말하자면 군자는 늘 자기에게서 원인을 찾지만, 소인은 늘 한 쪽으로 밀어 객관적 원인을 찾거나 타인을 책망하고자 한다.

그런데 사람이 잘못하게 되는 것은 때론 정말 주변의 기타 요소와 관련되는데 이러한 상황은 적지 않다. 이럴 때에는 어떻게 해야 하는가? 공자는 사람들에게 충고하기를 자기의 몸에서 원인을 찾고, 엄격하게 자신을 다스리고, 넓은 마음으로 사람을 대해야 만이 원망 사는 일과 멀어질 수 있다고 하였다.

세 번째 부분은 '개과(改過)', 즉 적시적이고 철저하게 단점과 잘 못을 고치는 것이 동시에 진지하게 그 경험과 교훈을 받아들여야 한다.

'자기 성찰'과 '자기 비판'은 모두 하나의 수단인 바, 이는 철저하게 단점과 잘못을 고치는 것이 그 목적이다. 잘못과 단점에 관한

587) 《論語》 '子張' 8 : "子夏曰 小人之過也 必文."
588) 《論語》 '衛靈公' 20 : "子曰 君子求諸己 小人求諸人."

공자의 갖는 잘못과 단점에 관한 두 가지의 기본적인 태도에 우리는 충분히 긍정하고 배워야 할 것이다.

하나는 공자는 잘못이 있는 것은 두려운 것이 아닌데, 두려운 것은 적시에 고치지 못할까 봐 두려워하는 것이라고 했다.

그는 "덕을 닦지 못함과, 학문을 익히지 못함과, 의로움을 듣고도 옮기지 못함과, 옳지 않음을 고치지 못함이 나의 근심거리다."[589]라고 하였다. 그는 또 "잘못하면 즉시 꺼리지 말고 고쳐라."[590] "잘못하고도 고치지 않는 것이 바로 잘못이다."[591]라고 하였다. 인간은 누구나 과오를 저지르기 마련이다. 인간은 절대로 선인(善人)도 성자(聖者)도 아니다. 그렇기 때문에 과실은 누구에게나 있다. 그러나 과실을 한두 번 되풀이 하는 것은 덕이 모라기 때문이다. 지혜롭지 못하다. 과실을 고치지 않는 것이 정말로 과실이다.

둘은 공자는 과실과 잘 못을 범한 경험과 교훈을 받아드려 다시는 똑같은 잘 못을 범해서는 안 된다는 것을 주장했다. 그는 안회는 "노여움을 옮기지 않고, 과실을 두 번 거듭하지 않았다."[592]고 표창하였다. 안회의 귀중한 면은 그가 단점이 없고 잘못을 하지 않아서가 아니라, 그가 잘못이 있을 때, 과감히 자신을 검토하고, 종래로 다른 사람을 화나게 하지 않을 뿐만 아니라 잘못을 범한 이후

---

589) 《論語》 '述而' 3 : "子曰 德之不脩 學之不講 聞義不能徙 不善不能改 是吾憂也."

590) 《論語》 '學而' 8 : "子曰 君子不重則不威 學則不固 主忠信 無友不如己者 過則勿憚改." (공자는 말했다. "군자는 무게가 없으면 위엄이 없다. 배워야 고루하지 않다. 성심과 신의를 지켜라. 나만 못한 자를 벗하지 말라. 잘 못하면 즉시 꺼리지 말고 고쳐라."

591) 《論語》 '衛靈公' 29 : "子曰 過而不改 是謂過矣."

592) 《論語》 '雍也' 2 : "哀公問 弟子孰爲好學 孔子對曰 有顔回者好學 不遷怒 不貳過 不幸短命死矣 今也則亡 未聞好學者也." (애공이 물었다. "제자로서 누가 배우기를 좋아합니까?" 공자가 대답했다. "안회라는 사람이 배우기를 좋아했습니다. 노여움을 옮기지 않고, 과실을 두 번 거듭하지 않았습니다. 불행이도 단명으로 죽어 지금은 없습니다. 그 후로는 배우기를 좋아하는 사람이 누군지 들은 바 없습니다."

에는 교훈을 받아드려 같은 잘 못을 범하지 않기 때문이다.

공자가 보기로는, 단점과 잘못을 과감히 고칠 수 있고, 교훈을 삼을 줄 알아 "과실을 두 번 거듭하지 않는다면" 이것이야말로 도덕적 품성의 고상함이 구체적으로 드러내는 것이라고 했다.

그의 제자 자공이 아주 구체적인 비유를 했는데 "군자의 잘 못은 일식이나 월식과 같다. 잘못하면 남들이 모두 보게 되며, 고치면 남들이 모두 우러러 본다."[593]고 하였다. 군자는 이른바 지도층의 인물이다. 일거수일투족을 샅샅이 남들 앞에 내어 보이게 마련이다. 특히 과실은 남의 눈에 더욱 뜨이게 마련일 뿐만 아니라, 군자의 잘못은 그 영향이 직접 대중에게 미친다. 그러나 고치면 도로 빛이 난다. 따라서 대중은 다시 그의 덕과 광채를 우러러보게 마련이다. 이처럼 군자는 진리를 견지하기 때문에 잘못이 있으면 수정하고, 잘 못을 적시에 철저히 수정하기 때문에, 사람들은 더욱 우러러 경모하게 된다.

넷째 부분은 "선함을 옮기는 것(遷善)", 즉 '선덕(善德)'을 향하여 움직여, 전환하고, 발전하면서 적극적으로 '선덕'을 향하여 접근하는 것이다. '자성(自省)'과 관련하여, 공자는 "사람을 거울삼아(以人爲鏡)" 다른 사람과 대조하여 자기를 성찰하고, 정확히 자아를 인식하고 자아를 파악하여 도덕적 수양의 수준을 부단히 제고 할 것을 주장하였다. 그는 "도를 좇아 바르게 고칠 것"[594]을 제창하였다. 이것이 뜻하는 바는, 고상한 도덕을 지닌 사람 쪽으로 자기를 바로 잡아가야 한다는 것이다.

---

593) 《論語》 '子張' 21 : "子貢曰 君子之過也 如日月之食焉 過也 人皆見之 更也 人改仰之."

594) 《論語》 '學而' 14 : "子曰 君子食無求飽 居無求安 敏於事而愼於言 就有道而正焉 可謂好學也已." (공자가 말했다. "군자로서 배불리 먹기를 구하지 않고, 편히 있기를 구하지 않고, 일을 민첩히 하고 말을 신중히 하며, 도를 좇아 바르게 고치면, 배우기 좋아하는 사람이라 할 수 있다."

그는 "어진 이를 보면, 그와 같이 되기를 생각하고, 어질지 못한 자를 보면 내 스스로 깊이 반성한다."[595] "좋을 일을 보면 좇아도, 따르지 못하는 듯 끊없이 좇고, 좋지 못한 일을 보면, 끓는 물에 손을 담그듯 속히 뽑아낸다."[596]고 하였다. 이에서 보듯, 공자는 선행을 적극적으로 취하여 행하고, 불선(不善)을 신속히 피하는 것이 중요하다고 강조하였다.

이제까지의 기술한 바를 종합해 보면, 도덕적 수양 면에서는 공자는 자각적인 것에 희망을 걸고 있다는 것을 알 수 있다. 그는 자각적인 자기 성찰을 강조하고 있는바, 적기에 자기에게 존재하는 결점과 잘 못을 발견하여, 자각적으로 자아비판을 통하여 잘못을 고치고, 교훈을 받아드리며, 자각적으로 현자(賢者)를 본받아 부단히 자기의 도덕적 수준을 향상시키는 것이었다. 공자의 '자성(自省)' 주장과 그의 '타율(他律)'을 버리고 '자율(自律)'을 존경하는 사상은 공자의 사람의 자아의식에 대한 존중을 충분히 반영하고 있다.

이는 당시로서는 아주 중요한 진보적 의의를 가지고 있었다. 그러나 이러한 '자성(自省)'과 '자율(自律)'의 과분한 주장은 '타율'에 대하여, 외계의 환경의 비판, 메커니즘 제약의 경시라는 부적인 영향을 가져왔다. '타율'의 경시라는 유가학설은 어느 정도에 있어서는 중국의 체제문화, 제도문화, 관리문화와 법제문화의 발전에 영향을 주었다.

595)《論語》'里仁' 17 : "子曰 見賢思齊焉 見不賢而內自省也."
596)《論語》'季氏' 11 : "孔子曰 見善如不及 見不善如深湯…."

제8장 교사의 도덕적 품성과 함양

교육은 성숙자(가르치는 사람)과 미성숙자(배우는 사라)의 만남에 의하여 성립된다, 이것 없이는 교육은 성립할 수도 없고, 문화의 전달이라는 교육의 본래의 기능도 수행할 수 없다.[597)]

교육이 두 인격 주체의 만남에 의하여 가치 지향화 한다고 할 때, 선종(禪宗)의 이른바 '줄탁동시(啐啄同時)'의 비유가 좋은 시사(示唆)가 되리라 생각된다. '줄(啐)'은 병아리가 달걀 속에서 껍질을 쪼는 것이다. '탁(啄)'은 밖에서 어머닭이 달걀 껍질을 쪼는 것이다. 적기(適期;알맞는 시기)에 안밖에서의 동시에 쪼임이 있을 때, 병아리라는 새 생명이 탄생한다. 어미 닭의 쪼임이 필요하나 그것은 하나의 조건에 불과하다. 따라서 가르치는 사람(교사)은 배우는 사람(학생)이 인격적 낡은 껍질을 벗도록 적기에 영혼의 문을 두드려 각성하도록 자극으로서의 조건이 되어야 한다.[598)] 그렇다면 교육은 교사의 인격적 기초 위에서 형성된다 할 것이다. 교사의 학생에 대한 직접적이던, 간접적이던 인격적 영향이 없다면, 성격에 깊이 개입되는 지정한 교육은 없다 할 것이다. 오직 인격만이 인격의 형성과 발전에 영향을 미칠 수 있으며, 오직 성격만이 성격을 형성시킬 수 있다 할 것이다.

중국 고대에 있어서 가장 위대한 교육가로서 공자(孔子)는 아주 보편적인 교사직에서 성장하였다. 공자는 우선 본인이 해박한 지식, 깊은 사상, 자신을 잊을 수 있는 정신, 위대한 인격을 소유한 '사학(私學)'의 교사였다. 공자가 교육에서 성공할 수 있었던 가장 중요한 요소 중의 하나는 바로 그의 교사로서의 인격적 역량이

597) 김경식, 개정판《교육학개론》, 교육과학사, 2003, 30면.

598) 朴先榮,《佛敎와 敎育》(現代佛敎新書 45), 서울; 東國大學校 佛典刊行委員會, 1982, 46면.

다. 그가 '지성성사(至聖先師)' '만세사표(萬歲師表)'란 말로 사람들의 숭상을 받을 수 있게 되었던 것은 그의 위대한 교육사상도 있었겠지만, 그의 교사로서의 도덕적 수양이 세세대대로 중국교육사상 휘황찬란한 모범으로 되었기 때문일 것이다.

2천 수백 년간 사람들은 공자의 사상, 주장 또는 관점에 대하여 많은 논쟁도 해왔지만, 그의 교사로서의 도덕적 수양만큼은 아마도 이의를 제기한 적이 없었던 것 같다. 그의 교사로서의 도덕적 수양에 관한 이론과 실천은 오늘날에도 교사들에게 많은 참조와 도움이 되리라 생각된다.

공자는 기술한 바와 같이, 중국 역사상 '대성지성선사(大成至聖先師)'로 신봉되고 있는 직업적 교사이다. 그는 처음으로 유가사학(儒家私學)을 창설하여 사람을 가르치는 것을 자신의 임무로 하고, 교육사업에 대한 무한한 충성과 열정 그리고 애정을 보였다. 그는 극히 곤란한 조건 하에서도 "(학문에) 분발하면 밥 먹는 일마저 잊어버리고, (학문을) 즐기는 일로 걱정을 잊어버리며, 늙어가는 것마저도 알지 못하는" 정도[599]로 교육사업을 위해 묵묵히 자신의 생애와 정열로 헌신하였다.

제1절 교직 임무에 대한 사랑과 초지일관

공자가 교육에 대한 무한한 충정과 열정을 보인 것은 그의 교사로서의 직업적 도덕성의 영혼이며 또한 그의 위대한 인격의 매력이다.

공자는 이미 인식했듯이, 춘추 말기의 직업적 교사였으며, 그는 처음으로 유가사학을 창설하여, 사람을 가르치는 것을 자신의 임

599) 《論語》 '述而' 18 ; "…其爲人也 發憤忘食 樂以忘憂 不知老之將至云爾."

무로 삼고 초지일관하여 교육사업을 견지하면서 자신의 청춘과 정열을 묵묵히 헌신하였다.

중국의 유명한 역사학자이며 유학(儒學) 대사인 전목(錢穆)이 편찬한 '공자 년표'에 의하면, 공자의 직업적 교사로서의 생애는 대체적으로 다음과 같이 4단계로 나눌 수 있다.

첫 단계 : 노소공(魯昭公) 20년~노정공(魯定公) 8년(서기전 522년~서기전 502년)

이 시기는 공자는 노(魯)나라에서 유가사학(儒家私學)을 창설하고 강학과 학생모집 활동에 전문적으로 종사하던 시기였다.

'공자년표'에 의하면, "노소공 20년은 공자 나이 30이었다. 그때 공자는 처음으로 노태묘(魯太廟)에 들어갔다. 금장(琴張)이 이곳에 이른 것은 이때이거나 이보다 조금 앞섰다. 공자는 이때부터 학생을 받고 가르치는 일을 하기 시작했다. 안무요(顔無繇:안연의 아버지), 중유(仲由;자로의 이름), 증점(曾点;증석의 이름), 염백유(冉伯牛;염구의 字), 중궁(仲弓; 염옹의 字), 민손(閔損;민자건의 이름), 염구(冉求; 염유의 이름), 중궁(仲弓; 염옹의 자), 안회(顔回;안연의 이름), 고시(高柴), 공서적(公西赤) 등이 모두 선후로 공부하였다. 공자는 자기의 일생을 회고하면서 "나는 열다섯 살에 학문에 뜻을 두었고, 설흔 살에 독립하게 되었으며, 마흔 살에 망설이지 않게 되었고, 쉰 살에 천명을 알게 되었고, 예순 살에 남의 말을 그냥 그대로 해도 할 바를 넘어서지 않았다."[600]고 하였다. 이로 보면 그는 교육사업에의 의지를 굳인 것이라고 볼 수 있다. 그는 자신이 30세 때 유가사학(儒家私學)을 창설하면서야 뜻이 의거

600) 《論語》 '爲政' 4 : "子曰 吾十有五而志于學 三十而立 四十而不惑 五十而知天命 六十而耳順 七十而從心所欲 不踰矩."

할 수 있는 곳을 찾게 되어 자신의 사업을 이루기 시작했다고 했다. 우리가 분명히 인식할 수 있는 바는, 공자는 자신이 "설흔 살에 독립했다."고 말하면서 하나의 교육사업에 대한 자부심과 성취감이 충만되어 있었다는 점이다. 공자는 소공 25년, 노(魯)나라의 난을 피하기 위하여 제자들을 데리고 제(齊)나라로 가서 그다음 해에 돌아왔다.

둘째 단계 : 노정공(魯定公) 9년~12년(서기전 501년~서기전 498년)

이 기간은 공자의 나이 50세로부터 54세에 이르는 기간이다. 이 기간은 공자가 노나라에서 출사하여 정치에 참여했을 때인바, 선후로 노나라의 중도재(中都宰), 사공(司空), 사구(司寇) 등의 직책을 맡았다. 짧은 정치생애에서 그는 한편으로 정치적 업무를 처리하면서도 또 한편으로는 제자들을 가르쳤다.

셋째 단계 : 노정공 13년~노애공(魯哀公) 10년 (기원전 497년~기원전 485년)

이 시기는 공자가 55세로부터 67세까지의 기간이다. 이 기간은 공자가 제자들을 데리고 열국을 순례하면서 가는 곳마다 강학하던 시기였다. 노정공 13년 공자는 노(魯)나라를 떠나 조(曹), 송(宋), 진(陳) 등 제국을 돌아다녔다. 노애공 11년에 노나라에 돌아왔는데, 공자가 열국을 순회하면서 강학했던 기간은 무려 14년이나 되었다.

넷째 단계: 노애공 11년~16년(기원전 484년~서기전 479년)

이 시기는 공자의 68세로부터 73세에 이르는 기간이다. 이 시기는 공자가 노나라에 돌아와 자기 자신의 삶이 얼마 남지 않음을 짐작하고, 더욱 열심히 제자들을 강학하면서 한편으로는 유가(儒家)의 경전(經典) 문헌을 정리 편집하였다.

전목의 '공자년표'에 의하면 "노애공 11년, 공자 나이 68세, 노(魯)의 계강자(季康子)가 공자를 불러 노나라에 돌아왔다. 공자가 노나라를 떠나 위나라에 간 지도 전후 14년 만에 돌아왔다. 그 후 만년의 교육활동을 시작했는데, 유약(有若), 증삼(曾參), 언언(言偃), 복상(卜商), 전손사(顓孫師) 등이 전후로 학문을 배웠다. "노애공 14년, 공자 나이 71세 때 안회가 죽었다. 제나라의 진항(陳恒)은 그의 군주를 죽이고, 공자에게 청탁했는데, 노나라의 군신이 따르지 않았다. 그 해 노나라의 서쪽에서 기린을 포획했다. 공자는 《춘추(春秋)》를 절필(絕筆)하였다." "공자는 68세의 고령에서도 그는 여전히 신입생을 맞이하였으며, 71세에 이르러서야 《춘추》를 정리, 편집 완성하였다."

노애공 14년과 15년에 이르러 공자는 그토록 아끼던 두 제자인 안회(顔回)와 중유(仲由)를 차례로 저 세상으로 보냈다. 공자는 안회가 죽었을 때, 실신하다시피 통곡하면서 "아! 하늘이 나를 버렸구나! 하늘이 나를 버렸구나!"[601]하였다니, 그 애통함을 가히 짐작할 수 있다. 공자는 애공 16년(서기전 479년)에 서거하였다. 우리는 위에서 보듯, 공자는 그 일생 가운데 사람을 가르치고 키우는 일에 43년을 쏟아부었다.

공자의 생애 중 교육활동 기간은 매우 청빈하고 가난하여 고생스러운 기간의 연속이었다. 노정공 13년 공자는 정치적으로 계씨(季氏)의 배척을 받아 노애공에게 소원(疎遠) 당했다. 그는 분노하여 관직을 그만두고 노나라를 떠나 14년간의 열국 순회 강학활동을

601) 《論語》 '先進' 8 : "顔淵死 子曰 噫 天喪予 天喪予."

시작했다. 당시 제후 간의 결탁이 심하고 전란이 빈번하였다. 그리고 민생이 흉흉했을 뿐만 아니라 다른 정치적 견해를 가진 자들이 여러 가지로 공자를 해치고자 했다. 그 때문에 반백이 넘는 공자는 그의 제자들을 데리고 전란 속에서 동분서주하였는데, 처지가 매우 곤란하여 늘 거처조차 없이 친구나 제자의 친척 집에 머무르곤 했다.[602)]

《논어》 '위령공(衛靈公)' 편은 "진나라에 있을 때 양식이 떨어지자, 따르던 사람들이 병들어 일어나지 못하였다."[603)]고 전해주고 있다. 이로 보듯 가장 기본적인 생활에 대한 담보도 없이 따르는 사람들이 배고파 일어날 수도 없고 걸을 수도 없게 되었다는 상황이 얼마나 빈곤이 극에 달했는지 말해주고 있다.

더욱 한심한 것은 공자의 생명 안전이 늘 위협을 받았다는 사실이다. 또한 《사기》 '공자세가' 편이 전해 주는 바에 의하면, 공자가 그 제자들을 데리고 진(陳)나라에 가고자 할 때 광성(匡城 : 지금의 河北省 長桓縣 西南)을 거치게 되었는데, 공자의 모습이 노나라의 양호(陽虎: 양호는 광인들을 학대한 적이 있어 광인들은 양호를 원수로 생각하고 있었다.)라는 사람과 비슷하여 광인들에게 닷새동안이나 묶여 있었고, 제자들 역시 흩어졌다고 한다. 공자는 불상사를 당할까봐 운명에 맞기기로 하고, "문왕이 이미 돌아가셨으니, 문(文)이 여기에 있지 아니한가? 하늘이 장차 이 문(文)을 없애려 하신다면, 뒤에 죽을 사람(공자)이 이 문(文)에 참여하지 못했을 것이다. 그러나 하늘이 이 문(文)을 없애려 하지 않으시니,

602)《史記》'孔子世家' 참조.

603)《論語》'衛靈公' 1 : "在陳絕糧 從者 病 莫能興."

광인들이 나를 어떻게 하겠는가?"[604)]

또 한번은 공자가 조(曹)나라를 떠나 송(宋)나라로 가고 있었는데, 글세 길 옆의 큰 나무 밑에서 제자들에게 습례(習禮)를 가르치고 있었다. 그런데 송나라 사마환이 공자를 알아본 후, 공자를 해치고자 사람을 시켜 그 큰 나무를 찍어버리게 하였다. 이에 공자는 분개하여 말하기를 "하늘이 내게 덕을 주셨으니, 환태가 나에게 어찌하겠는가?"[605)]라고 하며 할 수 없어 공자는 제자들을 데리고 급히 그곳을 떠났다.

이에서 보듯, 전란 속에서 공자 일행은 바로 이렇게 생명의 안전을 위해 동분서주 하였는데, 여러 차례 흩어지기도 하여 형편이 말이 아니었다. 정나라 사람은 이로 인해 공자 일행에 대하여 비웃기를 "꼭 지친 상가집의 개 같구려."[606)]라고 하였다.

이렇게 빈곤하고 곤란의 환경 속에서도 공자는 동요나 후퇴 없이, 늘 의지를 굽히지 않고 열정적으로 그의 교학과 제자 양성을 계속하였다.

'술이' 편에 의하면, 한번은 초나라의 대부 엽공자(葉公子)가 자로에게 공자의 사람됨이 과연 어떤지 수소문하였는데, 자로는 갑자기 어떻게 대답할지 몰라 돌아와 공자에게 아뢰었다. 이에 공자는 말하기를 "너는 어찌 그의 사람됨이(진리를 깨우치지 않으면) 분발하여 먹기를 잊으며, (개치면) 즐거워하여 근심을 잊어서, 늙음이 장차 이르게 되는 것도 할지 못한다고 말하지 않았는가?"[607)] 라고 하였다. 공자는 이렇듯, 환경이 얼마나 악하든, 생활이 얼마

---

604) 《論語》 '子罕' 5 : "子 畏於匡 曰 文王旣沒 文不在茲乎 天之將喪斯文也 後 死者 不得與於斯文也 天之未喪斯文也. 匡人 其如予 何."

605) 《論語》 '述而' 22 : "子曰 天生德於予 桓魋 其如予何."

606) 《史記》 '孔子世家' 참조.

607) 《論語》 '述而' 18 : "葉公 問孔子於子路 子路不對 子曰 女 奚不曰其爲人也 發憤忘食 樂而忘憂 不知老之將至云爾."

나 곤궁하든 여전히 의지를 굽히지 않고 교학하는 신성한 사업에 종사했고, 교육활동에서 자신의 정신적 의탁과 생활의 즐거움을 찾았다.

공자는 역경 속에서도 종신토록 교학활동을 하면서도 추호의 실증이나 나태하지 않고 불만을 갖지도 않았다. 그것은 그 내면의 정신적 동력은 완전히 교육활동에 대한 그의 무한한 충성과 사랑에서 온 것이었다. 그는 "사랑한다면 위로하지 않을 수 없겠는가? 충성한다면 깨우쳐주지 않을 수 있는가?"[608]라고 말하였다. 공자는 자신이 종사하는 직업과 위치에 대하여 매우 열애하였으며, 교육활동에 충성을 다하였다. "내가 좋아하는 것을 따르겠다."[609]고 입지를 굳혔던 바, 교육활동을 위해 자신의 총명함과 재능으로 헌신하였다.

공자는 이처럼 교육활동에 충성하고 열애하였기 때문에 자신의 영욕의 득실과 생명에 대한 안위를 돌보지 않고, 근면하고 정성스럽게 그리고 부지런하고 성실하게 자신의 신성한 활동을 추구하였다,

'공야장' 편에 의하면, 공자가 진(陳)나라에 있을 때 말하였다. "돌아갈까 보다! 돌아볼까 보다! 우리 고을의 젊은이들은 뜻이 크나 일에는 소략하여 빛 나게 문장을 이루고도 마름질 할 바를 모르는구나!"[610] 이 말의 의미는 공자가 진나라에서 강학할 때도 노나라의 청년들이 교육을 받아야 한다는 사실을 염두해두고 있었다. 그는 말하기를 돌아가자! 돌아가자! 내 고향의 청연들은 포부

---

608) 《論語》 '憲問' * : "子日 愛之 能勿勞乎 忠言 能勿悔乎."

609) 《論語》 '述而' : "子日 富而可求也 雖執鞭之士 吾亦爲之 如不可求 從吾所好." (공자가 말하였다. "부유함을 구할 수 있다면 비록 채찍을 잡는 사람이라도 내 또한 하겠지만 만일 구할 수가 없다면 내 좋아하는 것을 따르겠다.")

610) 《論語》 '公冶長' 21 : "孔子 在陳 日 歸與歸與 吾黨之小子 狂簡 斐然成章 不知所以裁之."

가 큰 데 비해 학식이 부족하여 마치 한 필의 천처럼 아름답고 화려하지만 어떻게 재단할지를 모르는 것과 같다는 것이다.

공자는 또 말하기를 "덕을 닦지 못한 것, 배움을 강구하지 못한 것과 의를 듣고 옮기지 못하며, 착하지 못함을 고치지 못한 것, 이 것이 나의 근심이다."[611]라고 하였다. 이는 청년 학생들의 도덕적 품성이 함양 수련되지 않고 학문에서 교사의 전수를 받지 못하고, 의리를 듣고도 실천하지 못하여 단점이 있어도 적시에 개선하지 못하는 것, 이런 것이 바로 공자 자신이 걱정하고 우려한다는 것이었다. 공자 자신의 입장에서 보면, 자신의 청빈한 생활이 "거친 밥을 먹고 물을 마시고, 팔을 굽혀 베개를 삼을지라도"[612] 그와 같은 것은 우려하지 않고, 다른 관점을 가진 사람들이 빈번히 그를 해치고자 해도 두려워하지 않았으며, 정력을 다 소모하고 마음이 바닥나서 "늙어가는 것 조차 알지 못하는"[613] 것도 걱정하지 않았다. 그가 유독 우려하고 걱정하는 것은 바로 제자들이 "덕을 닦지 못하는 것, 배움을 강구하지 못하는 것과 의를 듣고 옮기지 못하며, 착하지 못함을 고치지 못한 것"[614]이었다. 그는 강학하고 제자를 받는 것, 제자들의 '덕을 수양하는 것', '의로움을 듣는 것'을 지도하고, 민중을 개화 및 지도하는 것을 평생 추구하고 또한 그것

---

611) 《論語》 '述而' 3 : "子曰 德之不修 學之不講 聞義不能徙 不善不能改 是吾憂也."

612) 《論語》 '述而' 15 : "子曰 飯疏食飮水 曲肱而枕之 樂亦在其中矣 不義富且貴 於我 如浮雲." (공자가 말하였다. "거친밥을 먹고 물을 마시고, 팔을 굽혀 베개를 삼을지라도 즐거움이 또한 그 가운데 있으니, 의롭지 않으면서 부유하고 귀한 것은 나에게 뜬 구르와 같으니라."

613) 《論語》 '述而' 18 : "葉公問孔子於子路 子路 不對 子曰女 奚不曰其爲人也 發憤忘食 樂以忘憂 不知老之將至云爾." (엽공이 공자에 대하여 자로에게 물었는데, 자로가 대답하지 않았다. 공자가 말하였다. "나는 어찌 그 사람됨이(진리를 깨우치지 못하면) 분발하여 먹기를 잊으며,(깨치면) 즐거워하여 근심을 잊어서, 늙음이 장자 이르게 되는 것도 알지 못한다고 말하지 않았던가?")

614) 각주 15)와 같음.

을 자신의 신성한 사명으로 간주하였다.

중국 춘추 말기의 사학(私學) 교사로서 그의 인생관, 가치관은 얼마나 숭고하고 위대한 것이었는가? 이는 공자가 교사로서의 직업적 도덕에서의 최고의 경지였다. 이러한 민중의 개화와 문명의 전파을 전파하는 책임감과 사명감, 또한 이와 같은 활동에 대한 집착과 봉사를 즐기고, 추호의 원망이나 후회도 없이 희생하는 정신이야말로 바로 공자가 후세의 교사들에게 남겨준 교훈이자 귀중한 정신적 재산이 아닐 수 없다.

우리보다 2천 백여 년 전에 살다 간 서한의 사학자 사마천(司馬遷; 약 서기전 145~서기전 80)은 자신보다 4백여 년 앞서간 공자의 교육사업에 대한 끝없는 추구야 말로 그의 인격에서 가장 매력적인 부분이라고 했다. 그는 《사기》 '공자세가(孔子世家)'의 결말에서 '지성(至聖)'이라고 했다. 그는 공자에 관련된 일부 사서(史書)를 읽었는데, 거기서 공자의 사람 됨됨을 상상할 수 있었다고 한다. 그 후 노나라에 가서 공자의 고택, 및 공자가 당시 교학을 하면서 남겨 놓은 많은 유물들을 보고, 많은 젊은 학도들이 당시까지도 늘 공자의 고택에 가서 '습례(習禮)'하는 것을 보고, 감탄해 마지 않았으며, 그곳을 오랫동안 떠나지 못했다고 한다. 천하의 제왕과 장상들과 선철(先哲) 현인이 그렇게도 많은데, 이러한 사람들은 생전에는 아주 휘황했지만, 사후에는 모두 과거로 되어 버렸다. 그러나 공자는 주지하는 바와 같이, 가난한 평민이었지만 오늘날까지 2천 수백여년을 전승되어 왔으며, 독서인들은 그를 숭상하고 종법으로 여겨 왔다. 천자로부터 왕후에 이르기까지, 중국인은 물론 한국인들도 '육예(六藝)'만 이야기하면 공자를 떠날 수 없었다. 공자는 그야말로 '지성(至聖)'이었다.

제2절 유교무류와 일시동인

공자는 춘추 말기 당시 봉건사회의 동요 속에서 진보적인 군자였다. 공자 사상의 핵심은 주지하는 바와 같이, '인(仁)'이다. 그가 인에 대하여 내린 간단한 정의는 '애인(愛人 ; 사람을 사랑하는 것)'이다.[615] 그는 '충서(忠恕)'의 도를 주장하여 인권을 존중하고, 인(仁)으로 사람을 대하고, "추기급인(推己及人;제 마음을 표준삼아 남의 마음을 추측함)", 사람을 근본으로 할 것을 강조하였다. "인도(仁道)" 즉 인도(人道)로, 공자가 주장한 '인도(人道)'는 바로 일종의 인도주의적 정신을 제창한 것이다.

공자는 인본주의(人本主義), 인도주의(人道主義)에서 출발하여 당시 통치계급이었던 귀족만의 교육을 받을 권리에 대한 독점적 표현인 '학재관부(學在官府)'의 교육제도에 도전하여 유가사학(儒家私學)을 창설하여 '교민(敎民)'을 '인정(仁政)'을 실시하는 중요한 내용으로 하였다. 그는 앞에서도 말한 바 있지만, "백성을 가르치지 않고 죽이는 것을 학정이라 하고, 미리 훈계하지 않고 결과만을 따지는 것을 포악하다 하고, 명령을 엉터리로 하고 이행할 기한을 재촉하는 것을 적해라 한다."[616]고 하였다. 이러한 '교민'의 주장은 봉건사회 초기에 있어 매우 중요한 진보적 의미를 가지며, 그것은 춘추시기에 형성된 "문화 하향이동(文化 下向移動)" 운동의 추진 및 촉진하는 역할을 했으며, 당시 노예신분에서 전환되어 온 많은 노동 인민들에게 있어, 인권환경에 대한 진일보한 개선은 찬란한 햇빛을 가져온 것이 되었다.

---

615) 《論語》 '顔淵' 22 : "樊遲問仁 子曰 愛人."

616) 《論語》 '堯曰' 3 : "子曰 不敎而殺 謂之虐 不戒視成 謂之暴 慢令致期 謂之賊."

1. 유교무류(有教無類)

교민(敎民)에서 출발하여, 공자는 교육현장에서 처음으로 '유교무류(有敎無類)'를 제창하였다. '유교무류'란 가르침이 있을 뿐 차별이 있을 수 없다는 것, 즉 누구에게나 차별 없이 교육을 실시한다는 말이다. 그는 사람마다 모든 교육을 받을 권리가 있으며, 사람마다 공정한 교육을 받아야 하며, 교육문제에 있어서는 어떠한 계층을 구분해서는 안 된다고 주장하였다. 이는 당시 역사적 상황에서 상하를 진동하는 발언이 아닐 수 없다. 공자는 '학재관부(學在官府)' 제도의 피통치계급에 대한 각종 경시(차별대우)를 극복하기 위해 노력하였으며, 많은 농민 노동자 자제들이 교육을 받을 권리가 있음을 인정하고 또한 이를 존중함으로써 그의 '인본주의' 교육관과 교육의 평등을 견지하는 직업윤리의 경향을 충분히 나타냈다.

공자의 '유교무류'는 빈말이 아니라, 시종일관 그의 사학 운영 및 교학과정에서 충실하게 실천된 것이었다.

우선 교육대상인 제자들을 모집할 때, 공자는 빈부귀천을 막론하고 사람들은 모두 교육을 받아야 한다고 주장했다. 교사로서 교육의 대상을 선택해서는 안 되며, 공부하고자 하는 뜻을 가지고 있는 사람은 일률적으로 거절해서도 안 된다고 하였다.

공자는 공개적으로 "속수(束脩)[617] 의 예 이상을 치른 사람들에게 내 일찍이 가르치지 않는 바 없다."[618]고 선언했다. 그는 교육의 대상에 있어 빈부, 귀천, 종족, 지역 그리고 지혜롭거나 우둔한

617) 속수는 육포(肉脯)를 열 두름 묶은 것으로, 사람을 찾아가 가르침을 청할 때 바치는 예물을 말한다. 예물은 신분에 따라 그 종류가 달랐으며, 속수는 가장 낮은 것이었다.

618) 《論語》 '述而' 7 : "子曰 自行束脩以上 吾未嘗無悔焉."

것은 따지지 않았다. 다만 하나의 기준으로 '속수'의 예를 갖추고 배우고자 하는 뜻을 보이면 사생(師生) 관계를 인정하였다. 공자는 배우고자 하는 뜻을 보이면 교육하기 싫다 한 적이 없다.

공자의 제자들은 노, 위, 제, 초, 진, 오 등 여러 지역에서 모여들었다. 또한 제자들은 계층적으로는 여러 층이었다. 예컨대 귀족의 자제로 사마우(司馬牛)같은 이가 있는가 하면, 부유한 상인의 자제 자공(子貢) 같은 이도 있었다. 그런가 하면 "빈곤하여 누추한 골목에 살던" 안회(顏回) 같은 이도 있었고, 변경(소수민족) 출신의 자로(子路) 같은 사람들도 있었다. 위에서도 인식할 수 있듯이, 공자는 가정이 어떠하던, 주거환경이 어떠하던, 또는 그들의 정치적 지위가 어떠하던, 경제적 환경이 어떻든, 심지어 그들의 개인적 소양과 지식의 기초가 어떻든 상관치 않고, 일률적으로 자신의 제자로 받아들였다.

공자는 소질이 매우 차한 학생들도 받아들였다. 《논어》 '술이' 편에 의하면 "호향(互鄕) 사람과는 말하기 어려웠는데, 동자(童子)가 뵙거늘 문인들이 의심하였다." 이에 공자는 "사람이 몸을 청결히 해서 찾아오거든 그 청결함을 인정하고, 전날에 한 일을 보장하지 않았으며, 나와서 한 일을 인정하고 물러나서 한 일을 인정하지 않는 것이니, 어찌 심하겠는가?"[619] 위와 같은 말이 의미하는 바는 '호향'이라는 작은 지방이 있었는데, 민풍민속이 매우 차하고, 개명되지 못해, 그들과 '선(善)'에 관한 문제를 논의하기는 매우 어려웠다. 호향의 한 소년이 공자에게 가르침을 구하자, 공자는 그를 받아들였다. 공자의 제자들은 그곳은 교육할 수 없는 것이라고 여겨, 그 소년을 만날 가치가 없다고 생각하고 있었으므로 공자의

619) 《論語》 '述而' 28 : "互鄕 難與言 童子 見 門人 惑 子曰 人 (潔己以進 與其潔也 不保其住也) 與其進也 不與其退也 唯何甚."

행동에 의아했다. 공자는 이에 대하여 다음과 같이 해명했다.

즉 그 소년이 배움을 청하러 온 것은 그가 자신을 수련하고자 하는 마음이 있기 때문이며, 그러기에 나는 그의 배움을 청하는 것을 받아들인다는 것이다. 나는 오늘 그 자신이 깨끗이 하고자 함이지, 그의 과거가 어떠했는지에 대해서는 상관하지 않는다. 나는 그가 진보(進步)를 촉진하는데 주력하는 것이지, 그가 퇴보하게 해서는 안 된다. 그렇다면 그렇게 과격하게 대할 필요가 있는가? 공자의 "그가 앞으로 나서고자 하니, 내 거들어 허락한 것이다. 뒤로 물러나고자 하는데, 내 그를 거들은 것이 아니다."는 다음 내용을 심오하게 천명하였다.

교사라는 직업의 숭고함과 신성함은 학생들이 교육을 받을 권리를 충분히 보장해 주고 있는지 그 여부에 달려 있지, 가르치기 적합한 학생을 선택하는 것이 아니며, 설사 기초가 차한 학생에 대해서도 교육을 포기해서는 안 되며 당연히 정성껏 도와야 하며, 진보와 발전이 있도록 해야 한다는 것이다.

공자는 자신을 괴롭히는 제자를 받아드릴 수 있었다. 《사기》 '중니제자열전' 에 의하면, 공자의 제자 자로(子路)는 원래 "성급한 미개인"으로, 공자보다는 9살 아래였다. 그는 거칠고 성격이 군세고, 힘자랑하는 것을 좋아했으며, 공자에게 폭행을 가한 적도 있었다. 그러나 그는 공자에게 감동을 받아 유자(儒者)의 의복을 입었으며, 어떤 사람의 소개로 공자의 제자가 되어, 마지막에는 공자사상의 충실한 신봉자가 되었다.

공자는 언젠가 깊은 정을 담아 자기의 심경을 토로한 바 있다. "사랑한다면 위로하지 않을 수 있겠는가? 충성한다면 깨우쳐 주지 않을 수 있겠는가?"[620)]

---

620) 《論語》 '憲問' 8 : " 子曰 愛之 能勿勞乎 忠焉 能勿誨乎."

그들을 사랑한다면, 그들을 위해 뭔가 헌신해야 하는 것 아닌가? 이러한 활동을 하자면 그들을 위해 교육을 하지 않을 수 없는 것 아닌가? 공자는 "애인(愛人)"하기 때문에 사람에게 충실히 하고, 그들의 인권을 존중하고, 그러기 때문에 빈부귀천을 막론하고 교육을 원하기만 하면 그리고 일정한 예를 갖추기만 한다면 열정적으로 교육에 임했다.

공자가 역사상 처음으로 '유교무류(有敎無類)'를 주창했으며, '애(愛)'와 '충(忠)'이 그 핵심이다. 공자의 제자들은 이러한 '애'와 '충'을 보고, 공자의 문하에 들어와 배움을 청했던 것이다. 그리하여 공자의 문하로 몰려드는 제자들은 다양한 부류를 형성하여 복잡하였다.

2. 일시동인(一視同仁)

공자는 모든 제자는 당연히 평등한 교육을 받아야 한다고 주장했다. 따라서 교학의 실천 속에서, 그는 제자들에게 항상 모두 평등하게 대하고, 가깝거나 먼 관계를 가리지 않고, 좋고 나쁜 것을 가리지 않으면서 일시동인(一視同仁;남을 차별 없이 대우함)하였다.

《논어》 '계씨(季氏)' 편에 따르면, 한번은 진강(陳亢)[621]이 백어(伯魚)[622]에게 묻기를 "그대는 아버지로부터 남다른 가르침을 받은 적이 있는가?"하고 묻자, 백어는 "아직 없네. 하루는 아버지께서 홀로 서 계실 때, 내가 뜰 앞을 지나쳤더니 아버지께서 '너는 시(詩)를 공부했냐?'고 물으셨네. 이에 아버지께 '아직 배우지 못했습니다.' 여쭈었더니 아버지께서는 '시를 배우지 않으면 사

621) 진강은 '학이' 편 제10장에 나왔던 자금(子禽)을 말한다. 공자보다 4세 아래의 제자라고도 하고, 자공의 제자라고도 한다.

622) 공자의 아들로 이름은 리(鯉)이다.

람들과 말할 것이 없다.' 하시어 나는 그 뒤로 시를 공부했네. 그 뒤 또 어느 날 아버지께서 홀로 계실 적에 내가 앞뜰을 지났쳤더니 '예(禮)'를 공부했느냐?고 물으시기에 '아직 못 배웠습니다.' 고 여쭈었드니, '예를 배우지 못하면 사회에 나설 수 없다.'고 하시기에 그 뒤로 나는 예를 배웠네. 이같이 두 가지를 들었네."라고 하자, 진강이 기뻐 말하였다. "하나를 들어 셋을 알았다. 시를 들었고, 예를 들었으며 그리고 군자는 자신의 자녀와 가까이 하지 않았음을 들었다."고 하였다.[623)]

우리는 위의 글에서도, 공자는 《논어》 여러 곳에서도 인식할 수 있듯이, '예', '악'을 중요시 했다는 것을 이해할 수 있다. 그러나 우리는 더더욱 '군자는 자신의 자녀와 가까이 하지 않았다.'는 것에도 주의할 필요가 있다. 이렇듯 공자는 그의 아들을 가르침에 있어, 여타의 제자들에 대한 가르침과 다름이 없게 하고, 특별히 지도하거나 보살핌도 없었다는 것을 이해할 수 있다. 이는 공자는 자신의 자녀교육에 있어서 한 번 더 높이 보고, 한 번 더 사랑해 주는 일이 없었다는 것을 설명해 주고 있다. 이러고 보니, 언젠가 서울의 S여고 교무주임이 대학입시 때 내신 성적을 위해 시험지 답안을 자기 자식에게 알려줘 법의 심판을 받은 사건이라던가 또는 그 누구보다도 정의를 부르짖던 법학교수 출신의 어느 정부 요인이 자기 딸의 대학원 입학을 유리하기 위하여 추천서를 위조한다든가 하는 경우가 생각된다. 공자가 교육에 있어서 자기의 아들을 다른 제자와 같이 똑같이 대했다는 대목을 어떻게 생각할까? 모든 교육자는 주의 깊게 생각할 일이다.

---

623) 《論語》 '季氏' 13 ; "陳亢問於伯魚曰 子亦有異聞乎. 對曰 未也 嘗獨立 鯉趨而過庭 曰 學詩乎 對曰 未也 不學詩 無以言 鯉退而學詩 他日又獨立 鯉趨而過庭 曰 學禮乎 對曰 未也 不學禮 無以立 鯉退而學禮 聞斯二者. 陳亢退而喜曰 問一得三, 聞詩聞禮, 又聞君子之遠其子也."

"군자는 자신의 자녀를 가까이 하지 않았다."면 기타의 사람들의 아동에 대해서는 어떠했을까? 공자는 또 하나의 제자 중궁이 있었는데, 그의 아버지는 신분이 비천하고 덕행이 아주 좋지 않았다.

《사기》 '중니제자열전(仲尼弟子列傳)'에 의하면, "중궁의 아버지는 천인이었다."고 한다. 그런데도 공자는 중궁의 아버지가 비천하다 해서 중궁을 경시한 적이 없었다. 공자는 중궁을 평하기를 "얼룩소 새끼가 빛이 붉고 또 뿔이 단정하면, 비록(사람들이 제물로) 쓰지 않고자 하나, 산천(의 신)이 그것을 버리겠는가?"[624] 라고 했다. 여기서 '얼룩소'는 바로 밭갈이 하는 소이다. 당시 춘추시대에는 이미 우경(牛耕)의 기술이 널리 보급되었다. 그런데 고대인들은 제사를 가장 우선의 일로 삼았다. 이때 아무리 소가 농경에 중요하다 하더라도 크고 건강하고 털의 색이 좋은 소들은 모두 천지 신령에게 제사하는 데 바쳐지고, 열등한 소만이 밭갈이에 동원되었다. 공자는 말하기를, 중궁은 비록 밭갈이 하는 소로만 될 수 있는 소에게서 태어난 송아지인데도 이 송아지는 오히려 털 색이 순수한 적색이 나고 뿔이 곧은 것으로 보아 천지신명에게 제사 지낼 수 있는 소임에 틀림없다. 사람들은 비록 그걸 가지고 제사를 하기 싫어하고 다만 밭갈이하는 열등한 소로 사용하고자 하겠지만, 산천 신령은 그를 포기하겠는가? 이렇듯 공자는 중궁을 그의 아버지와 구별하여 매우 열심히 가르쳤다.

그 후 공자는 "옹(중궁)은 임금 노릇을 하게 할만하다."[625]고 평하였다. 비천한 가정 출신의 중궁이 이처럼 공자의 눈에 비칠 수 있는 것으로 보아 공자는 실제적으로 확실히 '유교무류'와 교육의 평등을 견지하였다 할 것이다.

---

624) 《論語》 '雍也' 4 : "子謂仲弓曰 犂牛之子 騂且角 雖欲勿用 山川 其舍諸."
625) 《論語》 '雍也' 1 : "子曰 雍也 可使南面."

공자가 교육의 평등과 일시동인을 견지한 것은 또한 그의 후진 제자들에 대한 태도에서도 나타났다.

'자로(子路)' 편에 의하면, 번지(樊遲)가 공자에게 곡식 가꾸는 일을 배우기를 청하자 "공자는 '나는 곡식 가꾸는 늙은 농부만 못하다.' 고 하고, 또 채소 가꾸는 일을 배우기를 청하자, '나는 채소 가꾸는 늙은 농부만 못 하다.' 고 하였다. 번지가 나가자, 공자는 번지를 가리키어 소인배로구나! 번지여! 윗사람이 예(禮)를 좋아하면, 백성들이 윗사람을 공경하지 않을 리 없고, 윗 사람이 의(義)를 좋아하면, 백성들이 윗사람에게 복종하지 않을 리 없고, 윗사람이 믿음(信)을 좋아하면, 백성들이 감히 진실하게 하지 않을 수 없는 것이다. 이렇게 되면, 사방의 백성들이 자기의 아이를 포대기에 싸 업고 올 것이니, 어찌 몸소 농사짓는 일을 하겠는가?"[626]라고 하였다. 이는 군자로서 예(禮), 의(義), 신(信)으로 백성을 다스리면 국내만이 아니라 인접 국가의 백성들까지도 덕(德)을 좇아 모여들 것이라는 것을 일러 주고 있다. 군자는 치인(治人)으로서의 역할을 해야지, 직접 농서나 짓고 노동하고 농사일에 직접 뛰어들어 잘할 필요는 없다는 것을 가르쳐 주고 있다.

공자의 교육목표는 일종의 새로운 정치적 안재, 즉 점차적으로 통치적 계통의 '노심자(勞心者)' 로 들어가는 것이었다. 따라서 위에서 보듯, 번지의 '농사일을 배우는 것', '채소 가꾸는 일' 을 배우고자 하는 의향은 확실히 공자의 교육목표와는 아주 거리가 먼 것이었으며, 번지는 공자의 문하생 중에서 원대한 포부와 고상한 흥미가 없는 '열등생' 이었음이 틀림없다.

그렇다면 번지와 같은 '농사를 원하는 자' 또는 '채소를 가꾸

626) 《論語》 '子路' 4 : "樊遲 請學稼 子曰 吾不如老農 請學爲圃 曰 吾不如老圃 樊遲 出 子曰 小人哉 樊須也 上 好禮則民莫敢不敬 上 好義則民莫不敢服 上 好信則民莫敢不用情 夫如是則四方之民 襁負其子而至矣 焉用稼."

고자 하는 자' 에게는 어떻게 대하여야 하는가? 공자는 경시하지도 않고, 엄하게 타이르며 꾸짖지도 않고, 비웃지도 않으며 인내를 가지고 매우 책임지는 태도로 그자가 제기하는 문제에 대하여 반드시 대답하게 했다. '나는 늙은 농부만 못 하다.' '나는 채소 가꾸는 늙은 농부만 못 하다.' 고 하여 만일 네가 농사나 채소 가꾸는 일을 배우려면 아무래도 그들에게 가서 배워야 하며, 그러한 방면에서는 나는 그들보다 못하고, 그들이야말로 그 방면의 실천적인 지식을 가지고 있다는 것을 일러주고 있다.

공자는 번지에 대한 답에서 보듯, 참다운 성의를 보였다. 생각건대 만일 공자가 번지의 물음에 비평했다거나, 엄하게 타이르며 꾸짖는다거나 또는 조소를 하였다면, 번지는 단연코 그렇게 재차 채소 가꾸는 일을 배우기를 청하지 않았을 것이다.

이로 보아, 공자는 번지가 농사를 물은 것에 대해 경시하거나 멸시하지 않았을 뿐만 아니라, 그의 인격과 흥미를 존중하고 인내를 가지고 지도해 주었다는 것을 인식할 수 있다.

위에서 보듯, 공자는 번지의 질문에 대한 답을 해 주고, 질문 장소에서 나가기를 기다렸다. 번지가 나가자, 공자는 번지를 제외한 여러 제자에게 "소인이구나! 번지여! 윗사람이 예를 좋아하면 백성들이 윗사람을 공경하지 않는 이가 없고, 윗사람이 의를 좋아하면 백성들은 복종하지 않는 이가 없고, 윗사람이 믿음을 좋아하면 백성들이 감히 진실하지 않게 할 수 없는 것이다. 이렇게 하면, 사방의 백성들이 그들의 아이를 보태기에 업고 올 것이니, 어찌 몸소 농사짓는 일을 하겠는가?"라고 말해주었다.

위에서 보듯, 공자는 먼저 번지가 포부가 적고, 품위가 없는 사람이라고 비판하고 나서 '농사짓는 일' 의 도리를 체계적으로 말해주었다. 이는 바른 견문을 위한 것으로 보이는바, 그 힘을 빌어 '번지가 농사짓는 일을 배우려는 것' 이 여타의 제자들에게 끼칠 수 있는 부정적인 영향을 일소하려 하였다는 것을 인식할 수 있다.

공자는 처음으로 '유교무류'를 제창하여, 사람마다 교육을 받고 사람마다 평등한 교육을 받아야 한다고 주장하였던바, 이는 오늘날 우리들이 교육의 대중성, 평등성, 공익성의 원칙을 견지하는데 여전히 아주 중요한 거울로 삼아야 하는 의의가 있다 할 것이다.

제3절 겸허 · 근신 · 박학다재

공자는 평소에 "높이 배운 사람이 교사로 된다."고 인식하였다. 그러기에 교사로서 반드시 박식해야 한다는 것이다. 그는 "기술자가 일을 잘하려면 반드시 먼저 연장을 예리하게 만들어야 한다."[627]고 하였다. 이는 장인이 만약 자신이 하는 일을 잘하려고 하면, 반드시 자신의 연장을 예리하게 잘 갈아야 한다. 교사는 또 언제나 이같이 한 적이 없었지 않는가? 교사는 자기가 흐리 멍텅해 가지고는 남을 똑똑하게 알 수 있게 할 수는 없기 때문이다. 자기 자신이 충족한 지식을 저장하는 것은 교사가 교학의 임무를 완성하고, 교학의 질을 올리는 필요한 전제이자 근본적인 담보이다.

공자는 젊은 시절 노나라에서 박학다재하기로 유명하였다. 《사기》 '공자세가(孔子世家)'에 의하면 "공자 나이 열일곱에 노나라 대부 이자(厘子)가 병으로 죽게 되었는데, 그는 그의 후사 의자(懿子)에게 이르기를 '공구(孔丘)는 나이가 어리나 예의가 바르니 내

627) 《論語》 '衛靈公' 9 : "子貢 問爲仁 子曰 工欲善其事 必先利其器 居是邦也 事其大夫之賢者 友其士之仁者."(자공이 인(仁)을 행하는 것에 대하여 묻자, 공자가 말하였다. "기술자가 일을 잘 하려면 반드시 먼저 연장을 예리하게 만들어야 하는 것이니, 이 고을에 살면서 대부 중에서 어진 자를 섬기며, 선비 중에서 인한 자를 벗 삼아야 한다."

죽더라도 반드시 스승으로 모셔라.'고 유언을 남겼다. 의자가 죽자 의자는 노나라 사람 남궁경숙(南宮敬叔)과 함께 공자에게 예(禮)를 배우러 갔다."고 전해주고 있다.

맹이자(孟厘子) 같은 귀족도 이렇듯 공자를 숭배했던 바와 같이, 소년 시절의 공자는 호학(好學)하고 예를 안다는 것으로 이미 노나라에서 아주 유명했다.

공자의 학식과 재능은 다방면이었다.

치국(治國)의 면에서는, 공자는 뛰어난 정치적 재능을 가지고 있었다. 젊은 시절, 공자는 한때 계씨한테서 '위리(委吏)'와 '승전(乘田)'이라는 작은 관리를 지낸 적이 있다. '위리'는 창고를 관리하고 '승전'은 목장을 관리하는 직이었는데, 이를 공자는 매우 훌륭하게 수행하였다.

《사기》 '공자세가'에 의하면, 공자가 노나라의 중도(中都 ; 현 산동성 문상현 ; 汶上縣)의 재(宰 ; 家臣의 우두머리)로 있을 때도 주변의 지방관리들은 모두 공자의 방법을 모방하기도 하였다. 1년 후 공자는 사공(司空)으로 승진하였고, 이어 대사구(大司寇)가 되었다. 공자가 노나라의 대사구로 있으면서 일을 처리함에 있어서 상인들은 물가를 마음대로 올리지 못했고, 민중은 생활이 안정되었으며, 도의가 살아 있었던바, 그 정치적 업적이 빛났다. 노나라는 공자가 정치에 참여하는 동안 정치는 안정되고, 민중은 평화롭고 국력은 나날이 창성하여 주위의 인접국들은 모두 위기와 위협감을 느끼기까지 하였다. 제(齊)나라의 대부 여단(黎鉏)은 제경공(齊景公)에게 "노나라는 공구를 임용하여 그 세력이 제나라를 위협하고 있습니다."고 아뢴 바 있다. 이로 보면 공자는 확실히 치국안민의 탁월한 능력을 가지고 있었다 할 것이다.

치학(治學 ; 학문을 함) 면에서는, 공자는 육예(六藝)에 정통하고 고금(古今)에 정통하였다. 주지의 사실이지만, 유가사학을 창설하여 시, 서, 예, 악을 가르쳤고, 제자 역시 삼천이었고, 그중 육예를 정통한 제자 역시 72인이나 되었다고 한다. 소위 육예(六藝)란 시(詩), 서(書), 예(禮), 악(樂), (易), 춘추(春秋)를 일컷는 바, 공자가 교학 할 때 사용하는 기본교재이다. 그중 시, 서, 예, 악은 치밀한 수집, 정리, 간별과 편집작업을 견지하였다. 이는 수준이 낮은 제자들에게 적용되는 기본과정이었고, 역, 춘추는 정도가 높은 수준의 제자의 주요 내용이었다. 모든 이런 내용은 정치, 여가, 문학, 예술 등 학과를 포함하고 있어 공자는 정통하지 못한 것이 없었으며, 이런 내용을 강할 때는 늘 여유롭고 자유롭게 활용하였다. 동시에 공자는 교학을 하면서 한편으로는 이러한 전적(典籍) 문헌들에 대한 치밀한 수집, 정리, 선별, 편집작업을 견지하였다. 공자의 편집정리를 거친 이러한 유가의 전문적인 문헌을 후세에서는 '육경(六經)'이라고 불렀다.

공자의 교육내용은 주로 정치, 역사, 문학예술 등 모두 인문, 사회과학의 범주인바, 자연과학은 거의 취급하지 않았다. 그러나 사실 그는 자연과학 방면에 대한 지식 역시 비교적 깊었다,

공자는 박학다재(博學多才)하고 고금(古今)에 통하였기 때문에 사상 이론과 학술상의 성과는 전례 없는 것이었다.

학술면의 최대성과는 육경에 대한 정리와 편집이었다. 이에 대해서는 이미 제5장 제5절에서 기술하였으므로 여기서는 약하기로 한다.

공자가 정리 및 편집한 유가의 육경(六經)은 중국 고대의 많은 중요한 정치, 역사, 문학의 자료를 보전하였으며, 지금까지도 우리가 중국상고사를 연구하는 중요한 문헌으로 되었다.

사상과 이론 면에서 공자가 창설한 유가학파(儒家學派)는 당시에 있어 현학(顯學)으로 성과를 이루었다. 공자의 유가학설은 인간과

자연, 인간과 사회, 인간과 인간 간의 다양한 거시적 세계와 미시적 세계를 아우르고 있는 작은 것을 통해 치밀함을 엿 보면서 '인(仁)' '예(禮)' '중용(中庸)' 등을 중핵으로 하는 완전한 이론체계를 형성하였다. 공자의 유학이론은 줄곧 중국의 전통사회에서 통치적인 이데올로기로 되었음은 물론 세계 사상 발전사에서도 매우 중요한 영향을 끼쳤다.

한 교사로서의 공자는 깊은 사상과 해박한 지식을 가지고 있는 동시에 교육의 방법에 대해서도 깊이 알고 있었다. 공자는 청소년 제자들의 인식법칙, 정확하게 파악할 수 있으며 깊이 들어가 쉽게 나오며 점진적으로 발전시켰다.

교학 중에서 공자는 높은 데서 내려다보고, 옆에서 인도하고 교묘한 언어들을 활용하면서 고명한 교학의 기교와 지혜를 보였다. 교학설계를 벗어나는 우발적인 사건이 발생했을 때는 공자는 민첩하고 영활하게 대응할 수 있는바, 늘 진부한 것을 신기하게도 최적의 효과를 내도록 전화시켰다. 그의 계발교학(啓發教學), 인재시교(因材施教), 교학상장(教學相長) 등 교학 원칙과 방법 등은 시공을 초월하여 보편적 지도적 의의와 강력한 생명력을 가지고 있다.

《사기》 '공자세가'에 의하면, 공자 생존 시에 오나라의 사절은 그를 존경하여 '선재성인(善哉聖人)'이라 했고, 공자가 죽은 후 제자인 자공은 그를 평하기를 "궁궐의 담장에 비유하면, 나의 담장은 어깨에 미쳐 집안의 좋은 것을 들여다 볼 수 있지만, 선생님의 담장은 몇 길이나 된다. 그 문으로 들어가지 않으면 종묘의 아름다움과 백관의 많음을 볼 수가 없다. 그 문을 얻은 자가 드물다."[628]고 하였다.

628) 《論語》 '子張' 23 : "…子貢曰 譬之宮牆 賜之牆也 及肩 窺見室家之好 夫子之牆 數仞 不得其門而入 不見宗廟之美 百官之富 得其門者 或寡矣."

자공의 공자에 대한 위와 같은 평의 의미는 다음과 같은 의미일 것이다. 즉, 만일 한 사람의 해박한 학식과 심오한 사상을 가옥의 담장에 비유한다면, 나의 담장은 어깨높이만큼 되어 눈만 들면 바로 안쪽의 가옥의 아름다움을 볼 수 있다. 그러나 공자의 담장은 몇 길 높이여서 대문 안으로 들어가지 않으면 담장 안의 종묘의 아름다움과 넓은 가옥의 화려함을 볼 수 없다. 그러나 들어 살 수 있는 대문을 찾는 사람은 아마도 아주 적을 것이라는 뜻이다.

바로 이러한 중국 상고문화의 대집성자 공자는 언제나 겸허하고 근신하였다. 그는 항상 자신의 학식을 자랑하지도 않고, 설사 사람들이 그의 재능을 칭찬한다 하더라도 그는 늘 이성적이었고 매우 겸손하여 추호도 만족하지 않았다. 한번은 태재(太宰)[629]가 자공(子貢)에게 "공자는 성인이신가? 어찌 그렇게 능한 것이 많으신가?"하고 묻자 자공은 "본래 하늘이 내신 성인이실 것이고, 또한 능한 것이 많으시다."고 일러 주었다.[630]

공자는 이러한 태재와 자공의 대화를 안 후 "태재가 나를 아는구나! 내 젊었을 적에 미천했기 때문에 비천한 일에 능함이 많으니, 군자는 능한 것이 많은가? 많지 않다."[631]고 말하였다. 공자의 이와 같은 말의 뜻은 태재가 나를 안다는 말인가? 내가 어렸을 때 빈곤하고 비천해서 여러 가지 비천한 기예를 배웠다. 진정한 군자가 이렇게 많은 기예를 가지고 있겠는가? 이렇게 많지 않을 것이라는 것이다.

---

629) '태재'는 관직의 명칭으로 재상, 또는 수상급이다. 이 문장의 태재는 오(吳)나라의 대재 비(嚭)라고 한다. 좌전(左傳) 애공(哀公) 7년, 12년 노(魯)나라의 자공은 오나라의 대재 비와 회담한 일이 있다. 애공 12년은 공자가 69세, 자공은 38세 때였다.

630)《論語》'子罕' 6 : "太宰問於子貢曰 聖者與 何其多能也 子貢曰 固天縱之將聖 又多能也."

631)《論語》'子罕' 6 : "子聞之曰 太宰 知我乎 吾少也 賤故 多能鄙事 君子 多乎哉 不多也."

공자는 또 "성(聖)과 인(仁)으로 말한다면, 내 어찌 감히 자처하겠는가? 그렇지만 행함을 싫어하지 않으며, 사람 가르치는 것을 게을리 아니함은 곧 그렇다고 말할 수 있을 뿐이다."[632]고 말하였다. 그는 또 "문(文)은 내가 다른 사람과 같지 않겠는가? 그러나 군자의 도(道)를 몸소 행하는 것은 내가 아직 얻지 못했다."[633]라고 하였다. 이것이 말하는 바는 책 속에서 학문을 논함에 있어서 대개는 나는 다른 사람들과 비슷하겠지만, 생활의 실천 속에서 군자가 되려면 나는 성공할 때까지는 멀었다는 것이다.

공자는 치학(治學:학문)의 정신은 매우 치밀하였다. 거짓을 보거나 모르면서 아는 척하거나 하는 것은 공자가 가장 혐오하는 것이었다. 그는 "아는 것을 안다 하고, 모르는 것을 모른다고 하는 것, 이것이 아는 것."[634]이라고 했다.

어떤 사람이 공자에게 "체제사(禘祭事)[635]의 내용에 대하여 묻자, 공자는 알지 못하겠다. 그 내용을 아는 자는 천하에 대하여, 이것을 보는 것과 같을 것이다." 하시고 그 손바닥을 가리켰다.[636]

제자 번지가 한번은 공자에게 농사에 관한 일을 물었는데, 그는 솔직히 자기는 확실히 이 방면의 실천 경험이 없기 때문에 "나는 곡식 가꾸는 늙은 농부만 못 하다." "나는 채소 가꾸는 늙은 농부

---

632) 《論語》 '述而' 33 : "子曰 若聖與仁 則吾豈敢 抑爲之不厭 誨人不倦 則可謂爾已矣."

633) 《論語》 '述而' 32 : "子曰 文莫吾猶人也 躬行君子 則吾未之有得."

634) 《論語》 '爲政' 17 : "子曰由 誨女知之乎 知之爲知之 不知爲 不知 是 知也." (공자가 말하였다. "유(자로)야! 너에게 안다는 것을 가르쳐 주겠다. 아는 것을 안다하고 모르는 것을 모른다고 하는 것, 이것이 아는 것이다."

635) 체제사란 왕이 시조의 묘당(廟堂)을 세우고, 시조를 위시로 이전의 왕들을 배향하여 왕만이 지낼 수 있는 큰 제사를 말한다.

636) 《論語》 '八佾' 11 : "或 問禘之說 子曰 不知也 知其說者之於天下也 其如示諸斯乎 指其掌."

만 못 하다."고 하였다.[637]

공자는 유가의 경전 문헌을 정리하고 편집하는 과정에서, 광범위하게 자료를 수집하고 열심히 고증하고 조심스럽게 취사선택하였다. 그의 말에 의하면, "전술하고 창작은 아니하며, 옛것을 믿고 좋아했다."[638]고 했다. 다만 이것은 기술, 해석이지 창작이 아닌바, 여태껏 자신의 관점을 쉽게 발표하지 않았다. 이렇게 되도록 원래의 의미를 보류하여 고적(古籍;고서)이 더욱 진실 되고 신뢰할 수 있게 하였다. 그는 "알지 못하고 행하는 사람이 있느냐? 나는 그런 것이 없노라. 많이 들어서 그 착한 것을 가려서 좇으며, 많이 보아서 기억함이, 아는 것의 다음이니라."[639]고 했다.

공자의 이와 같은 광범위한 학식과 재능은 천부적인 것이 아니라, 순전히 그의 노력의 결과였다. 그는 "나는 나면서부터 아는 자가 아니라, 옛것을 좋게 여겨 민첩하게 구하는 자이다."[640] 그리고 "열 집 고을에 반드시 충과 신이 나와 같은 이는 있겠지만, 내가 학문을 좋아하는 것만은 같지 못할 것이다."[641]고 하였다. 그는 "세 사람이 같이 길을 가면, 반드시 그중에 나의 스승 될 만한 사람이 있다."고 주장하고, "그중에서 좋은 점을 골라서 내가 따르

637) 《論語》 '子路' 4 : "樊遲 請學稼 子曰 吾不如老農 請學爲圃 曰 吾不如老圃 樊遲出 子曰 小人哉 樊遲也." (번지가 곡식 가꾸는 일을 배우기를 청하자 공자가 말하였다. 나는 곡식 가꾸는 늙은 농부만 못 하다. 채소 가꾸는 일을 배우기를 청하자 말하였다. 나는 채소 가꾸는 늙은 농부만 못 하다. 번지가 나가자 공자가 말하였다. "소인이구나! 번지여!"

638) 《論語》 '述而' 1 : "子曰 述而不作 信而好古 竊比於我老彭."(공자가 말하였다. "전술하고 창작은 하지 않으며 옛것을 믿고 좋아함을, 가만히 우리 노팽에게 비교해 본다.")

639) 《論語》 '述而' 27 : "子曰 蓋有不知而作之者 我無是也 多聞 擇其善者而從之 多見而識之 知之次也."

640) 《論語》 '述而' 19 : "子曰 我非生而知之者 好古敏而求之者也."

641) 《論語》 '公冶長' 27 : "子曰 十室之邑 必有忠信 如丘者焉 不如丘之好學也."

고, 좋지 못한 점은 거울삼아 고치도록 한다."라고 했다.[642] 이렇듯 그 어떤 사람일지라도 장점은 있기 마련이며, 모두 그것을 겸허하게 배워야 하며, 다른 사람의 장점을 배워 자신의 부족함을 보완해야 한다는 것이다.

공자는 언젠가 그의 제자 노담(老聃)에게서는 예(禮)를, 담자(郯子)에게는 관(官)에 대하여 물었고, 사양(師襄)에서는 거문고를 배웠다. 언젠가 자공이 "공문자(孔文子)를 어찌하여 '문(文)'이라 일컬은 것입니까?"하고 묻자 공자는 "영민하면서 배우기를 좋아하며, 아랫사람에게 묻기를 부끄러워 하지 않으니, 이런 까닭으로 '문(文)'이라 한 것이다."[643]고 일러 주었다. 그는 또 "태묘(太廟)에 들어가 매사(每事)를 물었다."[644]

당시 매우 힘들고 무거운 교학과 동요하는 생활은 모두 공자로 하여금 학습을 포기하지 않게 하였다. 즉 설령 나이가 들어서도, 그는 여전히 끊임없이 굶주린 사람처럼 새로운 지식을 획득했으며, 심지어는 "내게 두어 해를 빌려주어 마침내(50대 연수로서, 50년 동안을 더) 역(易)을 배우게 한다면, 가히 큰 허물(大過; 괘의 운수가)이 없을 것이다."[645]라고 개탄하였다.

공자의 이와 같은 겸허하고 근심하며, 끝없이 만족 못 하는 학습정신, 이와 같은 치밀한 치학, 진리를 견지하는 태도는 바로 교사라는 숭고한 직업윤리의 중요한 구현이었다.

---

642) 《論語》 '述而' 21 : "子曰 三人行 必有我師焉 擇其選者而從之 其不善者而改之"

643) 「論語》 '公冶長' 14 : "子貢問曰孔文子 何以謂之文也 子曰 敏而好學 不恥下問 是以謂之文也."

644) 《論語》 '八佾' 15 : "子入大廟 每事問 或曰 孰謂鄹人之子 知禮乎 入大廟 每事問 子聞之 曰 是禮也."(공자가 태묘에 들어가 매사를 묻자 어떤 사람이 말하였다. "누가 추 땅 사람의 아들이 예를 안다고 말하였는가? 태묘에 들어가 매사를 묻는 구려!" 라고 하였다. 공자는 그 말을 듣고 말하였다. "이렇게 경건하게 삼가는 것이 바로 예이다."

645) 《論語》 '述而' 16 : "子曰 加我數年 五十以學易 可以無大過矣."

제4절 제자에 대한 관심과 정성

공자는 중국의 고대에 있어서 학생을 자식처럼 사랑했던 사학 교사였다. 아마 현대에도 그와 같은 제자에 대한 사랑은 찾아보기 어려울 것이다. 그의 제자에 대한 요구는 매우 엄격하였던 바, '예(禮)'의 요구에 따라 제자들의 일거일동을 규범화하려 했다. 동시에 공자는 자신의 제자들에 대하여 매우 관심을 가졌다. 그의 제자들에 대한 관심과 정성은 학생들의 존경과 추대를 한 몸에 지녔으며, 이로 인해 민주적이고 화합적인 사생관계(師生關係)를 수립하였다.

필자는 교육의 실질은 교사와 학생 간의 영혼의 만남이며, 사랑의 교차로서, 사랑이 없으면 참다운 교육도 존재하지 않는다고 보고 있다. 교사의 제자에 대한 사랑과 제자의 스승에 대한 존경으로서의 사랑 없이는 설사 교육현상은 있다하더라도, 그것은 계획적인 훈련이 아니겠는가?

공자에 있어서 학생에 대한 사랑은 우선 학생의 진보, 성장에 대한 전반적인 관심과 아낌에서 구현되었다.

공자는 일 교사로서 제자에 대한 사랑을 모두 자신의 교학에 쏟아부었다. 그는 열심히 그리고 책임지고 점진적으로 선(善)을 향해 유도하고 가르치는데 게을리하지 않았다. 그는 "성(聖)과 인(仁)으로 말하면, 내 어찌 감히 자처하겠는가? 그렇지만 행함을 싫어하지 않으며, 사람을 가르치는 것을 게을리 하지 아니함은 곧 그렇다고 말할 수 있을 뿐이다."[646]고 하였다. 그 뜻인즉, 만약 성과 인을 말하면 내 어찌 감당하겠는가? 다만 성도 인덕을 배움에 있어 늘 지치지 않고, 다른 사람을 가르침에 있어서 늘 게을리 하지 않았을 뿐이라는 것이다.

646) 《論語》 '述而' : "子曰 若聖與仁 則吾豈敢 抑爲之不厭 誨人不倦 則可謂云爾已矣."

우리는 《논어》에서 공자는 제자들이 제기하는 문제에 대하여, 늘 사람에 따라 각도를 달리하여 진지하게 대답해 주고 있으면서도 짜증 한번 내지 않고 학생들을 대하고 있음을 볼 수 있다. 그리고 때로는 제자가 제기한 문제가 보편적인 의의가 있다면, 적극적으로 기타의 제자들에게 일러주어 여러 제자들의 관심과 사고를 불러일으켰다. 《논어》 '위정' 편에 "맹의자(孟懿子)가 효(孝)에 대하여 묻자, 공자는 '예(禮)를 어기지 말아야 한다.' 번지(樊遲)가 수레를 몰았는데, 공자께서 그에게 일러주며 말하였다. '맹손(孟孫:맹의자)이 나에게 효를 묻기'에, 내가 '어기지 말아야 한다'고 대답하였다. 번지가 말하였다. '무엇을 말씀하신 것입니까? 공자가 말하였다. '살아계실 때는 섬기기를 예로써 하고, 돌아가시면 장례를 예로써 하고, 제사를 지내게 예로써 하는 것이다.'"[647]라는 공자와 제자와의 대화가 나온다. 이에서 보듯, 공자는 제자들의 자아의식(自我意識)을 매우 존중하면서, 그는 학생들과 문제를 토론할 때, 늘 적극적으로 격려하고, 진지하게 계발하고, 인내를 가지고 경청하며 최대한으로 자상하고, 인자한 환경을 조성하여 제자들이 말없이 은연 중에 알도록 했다.

사실 공자의 제자에 대한 요구는 매우 엄격했다. 그는 제자들에게 인애(仁愛)의 마음을 가지고 군자(君子)가 되도록 요구하였던 바, 전심으로 집중하며 잡념을 버리고, 《시(詩)》《예(禮)》를 배우도록 했다. '예'로써 자신의 일거일동을 규범화시킴으로써, "예가 아니거든 보지 말며, 예가 아니거든 듣지 말며, 예가 아니거든 말하지 말며. 예가 아니거든 움직이지 말라."[648]고 하였다.

제자가 만일 게으르고 노력을 하지 않거나, "인이 아니고"

647) 《論語》 '爲政' 5 : "孟懿子 問孝 子曰 無違 樊遲 御 子告之曰 孟孫 問孝於我 我對曰 無違 樊遲曰 何謂也 子曰 生事之以禮 死葬之以禮 祭之以禮."

648) 《論語》 '顔淵' 1 : "子曰 非禮勿視 非禮勿聽 非禮勿言 非禮勿動."

'예가 아닌' 언론이나 행위가 있을 때, 공자는 관점이 선명하면서도 엄숙하게 지적하기도 하고, 때로는 심지어 엄하게 비판하기도 했다. 한번은 제자가 낮잠을 자거늘 공자는 "썩은 나무에는 새기지 못할 것이며, 썩은 흙으로 쌓은 담은 흙손질하지 못할 것이니, 재여에게 무엇을 꾸짖겠는가?"[649]라 하며 꾸짖었다. 제자 번지가 전심전력하여 예(禮)를 공부하지 않고 농사에 관한 일을 묻자 공자는 "소인이로구나 번수(樊遲)[650]여!"[651]라고 했다. '양화(陽貨)' 편에 의하면, 제자 재아(宰我)가 공자에게 말하기를 "3년상은 1년만 하더라도 너무 길다고 할 것입니다. 군자가 3년 동안 예를 행하지 않으면 예가 반드시 무너지고, 3년 동안 음악을 익히지 않으면 음악이 반드시 무너질 것입니다. 묵은 곡식이 이미 다하고 새 곡식이 이미 상에, 불씨 만드는 나무도 바뀌어지니, 1년이면 그칠 만한 것입니다."[652] 라고

649) 《論語》 '公冶長' 5 : "宰予晝寢 子曰朽木 不可雕也 糞土之牆 不可杇也 於予與 何誅."

650) 자는 번지, 이름은 번수, 그는 공자보다 36세의 연하로 평범한 농부였다. 공자가 노나라에서 돌아온 후 사사하게 되었다. 그는 인(仁)보다는 지(知)의 문제에 관심이 많았고 농사에 관하여 묻다가 공자로부터 소인이라는 말을 들었다.

651) 《論語》 '子路' 4 : "樊遲 請學稼 子曰 吾不如老農 請學爲圃 曰 吾不如老圃 樊遲出 子曰 小人哉 樊須也" (번지가 곡식 가꾸는 일을 배우기를 청하자 공자가 말하였다. "나는 곡식 가꾸는 늙은 농부만 못하다. 채소 가꾸는 일을 배우기를 청하자 말하였다. 나는 채소 가꾸는 늙은 농부만 못 하다." 번지가 나가자 공자가 말하였다. '소인이구나! 번수(번지)여')

652) 《論語》 '陽貨' 21 : "宰我 問 三年之喪 期已久矣 君子 三年不爲禮 禮必壞 三年不爲樂 樂必崩 舊穀旣沒 新穀旣升 鑽燧改火 期河可矣 子曰食夫稻 衣夫錦於女安乎 曰 安 女安則爲之 夫君子之居喪 食旨不甘 聞樂不樂 居處不安故 不爲也 今女 安則爲之." (재아가 물었다. 3년상은 1년만 하더라도 너무 길다고 할 것입니다. 군자가 삼년동안 예를 행하지 않으면 예가 반드시 무너지고, 3년동안 악을 익히지 않으면 음악이 반드시 무너질 것입니다. 묵은 곡식이 이미 다하고 새 곡식이 이미 상에 오르며, 불씨 만드는 나무도 바뀌어지니, 1년이면 그칠만한 것입니다. 공자가 말하였다. "쌀밥을 먹으며 비단옷을 입는 것이 너에게는 편하느냐? 재아가 말하였다. '편안합니다.' 공자가 말하였다. '네가 편안하면 그렇게 하여라. 군자가 상을 치를 때 맛있는 것을 먹어도 달지 않으며, 음악을 들어도 즐겁지 않으며, 거처함에 편안하지 않기 때문에 하지 않는 것이니, 네가 편하면 그렇게 하여라."

하였다. 이렇듯 재아가 생각하기에 부모가 세상을 뜨면 자녀들은 3년 상을 치러야 하는데, 기간이 너무나 길며 1년이면 족하다는 것이다. 공자가 생각한 바로는, 재아의 이와 같은 관점은 예에 어긋나는 것이기 때문에, 당장에 반대의 뜻을 표시하고 재아를 한바탕 다음과 같이 질책하였다. "재아의 인(仁)하지 못함이여! 자식이 태어나서 3년이 지난 뒤에야 부모의 뜻을 벗어나게 된다. 3년 상은 천하의 공통된 상(喪)인데, 재아는 3년의 사랑을 그 부모에게서 받았던가?"[653]

이와 반대로 제자가 사유가 활발하고 학업이 날로 진보하면, 공자는 매우 기뻐하며 칭찬을 아끼지 않았다. 그는 안회(顔回)[654]의 호학(好學;배우기를 좋아함)을 늘 칭찬하였는데, "노여움을 남에게 옮기지 않으며, 잘못을 두 번 저질르지 않는다."[655]고 하였다. 또한 자공(子貢)[656], 자하(子夏)[657]가 시(詩)를 학습함에 있어 그 의미를 깊이 터득하자, 공자는 그들을 칭찬하며 기뻐하였다. 공자는

653) 《論語》 '陽貨' 21 : "宰我出 子曰 予之不仁也 子生三年然後 免於父母之懷 夫三年之喪 天下之通喪也 予也 有三年之愛於其父母乎."

654) 안회는 이름이며 안연(顔淵)은 자이다. 그는 안무요(顔無繇)의 아들로 아버지와 함께 공자의 문하에 입문하여 공자의 3천제자 중 제일의 제자가 되었다. 공문 10철(哲) 가운데 덕행(德行)으로 손 꼽인다. 공자보다 30세 연하였으며 32로 요절하였다. 그는 공자의 제자 중 가장 곤궁했는데도 가장 어질고 학문을 좋아했으며 공자의 가르침을 가장 성실하게 실천하였다.

655) 《論語》 '雍也' 2 : "哀公 問弟子 孰爲好學 孔子 對曰 有安回者 好學 不遷怒 不貳過 不幸 短命死矣 今也則亡 未聞好學者也" (애공이 물었다. "제자 가운데 누가 배우기를 좋아합니까?" 공자가 대답하였다. "안회라는 자가 배우기를 좋아하여 노여움을 남에게 옮기지 않으며, 잘못을 두 번 저지르지 않더니, 불행히도 단명하였습니다. 이제는 없으니, 아직 배우기를 좋아한다는 자를 듣지 못하였습니다."

656) 자공은 자이며 이름은 단목사(端木賜)이다. 공문 10철의 한 사람으로 언어에 뛰어났다. 「논어」에 39번이나 등장한다. 그는 공자의 제자 중 가장 부유했으며, 공자가 여러나라를 돌아다니며 군주들에게 이상을 설파할 때 그 후원자적 역할을 하였다.

657) 자하는 자이며 이름은 복상(卜商)이다. 그는 공문 10철의 한 사람으로 언언(言偃)과 함께 문학(文學)으로 뛰어났다. 그는 《논어》에 그의 언동이 19차례나 등장한다. 그는 배움을 좋아하며, 뜻이 독실하고 힘써 행하였음을 알 수 있다.

자공에 대해서는 "사(賜;자공)는 비로소 더불어 시를 말할만 하다! 지나간 것을 알려주니 올 것을 아는구나!"[658]라고 칭찬했으며, 자하에 대해서는 "나의 뜻을 흥기 시키는 자는 상(자하)이로다! 비로소 더불어 시를 말할 수 있겠구나!"[659]하고 칭찬하며 기뻐하였다.

제자 임방(林放)이 예(禮)의 근본을 묻자, 공자는 우선 그 제기한 질문이 깊이 있는 문제라고 수긍해 주면 "크도다! 질문이여!"[660]라 한 후 대답해 주었다. '선진' 편에 의하면, "노나라 사람이 장부(長府)라는 창고를 짓자, 민자건(閔子騫)[661]이 말하였다. '옛 것을 그대로 이용하는 것이 어떻겠는가? 하필 고쳐 지어야 하는가?' 공자가 말하였다. '저 사람(민자건)이 말을 하지 않을지언정, 말을 하면 반드시 적절한 말을 한다.'"[662]고 기록이 있다. 여기서 '장부'는 노나라의 금고로서, 노나라의 소공(昭公)은 여기를 지휘부로 정하여 군대를 지휘하여 계씨를 공격한 적이 있다. 소공이 죽은 후, 계씨 집단의 세력이 날로 커져 노나라 사람들은 장부

---

658) 《論語》 '學而' 5 : "子貢 曰詩云 如切如磋 如琢如磨 其斯之謂與 子曰 賜也 始可與言詩已矣 告諸往而知來者." (자공이 말했다. "시경에 이르기를 '자르는 듯하고 다듬는 듯하며, 쪼는 듯하며 가는 듯하도다.' 하였으니 이것을 말한 것 같습니다." 공자가 말하였다. "사(자공)은 비로소 더불어 시를 말할만 하다. 지나간 것을 알려 주니 올 것을 아는 구나!")

659) 《論語》 '八佾' 8 : "子夏 問曰 巧笑倩兮 美目盼兮 素以爲絢兮 何謂也 子曰 繪事後素 曰禮後乎 子曰 起予者 商也 始可與言詩已矣."(자하가 물었다. "고운 웃음에 보조개가 예쁘며, 아름다운 눈에 눈동자가 선명함이여! 흰 비단으로써 채색을 한다"하니, 무엇을 말한 것입니까? 공자가 말하였다. "그림 그리는 일은 흰 비단이 마련된 뒤에 하는 것이다." 자하가 말 하였다. 예가 나중이군요." 공자가 말하였다. "나의 뜻을 흥기시키는 자는 상(자하)이로다! 비로소 더불어 시를 말할 수 있겠구나!")

660) 《論語》 '八佾' 4: "林放問禮之本 子曰 大哉 問 禮與其奢也 寧儉喪與其易也寧戚." (임방이 예의 근본을 묻자, 공자가 말하였다. "크도다! 질문이여! 예는 사치보다는 차라리 검소해야 하고, 상사는 형식보다는 차라리 슬퍼야 한다.)

661) 민자건은 은자이며, 이름은 민손(閔損)이다. 공자보다 15세 연하의 제자이다. 그는 대부에게 벼슬을 하지 않았으며, 무도한 임금의 녹을 먹지 않았다.

662) 《論語》 "魯人 爲長府 閔子騫曰 仍舊貫如之何 何必改作 子曰 夫人不言 言必有中."

를 수리 및 개축하려고 계획, 이로써 소공의 공적을 없애려고 했다. 공자의 제자 민자건이 보기에 국가의 금고를 재건하는 것은 주나라의 예에 어긋나는 것이기 때문에, 그는 "옛것을 그대로 이용하는 것이 어떻겠는가? 하필 고쳐 지어야 하는가?"라고 말하며, 원래의 모양으로 보존하기를 주장했다. 공자가 이 사실을 알고, 공감하여 매우 좋아하는 어조로 '저 사람(민자건)이 말을 잘 하지 않지만, 말을 하면 반드시 적절한 말을 한다'고 칭찬하였다.

칭찬이던 꾸중이던, 공자는 일종의 성실함과 선의, 관심과 사랑을 보였으며, 비록 때로는 어쩔 수 없이 안타까워 성급함을 보이기도 했지만, 더욱 중요한 것은 그가 제자들의 건전한 성장과정에 대해 정성껏 도와주고 아꼈다는 점이다.

'공야장' 편에 이르기를 "공자가 말하였다. '도(道)가 행해지지 않기 때문에, 뗏목을 타고 바다를 향해하려 하는데, 나를 따라올 자는 아마 유(由;子路)일 것이다.' 자로가 듣고 기뻐하자, 공자가 말하였다, '유! 너는 용맹을 좋아하는 것이 나보다 나으나, 헤아림을 취할 바가 없다.'"고 하였다. 이에서 보듯, 공자가 극단적인 가설(假說)을 내걸고, 자로에게 사리를 분간의 깊이가 없으면 용감도 무용지장물(無用之長物)이 된다고 가르치고 있다.

한번은 공자가 자로의 악기 다루는 기예가 부족함을 평하였는데, "유(자로)의 비파 가락을 어찌 나의 문에서 연주하는가?"[663]라고 말했다. 이 말의 뜻은 중유(仲由), 너의 비파의 음은 어째서 의외로 나의 문하에서 나온 것이냐? 문인들은 자로를 공경하지 않았다. 공자가 이를 안 후 즉시 보충하기를 "유는 당에 올랐으나, 아

663) 《論語》 '先進' 14 : "子曰 由之瑟 奚爲於丘之門 文人 不敬子路 子曰由也 升堂矣 未入於室也." (공자가 말하였다. "유(자로)의 비파가락을 어찌 나의 문전에서 연주하는가?" 문인들이 자로를 공경하지 않자, 공자가 말하였다. "유는 당에는 올랐으나 아직 방에 들어오지는 못한 것이다.")

직 방에 들어오지는 못한 것이라고 하였다." '당에는 올랐으나 아직 방에는 들어오지 못했다.'는 것은 늘 도리를 깨우치는 깊고 얇은 것에 비유하였다. 공자의 의중은 너희들은 자로를 무시하지 말라는 것이다. 그의 비파 기예는 '당에는 올라왔다.'는 정도에 도달했는데, 다만 '아직 방에는 들어오지 못한' 경지에 도달하지 못했을 뿐이라는 것이다. 이는 아주 못한 것이 아니라 최고가 되지 못했을 뿐이라는 것이다.

이렇듯, 위에서 든 두 사례는, 전자는 먼저 칭찬하고 다시 꾸중하고, 후자는 먼저 폄하하고 다시 칭찬하였다. 이러한 칭찬과 폄하의 가운데서, 공자가 진심으로 제자 자로의 건전한 성장을 지도했다. 우리는 이와 같은 깊은 뜻과 마음에 감탄하지 않을 수 없다.

공자의 제자들에 대한 사랑은 제자들의 생활, 생명에 대한 관심에서도 구현되었다. 그의 제자 자사(子思)[664]의 고향은 매우 빈곤했는데, 공자는 한번에 9백석이나 되는 곡식을 주었고, 공서화(公西華)가 제(齊)나라로 사신으로 떠날 때, 공자는 그의 어머니에게 생활을 지원해주도록 했다.[665] 제자 백우(伯牛)가 심한 질병에 걸려 전염성이 있으므로 사람들은 그를 가까이 하지 못하게 하였다. 그러나 공자는 오히려 문병을 하여 창문으로 백우의 손을 잡고 울먹이며 "이런 일이 있을 리가 없는데, 명(命)이구나! 이런 사람이 병에 걸렸으니! 이 사람이 병에 걸렸으니!"[666]라고 탄식을 하였다

664) 자사는 자이고 이름은 원헌(原憲)이다. 그는 독서를 즐기고 청빙한 생활을 하였으며, 공자가 노나라의 사구(司鷗)가 되었을 때, 그의 가신이 되었다.

665) 《論語》 '雍也' 3 : "子華使於齊 冉由 爲其母請栗 子曰 與之釜 請益 曰與之庾." (공서화가 제나라에 사신으로 갔는데, 염구(冉求)가 그의 어머니를 위해 곡식을 청하니 공자가 말하였다. "부(釜; 16말 4되)를 주어라. 더 주기를 청하자." 공자가 말하였다. "유(庾;16말)을 주어라.")

666) 《論語》 '雍也' 8 : "伯牛有疾 子問之 瘡痏 執纖手曰亡之 命矣夫 斯人也 而有斯疾也 斯人也 而有斯疾也."

니, 우리는 여기서도 제자에 대한 공자의 애틋한 사랑을 흠쳐 볼 수 있다.

제자 안회가 죽자, 당시 공자는 71세의 고령이었지만, 대성통곡을 하며 "아! 하늘이 나를 버리셨구나! 하늘이 나를 버리셨구나!"[667]고 하였으니, 안연에 대한 사랑이 어떠한지를 우리는 짐작할 수 있다. 공자를 수행한 사람이 "선생님께서 지나치게 애통하셨습니다."고 말하자, 공자는 "지나치게 애통하였느냐? 그 사람을 위해 애통하지 않고 누구를 위해 애통하겠는가?"[668]하고 자기의 심정을 말했다. 안회가 죽은 후, 공자는 그를 계속하여 그리워 하고 슬퍼하면서 "안회라는 자가 있어 학문을 좋아했는데, 불행히도 명이 짧아 죽었습니다. 지금은 없습니다."[669]고 했고 "애석하구나! 나는 그가 나아가는 것만을 보았고 멈추는 것을 보지 못했다."[670]고 술회하였다.

공자의 제자에 대한 사랑은 그의 마음속의 깊은 곳에서 진지하게 우러나오는 것이었다. 그것은 한 치의 거짓도 없었다. 제자 남용(南容)이 일을 처리함에 있어서 근신하고 임기응변함을 보고, 공자는 형의 딸로 아내를 삼게 했다.[671] 또한 공야장이 비록 누명을 쓰고 감옥에 갇힌 적이 있었지만, 공자는 그의 품행을 고상히 여겨 그를 사위로 삼았다.[672]고 한다.

공자의 제자에 대한 사랑은 민주적이고, 평등적인 기초 위에서 수립된 것으로 의심할 바가 없을 것 같다. 공자는 제자들에 대해 진지

---

667) 《論語》 '先進' 8 : "顔淵死 子曰 噫 天喪予 天喪予." 瘡痏.
668) 《論語》 '先進' 9 : "顔淵死 予哭之慟 從者曰 子慟矣 曰 有慟乎 非夫人之爲慟."
669) 《論語》 '先進' 16 : "孔子 對曰 有顔回者 好學 不幸短命死矣 今也則亡."
670) 《論語》 '子罕' 29 : "子謂顔淵曰 惜乎 吾見其進也 未見其止也."
671) 《論語》 '公冶長' 1 : "子謂南容 邦有道不廢 邦無道眠禦刑戮 異其兄枝子悽之."
672) 《論語》 '公冶長' 1 : "子謂共倻長 可妻也 雖在(포승루;실사변에묶을루)縲之中 非其罪也 以其子妻之."

하게 대하고 존중하고 신뢰하였으며, 바로 이러한 신뢰 때문에 공자로 하여금 제자들 앞에서 늘 진실되고 소박하게 보였으며, "너희들은 내가 숨긴다고 생각하느냐? 내 너희들에게 숨긴 것이 없노라. 내가 행하고서 그대들에게 보이지 아니함이 없는 자가 바로 나 구(丘)이다."[673]고 공자 자신도 실토하고 있다.

제자들과 대할 때, 공자는 평등하고 조화로운 사생(師生)관계를 조장하기 위하여 노력했다. 스승은 제자를 꾸짖을 수 있고, 제자 역시 질의할 수 있다. 공자가 직접적으로 면전에서나, 간접적으로 없는 데서 어떤 제자를 평할 때도 모두 아주 자연스럽고, 매우 순진한 일로 생각하였다. 사생이 함께 어울리며, 서로 솔직하게 대하고 부끄러움이 없이 대하였다.

제자를 사랑하고 스승을 존경하는 것은 늘 상관관계에 있다. 공자의 제자에 대한 사랑과 아낌은 제자들로부터 존경과 진심어린 사랑을 받았다. 공자의 생존시와 사후에도 제자들은 늘 여러 방식으로 이처럼 사랑으로 충만된 스승의 은혜에 보답하였다.

제자 자로(子路)[674]는 공자보다 9세 연하일 뿐이었는데, 단순하며 용감하고 생각이 없는 성격으로 늘 공자의 심한 비판을 받았다. 그러함에도 불구하고 자로는 늘 공자를 따랐으며 호위병 역할을 하였다. 그는 전후 줄곧 공자를 떠나지 않았으며, 조금도 불만이 없었고 죽을 때까지도 고훈(古訓)을 어기지 않고 공자 사상의 충실한 신도로 되었다.

부유한 상인 출신인 자공(子貢)은 공자를 신처럼 모시고 숭상하

673) 《論語》 '述而' 23 : "子曰 二三子 以我爲隱乎 吾無隱乎爾 吾無行而不與二三者 是丘也."

674) 자로는 자이고 이름은 중유(仲由)이다. 성질이 급했다. 공자보다 9세 연하이다. 그는 공문 십철의 한 사람으로 정사(政事)에 뛰어났다. 그는 노(魯)나라와 위(衛)나라에서 벼슬을 하다가 위후(衛侯)의 난리를 만나 의리를 지키다가 죽었다.

였다. 공자가 죽은 후, 노나라의 대부 무숙(武淑)이 공자를 헐뜯자, 자공은 "그러지 마라. 중니(공자)는 헐뜯을 수 없다. 타인의 어진 것은 언덕과 같아서 넘을 수 있지만, 중니는 해와 달 같아서 넘을 수 없다. 사람들이 비록 스스로 끊고자 하더라도 어찌 해와 달에 손상이 되겠는가? 다만 자기의 분수를 알지 못하는 것을 보일 뿐이다."고 점잖게 타일렀다. 이로 보면 자공이 공자를 얼마나 숭상했고, 스승에 대한 제자의 도리를 다하고 있는가를 짐작할 수 있다.

《사기》 '공자세가(孔子世家)'에 의하면, 공자가 죽은 후, 공자의 제자들은 매우 비통하면서 자신의 부모를 대하듯이 모두 공자를 위해 복상(服喪;상복을 입음)하였다. 복상 기간이 끝나게 되어 헤어질 때쯤 사람들은 또 눈물을 흘리며 슬퍼하였다. 어떤 이는 여전히 떠나기가 아쉬워 남기도 했다. 제자인 자공은 아예 공자의 묘 옆에 집을 짓고, 살기까지 하여 공자를 위해 6년간 묘소를 지키다 떠났다. 공자의 제자와 일부 노나라 사람들이 공자의 묘소 옆에 집을 짓고 산 것이 모두 100여 가구나 되었다. 이리하여 당시 이곳을 '공리(孔里; 공자마을)'라고 불렀다.

공자 문하의 사생들은 이렇듯 정이 많고 깊은 의리가 있었다. 공자가 이렇듯 제자들의 존경과 사람을 받은 것은 후세의 교사들을 감개무량하게 하지 않을 수 없다.

〈여적(餘滴)〉

억겁의 세월은 흘러도 사람 사는 세상의 〈인도(人道)의 대본(大本)〉은 일월(日月)같이 빛나는 것이다.

공자는 2천 4백여 년 전, 춘추시대(春秋時代) 말 극도의 혼란기에 이상향(理想鄕)으로서의 '대동(大同)사회'와 그 차선책으로서 '소강(小康)사회'라는 이상사회를 설정하고, 교육을 통하여 그런 사회로 접근하려는 노력을 펼쳤는데, 그로부터 2천 4백여 년 후인 '현대(代)'라는 오늘날의 시점에서, 그것을 한낱 '고대의 옛것'이라고만 폄훼할 것인가? 만약 그렇다면 그보다 더 나은 교육사상은 무엇이란 말인가? 또한 '현대교육'이라는 상황의 현주소는 어떠한가?

우리의 교육은, 삶의 의미와 가치(價値)의 체득보다는 삶의 기교와 수단을 가르치는데 급급해 온 결과, 현실적인 삶의 노예로 전락하고 있다는 사실을 외면해 왔음을 부인할 수 없다. 그 결과 인간답고 아름다운 삶보다는, 편리하고 물질적인 풍요에만 탐익하는 것이 오늘날 현대인의 생생한 민낯으로, '자기상실(自己喪失)'의 질곡에서 부끄러움을 모르는 동물적 인간으로 전락해가는 세기말적(世紀末的)인 현상에 함몰되어 있다 할 것이다.

그리하여 작금(昨今)의 우리 사회는, 강상(綱常)이 무너지고, 억조창생(億兆蒼生)은 배금주의(拜金主義)에 매몰되어, 향타(向舵) 잃은 표류선(漂流船)에 실려, 전전긍긍(戰戰兢兢) 격랑(激浪)에 부딪히며 표류(漂流)하고 있는 상황이 아닐 수 없다. 특히 백년대계(百年大計)라는 교육의 실태는 회절(回折)되고 변질되어, 나라의 근간(根幹)이 흔들리는 우려를 불식(拂拭)시킬 수 없는 상황에 이르렀다 할 것이다. 이 일을 어찌할꼬? 도대체 이 일을 어찌할꼬?

끝으로 본서의 주제(主題)인 《공자(孔子)의 교육이념(教育理念)

과 그 실천(實踐)》이라는 바구니 속에 '현대 한국교육의 현상'을 집어 넣을 수만 있다면, 기필코 집어넣을 수만 있다면 과연 어떤 반응이 나올까? 그걸 오늘날의 위정자들을 비롯하여 독자 제현들에게 문제를 던지면서 붓을 놓는다.

공자의 교육이념과 그 실천

인쇄일 2021년 1월 21일
발행일 2021년 1월 23일

지은이 김경식
발행인 김화인
펴낸곳 도서출판 조은
편집인 김진순, 박경란
주소 서울시 중구 을지로20길 12, 대성빌딩 405호
전화 (02)2273-2408
팩스 (02)2272-1391
출판등록 1995년 7월 5일 신고번호 제1995-000098호
ISBN 979-11-88146-89-5
정가 27,000원